○ 中国人文社科学术集刊AMI入库集刊
○ 中国知网、万方、维普、超星等学术数据库全文收录集刊

劳动哲学研究

Theoretical Probes to Labor Issues

第十一辑（2024年第2辑）

主　编　何云峰

副主编　齐旭旺　张　蕾　李　磊

上海教育出版社
2024年12月

劳动哲学研究

Theoretical Probes to Labor Issues

第十一辑（2024年第2辑）

主办

上海师范大学知识与价值科学研究所

学术合作单位（以参加时间为序）

上海师范大学哲学与法政学院
安徽师范大学马克思主义学院
东华大学马克思主义学院
山西师范大学马克思主义学院
上海城建职业学院马克思主义学院

编委会（以姓氏拼音为序）

陈胜云	上海市委党校	孙　杰	中国社会科学院
陈学明	复旦大学	汪盛玉	安徽师范大学
高惠珠	上海师范大学	王天恩	上海大学
何云峰	上海师范大学	王治东	东华大学
贺汉魂	湖南第一师范学院	肖　巍	复旦大学
贺善侃	东华大学	徐海红	南京信息工程大学
黄云明	河北大学	姚宏志	安徽师范大学
刘　林	上海师范大学	张文喜	中国人民大学
刘向兵	中国劳动关系学院	张志丹	上海师范大学
鲁品越	上海财经大学	赵改萍	山西师范大学
毛勒堂	上海师范大学	赵秀芳	山西师范大学
宋建丽	天津大学	周书俊	上海交通大学

目录

■ **马克思主义劳动理论研究**

马克思的存在论革命及其政治经济学批判效应 　　　　　　王绍梁/1

祛魅与建构：劳动正义对"马克思与正义"之争的破解

　　　　　　　　　　　　　　　　　　　　　　　　焉 祯/14

分化与倒置：劳动权的资本主义异化及其扬弃　　　　　潘二亮/25

马克思劳动辩证法思想出场时的资本图景　　　　　　　王永秋/37

马克思政治经济学批判下的劳动价值论探究　　　　　　候 畅/52

马克思劳动正义思想及其新时代启示　　　　　　罗慧珍,刘 林/65

马克思主义劳动观的基本内容论析　　　　　　　　　　白 冰/74

马克思劳动思想的理论来源探讨

　　——古典政治经济学的劳动思想　　　　　　　　　李晓霞/84

论马克思劳动辩证法的伦理基因　　　　　　　　　　　刘 壮/93

《1844年经济学哲学手稿》中的"资本—劳动"关系探析

　　　　　　　　　　　　　　　　　　　　　曹嘉辰,吴文新/105

《德意志意识形态》中劳动辩证法的总体性意蕴探究

程思佳 / 117

恩格斯劳动思想三阶段探析　　　　　　　　　刘盼盼，王治东 / 130

■ 劳动幸福与现代化发展

劳动幸福实现的动力机制探究
——基于劳动的属人性与非属人性及其矛盾运动　　　齐旭旺 / 143

劳动幸福观视域下高校教师外在激励-关系绩效模型构建

郝丹娜 / 152

论以人民为中心的中国式现代化与美好生活的实现

孙　辉 / 172

美好生活何以可能：基于劳动权益保障的视角

季　婕，汪盛玉 / 183

新时代美好生活观及其对青年的影响探究　　　　邓会敏 / 196

共同富裕对"均贫富"的创造性转化、创新性发展　　陈　浩 / 204

■ 劳动精神与劳动教育

"德智体美劳全面发展"的历史溯源与现实意蕴　　贾　蕾 / 215

新时代高校劳动教育融入专业课程教育的困境与出路

马建珠 / 224

文化传承视角下高校党建引领劳动育人探究

安慧芳，李建蕊 / 233

三全育人视域下高校劳动教育路径研究　　　　　陈德洋 / 244

大中小学思政课一体化的劳动之维

田　锋，许　萌 / 253

基于马克思主义劳动幸福观探析新时代劳动教育的实践路径

王　璐 / 263

■ 科技发展与当代劳动新现实

数字劳动的历史唯物主义批判与数字社会主义构建
　　　　　　　　　　　　　　　　　　马俊峰，温兆伦/273
生成式人工智能时代人机关系的历史唯物主义审视
　　　　　　　　　　　　　　　　　　　　　许力凡/287
剥削非正义性辨析
　　——兼论平台资本主义正义批判何以可能　　刘睿博/299
解蔽与澄明：马克思劳动价值论视域下的数字劳动论析
　　　　　　　　　　　　　　　　　　　张晨睿，曾　茜/314
人工智能助推中国式现代化的内在逻辑与实践路径
　　　　　　　　　　　　　　　　　　　　　薛　峰/324
马克思异化理论的两种解读视角及其反思
　　——以伯特尔·奥尔曼和肖恩·塞耶斯为例　陶涛涛/334
异化劳动原罪性问题及其当代启示
　　——基于《1844年经济学哲学手稿》的文本解读　廖安琪/347
资本运作之时间异化探析
　　——基于马克思劳动理论视角　　　　　　姜俊霞/357
数字资本主义批判及其消解路径　　　　　李　航，王　阁/369

马克思的存在论革命及其政治经济学批判效应

王绍梁

摘　要： 存在论革命是马克思哲学基础理论研究历久弥新的话题。马克思通过批判黑格尔思辨辩证法揭示出自我意识之纯粹活动的内在机制，通过批判费尔巴哈的感性哲学揭示出"感性—对象性直观"对于人之主体性的遮蔽和现实历史的抽象化。同时，马克思接受了费尔巴哈"感性—对象性"的受动性原则与黑格尔"活动"的主体性原则，但剔除了隐藏其中的唯心主义。"感性—对象性"与"活动"的耦合彰显了马克思哲学的独立性与原创性，是人的能动性与受动性的辩证统一，内含丰富的政治经济学批判效应。在存在论视域中，"劳动"成为连接哲学与经济学研究范式的枢纽性概念，"劳动二重性"从描述性的经济学理论转变为批判性的哲学理论，由此建构起马克思的资本批判与自我意识批判的"理论互动"效应。

关键词： 感性的对象性活动；自我意识；辩证法；感性直观；抽象劳动

本文引文格式： 王绍梁：《马克思的存在论革命及其政治经济学批判效应》，见何云峰主编：《劳动哲学研究》第十一辑（2024年第2辑），上海教育出版社2024年版，第1—13页。

在学术史的谱系上，马克思的位置有些尴尬，不是被勉强置于近代哲学的最末支，与青年黑格尔派、费尔巴哈并列，就是干脆被剔除出西方哲学史。这些做法未能从存在论革命与近代理性形而上学的内在关系角度认识马克思哲学的当代性。马克思成功发动的存在论革命，决定了马克思哲学必然不应被简单划归近代哲学

---

① 基金项目：国家社会科学基金青年项目"马克思《资本论》中的劳动辩证法思想研究"（项目编号：23CKS008）、中央高校基本科研业务费专项资金资助。作者通信地址：王绍梁，浙江大学马克思主义学院/中国特色社会主义研究中心（浙江杭州　310058）。

马克思的存在论革命及其政治经济学批判效应   王绍梁

的范畴。虽然马克思哲学"有"存在论革命已成为共识,但对其实体性内容的理解却有着不同看法:从理论成果看,有"实践唯物主义"或"历史唯物主义";从文本依据看,主流主要将《关于费尔巴哈的提纲》(以下简称《提纲》)视为新哲学的宣言,并将其革命成果概括为"实践"①。但此概念不足以对抗近代理性形而上学的精神内核——"我思"之意识内在性(自我意识)。那么,"实践"在马克思那里的哲学内涵又是什么?这就需要把文本往回追溯,即回到马克思主义哲学、政治经济学批判和科学社会主义"三江合流"的《1844年经济学哲学手稿》(以下简称《巴黎手稿》)。该文本由于大量使用费尔巴哈哲学的词汇——感性、对象性、对象化、类本质等——而被诸多学者斥为受人本学影响的"不成熟"思想。如此一来,《巴黎手稿》则不具备承担发动哲学革命之大任的资格。然而,《巴黎手稿》只是"纯粹过渡性"的文本?如何准确把握青年马克思发动的存在论革命?以及怎样理解马克思青年时期的哲学革命与晚年时期的政治经济学批判之内在统一性?本文试图以"感性的对象性活动"为线索,阐明在《巴黎手稿》"笔记本Ⅲ"、《提纲》与《德意志意识形态》"费尔巴哈"章中发动的存在论革命及其在《资本论》中形成的政治经济学批判效应。

一、感性的对象性活动:马克思存在论革命的理论成果

马克思的存在论革命得益于对黑格尔辩证法的批判。这种批判最早要追溯到1844年的《德法年鉴》时期,马克思借助费尔巴哈"主宾颠倒"的方法论颠倒了黑格尔的政治哲学,即"决不是国家制约和决定市民社会,而是市民社会制约和决定国家"②。但这种意识形态上的颠倒还不是存在论性质的,即不是从理性形而上学建制内部展开的批判。这一工作直到1844年的《巴黎手稿》"对黑格尔的辩证法和整个哲学的批判"章才真正完成。马克思高度评价费尔巴哈"从根本上推翻了旧的辩证法和哲学"。因为他为马克思提供了批判黑格尔的起点:通过"感性"对抗"理性"。马克思虽以感性哲学为基础,但实则以超越费尔巴哈的方式展开对黑格尔思辨辩证法的存在论批判。

黑格尔的辩证法在原则上与德国观念论是一致的,即在逻辑上建构主客体的自洽性。在康德先验知性论中,这种自洽性通过"统觉活动"得到保证,知性"先天

---

① 把"实践"作为马克思哲学革命成果的唯一概念其实是存疑的,这个词主要在《关于费尔巴哈的提纲》被高频提及,而在其他文本中出现的比例较低。这种差异直观地显示在此前的《巴黎手稿》《神圣家族》与此后的《德意志意识形态》等文本中。因此,有必要往回追溯到《巴黎手稿》中寻找"实践"概念的源头。

② 《马克思恩格斯文集》第4卷,人民出版社2009年版,第232页。

地进行联结并把被给予的表象的杂多置于统觉的同一性之下"。① 为了安置感性杂多,费希特把这种确证人的思维能力的主体性提纯为"本原活动",将"自我设定自我"确立为哲学体系的最原始和最高的"绝对第一的原理"。② 谢林则以"主客一体"的"绝对活动"来解救困在费希特主观唯心论中的辩证法,提出"一切知识都以客观东西和主观东西的一致为基础"③。为了继续解决主客体的矛盾问题,黑格尔既承认"自我"活动之主体性,又试图克服康德先验主体认识论导致的"二元论",提出了"实体即主体"原则。"不仅把真实的东西或真理理解和表述为实体,而且同样理解和表述为主体。"④ "实体即主体"最终必然要求展开为"自我活动"的原则及其不断否定的运动过程,因此异化作为思辨辩证法的"否定"环节,终将被扬弃在自我活动之中。

然而,黑格尔哲学中的"主体"不是现实的人而是自我意识,因而人的、自然的或历史的全部活动转变为自我意识的纯粹活动。"纯粹活动"是以自身为唯一的、绝对的主体,并通过将对象设定为物性,进而扬弃对象的抽象活动。这种纯粹活动在黑格尔哲学中表现为:(1)人的感性本质被规定为自我意识,扬弃仅仅变成形式的和抽象的;(2)外化的扬弃成为外化的确证,自我外化、异化和扬弃的抽象运动被当作真正的人的生命;(3)辩证法的运动必然存在一个意识到自身存在的绝对主体,即绝对精神。"这就是神秘的主体—客体,或笼罩在客体上的主体性,作为过程的绝对主体"⑤,这个绝对主体的外化、返回自身的过程是在意识"自身内部的纯粹的、不停息的旋转"⑥。意识由此方能成为自我意识,进而成为"无对"即"非对象性"的绝对主体。

这不仅体现在《精神现象学》中,而是贯穿黑格尔哲学体系。在《法哲学原理》中,"扬弃了的私法=道德,扬弃了的道德=家庭,扬弃了的家庭=市民社会,扬弃了的市民社会等于国家,扬弃了的国家=世界历史"⑦;在《逻辑学》中,"扬弃了的质=量,扬弃了的量=度,扬弃了的度=本质,……扬弃了的宗教=绝对知识"⑧。这种扬弃运动的本质是用思维运动替代了现实运动,"在现实中没有触动自己的对象,却以为实际上克服了自己的对象"⑨。不仅如此,现实中的宗教、国家、自然界都未被真正扬弃,被扬弃的只是作为知识存在的意识形态。因此,自我意识并未真实地克

---

① 康德:《纯粹理性批判(注释本)》,李秋零译注,中国人民大学出版社2011年版,第109页。
② 费希特:《全部知识学的基础》,王玖兴译,商务印书馆1986年版,第6页。
③ 谢林:《先验唯心论体系》,梁志学、石泉译,商务印书馆1976年版,第6页。
④ 黑格尔:《精神现象学》上卷,贺麟、王玖兴译,上海人民出版社2013年版,第61页。
⑤ 《马克思恩格斯文集》第1卷,人民出版社2009年版,第218页。
⑥ 《马克思恩格斯文集》第1卷,第218页。
⑦ 《马克思恩格斯文集》第1卷,第214页。
⑧ 《马克思恩格斯文集》第1卷,第215页。
⑨ 《马克思恩格斯文集》第1卷,第216页。

服对象,这种克服只是在意识本身中进行和完成的。同理,对象对于自我意识是一种抽象而非现实的确证。

在《德意志意识形态》中,马克思以"现实的人"替代了黑格尔的"自我意识",以现实的物质生产活动作为历史的起点,从而扬弃了黑格尔思维的概念活动。马克思哲学的革命性意味着"关于意识的空话将终止",取而代之的是"描述人们实践活动和实际发展过程的真正的实证科学"[①]。但马克思并未抛弃黑格尔,而是紧紧抓住德国传统哲学的"活动"原则不放。辩证法的合理内核被黑格尔唯心主义外衣裹挟着,而要把"活动"拯救出来就必须将被意识克服的"对象性"重新唤醒。"对象性活动"就是马克思批判黑格尔"纯粹活动"的积极成果,同时表明马克思告别了费尔巴哈哲学。

这一清算的对象首当其冲的就是费尔巴哈的"感性—对象性直观"。就本体论而言,费尔巴哈哲学虽然通过"感性—对象性"颠倒了思辨理性,但最终走向对"感性对象"的单纯直观。在费尔巴哈看来,"直观"(Anschauung,又译直觉、直接经验)首先是与"思维"相对的一种认识方式。在此意义上,"直观"直接地与理智思维、知性思维、思辨理性等区别开来,成为"生活的原则"。"在直观中我为对象所决定,在思维中我决定对象。在思维中我是我,在直观中我是非我。"[②] 显然,费尔巴哈不仅认为世界的本体是感性而非理性,而且主张"直观"而非思维才是人认识、理解对象的根本方式。这是对意识内在性的本体论批判的继续。思维通过"规定"对象来认识世界,因而面对的并非现实对象,相反,它是被"自我"设定出来的物性,是自我投射在对象上的"自我性"。与思维相反,"直观"意味着主体受对象规定,在自我之中直观到的是对象世界。因此,感性直观或对象性直观与感觉官能(看、听、触)把握到的还不一样。人们所看见的东西只是事物对人的表现,而非事物本来面目。因而,"感性—对象性"的"直观"是"在事物中看见事物本身"。

与德国传统哲学对"直观"的理解具有本质不同[③],费尔巴哈认为对象并不是自我意识设定出来的,而是外在于主体,即不以主体意志为转移和改变的客观性存在。因此,"对象性"是费尔巴哈区别于先验哲学的重要原则。在此意义上,感性直

[①]《马克思恩格斯文集》第1卷,第526页。

[②]《费尔巴哈哲学著作选集》上卷,荣震华、李金山译,商务印书馆1984年版,第111页。

[③] 康德把直观的资料和直观的形式区别开来,认为直观的资料是后天经验的,而直观的形式(空间和时间)则是纯粹先天的。由此,"纯直观形式"变成先在的认识方式,而"一切感性直观都从属于范畴"。此外,康德的感性直观先于感性对象,费尔巴哈则把感性直观完全还原到感性对象之中,没有感性对象,感性直观和先天直观形式就不复存在。谢林把康德的先天直观形式进一步改造为"理智直观"。理智直观与感性直观相反,"感性直观并不表现为创造自己的对象的活动",而理智直观是一种"既能创造一定的精神行动同时又直观到这种行动的能力"。可见,理智直观是指"自我"意识到自己直观行动的先验能力。所以,谢林通过理智直观确立自我之绝对主体的地位,因为理智直观给予自我绝对同一性。

观就是对象性直观,或综合称之为"感性—对象性直观"。费尔巴哈认为人的根据在直观之中,即把直观看作生活的原则,把直观看作人认识自身和世界的最根本的方式。因此,费尔巴哈的"直观"与理性形而上学的基本建制(意识内在性)是针锋相对的,因为自我、思维、意识等能把握到的只是事物的表象,是人的理性所建构出来的对象。

费尔巴哈在颠倒思辨哲学"抽象思维"的同时,又让自己陷入直观的泥坑。在他看来,直观分为理论直观和实践直观,"实践的直观,是不洁的、为利己主义所玷污的直观",而"理论的直观却是充满喜悦的、在自身之中得到满足的、福乐的直观"。[①] 费尔巴哈最终割裂了"理论"与"实践"的辩证关系,并认为解释世界的理论活动优越于人的实践活动。在《提纲》中,马克思批评费尔巴哈停留在"卑污的犹太人的表现形式"而没有真正理解人的实践活动。这里的"卑污的犹太人的表现形式"指的正是犹太人代表的商业活动及其利己主义的生活方式,而马克思认为真正具有革命的、批判的实践活动恰恰就是人们在现实生活过程中围绕经济利益、商业交换、工业生产而展开的感性活动。

马克思认为,这是因为费尔巴哈"把感性不是看做实践的、人的感性的活动"[②],"没有把人的活动本身理解为对象性的[gegenständliche]活动"[③]。费尔巴哈只是从感性对象给予的单纯直观角度来"研究跟思想客体确实不同的感性客体",忽视主体的能动方面。也就是说,他对对象、现实、感性只是从客体的即直观的形式角度去理解,因而把唯心主义抽象发展出来的"活动"的能动方面否定掉了。"主体的能动方面"还不等于德国观念论引以为傲的纯粹主体的"自我活动"原则,而是指人的感性活动对人类自身与对象世界具有的创造性、自发性和否定性能力,是"对象性本质力量的主体性"。这种主体性不同于意识对外部世界的先验建构,而是人的感性活动或对象性活动对世界的改造。这种改造并不只是人与自然的关系即劳动向度,还包括人的生存世界、交往世界即社会关系的主体间性维度。

诉诸感性直观最终导致费尔巴哈在认识论上陷入唯心主义。在《未来哲学原理》中,他把感性直观推崇为检验真理的唯一标准,感性亦即真理性、现实性,"只有那通过感性直观而确定自身,而修正自身的思维,才是真实的,……具有客观真理性的思维"[④]。纯粹思维的真理标准就是形式的标准,这个标准不能决定思维中的真理就是客观的即对象世界本身的真理。费尔巴哈的目的在于论证直观比思维更优越,更具有了解事物、切中事物本质的能力。因此,马克思针对费尔巴哈的感性直观制定了"认

---

① 《费尔巴哈哲学著作选集》下卷,荣震华、李金山等译,商务印书馆1984年版,第235-236页。
② 《马克思恩格斯文集》第1卷,第505页。
③ 《马克思恩格斯文集》第1卷,第499页。
④ 《费尔巴哈哲学著作选集》上卷,第178页。

识论提纲":"人的思维是否具有客观的[gegenständliche]真理性,这不是一个理论的问题,而是一个实践的问题。"①从元哲学看,"实践"是指与纯粹理论活动相对的"感性的对象性活动"。因此,马克思的批判具有双重含义:人的存在是通过对象性活动确证的,一方面,不存在所谓客观的即像某物一样外在于人的真理,有的只是被对象性关系规定的相对真理;另一方面,人的思维是否具有客观的真理性,并不能通过"感性直观",而必须通过具有"主体性"的人的实践即"感性的对象性活动"来得到证明、确定。

　　费尔巴哈的感性直观虽能给予最真实、最明确的"感性确定性",但却无法把握人类社会历史的起源和发展,进而与思辨哲学一样把现实抽象化了,在历史上重新陷入唯心主义。这一批判在《德意志意识形态》中全面展开。一方面,作为历史活动之主体的人在费尔巴哈的感性直观中被重新抽象化了。费尔巴哈也谈现实的人,但仅局限于具有感受性、能感受到痛苦、有情欲和爱的人。即是说,人的本质被费尔巴哈理解为"单个人所固有的抽象物",而不是把人理解为在感性活动中形成的社会联系的产物。从"感性—对象性"的原则而非单纯的物来把握人的本质,是费尔巴哈超越机械唯物主义的地方,但他设定的是抽象而非现实的人。"他把人只看做是'感性对象',而不是'感性活动',……他还从来没有看到现实存在着的、活动的人,而是停留于抽象的'人'……"②现实的人之为"现实"不是费尔巴哈所指的感情、肉体,而是人们的社会联系和使之成为现实的人的生活条件,"包括他们已有的和由他们自己的活动创造出来的物质生活条件"③。"生活条件"并不只是指人们所直观的感性对象,而是人的物质生产活动、社会交往活动本身。当然,费尔巴哈也并非不懂现实的人,他曾反对把人从自然界中抽象出来,认为"人是人的作品,是文化、历史的产物"④。但这只是"零星的猜测",就像恩格斯所说的,费尔巴哈并未使得这一思想真正结出果实来。⑤

　　另一方面,费尔巴哈对"感性对象"的理解也是唯心主义的。"人"是抽象的,人通过感性直观获得的感觉世界、对象世界就被理解为先验存在了。"他没有看到,他周围的感性世界决不是某种开天辟地以来就直接存在的、始终如一的东西,而是工业和社会状况的产物,是历史的产物,是世世代代活动的结果……"⑥以樱桃树为例,几乎和其他所有果树一样,它是通过几个世纪以前的商业活动才被移植到德国的。所以,费尔巴哈在樱桃树这个对象上所感知的"感性确定性"也是由于人们在一定社会时期通过感性活动才获得的。这种世世代代的感性活动形成的正是人类

---

① 《马克思恩格斯文集》第1卷,第500页。
② 《马克思恩格斯文集》第1卷,第530页。
③ 《马克思恩格斯文集》第1卷,第519页。
④ 《费尔巴哈哲学著作选集》上卷,第247页。
⑤ 《马克思恩格斯文集》第1卷,第530页。
⑥ 《马克思恩格斯文集》第1卷,第528页。

的历史,而通过感性直观无法把握到感性对象的"活动史"。因此,自然科学同样有其来历,人通过感性活动来达到其理解和改造自然的目的,并实现对感性材料的精准控制。可见,生产劳动即"感性的对象性活动"才是人类世界的基础。马克思讽刺说:"它哪怕只中断一年,费尔巴哈就会看到,不仅在自然界将发生巨大的变化,而且整个人类世界以及他自己的直观能力,甚至他本身的存在也会很快就没有了。"① 因此,费尔巴哈的"感性直观"顶多能以"共时性"的方式把握对象世界,而无法真正深入感性对象的"历史性"的存在。

费尔巴哈与黑格尔的哲学命运殊途同归,最终走向非批判和非革命的结局。如果说黑格尔辩证法因为其封闭性和抽象性而遮蔽其批判的本质,那么费尔巴哈则是因为无法通过"感性—对象性"直观到感性活动的历史性重新陷入唯心主义。尽管他也意识到思维的抽象性,即思维是一种"自我活动",② 但却因此丢掉"活动"的能动性原则,这最终使得费尔巴哈诉诸"最高的直观"和观点上的"类的平等",以解决现实世界中的矛盾如贫困、疾病和不平等现象。所以,"正是在共产主义的唯物主义者看到改造工业和社会结构的必要性的条件的地方,他却重新陷入唯心主义"③。与费尔巴哈不同,马克思既未陷入自我意识的纯粹思维活动,也没有停留在"感性—对象性"的直观上,而是把社会现实还原到人的"感性的对象性活动"中分析批判,并拯救了费尔巴哈的感性本体论和理性形而上学的主体性思想。

二、马克思的存在论革命之于理性形而上学的颠覆

现在让我们进入"创新高地",即马克思在何种意义上超越了旧唯物主义和唯心主义。以《提纲》中第一条即"调和论"为例:"从前的一切唯物主义(包括费尔巴哈的唯物主义)的主要缺点是:对对象、现实、感性,只是从客体的或者直观的形式去理解,而不是把它们当做感性的人的活动,当做实践去理解,不是从主体方面去理解。因此,和唯物主义相反,唯心主义却把能动的方面抽象地发展了,当然,唯心主义是不知道现实的、感性的活动本身的。"④ 由此,可得出几点结论:其一,马克思发动的哲学革命具有两个面向,即旧唯物主义和唯心主义;其二,唯心主义和旧唯物主义只发展了一个方面,同时忽视了另一个方面;其三,旧唯物主义和唯心主义是互相补充的。因此,马克思哲学革命之称谓要成立,不仅要批判性地吸收两者的合理内核,更要"有效地"将其统一起来,即把"感性—对象性"与"活动"进行创造性的耦合。

① 《马克思恩格斯文集》第1卷,第529页。
② 《费尔巴哈哲学著作选集》上卷,第54页。
③ 《马克思恩格斯文集》第1卷,第530页。
④ 《马克思恩格斯文集》第1卷,第499页。

然而，在西方传统哲学中，"感性—对象性"与"活动"的耦合乃是一种非法操作。因为自柏拉图主义诞生以来，感性与超感性乃是对立着的范畴，感性没有真理性、现实性，感性的真理乃是在超感性之中的。在柏拉图哲学中，超感性的领域就是"理念"，而笛卡尔开启的"我思"哲学意味着"人"的思维、理性之张扬，但感性对于理性仍是依附性的。到了黑格尔那里，自我意识的首要任务是扬弃对象性，唯有如此才能使主体成为"无对"之"绝对主体"，进而确保纯粹主体之创造性。进一步说，在西方哲学史上，从亚里士多德到笛卡尔、德国观念论，只有"活动"原则才意味着绝对的、单纯的、完全的"主体"之能动性、自发性、自主性，亦即意志之自由性。

与之相反，费尔巴哈的对象性原理意味着任何存在物的规定、现实、真理都必须从对象性关系中得到解答，因而任何感性存在乃是受对象规定、限制的存在物。可见，在形而上学中，"感性—对象性"与"活动"乃是两个"水火不容"的概念。依照马克思"第一条提纲"，凡是主张感性、对象性之主体地位的归入旧唯物主义，如费尔巴哈哲学；而主张理性、思维之主体地位的则属唯心主义，如黑格尔哲学。但马克思"不落两边"，既批判纯粹的感性对象之直观性，也否定绝对主体之活动的抽象性。"对象性的存在物进行对象性活动"，而人是"作为自然的、肉体的、感性的、对象性的存在物"，[1] 所以人的活动是"感性的对象性活动"。概言之，"感性—对象性"与"活动"在现实中本属同一个东西，既没有脱离感性对象的纯粹活动，也没有脱离人的活动的感性对象。[2]

不消说，"感性—对象性"与"活动"的统一并不是两个概念的"机械组合"，而是涉及一场西方哲学史上的存在论革命。这场存在论革命的澄明之所以意义重大，是因为马克思哲学的传统阐释仍然把这种哲学革命遮蔽在现代性的框架之内，从而使得马克思哲学尤其是资本主义批判深深地陷入现代（资本）意识形态之中。这种"误解"甚至连海德格尔都深信不疑，在《晚期海德格尔的三天讨论班纪要》中得到了深化。在此文本中，海德格尔把马克思归入形而上学家的队列，他认为马克思的哲学性质并没有超出费尔巴哈，而只是完成对黑格尔的"颠倒"或如尼采哲学之"单纯的反动"。[3] 海德格尔在《尼采的话"上帝死了"》中毫不客气地批评说，"作为对形而上学的单纯颠倒，尼采对于形而上学的反动绝望地陷入形而上学中了"[4]。即是说，尼采仅仅宣告"上帝的死亡"即"超感性世界的坍塌"，而未从这种形而上学中"走出来"。在海德格尔看来，马克思同尼采一样，对理性形而上学的批判并未形

---

[1]《马克思恩格斯文集》第1卷，第209页。

[2] 王绍梁：《马克思劳动概念的存在论意蕴——以〈巴黎手稿〉为阐释中心》，《湖南科技大学学报（社会科学版）》2023年第2期，第149-156页。

[3] F.费迪耶等辑录：《晚期海德格尔的三天讨论班纪要》，丁耘编摘译，《哲学译丛》2001年第3期，第52-59页。

[4] 海德格尔：《林中路》，孙周兴译，商务印书馆2018年版，第248-249页。

成积极的成果。与让·鲍德里亚如出一辙，海德格尔最后把"生产"概念——毋宁说"生产"是"感性的对象性活动"的进一步意义，如同实践、劳动一样——斥之为资本主义的意识形态，并宣称马克思达到了虚无主义的极致。①可见，海德格尔没有领会到马克思《巴黎手稿》和《提纲》中充分显示出来的创新意蕴，没有把握实践之概念作为哲学革命的"积极成果"。

海德格尔对马克思的误解表明，严肃对待马克思哲学与理性形而上学的真正关系是一件重要和紧迫的事情。海德格尔指摘的"单纯颠倒"，实际是马克思后来摒弃的费尔巴哈式感性本体论，亦即对黑格尔思辨神学的"主宾颠倒"。正如马克思所说："他把基于自身并且积极地以自身为根据的肯定的东西同自称是绝对肯定的东西的那个否定的否定对立起来。"②这里的"肯定的东西"，就是指"感性、对象、现实"，或称之为"客体"，而"绝对肯定的东西"就是理性之"绝对主体"，在《精神现象学》中表现为自我意识的抽象活动。"感性是ultima ratio,summa summarum（究极的根据、终极的终极）；感觉论是关于究极事物的理论"。③不难看出，费尔巴哈只是对理性主义来了一百八十度的"翻转"，但这种翻转回到唯心主义的阵营，因为他理解的感性对象只是单纯的、直观的存在，而无法透视其历史性。当费尔巴哈说"只有感觉、只有直观，才给我以一种作为主体的东西"④时，表明他并未完成对黑格尔"绝对主体"的扬弃，而是直接取消了人的活动的主体性。费尔巴哈对真理性、现实性的把握仅限于现成的、直接的"感性对象"，而不是人的"感性的对象性活动"。

在此意义上，"感性的对象性活动"精准地实现了对近代理性形而上学之主导原则和基本建制的洞察、批判和扬弃。"形而上学之建制"是指海德格尔所说的意识之内在性，即"意识之存在特性，是通过主体性（Subjektivitaet）被规定的"。⑤但这种主体性之存在根基并未在近代理性主义的传统中被追问，反而变成不可追问的"禁地"。换言之，理性形而上学之"我思"是指封闭的自我意识的纯粹活动，因而在意识"闭环"的内在性之中，由意识建构出来的客体（物性或物相）只是意识内部的存在规定。这见于马克思批判的"不是向外部而是仅仅在自身内部进行的抽象思维运动"⑥。"向外部"就是海德格尔所说的"贯穿对象领域"。意识之所以不能贯穿对象而只能在内部进行抽象思维运动，是因为海德格尔认为"我思"的内在机制没有"某物得以进出的窗户"，即自我意识活动的纯粹性。"我思是一个封闭的区域。

---

① F.费迪耶等辑录：《晚期海德格尔的三天讨论班纪要》，丁耘编摘译，《哲学译丛》2001年第3期，第52—59页。
②《马克思恩格斯文集》第1卷，第200页。
③《费尔巴哈哲学著作选集》上卷，第207页。
④《费尔巴哈哲学著作选集》上卷，第156页。
⑤ F.费迪耶等辑录：《晚期海德格尔的三天讨论班纪要》，丁耘编摘译，《哲学译丛》2001年第3期，第52—59页。
⑥《马克思恩格斯文集》第1卷，第205页。

'从'该封闭的区域'出来'这一想法是自相矛盾的。"①

自我意识的纯粹活动隐藏了近代理性形而上学的"症候",即思维理性成为现实运动的真正主体。思维把对象性本身当作自我意识运动的障碍(异化),把感性设定为"不应有的偏差、缺陷"。于是,自然界同思维的矛盾、对立反而成了"自然界的缺陷",最终自我意识将自然界设定为必须被改造的对象。"对象是一种否定的东西、自我扬弃的东西,是一种虚无性。"②这种逻辑导出的正是控制的自然观。这反映了现代技术与理性形而上学的"同盟关系"。③正因为自然是有缺陷的,所以也是应当被改造成更加符合主体需要的理想对象。这意味着,一切对象与对象性关系成为在逻辑上必将被抛弃的虚无存在,辩证法沦为否定感性的抽象运动。意识之所以具有扬弃对象性的功能,是因为"只要意识知道某个东西,那么这个东西对意识来说就生成了"。④因此,对象的本质不在对象本身,而在于其关于对象的知识之中,意识与对象的对立最终成为知识内部的对立。马克思在《巴黎手稿》中已反复揭示,意识在外化时设定的只是物性,即抽象的"客体",而不是"某物",因而自我意识通过主体"设定"对象的方式来克服对象,最后达到意识之纯粹活动的目的。所以,"感性对象"在自我意识中得到的只能是虚无性。"感性的对象性活动"之于哲学便是实践概念,而"马克思实践纲领的主旨就是在存在论的根基上彻底摧毁现代形而上学的基本建制"⑤。由此可见,马克思将"感性—对象性"与"活动"进行耦合就显得意义重大了。

在《德意志意识形态》中,马克思对理性形而上学给予最彻底的批判,即揭示出纯粹意识的"唯物主义根据":"意识[das Bewußtsein]在任何时候都只能是被意识到了的存在[das bewußte Sein],而人们的存在就是他们的现实生活过程。"⑥马克思把德文的"意识"[Bewußtsein]拆成了两个部分,一是"被意识到了的"[bewußte],一是"存在"[Sein]。所谓"意识",其本真之意是"被意识到了"的"存在",即意识归根结底是一种"存在"。所以,"意识的内在性"是指存在向来被置于意识的内部,而马克思拆词的目的是试图把"存在"从"意识的内部"挪出来,亦称为"'存在'之移居"。⑦

这种语词转换的背后隐含的是一场存在论革命。在马克思看来,人们的意识、观念、思维的根据并不在其自身,而在人们的现实生活过程之中,而"现实生活过程"在存在论革命视域中被表述为"感性的对象性活动"。因此,一方面,"感性—对

---

① F.费迪耶等辑录:《晚期海德格尔的三天讨论班纪要》,丁耘编摘译,《哲学译丛》2001年第3期,第52-59页。
② 《马克思恩格斯文集》第1卷,第212页。
③ 王绍梁:《技术控制与抽象劳动的本质》,《浙江学刊》2024年第4期,第174-181页。
④ 《马克思恩格斯文集》第1卷,第212页。
⑤ 吴晓明:《形而上学的没落——马克思与费尔巴哈关系的当代解读》,人民出版社2006年版,第546页。
⑥ 《马克思恩格斯文集》第1卷,第525页。
⑦ 王德峰:《论马克思的感性意识概念》,《云南大学学报(社会科学版)》2016年第5期,第3-8页。

象性"与"活动"的耦合颠覆了近代理性形而上学,击穿了意识的内在性;另一方面,其旨趣在于缝合旧哲学造成的"主客二分"之后果。因为自我意识之"纯粹活动"设定"主客二分",而费尔巴哈之"感性对象"虽然颠倒了意识第一性,但同时恢复了感性对象直观的"先验性",从而没有成功统一"主体性"和"对象性"。马克思在《巴黎手稿》中明确指出:"主观主义和客观主义,唯灵主义和唯物主义,活动和受动,只是在社会状态中才失去它们彼此间的对立,……理论的对立本身的解决,只有通过实践方式,只有借助于人的实践力量,才是可能的……"①"实践"之概念在《提纲》中被鲜明地揭示为"感性的活动"或"对象性的活动"。可以说,马克思的存在论革命之最大成果即历史唯物主义或"历史科学"——"描述人们实践活动和实际发展过程的真正的实证科学"②——也是建基在《巴黎手稿》和《提纲》发动的哲学革命基础之上的。

"感性的对象性活动"的存在论革命意蕴显示在两方面:一是承认费尔巴哈的"感性对象"原则的"优先性",但改造了其纯粹感受性、受动性、直观性(无反思性)的成分;二是接受了德国观念论活动原则的主体性和历史性思想,剔除了隐藏其中的唯心主义。"感性的对象性活动"则是人的能动的受动活动或受动的能动活动,是活动与受动的对立统一。在这里,主体与客体、能动与受动、意识与存在之对立消解在"感性的对象性活动"这一提法之中。马克思的存在论革命表明其超出西方理性形而上学的知识论路向,成为一种生存论的哲学。这种性质的哲学开启的是与理性主义完全不同的前反思、前理性、前概念、前逻辑的"感性生活世界"。

三、马克思存在论革命的政治经济学批判效应

马克思哲学的存在论革命与政治经济学批判之间长期以来被定义为"推广论"或"应用论"的关系。这样,从《提纲》的"实践"、《德意志意识形态》的"生产",到《资本论》的"劳动",其逻辑就变成范畴演绎的"线性发展"。在这种逻辑中,"实践"作为人类社会活动的哲学概括,在认识历史发展的动力时就转变为物质生产和劳动价值论,作为分析一般规律和特殊规律的理论基础。实际上,《资本论》应当被看作青年马克思哲学革命的继续。也就是说,这是一个思想综合的过程。③ 由此而论,存在论革命不但具有"向前"的哲学史批判效应,还内含了"向后"的政治经济学批判效应。

在存在论视域中,"劳动"成为连接哲学与经济学这两种传统研究范式的枢纽

---

① 《马克思恩格斯文集》第1卷,第192页。
② 《马克思恩格斯文集》第1卷,第526页。
③ 郗戈:《走向"特定性哲学"——政治经济学批判对马克思哲学革命的深化》,《中国社会科学》2022年第5期,第27—45+204—205页。

性概念。从工具性与价值性的总体性角度阐发马克思劳动理论的核心要义,劳动便超出了传统单纯的经济学概念,而被确立为与人类生存方式相关联的本质性活动。这就是说,具体劳动不仅是主体改造客体的物质变换活动,更应从人的主体性维度被看作"感性的对象性活动"。这有助于消除赫伯特·马尔库塞、G.A.科恩等对马克思劳动理论的误解,他们认为,晚年马克思否认了劳动与自由之间的兼容性。① 相反,劳动的工具性内涵深刻地体现了形而上学"主客二分"的思维方式。这本身是资本主义生产方式的认识论效应,最终在经济学维度被狭隘化为创造财富的手段。马克思自始至终都坚持《巴黎手稿》对于劳动自由性的肯定,只是在资本关系下,劳动才被扁平化为失去内在尺度的抽象活动。

基于存在论革命与政治经济学批判的统一性,劳动二重性从单纯的经济学理论转变为同时具有批判功能的哲学理论。在哲学上,劳动二重性即指劳动的积极性和消极性,这分别体现在《巴黎手稿》对劳动之于人的本质的价值意蕴的分析和现实劳动的异化性质的批判上,因而批判黑格尔"只看到劳动的积极的方面,没有看到它的消极方面"②。在经济学上,劳动二重性特指具体劳动与抽象劳动,其功能分别创造商品的使用价值与交换价值。实际上,唯有发现经济学维度的劳动二重性,哲学维度的劳动二重性才具有了真正的批判生命力。马克思不仅通过劳动二重性揭示出资本主义商品经济的价值规律,而且深刻地揭示了资本作为社会权力的根源在于劳动本身的内在矛盾。现代劳动之所以具有两面性,是因为创造价值的抽象劳动支配和统治了创造使用价值的具体劳动。由此,使用价值沦为交换价值的载体,具体劳动降格为资本价值增殖的手段。

进一步说,马克思的资本批判与自我意识批判具有"理论互动"效应。这在《资本论》对《巴黎手稿》的术语继承关系上就可以窥见一斑。商品之所以具有价值,是因为有人类的抽象劳动对象化在其中,但商品的价值对象性(Werthgegenständlichkeit)并不是"感性—对象性",而是"幽灵般的对象性""纯粹的想象的对象性"或"抽象的对象性"。与之相对,具体劳动创造的产品的对象性是"使用的对象性""可感觉的粗糙对象性""死的对象性"。"经济话语"向"哲学话语"转变表明,理性形而上学基本建制的批判与资本的形而上学性质的批判是马克思存在论革命的理论成果,而且是"同一个结果"的两个不同面向。有学者就指出"马克思在对抽象理性和抽象存在(资本)的双重批判中,实现了辩证法对形而上学的'终结'。"③ 这种终结工

---

① Herbert Marcuse, "The Realm of Freedom and the Realm of Necessity: A Reconsideration", *Praxis*, Vol.5, No.1,1969, pp.20-25; G. A. Cohen, "Marx's Dialectic of Labor", *Philosophy & Public Affairs*, Vol.3,No.3,1974, pp.235-261.

② 《马克思恩格斯文集》第1卷,第205页。

③ 孙正聿:《辩证法:黑格尔、马克思与后形而上学》,《中国社会科学》2008年第3期,第28页。

作的方法论来源恰恰就隐藏在《巴黎手稿》对黑格尔自我意识哲学的批判之中。①

要言之,"自我意识"在现代社会就转变为"资本",而黑格尔哲学体系成为资本的意识形态表达,"以绝对理念为核心的形而上学体现了资本的信心"②。因此,资本形态的循环运动在结构上和内容上都充分显示出与自我意识之纯粹活动的相似性。从意识、自我意识到理性、绝对知识的提升过程,在资本逻辑中表现为价值增殖和再生产的无限性。但唯有把资本价值还原为抽象劳动,进而把资本运动理解为抽象劳动的主体化过程,才能更深刻地揭示出资本本身的内在界限。自我意识并不能真正扬弃感性对象,而只是通过设定物性来达到返回自身的目的。抽象劳动作为资本价值的实体,同样不能脱离感性的劳动过程和交换过程而自行增殖。劳动作为人的"感性的对象性活动",仍然是资本存在的自然根基。换言之,"资本依然依赖于劳动"③。这个依赖关系不仅表现为资本与劳动的不可分割性,而且表现在活劳动是资本无法克服的前提。这种前提体现的正是马克思资本批判的唯物主义特质。

从存在论革命探讨马克思对资本主义的哲学批判,具有非常重要的学术价值。时下特别流行一种劳动批判理论,这种理论认为,马克思关于劳动的自我实现的观点为资本主义的再生产提供了意识形态的支撑。即是说,在高度肯定劳动之于现代人和现代世界的建构性价值时,恰恰与资本主义的不断再生产逻辑形成了同盟关系。因此,高扬劳动、赞美劳动只是资本操控劳动的意识形态手段。这种观点具有一定的合理性,但是它仅具有"形式上"的批判价值,而没有为人类提供任何实质性的内容。的确,现代劳动即雇佣劳动始终要受到资本权力的控制,因而不可避免沦为资本增殖的工具。在此意义上,我们不仅要批判资本,还要批判劳动。但不可否认的另一点是,人类世界的建构正是通过劳动活动完成和实现的,没有劳动的创造性就没有人类社会。马克思反对的、要消灭的是为资本创造剩余价值的雇佣劳动,而不是劳动活动本身。相反,任何社会都需要剩余劳动,没有剩余劳动就没有再生产。超越资本主义之后的未来社会,只是消灭了剩余劳动的资本主义形式即生产剩余价值的劳动,而不可能消灭劳动本身。因此,那种从劳动批判理论走向消灭劳动的观点最终与浪漫主义形成了合流,变成乌托邦的变种形式。这也意味着,对马克思资本批判理论的阐释,仍然不能脱离马克思的存在论革命的理论视域。这即是马克思存在论革命的政治经济学批判效应。

---

① 王绍梁:《理性主义与抽象劳动的形而上学本质——兼论马克思与黑格尔、费希特的内在联系》,《宁夏社会科学》2024年第1期,第48-55页。
② 仰海峰:《马克思与形而上学的颠覆》,《哲学研究》2002年第2期,第3-10页。
③ 克里斯多夫·约翰·阿瑟:《新辩证法与马克思的〈资本论〉》,高飞等译,北京师范大学出版社2018年版,第61页。

祛魅与建构：劳动正义对"马克思与正义"之争的破解①

焉 祯

摘 要：20世纪70年代，"塔克-伍德命题"营造出"正义的马克思拒斥正义"这一具有迷惑性的观点来消弭马克思主义正义理论。然而，"塔克-伍德命题"存在逻辑上的推演简化、文本上的去语境化、认识上的单向度化、立场上的去阶级化等问题。因此，系统梳理并准确界定"马克思与正义"之争，破除"塔克-伍德命题"的理论魅惑，对于构建新时代马克思主义正义理论具有重要意义。"劳动正义"作为贯穿马克思主义的核心概念，蕴含于对资本主义生产方式的批判和对新社会的构建图景中，指向劳动主体的自我确证、劳动关系的和谐构建、劳动属性的多元丰富、劳动结果的共有共享、劳动观念的公共塑造。

关键词：塔克-伍德命题；劳动正义；马克思；正义批判

本文引文格式：焉祯：《祛魅与建构：劳动正义对"马克思与正义"之争的破解》，见何云峰主编：《劳动哲学研究》第十一辑（2024年第2辑），上海教育出版社2024年版，第14-24页。

作为人类永恒的价值追求，正义是衡量事物好坏善恶的尺度。现代社会日益增强的公共化趋势使人越来越依赖政治制度和法律，价值评价的社会功能不断弱化甚至趋于萎缩，以"制度依赖"或"公共化路径依赖"为表征的"现代性心态"使越来越多的人醉心于公共行政管理能力的现代化，甚至容忍制度带来的社会约束，却对正义等价值概念持蔑视嘲讽态度。这种对正义的轻视，不仅会导致对正义内容的随意解读，还极有可能引发价值体系的混乱。因此，无论公共生活领域如何繁荣，正义的时代构建都是不可回避的重要命题。

---

① 作者通信地址：焉祯，北京大学马克思主义学院（北京 100091）。

"正义"这一概念是中国特色社会主义理论体系的重要概念之一。党的二十大报告中多次提及"正义",强调"和平、发展、公平、正义、民主、自由的全人类共同价值"。① 这充分体现了中国共产党对正义问题的高度重视和坚守正义的高度自觉。在两个一百年的历史交汇期,社会主义的纵深发展抛出许多新问题和新挑战,亟待新理论的观照。当代中国的现代化进程和转型升级,为探讨马克思主义正义理论提供了丰富的现实土壤。同时,从暴力革命到和平发展的时代变迁,意味着在马克思主义话语体系中曾被"边缘化"的"正义"概念,亟须向话语中心进行位置切换。

　　"正义"问题受到热切关注,但这一概念在马克思主义文本中的合法性地位、时代内涵阐发和现实实现路径仍有待深究。20世纪70年代,学界曾围绕"马克思是否认为资本主义是正义的?""马克思是否缺席正义理论?""如何理解马克思正义理论?"等问题展开激烈讨论。马克思主义文本中对正义问题的少量表述,为后世学者提供了探讨空间。因此,对马克思正义论题的祛魅与建构,有利于回应"马克思与正义"之争,复原"正义"概念在马克思主义文本中的合法性地位,为回应人民价值诉求、促进社会和谐以及解决发展问题等提供理论借鉴。

一、"塔克-伍德命题"的魅惑:正义的马克思拒斥正义

　　关于"马克思与正义"的争论始于20世纪70年代。1971年,罗尔斯在其著作《正义论》中,将正义定义为对于社会安排的利益分配的评判,② 并提出"平等自由的原则和机会的公平平等原则"③,从而使"最少受惠者利益"④ 最大化的正义构想。然而,罗尔斯的差异原则中存在这样一种倾向:当不合理的制度安排能够得到普遍认可,特别是处于弱势的少数人的认可时,这样的安排就是正义的。这一倾向实质上反映出罗尔斯对剥削制度的某种默认,以及对资本主义生产方式不正义性的忽视或淡化。

　　《正义论》的出版引发学界讨论正义的热潮。当这一讨论转向马克思主义时,关于"马克思与正义"的争论迭起。对于马克思正义观的解读,不乏现代视角的臆

---

① 习近平:《高举中国特色社会主义伟大旗帜　为全面建设社会主义现代化国家而团结奋斗——在中国共产党第二十次全国代表大会上的报告》,人民出版社2022年版,第63页。
② 约翰·罗尔斯:《正义论》,何怀宏、何包钢、廖申白译,中国社会科学出版社1988年版,第4页。
③ 约翰·罗尔斯:《正义论》,第83页。
④ 约翰·罗尔斯:《正义论》,第83页。

祛魅与建构：劳动正义对"马克思与正义"之争的破解 ………………… 焉 祯

想。有人试图将马克思带向正义；①有人试图将正义带向马克思，②有人试图从只言片语中搜寻马克思文本中对于正义的论述，以此诠释甚至创造出以马克思为名的正义观，做文本的捍卫者；③还有人认为马克思缺席正义、规避正义甚至是批判正义，从而引申出"正义的马克思拒斥正义"④这一矛盾命题。

对"马克思与正义"的理论诘难，聚焦于塔克（Robert C. Tucker）的著作《马克思的革命观念》（The Marxian Revolutionary Idea）和伍德（Allen W. Wood）撰写的文章《马克思对正义的批判》（The Marxian Critique of Justice）。艾伦·布坎南（Allen E. Buchanan）将二者的主要观点总结为"塔克-伍德命题"（Tucker-Wood Thesis）。

（一）塔克对马克思正义理论的遮蔽：马克思对资本主义正义性的认可

资本主义是不正义的吗？这一问题看起来似乎是个假命题。马克思尖锐泼辣的遣词造句，使资本主义不正义的形象早已深入人心。学界在诠释马克思主义时，普遍将马克思的正义立场作为前置条件。但塔克却认为，长期以来将马克思作为正义的倡导者，并将分配正义视为马克思主义的道德指向性理论，这种观点是错误的。

塔克从三个方面论述自己的观点。首先，他将蒲鲁东（Pierre-Joseph Proudhon）树立为正义的代表。在这部分，他引用了马克思与蒲鲁东的论战："蒲鲁东先从与商品生产相适应的法的关系中提取他的公平的理想，永恒公平的理想。顺便说一下，这就给一切庸人提供了一个使他们感到宽慰的论据，即商品生产形式像公平一样也是永恒的……如果有人说，'高利贷'违背'永恒公平''永恒公道''永恒互助'以及其他种种'永恒真理'，那么这个人对高利贷的了解比那些说高利贷违背'永恒恩典''永恒信仰'和'永恒神意'的教父的了解又高明多少呢？"⑤ 在只言片语

---

① 诺曼·杰拉斯（Norman Geras）在《关于马克思与正义的争论》（The Controversy About Marx and Justice）中主要区分并梳理了"马克思反对正义""马克思赞同正义"两类观点。之后，他又在《将马克思主义带向正义》（Bringing Marx to Justice: An Addendum and Rejoinder）一文中作出更详细的梳理。Norman Geras, "The Controversy About Marx and Justice", *New Left Review*, No.150, 1985. pp.47-85. Norman Geras, "Bringing Marx to Justice: An Addendum and Rejoinder", *New Left Review*, No.195, 1992. pp.37-69.

② 以齐雅德·胡萨米（Ziyad Husami）、加里·杨（Gary Young）和科亨（G.A.Cohen）为代表的西方左翼学者捍卫马克思主义的正义论，坚决反对塔克-伍德的解读。相关的文章有 Ziyad Husami, "Marx on Distributive Justice", *Philosophy & Public Affairs*, Vol.8, No.1, 1978, pp.27-64. Gary Young, "Justice and Capitalist Production: Marx and Bourgeois Ideology", *Canadian Journal of Philosophy*, Vol.8, No.3, 1978, pp.421-455. G. A. Cohen, *History, Labour, and Freedom*. Oxford: Clarendon Press, 1988.

③ 学界在马克思主义文本的基础上，解读出生态正义、分配正义、法权正义等多种具体的正义观，本文探讨的"劳动正义"目前有毛勒堂、刘占虎、许银英等学者研究。

④ 巩永丹：《从〈共产党宣言〉透视马克思正义批判的尺度——基于"正义的马克思拒斥正义"的思考》，《理论月刊》2018年第7期，第5-11页。

⑤《马克思恩格斯文集》第3卷，第255页。

的对比中,马克思被自然而然地推向所谓的"正义"的对立面。其次,塔克从分配正义(distributive justice)的角度切入这一命题,并基于《资本论》中的论述指出资本对劳动的剥削(exploitation)是正义的,原因在于工资已经全部支付了工人的劳动力商品,工人的劳动不是被抢劫或者欺骗的结果。最后,在共产主义的分配制度构建方面,塔克指出,马克思并没有设想按需分配是一种分配正义。①

以上三点构成塔克对"马克思并不认为资本主义是不正义的"这一论点的论述。此外,塔克指出,在马克思看来,正义是利益冲突间的"公正的平衡"。马克思否认资本主义的不正义,是为了避免劳资双方在私有制下达成一种利益平衡(equilibrium of antagonisms),从而瓦解革命行动,本质上是为了确保革命行动的发生,反映出一种通过革命对利益冲突的废止倾向(abolition of antagonisms)。

(二)伍德对马克思正义理论的消弭:依靠资本攫取剩余价值必要且正义

如果说塔克的论述还存在模棱两可的嫌疑,那么,伍德就显得更为精明尖锐。在同意塔克核心论断的基础上,伍德指出塔克论述的薄弱之处,并提出更加激进丰满的观点:"资本主义虽有种种明显的缺点,但就正义而言,它并未犯错";"对于马克思来说,无论资本主义是什么,它似乎都不是不正义的"。②

在论述技巧上,伍德借鉴塔克的"拉踩"手段。塔克选取蒲鲁东作为正义的社会主义者代表,而伍德则选取拉萨尔作为代表。伍德通过援引马克思对拉萨尔的回应,认为马克思拒斥"公平的报酬"等口号,反而认同资本主义分配公平的论据。由此发问:"难道资产者不是断言今天的分配是'公平的'吗?难道它事实上不是在现今的生产方式基础上唯一'公平的'分配吗?难道经济关系是由法的概念来调节,而不是相反,从经济关系中产生出法的关系吗?"③

虽然在论述技巧上有共通之处,但伍德的论辩更细致入微,具有迷惑性。伍德指出,在马克思那里,正义是法权内容,是对社会行为和制度的衡量评判,对于正义概念的理解要在特定的生产方式背景下进行,"对马克思来说,交易或制度的正义与否,将依赖于它们与它们所隶属的那个生产方式之间的关系"④。

由此,对正义的理解被放置在资本主义生产方式下。对于塔克提出的"资本主义是不正义的吗?"这一问题,伍德进一步细化为:"依靠资本攫取剩余价值对马克思来说是不是不正义的?"⑤ 对此,伍德引用马克思在《资本论》中的一段话进行解读:"生产当事人之间进行的交易的正义性在于:这种交易是从生产关系中作为自

---

① Robert C. Tucker, *The Marxian Revolutionary Idea*, London: George Allen & Unwin Ltd. 1970, pp.37-53.
② Allen W. Wood, "The Marxian Critique of Justice", *Philosophy & Public Affairs*, Vol.1, No.3, 1972, p.244.
③《马克思恩格斯文集》第3卷,第432页。
④ Allen W. Wood, "The Marxian Critique of Justice", *Philosophy & Public Affairs*, Vol.1, No.3, 1972, p.257.
⑤ Allen W. Wood, "The Marxian Critique of Justice", *Philosophy & Public Affairs*, Vol.1, No.3, 1972, p.260.

然结果产生出来的。这种经济交易作为当事人的意志行为,作为他们的共同意志的表示,作为可以由国家强加给立约双方的契约,表现在法律形式上,这些法律形式作为单纯的形式,是不能决定这个内容本身的。这些形式只是表示这个内容。这个内容,只要与生产方式相适应,相一致,就是正义的;只要与生产方式相矛盾,就是非正义的。在资本主义生产方式的基础上,奴隶制是非正义的;在商品质量上弄虚作假也是非正义的。"①

伍德意在说明,在资本主义生产关系下的雇佣关系中,交易和契约的正义性体现为资本家购买劳动力并以工资的形式支付它的全部价值,剩余价值作为购买所得自然归属资本家,而不属于任何其他人,"这种情况对买者是一种特别的幸运,对卖者也决不是不公平。"②因此,资本占有剩余价值不管对于资方还是劳方,没有包含不平等或不正义的交换。③

然而,如果资本主义不是不正义的,那么怎么解释资本主义下的劳资关系,又如何解释剩余财富被占有产生的巨大贫富分化和社会差异?伍德使用"奴役"这个词来定义资本对劳动者的剥削,并认为"奴役"并非不正义,认为这个词带有不正义色彩的人实则是某些偏见的牺牲品。

在伍德的论述中,"资本攫取剩余价值"被轻易改写成"雇佣关系下劳动价值的正当交换"。如此一来,资本的剥削、对工人的奴役以及周期性经济危机,全都成为合理正当的存在。资本主义生产由此在历史中获得正义根基,而所有诉诸道德层面、价值观念或哲学伦理来谴责资本主义的理论,全都因失去正义立场而沦为虚无,马克思的正义理论就此消弭。

二、理论祛魅:对"塔克-伍德命题"的反思与驳斥

从塔克和伍德的论述中不难发现,当正义问题被放置在资本主义生产方式下,对正义的理解逻辑就会变成:由于资本主义生产方式建立在劳动为资本创造剩余价值的基础上,因此在资本逻辑下,对剩余价值的占有不仅是正义的,而且是必要的。马克思对资本主义的谴责并不是出于正义考量,而是基于对资本主义的全面考察和深度剖析,将资本主义视为一种具体的历史的生产方式,从"两个必然"这一历史发展必然性的角度提出社会的一种发展倾向,指出消灭资本主义的理由是它自身的不合理,而非不正义。

这一逻辑推演产生的自然而然的结果是,不仅"资本主义是不正义的"这一立

---

① 《马克思恩格斯文集》第7卷,人民出版社2009年版,第379页。
② 《马克思恩格斯文集》第5卷,人民出版社2009年版,第226页。
③ Allen W. Wood, "The Marxian Critique of Justice", Philosophy & Public Affairs, Vol.1, No.3, 1972, p.263.

论被推翻,同时也暗示着这样的信息:只要资本主义能够革新自身的不合理之处,那么资本主义就不必被消灭。

的确如此,伍德认为,在马克思的视角下,"这些罪恶是可以也应该通过道德、法律或政治过程来加以弥补的。""他的'革命'目标也就不是真的推翻现存的社会,而只是想纠正当下流行的滥用行为,剔除其中悲惨而非理性的不正义,使之满足那些作为(或者应该作为)社会真正基础的权利和正义理念。换句话说,为正义激情所鼓舞的坚定革命者,已经为下一次民主大会的主题演讲做好了准备。"[①]

可见,"塔克-伍德命题"的最终指向在于将马克思对准资本主义的矛头暗中调换,企图通过消解马克思主义的正义立场来化解马克思主义对于资本主义的威胁和批判。虽然"塔克-伍德命题"对马克思正义理论极具迷惑性,但如果深入推敲,就会发现它漏洞百出。

(一)推演简化:从"买者"与"卖者"的交换关系推断"资本"与"劳动"的资本剥削正义性

关于"资本主义是否不正义"的争论,焦点在于如何解读马克思在《资本论》中对资本主义生产关系的相关论述。塔克和伍德紧紧抓住"资本主义生产方式",拒绝承认资本剥削剩余价值的非正义性,其逻辑在于:一方面,资本家(买者)购买劳动者(卖者)的劳动力遵循商品等价交换的原则,这一交换遵循市场经济守则,是买卖双方自由平等意志的体现,属于经济行为的范畴;另一方面,雇佣劳动关系本质上是一种契约关系,在国家层面受到法律的认可和保护,进而被纳入法权正义的范畴。因此,在商品生产关系下,资本家和劳动者的交换诉诸市场交易的正义性,这对双方来说都是一种幸运。

胡萨米曾尝试反驳这一逻辑,但他从分配正义的角度进行驳斥,在逻辑上偏离靶心。对于这一论述逻辑的破题,关键在于对资本主义生产方式二重性的正确把握。[②] 资本主义生产方式兼具商品生产和剩余价值生产两重属性,前者是显性的生产性积累,而后者是隐秘的剥夺性积累。塔克和伍德的论述只把握第一重属性,并试图从生产性积累的正当性推断出剥夺性积累的正当性,这显然是对两重属性关系的刻意混淆。在剩余价值的生产过程中,资本要求工人创造剩余价值以实现资本增殖,这一资本增殖的秘密掩藏于平等的雇佣劳动关系之下,对工薪阶级的剥夺隐藏在中性的市场交换之中,是有利于资本而有损于工人的。资本主义生产方式下生产性积累向剥夺性积累的转移,造成巨大的社会贫富差距,导致寄生阶层和新仆役阶层的膨胀。因此,资本无偿占有剩余价值这一"非交换"行为既不平等也

[①] Allen W. Wood, "The Marxian Critique of Justice", *Philosophy & Public Affairs*, Vol.1, No.3, 1972, p.271.

[②] 王峰明:《资本主义生产方式的二重性及其正义悖论——从马克思〈资本论〉及其手稿看围绕"塔克-伍德命题"的讨论》,《哲学研究》2018年第8期,第3-17+89+126页。

不自由,本质是不正义的。

(二)去语境化:摘取马克思主义文本的只言片语进行孤立片面的解读

塔克和伍德在论述中广泛援引马克思的论述,这使他们的论断看起来有丰富的文本和严谨推理作为支撑,对于不了解马克思文本的读者来说极具迷惑性。然而,如果回到马克思的文本语境中不难发现,被引用作为论据的段落基本都是"虚假"片段。例如,前文提到的伍德援引马克思反驳拉萨尔关于公平的(正义的)分配的回应,就是将马克思的反讽解读为对资本主义分配正义性的某种认可。

此类情况在塔克和伍德的论证中屡见不鲜,他们仅凭马克思的某些片段性论述,就轻率地推断出马克思否认资本主义的不正义性,这种做法显然有失严谨。对马克思的论述应置于其整体的文本语境中进行理解,否则,这些被剥离出语境的段落极易产生误导。塔克和伍德的引用显然是在"生吞活剥"马克思的论述,通过摘取只言片语,进行断章取义式的肆意解读。伍德曾引用"既然真实的关系早已弄清楚了,为什么又要开倒车呢?"[①]这句话来表述资本主义不言自明的正当性,或许这句话更适用于塔克和伍德这种片面且蹩脚的论述本身。

(三)单向度化:忽视上层建筑对经济基础的能动的反作用

基于现存生产方式进行的正义分析,必然落入现存生产方式的框架,沦为对既存事实的辩护话语。伍德将正义放在特定生产方式中理解,将正义解读为"不取决于人类行为与利益的普遍一致性,而取决于受历史条件制约的生产方式所提出的具体要求"。[②] 根据塔克和伍德的观点,似乎任何与资本主义不一致的正义标准都不可能存在,这一逻辑预设若被接受,则现存生产方式似乎将被视为"永存",因为所有内容都被限定在其范畴之内,正义作为上层建筑的一部分,也将永远受限于现存生产方式。

这一论断带有生产方式决定论的倾向,它过分强调经济基础对上层建筑单向度的决定作用,而忽视上层建筑对经济基础的能动的反作用。马克思在《政治经济学批判(1857—1858年手稿)》中指出:"认识到产品是劳动能力自己的产品,并断定劳动同自己的实现条件的分离是不公平的、强制的,这是了不起的觉悟,这种觉悟是以资本为基础的生产方式的产物,而且也正是为这种生产方式送葬的丧钟。"[③] 正义生成的历史序列表明,正义观念的演变往往呈现出由低级向高级的发展态势,这种演变方式不仅能够跳出生产方式的束缚,而且能够俯瞰并引领社会发展进程。

---

① 《马克思恩格斯文集》第3卷,第436页。
② Allen W. Wood, "The Marxian Critique of Justice", *Philosophy & Public Affairs*, Vol.1, No.3, 1972, pp.255-256.
③ 《马克思恩格斯文集》第8卷,人民出版社2009年版,第112页。

(四)去阶级化:忽略马克思主义前置性的无产阶级立场和共产主义取向

马克思正义问题的分歧之核心在于阶级立场的根本对立。马克思从无产阶级的立场出发,始终关注大多数人的共同利益,并对资本主义进行深刻的谴责。在他看来,资本主义制度下,少数人的特殊利益取代大多数人的共同利益,这是不正义的根源所在。在描述资本主义时,马克思使用诸如"盗窃""篡夺""抢劫"等具有鲜明价值取向的词汇,充分展现出对资本主义制度的批判态度。然而,伍德可能会对此提出反对意见。例如,对于"奴役"一词,如果认为这个词隐含不正义,伍德就会认为这种想法本身是偏见的牺牲品。可见,在伍德那里,所有带有价值评判的词语都可以被"偏见"套牢,词语本身具备的价值立场被模糊处理。

塔克和伍德绝口不提马克思的阶级立场,甚至将蒲鲁东和拉萨尔等视为正义之流。按照伍德的逻辑,他承认资本主义是不合理的,剩余价值的占有是不平等的,多数人的利益被少数人的声音湮没,但这一切都不能用"不正义"来定义,所有这些看似不合理的现象和弊病,只需要用一个词语——资本主义生产方式——就可以实现逻辑自洽。这套辩护逻辑充斥着对马克思主义的臆想和误读,基于生产方式解读马克思的正义论内容,注定是一套为资本主义生产方式辩护的蹩脚方案。

这样看来,早在原初立场上,塔克和伍德就已经投入资本主义怀抱,走向马克思主义的对立面。塔克和伍德模糊处理马克思的无产阶级立场,让被压迫者在不正义的境地中失语,用有产者的语句规定了正义的全部内容。

三、建构重塑:以"劳动正义"为旨趣的马克思正义理论

对于"塔克-伍德命题"的驳斥已经完成,但正义论视域中的"马克思问题"仍待解决,其核心问题在于"马克思是否缺席正义?"如果马克思从未缺席正义,那么马克思的正义论内容应当如何建构重塑?对以上问题的逻辑推演构成马克思正义理论建构的底层逻辑。

(一)去伪存真:解析马克思缺席正义的幻象

马克思真的缺席正义吗?这一质疑其实是钻了马克思文本的"空子"。文本中似乎很难见到有关"正义"的专门论述,"即使我们用精密的扫描装置来搜寻马克思著作中的'正义'一词,其结果也会寥寥无几"[①]。同时,在马克思文本中,道德伦理和价值评价从来不是马克思的主要考量内容。马克思对于社会现实持"非道德的"态度。在各种论战中,马克思会回避价值评价,甚至会讽刺挖苦其他基于价值评价作出的论断。例如,在与施蒂纳的论战中,马克思指出:"共产主义者根本不进行任

---

① William Leon, McBride, The Concept of Justice in Marx, Engels, and Others, *Ethics*, Vol.85, No.3, 1975, pp.204-218.

何道德说教,施蒂纳却大量地进行道德的说教。"① 种种迹象表明,马克思在一定程度上确实在回避作出关于"是否正义"的道德评价。那么,马克思出于何种原因回避"正义"?

首先,从时代特征来看,正义作为一种价值概念,从属于观念世界。马克思曾把批判的矛头对准德国哲学,原因在于哲学的丰富发展在极大程度上丰富精神文化的同时,也在无形中使现实陷入观念的桎梏中。哲学的探讨迎合萎靡的精神,思想的斗争取代现实的斗争,包含"正义"在内的观念世界可以被解读和改写,最终成为思想枷锁般的存在。马克思则始终以鲜明的现实性为指向,旨在将现实"从幻想、观念、教条和想象的存在物中解放出来,使他们不再在这些东西的枷锁下呻吟喘息"②。因此,在文本中,马克思回避对"正义"的评判,是因为价值评价和道德评价引发的只能是精神方面的论战,这一倾向将再次落入形而上的窠臼,而只有事实评价才能引领改造现实的运动。

其次,正义观在一定程度上为时代所定义。在以私有制为背景的资本逻辑主导下,正义的内容是被资本定义的,"资产阶级正义观的核心功能就是使财富的巨大不平等合乎资本主义法权"③,甚至摆脱道德伦理等价值因素的影响,只有先完成事实构建,才能谈道德内容。因此,马克思认为,只要私有制存在,正义的话语体系和评判标准就会始终笼罩在资本主义制度和资产阶级的阴影下,任何对正义的探讨都会正中资本主义的下怀,沦为资产阶级的观念产物,这些探讨将毫无意义。相对于虚无缥缈的正义,马克思从历史唯物主义的角度开展革命的必然性论述,用鲜明的阶级立场取代虚幻的正义概念,从而掀起革命的浪潮。

(二)缺席即在场:批判性话语下的劳动正义旨趣

马克思回避作出正义评价,并不意味着马克思在正义问题上的缺席。相反,在正义问题上,马克思始终在场。批判性是马克思正义观的特质。在批判资本主义背景下不平等的雇佣劳动关系和对新社会的构建中,马克思表达出对劳动正义型社会的构建设想。

劳动正义是马克思正义理论的内在旨趣,对劳动者的正义关照贯穿马克思主义的发展脉络。青年马克思"选择了最能为人类而工作的职业"④,这预示着他将人类福祉作为正义目标,将劳动作为实现自身价值和人类幸福的必由之路。劳动何以能成为正义范式?在生活中,"劳动"往往与"痛苦""压抑""拘束"等感受关联。

---

① 《马克思恩格斯全集》第三卷,人民出版社1960年版,第275页。
② 《马克思恩格斯全集》第三卷,第15页。
③ 巩永丹:《从〈共产党宣言〉透视马克思正义批判的尺度——基于"正义的马克思拒斥正义"的思考》,《理论月刊》2018年第7期,第5—11页。
④ 王磊:《马克思恩格斯论道德》,人民出版社2011年版,第1页。

劳动作为谋生手段,在更多意义上代表着来自外界的压迫和剥削。马克思在《1844年经济学哲学手稿》中深刻揭示了资本逻辑下的劳动异化现象,包括劳动产品的异化、劳动活动的异化、人的类本质的异化以及人同人之间的异化,这四重"异化"共同构成劳动的非正义性表征。此外,马克思洞悉资本无偿占有剩余劳动的秘密,揭示出资本主义生产过程是劳动过程和价值增殖过程的统一。① 这一不平等不公正的现代奴役形式造成现代的贫困和巨大的社会差异,使得正义话语被少数利益既得者所把持。正是因为察觉到资本主义下正义的形式性,所以马克思坚守无产阶级立场,致力于劳动正义型社会的构建。综上,劳动异化和资本对剩余劳动的攫取共同构成劳动正义建构的批判性前提。

在完成对劳动异化的批判和现实的改造后,马克思开始对正义进行构想。"在共产主义社会高级阶段,在迫使个人奴隶般地服从分工的情形已经消失,从而脑力劳动和体力劳动的对立也随之消失之后;在劳动已经不仅仅是谋生的手段,而且本身成了生活的第一需要之后;在随着个人的全面发展,他们的生产力也增长起来,而集体财富的一切源泉都充分涌流之后,——只有在那个时候,才能完全超出资产阶级权利的狭隘眼界,社会才能在自己的旗帜上写上:各尽所能,按需分配!"②

可见,劳动正义在马克思那里包含以下内容:第一,从劳动主体来看,现实的人作为劳动主体具有劳动需求,并在劳动过程中确证自身存在,获得劳动幸福并实现个人发展;第二,从劳动关系来看,自由和谐的劳动关系取代利己排他的孤立式关系;第三,从劳动属性来看,劳动超越"谋生手段"的单一属性,成为生活内容和创造集体财富的源泉;第四,从劳动结果来看,劳动成果人人享有,每个人的需求都得到充分满足;第五,从劳动观念来看,劳动正义不仅是工具性的,而且它作为一种价值取向将塑造"劳动光荣"和"劳动至上"的公共道德性质。

劳动正义作为马克思正义理论的核心概念和内在旨趣,回答了共产主义社会的正义是"谁之正义"的问题,答案是每个人的。劳动正义本质上是一种人民大众的正义观,是无产阶级的价值追求。劳动作为一种自我所有权,使正义的实现途径最大限度地复归人自身,从而减少了资本、权力等外在力量对正义的扭曲。因此,劳动正义正是隐藏于马克思文本中的内在旨趣,劳动正义的构建是对"资本永恒正义"的破题之思。

持续十余年的"马克思与正义"之争说明,在正义问题上纯粹搬运文本只会引发分歧和割裂,对马克思正义问题的探讨需要文本观照,更需要审慎辨明。尽管备受质疑与挑战,但马克思对于自由价值观、劳动正义和人类福祉的理想不断彰显。那些认为马克思主义不涉及任何价值评判和道德理论的观点,是不负责任的妄言

---

① 《马克思恩格斯文集》第5卷,第230页。
② 《马克思恩格斯文集》第3卷,第435-436页。

论断。以共产主义为价值指向的马克思主义理论清晰地划分出自身与空想社会主义、自由主义等其他空洞且缺乏正义价值内蕴的理论界限。如果社会主义没有正义事实,如果共产主义没有正义追求,那么就没有任何正义可言,社会主义和共产主义也就没有任何事实可言。

当"暴力—革命"的话语体系被"和平—发展"的现实取代,立足于新时代,重拾"塔克-伍德命题"对于当代中国的正义理论构建具有启发意义。社会主义的发展过程不可避免地使正义的实现面临社会和物质的障碍,但应该尝试逐步拓展劳动正义。在这一意义上,分配方式的完善、劳动权利的保障、劳动光荣观念的构建、劳动关系的协调维护等举措,都在证明中国正在不断实践劳动正义的具体内容。

劳动正义的中国探索道阻且长,来自资本正义的诘难、歪曲、误读、抹黑层出不穷。为避免落入反对伦理的犬儒主义者的圈套,避免企图发动"颜色革命"的反马克思主义者的诡辩,新时代的马克思主义者不应耻于展现自身的价值立场,马克思主义的劳动正义理论需要被详细说明,需要被坚守捍卫,从而为第二个百年征程提供具有中国特色的马克思主义正义理论。

分化与倒置：劳动权的资本主义异化及其扬弃[①]

潘二亮

摘　要： 劳动权问题随着现代资本发展以及劳资矛盾紧张和突出而凸显，是一种与资本权相对的概念。由于资本的社会中介性作用，劳动权得以分化为劳动使用权（社会实际使用）和劳动所有权（个人形式所有）。所有权与使用权本应当是统一的，但由于资本的社会主体性作用，劳动权在交换领域发生分化之后，在物质生产领域又发生了倒置，即劳动的使用权不再受劳动者所支配，而从属于资本者，于是劳动权发生了异化。只有积极扬弃劳动为资本雇佣的私有制形式，使之变为联合的个人所有制，才能实现劳动权的复归，即劳动的所有权和使用权的属人性复归。

关键词： 劳动权；所有权；使用权；扬弃

本文引文格式： 潘二亮：《分化与倒置：劳动权的资本主义异化及其扬弃》，见何云峰主编：《劳动哲学研究》第十一辑（2024年第2辑），上海教育出版社2024年版，第25—36页。

马克思恩格斯科学地指出："至今一切社会的历史都是阶级斗争的历史。"[②] 笔者以为，这种斗争归根结底是围绕劳动权而展开的，因此这句话又可以具体转化为："至今一切社会的历史都是围绕劳动权而进行阶级斗争的历史。"这种围绕劳动权的斗争在由资本占据主导地位的现代资本主义社会中达到了全面展开和公开呈

[①] 基金项目：国家社会科学基金青年项目"人工智能推动劳动解放的内在逻辑、现实困境与实现路径研究"（项目编号：23CKS036）、安徽师范大学高峰学科项目"新时代劳动教育的哲学研究"（项目编号：2023GFXK029）。作者通信地址：潘二亮，安徽师范大学马克思主义学院（安徽芜湖 241002）。

[②] 《马克思恩格斯文集》第2卷，人民出版社2009年版，第31页。

现的程度。在现代资本主义社会,由于资本的私人化占有与社会化联结作用,劳动权又分化为劳动的使用权与所有权,并且劳动的使用权日益成为阶级斗争的焦点,超越了对劳动权的单纯所有,从而占据了优先地位。资本雇佣下的劳动赋予劳动者以形式上的自由和平等外观,即出现自由、平等地出卖劳动使用权的假象,而其实质却是以对劳动使用权的全面占有而剥夺劳动者对劳动的实际所有权。从这个角度来看,资本主义社会劳动权异化的根源在于,劳动者丧失了对劳动的实际使用权而沦为资本的现代奴隶,劳动所有权"名存实亡"。本文立足中国式现代化的劳动实践场域,以期从马克思对资本主义劳动形态及其权利异化的批判性分析中,挖掘符合时代需要的马克思劳动权理论资源,服务于中国特色人权理论体系的构建和实践发展。

一、围绕劳动权的资本主义斗争

劳动创造了人及人化世界,正如马克思指出,"整个所谓世界历史不外是人通过人的劳动而诞生的过程"[①]。不过,劳动创造人及人化世界,不是像上帝那样无条件地创造,而是有前提条件的。也就是说,这种创造是需要社会物质条件的,必须建立在前人所创造的物质条件基础上,"没有自然界,没有感性的外部世界,工人什么也不能创造"[②]。劳动离开物质条件则是无,是一种抽象能力。劳动活动的表现形式是一种能力的行使和发挥,马克思在《资本论》中将劳动力或劳动能力定义为"一个人的身体即活的人体中存在的、每当他生产某种使用价值时就运用的体力和智力的总和"。[③] 在资本主义社会,"资本逻辑"对"人本逻辑"的统摄使得劳动实际上不再属于劳动者,而属于资本(能动的物化社会关系)。此时,劳动就不是对人的积极创造而是消极毁灭,以至于劳动者"越是通过自己的劳动占有外部世界、感性自然界,他就越是在两个方面失去生活资料:第一,感性的外部世界越来越不成为属于他的劳动的对象,不成为他的劳动的生活资料;第二,感性的外部世界越来越不给他提供直接意义的生活资料"[④]。

在资本主导的社会里,劳动成为商品,并且是一种很特殊的商品。马克思指出:"在我们当代的资本主义社会里,劳动力是商品,是跟任何其他的商品一样的商品,但却是一种完全特殊的商品。这就是说,这个商品具有一种独特的特性:它是创造价值的力量,是价值的源泉,并且——在适当使用的时候——是比自己具有的

[①]《马克思恩格斯文集》第1卷,人民出版社2009年版,第196页。
[②]《马克思恩格斯文集》第1卷,第158页。
[③]《马克思恩格斯文集》第5卷,人民出版社2009年版,第195页。
[④]《马克思恩格斯文集》第1卷,第158页。

价值更多的价值的源泉。"① 这就是说,在资本主导的社会条件下,劳动成为劳动者唯一可以出售的生命财产,为了活着而必须出售的生命财产。这种生命财产具有增殖的潜质。具体来说,当劳动成为可供交换的劳动产品时,这种"劳动产品"在交换市场上就以"一定货币工资额"的等价交换形式交付给资本买方,即把未来一定时间内的劳动使用权交付给资本买方。于是,劳动者就丧失了未来一定时间内的劳动使用权,而资本方则获得了未来一定时间内的劳动使用权。资本方购买劳动是为了实现"劳动的增殖潜质",否则他是不会购买的,购买劳动是为了无偿占有"增殖"的部分。这样,由于买卖双方的各自需要,劳动与劳动对象又实现了结合,并发生了奇特的化学反应。此时,劳动在运用中不仅可以生产出"一定货币工资额",即对资本家来说补偿"劳动成本"的支出,而且可以生产出大于"一定货币工资额"的那部分,即"剩余劳动"。

劳动者由于被资本剥夺了劳动条件而只剩下对劳动唯一的所有权,而劳动要继续存在又必须以活的劳动主体为宿主,这时劳动者不得不在劳动市场上出卖一定量的劳动能力(即未来一定时间内的劳动使用权),与资本进行"自由、平等"交换,但是,在生产领域,劳动者又被重新剥夺了对于劳动的使用权,只能按照资本家的要求进行剩余价值的生产,实现资本家对于剩余劳动的无偿占有,"他作为人,必须总是把自己的劳动力当做自己的财产,从而当做自己的商品。而要做到这一点,他必须始终让买者只是在一定期限内暂时支配他的劳动力,消费他的劳动力,就是说,他在让渡自己的劳动力时不放弃自己对它的所有权。"② 此时,劳动就成为一种不受劳动者支配的异化活动。劳动者虽然创造了一切,但是却给自己创造了贫穷,其根由是劳动者丧失了对劳动的使用权,而代之以资本家行使对劳动的使用权。

从劳动的权利历史观来看,在前资本主义社会阶段,是以世袭封建奴隶主——贵族阶级的政治权力拥有者(社会权力的古典表现形式)等级形式确立对于劳动的使用权为主要表现形式,政治权力拥有者通过对劳动者的直接控制而达到对劳动力的永久性支配,政治权力拥有者与劳动者的关系是主人与奴隶的关系。这时,劳动与劳动者直接为政治权力拥有者所拥有,二者并未实现分化。当然,应当指出这是与商品经济不发达阶段相适应的。这种支配性权力在资本主导下的现代世界则表现为资本权力。资本是一种比政治权力更具支配性、广泛性的社会权力,这种社会权力是"人与物"分离而重新组合的产物,即工人被剥夺了生产和生活资料之后,以出卖自己的劳动力实现与生产和生活资料的重新组合。因此,可以说,现代资本开辟了一种全新的社会生产方式。马克思指出:"资本一出现,就标志着社会生产过

---

① 《马克思恩格斯文集》第1卷,第708页。
② 《马克思恩格斯文集》第5卷,第195—196页。

程的一个新时代。"① 在这种生产方式下,"劳动力成为商品"是其最鲜明的特征,意味着劳动力可以作为商品进行买卖。不过,这是以劳动者丧失劳动的社会物质条件为前提的。众所周知,人不可能凭空制造和生产东西,他必须先行拥有劳动对象化、现实化的社会物质条件,否则他的劳动能力就无处使用。可以说,整个资本主义的诞生历史,就是劳动的社会物质条件(核心是生产资料)与劳动的分离史,正如马克思所指出的:"所谓原始积累只不过是生产者和生产资料分离的历史过程。"② 在这一分离过程中,资本逐渐确立了对劳动的绝对使用权,同时也是劳动者逐渐丧失劳动使用权的"用不可磨灭的血和火的文字载入人类编年史的"③过程。

在资本逻辑主导的社会里,一个突出特征是劳动从劳动者中抽离出来而成为资本支配物即雇佣劳动,劳动资本化的结果是资本对劳动者的宰制,也即对人间接但更为强力的社会控制,资本对于劳动的宰制和控制以赋予劳动者形式上的自由、平等为显著特征,这样就能达到对劳动者更广泛的社会控制。劳动实际上为资本所支配,但是从表面上来看,行使劳动权的仍是劳动主体——人本身,并且"劳动力只是作为活的个人的能力而存在"④,"这个劳动力是同工人本身长在一起而不可分割的"⑤。因此,在现代资本主义社会,劳动从古典时期的政治权力从属转变为资本权力从属,而日益远离其劳动者从属。但是无论如何,劳动都应当属于劳动者,劳动者有权夺回自己对劳动的绝对使用权,也必将夺回对劳动力的初始使用权。甚至可以说,整个资本主义社会发展史,从根本上来说,就是劳动者对劳动力日益资本化的反抗斗争史,也即要求重新拥有劳动使用权的历史。

在资本主导的社会里,社会的主要矛盾是资本家阶级与劳动者阶级围绕劳动使用权的矛盾。不过,由于资本的强势地位,其总的趋势表现为资本家阶级不断地剥夺和占有劳动者的劳动。这是因为劳动者已经先在地丧失了劳动的客观条件,整个感性自然界,包括人,都已成为资本生产的对象和所有物。也就是说,在资本主导的社会里,人不再以人的本来面目而存在,自然界也不再以本来面目而存在,二者都成了资本实现自身目的的必要环节和中介物,正如韦克菲尔德所指出的:"资本不是一种物,而是一种以物为中介的人和人之间的社会关系。"⑥

应当看到,资本并不神秘,它不过是人的客体化形式,是人的"大写的他在",因而实际上并不具有真正的独立性,而仍不过是人的本质力量的体现。但是,在资本主义社会中,这种"大写的他在"却发生了奇异调转,成为统治人的新神。于是,人

---

① 《马克思恩格斯文集》第5卷,第198页。
② 《马克思恩格斯文集》第5卷,第822页。
③ 《马克思恩格斯全集》第四十三卷,人民出版社2016年版,第770页。
④ 《马克思恩格斯文集》第5卷,第198页。
⑤ 《马克思恩格斯文集》第1卷,第707页。
⑥ 《马克思恩格斯文集》第5卷,第877–878页。

类在掀开了"神圣形象"的世俗面纱之后,又跪倒在了"地上之神"脚下:"在人类追求自身存在意义的文明史发展过程中,随着'人的自我异化的神圣形象'——上帝被揭穿,随着'真理的彼岸世界'即天国宗教的消逝,人们又将其对象本质异化在与人相分离的物——商品、货币、资本之中。"① 这表明人类自身所创造出来的生产力总和已经超出人类所能认识和控制的能力。马克思曾指出:"在个人创造出他们自己的社会联系之前,他们不可能把这种社会联系置于自己支配之下。"② 资本主义使得人类从"拜神教"又陷入"拜物教",从"观念实体神崇拜"又陷入"社会关系神崇拜"之中,人类重新陷入自己的"历史之谜"之中,而马克思则要揭示资本的人类学真相,向人们阐明这种"奇异调转"的世俗基础,力图将人的本质及人的关系归还给人,从而实现人的自由与解放。

现代资本代表一种新形态的生产方式,它是一系列社会变革、交换和分工发展的历史结果,在这种生产方式下,也必然产生人与人之间新的结合方式,人与人之间的联系不再是地域性的联系,而是世界历史意义上的社会总体性联系。但是,在这种生产方式下,作为个体的人的力量却无法与作为整体的社会力量即"资本"实现统一,而始终处于力与力的对抗冲突之中。当然,这里的对抗不是个人与个人之间的对抗。马克思指出:"资产阶级的生产关系是社会生产过程的最后一个对抗形式,这里所说的对抗,不是指个人的对抗,而是指从个人的社会生活条件中生长出来的对抗……"③ 因此,资本作为一种对抗的社会生产关系,实现了人和物的重新组合。不过,这种组合建立在对劳动者的劳动的剥夺和占有的基础上,否则这种生产方式就不能进行下去,资本就无法存在,只有像一个吸血鬼那样不断地吸食劳动才能生存和壮大自己的能力。从劳动权斗争来看,这就是劳动者阶级与资本家阶级围绕劳动权(劳动使用权)的斗争,将伴随资本主义发展始终。

二、在流通交换领域,资本实现了劳动的所有权与使用权的分离

马克思认为,在资本主义这一发达的商品社会中,商品交换的内容是用于交换的劳动产品,并且劳动活动本身也成为一种用于交换的特殊商品,这就是劳动能力。劳动者出卖和转让的是一定时间内劳动内含的潜在能力。"劳动力总是按一定时期来出卖的。"④ 从劳动权层面来看,出卖和转让的是未来劳动的一定使用权。"工人出卖的是对自己劳动的支配权,这种劳动是一定的劳动,一定的技能等

---

① 王荣:《从拜物教批判看〈资本论〉的存在论》,吉林大学2017年博士学位论文,第11页。
② 《马克思恩格斯文集》第8卷,人民出版社2009年版,第56页。
③ 《马克思恩格斯文集》第2卷,人民出版社2009年版,第592页。
④ 《马克思恩格斯全集》第二十三卷,人民出版社1972年版,第594页。

等。"① 而劳动的所有权依然属于劳动者,就商品买卖双方而言,仍属于卖者所有,"他出卖的只是对他的劳动能力的暂时的支配权"②,为的是换回一定的货币,用于购买所需的生活资料。需要注意的是,劳动者并没有把劳动的所有权出卖出去,而是一定期限内的使用权转让出去。也就是说,劳动者"出卖的是对他的劳动能力的支配权,在一定时间内的支配权"③。

在流通交换领域,劳动者的劳动权实际上被一分为二:所有权与使用权。就所有权而言,依旧属于劳动者,这表现了劳动者作为所有权者的独立性、主体性、不可剥夺性和转移性。就使用权而言,则转移给了购买者,即资本者。"资本家在这个简单交换中得到的是使用价值:对他人劳动的支配权。"④ 资本者的承诺是在一定使用期限内付给劳动者一定的使用费,而劳动者的期望是在一定使用期限内获得一定的使用费。这是"等价物换等价物"⑤的市场交换行为,是一种自由人之间基于物质利益需要的平等契约行为。在这种行为中,"他们必须彼此承认对方是私有者。这种具有契约形式的(不管这种契约是不是用法律固定下来的)法权关系,是一种反映着经济关系的意志关系。这种法权关系或意志关系的内容是由这种经济关系本身决定的"⑥。

当然,劳动的所有权和使用权的分离只是对实际劳动及其客观条件分离的社会法权表达。从存在论层面可以看出,在流通交换之前,作为主体性、能动性的劳动能力就已经与劳动能力得以发挥的对象性条件(为资本者所有)实现了先行分离,这已经隐含着二者实现再次结合的需要和必要。不过,再次结合使二者之间的关系发生了实质性的变化,因为"在这种分离状态中,它既不能直接用来为它的所有者生产使用价值,也不能用来生产商品,使它的所有者能够依靠这种商品的出售而维持生活。但是,劳动力一经出卖而和生产资料相结合,它就同生产资料一样,成了它的买者的生产资本的一个组成部分"⑦。

劳动者有结合的愿望和需要,而资本者有结合的动机和能力。二者看待对方表面上虽然都是"人的眼光",以互相承认对方为独立的主权存在为前提,但是实际上都是"物的眼光"。就劳动者而言,他关心的并不是资本者,而是资本者能够为他的劳动力提供费用。他其实关心的是自己的生存和发展。"对工人来说,交换的目

---

① 《马克思恩格斯全集》第三十卷,人民出版社1995年版,第241页。
② 《马克思恩格斯全集》第三十二卷,人民出版社1998年版,第189页。
③ 《马克思恩格斯全集》第三十二卷,第188页。
④ 《马克思恩格斯全集》第三十卷,第241页。
⑤ 《马克思恩格斯全集》第二十三卷,第220页。
⑥ 《马克思恩格斯全集》第二十三卷,第102页。
⑦ 《马克思恩格斯全集》第二十四卷,人民出版社1972年版,第38页。

的是生活资料,而不是财富。"① 就资本者而言,他关心的并不是劳动者,而是劳动者的劳动能力,能够从中获得额外的价值。所以,二者的结合是基于各自所需。但是,就二者的地位来说,资本者占据主动的地位,而劳动者则处于被动的地位。因为劳动者除了劳动力商品之外,没有任何可以出卖以换回货币、满足生活资料的东西。因此,劳动者不得不去寻找资本者,去劳动力市场出卖劳动力,这对他来说是一个生存的必然性问题。劳动者通过出卖劳动力"交换来的不是交换价值,不是财富,而是生活资料,是维持他的生命力的物品,是满足他的身体的、社会的等等需要的物品"②。对于资本者来说,购买劳动力却是一个发展的问题。资本者本就持有一定的货币,他关心的是如何实现货币的增殖,而非生存问题。这样的不同关切其实就决定了,虽然劳动者拥有对劳动力的所有权,但是若没有资本者的购买,即若不能成功转让劳动力的使用权,那么,所有权其实于劳动者而言是没有实际意义的。因为劳动者除了劳动力以外一无所有,并且"只能靠出卖劳动力来过活"③;而如果他不能活着,劳动力也将不复存在。资本者虽然只是拥有对劳动力的一定使用权,但是他占有了大量的生产资料,能够将劳动力转化为实际上的生产力。所以,使用权对他说实际上来就等同于所有权,并且他根本不关心所有权。在他看来,只要能够提供他所需要的劳动力即可,至于是谁的劳动力,无关紧要。所以,物化和异化实际上在生产之前就已经以观念的形式完成,只是有待于实际的生产展开而已。"因此,资本家和雇佣工人的阶级关系,当他们在G—A(从工人方面看是A—G)行为中互相对立时,就已经存在了,就已经作为前提肯定了。这是买和卖,是货币关系,但这种买和卖的前提是:买者是资本家,卖者是雇佣工人。而这种关系所以会发生,是因为劳动力实现的条件——生活资料和生产资料——已经作为别人的财产而和劳动力的所有者相分离了。"④

三、在物质生产领域,资本重建了劳动的所有权与使用权的关系

首先,我们来看劳动这种商品的特性。在交换领域,通过"自由、平等"的交换,劳动者保留了对劳动形式上的所有权,而资本者则获得了对劳动的使用权,实际上是未来一定时间内的使用权。那么,这里就涉及劳动这种商品的特性问题。因为劳动虽然转让给资本者使用,但是劳动本身并不是外在于劳动者的,而是长在劳动者身上的,是"人的身体即活的人体中存在的、每当人生产某种使用价值时就运用

---

① 《马克思恩格斯全集》第三十二卷,第189页。
② 《马克思恩格斯全集》第三十卷,第244页。
③ 《马克思恩格斯全集》第二十四卷,第42页。
④ 《马克思恩格斯全集》第二十四卷,第38页。

的体力和智力的总和"①。这种劳动商品的特性就决定了虽然劳动者承诺的是转让未来一段时间内的使用权,但其实出让的是自己的全部,出卖的是潜在的体力和智力的总和。"工人同资本相交换的(尽管在工人面前相继代表这个资本的是各种资本家),是他的全部劳动能力……"②所以,劳动商品的这种特性也就决定了所谓流通交换领域内的"自由、平等"交换,实际上是不成立、不可能实现的。劳动者转让的是劳动能力的全部创造能力和潜能,"工人同资本进行交换的,是他例如在二十年内可以耗尽的全部劳动能力"③;而资本者实际支付的只是劳动能力的一部分费用,而对于额外的劳动能力创造,却并没有给予任何费用。劳动力这种商品,不仅创造维持自身费用的价值,而且能够创造额外的价值,即剩余价值,这一同样由劳动者创造而不需要支付费用的价值恰恰是资本者所关心的。

其次,劳动力商品的特性决定了,资本者虽然只是购买了未来一定时间内的劳动力使用权,但其实享有了对劳动者全部劳动能力的使用权,即享有了实际上的"所有权"。就劳动者而言,他丧失了劳动实质上的所有权。所有权存在的依据在于,一切的劳动创造物(价值)都应属于劳动者。但是,由于事先约定好费用(工资)额度,实际上劳动者创造的超过费用的物(剩余价值)并不为劳动者所有,而无偿地归资本者所有。所以,劳动者虽然事先承诺只是转让使用权,但是实际上在生产中丧失了劳动所有权,即使用权代替了所有权,而资本者成为实际劳动力的所有者。"从他进入资本家的工厂时起,他的劳动力的使用价值,即劳动力的使用,劳动,就属于资本家了"④。劳动所有权的丧失反映了劳动者主体地位的丧失,即劳动者在实际的劳动生产中处于受动、被支配的地位,劳动的方式和内容都不是由自己决定的,而是由资本者所决定的。从劳动权的角度来看,资本者在物质生产领域重建了劳动的所有权与使用权的关系,原来的所有者实际上成了非所有者,而原来的单纯暂时的使用者成了"永久性"所有者。对于劳动者来说,劳动权发生了异化,劳动的创造物应当全部归劳动者所有,现在却不归劳动者所有,劳动者的所有权利益被资本者所窃取。

最后,劳动的所有权与使用权关系发生了颠倒。由于资本者在实际生产过程中的主导地位,原有劳动力的所有权者已经名存实亡,劳动者在生产过程中已经不被当作自由、平等的独立主体,而成为宰制、剥削的专制对象。"资产阶级平时十分喜欢分权制,特别是喜欢代议制,但资本在工厂法典中却通过私人立法独断地确立

---

① 《马克思恩格斯全集》第二十三卷,第190页。
② 《马克思恩格斯全集》第三十二卷,第190页。
③ 《马克思恩格斯全集》第三十卷,第251页。
④ 《马克思恩格斯全集》第二十三卷,第210页。

了对工人的专制。"① 这就颠倒了双方原初承诺的所有权与使用权关系,不是劳动的使用权隶属于劳动的所有权,而是劳动的所有权隶属于劳动的使用权。从人格层面来说,也即是劳动者隶属于资本者。在生产领域,资本者由于其强势和支配性地位,完成了新的法权关系的确立,废除了劳动者的所有权地位,确立了资本者实际的所有权地位,将之粉饰性地合理化,将资本所有权的地位上升到普遍的政治高度和价值高度,成为资本主义社会的绝对意识形态原则。"资本权"神圣不可侵犯,从而掩盖了实际的劳动者的所有权地位,并最终决定了劳动者及其实际的劳动创造所得在资本法权关系中处于非人道和极不相称的处境和地位。

四、扬弃劳动权的资本私有制为联合的个人所有制

资本的私有制形式而非资本本身造成了劳动权利的异化。因此,实现劳动权利并非简单地消灭资本,而是要消灭资本的私有制形式,变为联合起来的个人所有制即社会主义公有制,这是实现劳动权复归的唯一选择。

其一,资本的自然与社会形态及其所有制形式。一是自然(实体)资本与社会(关系)资本的划分。在前资本主义社会,同样存在资本,但是资本并没有获得社会主导的形式,仍然被理解为自然意义上的资本,即实体意义上的资本。这种资本是简单的财富,表示对自然资源的占有。在资本主义社会,资本成为主导性的社会力量,已经摆脱了自然和实体的本质属性,而成为一种社会和关系存在物。资本从自然属性向社会属性的转化,意味着人的力量逐渐战胜了自然的力量,或者说人逐渐摆脱对自然的依赖性。如果说资本潜在地包含自然和社会两个维度,那么在前资本主义社会,是自然维度占据主导地位,并统摄了社会维度;而在资本主义社会,则是社会维度占据主导地位,并统摄了自然维度。二是马克思视域中的资本概念,是指现代资本,即社会资本。不理解现代资本,就无法理解一切。所谓的"自然资本"也要从现代资本的立场来理解和把握,否则就无法理解它。不能按照历史出现的先后顺序来理解和把握自然资本,自然资本也具有社会历史的规定性,因而必须按照自然资本在现代社会中的地位来认识和把握。就此而言,所谓的"自然资本"也要在社会资本意义上来理解和把握,才能获得它的现实规定性。"把经济范畴按它们在历史上起决定作用的先后次序来排列是不行的,错误的。它们的次序倒是由它们在现代资产阶级社会中的相互关系决定的,这种关系同表现出来的它们的自然次序或者符合历史发展的次序恰好相反。问题不在于各种经济关系在不同社会形式的相继更替的序列中在历史上占有什么地位,更不在于它们在'观念上'(蒲鲁东)(在关于历史运动的一个模糊的表象中)的顺序。而在于它们在现代资产阶级

---

① 《马克思恩格斯全集》第二十三卷,第465页。

社会内部的结构。"① 三是社会资本的两种所有制形式。在前资本主义社会,自然资本在最初是为单个人所有的,谁先得到和占有就归谁所有。它后来又以原始公有制的形式归共同体的所有。这种形态的资本对应于生产力比较落后和生产关系比较狭隘的前资本主义社会。不过,资本无论是为单个人所有还是为原始的共同体所有,都没有获得社会(关系)的规定性。也就是,说人们对待资本仍然是实体性的态度与认知。这是因为当时生产力与生产关系都不发达。因此,可以说,前资本主义社会,资本只具有自然(实体)的形式,其所有制形式是单纯的私有制或单纯的公有制。但是,在资本主义社会,社会资本占据了主导地位,人们对资本的认识摆脱了自然(实体)的眼光,主要从社会(关系)的角度来理解和把握资本。此时,资本的所有制形式也摆脱了单纯的私有制和单纯的公有制,而变成发达的、纯粹的私有制和发达的、纯粹的公有制(联合起来的个人所有制)。前者是资本主义对资本所采取的所有制形式,而后者是社会主义对资本采取的所有制形式。就发达的、纯粹的私有制而言,这种私有制在资本主义发展的上升期曾极大地促进了社会生产力的发展,并且推动了资本主义生产关系的发展。但是,随着社会的发展,这种私有制形式逐渐成为束缚社会生产力发展的桎梏。也就是说,资本的私有制越来越无法适应资本的社会化发展,日益走向自己的对立面,即资本只有采取公有制(联合起来的个人所有制)才能适应并推动社会生产力的发展。

其二,资本私有制与社会化生产的矛盾与冲突。从劳动形式来看,在前资本主义社会,主要是奴隶制劳动。因为资本本身的自然性质,劳动者的劳动行为仍然是单个人的行为,并且本身直接依附于奴隶主,而并未直接参与社会创造。此时,劳动行为并未获得商品的交换属性,换言之,并未取得社会资本化的规定性。也就意味着,劳动行为的所有权和使用权并未分离,也更不存在异化问题。所有权是相对于使用权的出让而言的,如果说劳动者并没有转让劳动的使用权,那么也就不存在所有权问题。但是,在资本主义社会,由于资本性质的社会化转变,劳动也实现了社会化,劳动者通过出让劳动的使用权给资本家,完成了劳动所有权与使用权的分离。此时,劳动的所有权虽然仍然为劳动者所有,但是劳动的使用权已经为资本家所有,意味着劳动者不再是个人的行为,而是社会的行为。从客观上来说,资本家的生产行为并不是为了满足个人的需要,而是为社会生产,为潜在的每一个人生产。

但是,资本的私有制形式与社会化生产之间的矛盾,造成了生产的过剩与消费的不足。劳动者虽然拥有对劳动的所有权,但是并未完全获得应有的劳动回报,而只是以工资的形式获得劳动创造的一部分,因为社会总劳动的实际创造量显著高于实际能够消费的创造量。劳动者的劳动报酬只能够满足基本的生存需要,也只

---

① 《马克思恩格斯文集》第8卷,人民出版社2009年版,第32页。

有能力消费社会总劳动创造的一部分；而对于高级的需要，则是劳动者无论怎样努力都无法达到和实现的。劳动者所创造的大部分劳动财富都被资本家阶级无偿占有，并不断投入社会扩大再生产，而资本家个人消费只占社会的一小部分。这样，劳动者阶级因为手段和能力即货币的不足而无法有效发展和提升自己的需要。资本家阶级则因为需要诉求的绝对有限性而无法消费大量产能。这样，就造成了资本主义社会中结构性的生产过剩和需要不足的局面。造成这一局面的根本原因，就是存在资本的私有制形式。资本本身是一种社会化力量，通过与劳动者相结合，创造了巨大的物质财富，表现为庞大的商品堆积。但是，由于资本的私有制，资本家阶级占据了社会的大部分劳动财富，而广大劳动群众尽管拥有庞大的需要量，却没有足够的购买能力。这就造成了生产过剩与消费不足之间的矛盾。要解决这一矛盾，就必须扬弃资本的私有制形式。换言之，只有扬弃资本的私有制，才能解决劳动所有权和使用权的异化问题，即解决劳动的所有权与使用权极不相称和倒置的局面。换言之，只有实现劳动应得与劳动所得，才能实现生产与消费的统一。

其三，抛开资本的私有制形式，可以看出，资本本质上是一种社会化的生产力和社会关系，带来了劳动的社会化发展。资本彰显的是劳动的社会力量，个人创造的资本越大，意味着对社会的贡献越大，也意味着个人的发展能力越强。但是，在资本主义社会，由于私有制的存在，由资本所彰显的劳动的社会力量并不是对具体劳动（工人）的积极肯定，而是消极否定，因而仍是抽象的，并不以人为本位。"如果从这方面考察资本主义生产，那么这种生产就是物对人的统治，因为创造越来越多的、质量越来越好的、越来越多种多样的使用价值——创造大量的社会财富——表现为这样一种目的，劳动能力只是达到这种目的的手段，并且只有把劳动能力变成片面的和非人的东西，才能达到这种目的。"[①] 换言之，资本本身是一种客观化的社会力量，它既可以私有制的形式为私人所有，也可以公有制的形式为联合起来的个人所有。资本主义社会对于资本的运用，从主观上来说，是私有制的。但是，从客观上来说，这也带来了劳动社会生产力的极大发展，只不过随着社会生产力的发展，资本本身作为一种现代生产关系无法承载自己所释放出来的生产力要求，而必然要求改变私有制形式为公有制形式，如此才能实现充分发展。所以，马克思极大地肯定了由资本所彰显的劳动的社会生产力价值，指出没有资本的参与和组织，个体劳动无法转化为一种参与社会建构与推动社会发展的力量。可以说，马克思一方面积极认可资本是推动劳动社会化大生产和实现个人自由的重要力量，另一方面也批判了资本的私有制形式，资本的私有制形式导致劳动的社会力量和公共价值得不到正面和积极的显现，而走向对立面，变成敌视人的力量。"劳动的社会生产力的发展和这个发展的条件就表现为资本的行为，这种行为不仅是不管单个工人

---

① 《马克思恩格斯全集》第四十八卷，人民出版社1985年版，第41-42页。

的意志如何而完成的,而且是直接反对单个工人的。"① 也就是说,在资本主义社会,劳动的社会属性和社会价值是以中介(资本)的形式表现的。由于私有制的存在,个体劳动还不能直接表现为社会劳动,还必须首先将劳动变成私人财产,才能表现其社会属性。从这个意义上来说,资本主义社会还不是人的社会,仍然是物的社会。这种物就是不为社会所有的资本,表明由人的劳动所创造的资本物在资本主义社会并不为劳动者所有,而归资本家所有。因此,不能简单地说要消灭资本,而必须扬弃资本的私有制形式,以保存由资本所彰显的劳动的社会生产力。换言之,必须扬弃资本主义的生产关系,而保存资本主义的生产力。在资本主义社会,劳动获得了社会性存在,并成为推动社会发展的主要力量,个体劳动普遍地参与了社会交换与生产,而扮演联结角色的正是资本(资本家),资本家将各种不同的要素(人与物)进行了社会性整合,在获得自身利益的同时,在客观上也带来了社会的普遍性发展与进步。

综上,要实现劳动权的复归,必须扬弃资本的私有制形式,用联合的个人所有制代替之。资本作为一种社会化的力量,本应属于联合起来的全体劳动者所有。这不仅因为资本(作为客体、条件的劳动)是由主体劳动所创造的,而且因为只有联合起来的全体劳动者才能真正驾驭资本和充分实现资本的社会价值。但是,在资本主义社会,资本却成为一种归私人所有的社会化力量,其社会和公共价值不仅没有充分发挥出来,反而被极大地压制,变成为一小部分资产阶级利益服务的反动力量。因此,要实现劳动者的解放和劳动使用权与所有权的统一与复归,必须变资本的私有制为公有制,即社会主义联合的个人所有制。

---

① 《马克思恩格斯全集》第四十八卷,第39页。

马克思劳动辩证法思想出场时的资本图景

王永秋

摘　要：资本作为一种历史性存在，对于推动社会生产力发展、变革旧的生产关系起到了积极作用，但从此也将整个社会体系纳入资本逻辑的统治之下，开启了疯狂的历史之旅。在这个时代，资本通过理性形而上学的精神庇护，试图论证其存在的合理性和永恒性。但资本的自反性决定了它的历史结果，也证实了一种新的生产关系以及一种新的革命主体产生的历史必然。马克思劳动辩证法基于对人的生存世界的哲学思考，超越了理性形而上学的思维框架，将劳动看作人类存在及社会历史发展的决定性力量，科学地阐明了资本主义生产关系存在的历史必然性和现实异己性，指明了资本消亡和实现自由劳动的革命之路，天才地设想了未来人类社会的美好图景。

关键词：劳动辩证法；资本；理性形而上学；异化；自反性

本文引文格式：王永秋：《马克思劳动辩证法思想出场时的资本图景》，见何云峰主编：《劳动哲学研究》第十一辑（2024年第2辑），上海教育出版社2024年版，第37—51页。

马克思对"资本"这种历史性存在这样评价：在以资本为基础的生产中，一方面，它会创建出一个能够创造价值、生产剩余劳动的普遍劳动体系。另一方面，它也将创造出一个普遍有用性的体系。这个体系建立在普遍地利用自然界和人的属性基础上，甚至包括科学在内都是这个体系的体现者。除此之外，现实世界中再无其他东西能够表现为自在的和合理的，一切都被纳入这个体系的社会生产和交换之中。因为资本产生出资本主义社会，它完成了对自然界和人的社会关系的普遍

---

① 作者通信地址：王永秋，上海出版印刷高等专科学校马克思主义学院（上海 200093）。

占有。由此,它也创造了属于资本自身的文明史。这个社会历史阶段,较之以往的社会阶段有了很大的进步性。马克思说道:"资本按照自己的这种趋势,既要克服把自然神化的现象,克服流传下来的、在一定界限内闭关自守地满足于现有需要和重复旧生活方式的状况,又要克服民族界限和民族偏见。"① 也就是说,资本促使人逐渐摆脱了过去对自然的崇拜和畏惧,也告别了人类交往活动的地域局限。因为资本冲破了自然和人本身的限制,将它们都作为自己的对象,全部纳入资本生产增殖的有用性工具行列。在资本眼中,自然不再被认为是自为的力量,对其本身的独立规律可以视而不见,被有选择性地服务于资本和资本拥有者的需要。这样看来,资本的确在社会历史发展中起到了破旧立新的革命性作用。它既要破除民族和地域的封闭和限制,又要避免自然崇拜带给人们的精神束缚。总之,就是要克服一切阻碍资本时代发展的种种旧思想、旧观念和旧的生产生活方式。

显然,资本和资本主义的产生不是人性自然演进的结果,而是现实生产力与生产关系矛盾运动的量的积累,即市场的扩大以及经济生活商业化趋势的加强已经无法忍受旧体制束缚的新旧势力的对抗。资本主义市场经济既是一个不可改变的自然规律,也是人类抉择和自由的完善,是一种新型生产方式的现实渴望和现实运动。这种迫切性并非植根于某些超越历史的自然规律,而是根植于由人类现实活动所构成并具有可变性的、历史的、具体的社会关系之中。资本这种运动并非遵从人性或遵从超越历史的法则,甚或遵从西方种族或文化优越性的结果,而是其内在运动规律的产物,以及独特的自我扩张能力和现实需求的产物,其动力来源于资本生产要素新陈代谢的机能以及维持这种稳定性所需的体制和虚假的意识形态。

正如马克思所言,资本不是物,而是一种以物为媒介的社会生产关系,它体现着资本所有者对被雇佣阶级使用价值和价值创造的占有。在以资本为轴心、以劳动为基础、以价值为目的所构建的资本主义社会关系网中,不同的人和对立的阶级相互依赖。将他们联系在一起的,不是紧密的个人关系或强力的政治权力支配作用,而是所有人对自由市场的依赖。资本疯狂地想将整个世界都变成它的市场,将全部人类社会纳入它生产扩张的势力范围。与此相对应,这种运动也必将在全球范围内引发抗争,推动世界无产者的联合。建立在资本与劳动两极对立基础上的辩证运动,可以促进社会生产力的发展,同时也会产生出各自的否定性力量,在矛盾体内部不断地向对方转化和发展,使这个矛盾体逐渐失序,最终完成向自己对立面的转变,从而推动人类社会向前发展。

---

① 《马克思恩格斯文集》第8卷,第91页。

一、理性形而上学的现实挣扎

作为资本主义的"吹哨人"和"值更者",资产阶级学者没能摆脱阶级局限性,他们有意或无意地、主动或被动地承担起为资本及资本主义生产关系摇旗呐喊的天职,而其惯用的手法自然是用理性来反对感性,用抽象一般来统一现实世界。岂不知,"抽象或观念,无非是那些统治个人的物质关系的理论表现"①。从黑暗的中世纪一直到文艺复兴时代,资产阶级学者拼命卖弄着自己的学问,企图建构出一幅资本主义万世无疆的盛世图景,而这座"圣殿"的支柱便是"理性形而上学"。

马克思认为,传统形而上学所苦苦追求的本体只是"普遍的,抽象的,适合于任何内容的,从而既超脱任何内容同时又恰恰对任何内容都有效的,脱离现实精神和现实自然界的抽象形式、思维形式、逻辑范畴"②,它不允许任何内容超脱它的规定范围。形而上学的理论基础就是通过抽象把一切置换成逻辑范畴,这也就意味着越是远离物体进行抽象分析就越接近物体本质。他们认为,世界上的一切存在物,无论生活在哪里,都可以被抽象为逻辑范畴,整个现实世界都被淹没在抽象的逻辑范畴世界当中,人们的思维活动也都是纯粹理性逻辑的运动。由此一来,这种抽象的思维运动就可以确保其实现真正的"理性和谐",保持其精神上的"纯洁"。而事实上,当它一碰到现实世界,这种纯粹的"和谐"和"纯洁"便会荡然无存,颜面扫地了。建立在主客二分基础上的理性形而上学将人的理性提升到至高无上的地位,似乎是抬升了人的主体性。但他们有所不知,人的存在恰恰是现实地生活。尽管他们力图在精神世界中丰富人、赞美人,可是无论这种"无人身的理性"有着多么宏大严密的逻辑论证,无论这一体系有着多么精妙绝伦的构造,都会在它自认为登峰造极之时土崩瓦解。因为它抽离了人的存在根基,实际上恰恰疏离了人。

对于资本来说,感性自然界只是被规定为资本增殖过程中一个必要的否定环节,资本不愿意在此停留(如果有一丝可能性,资本甚至连所有这些中介环节都会通通省略掉)。在完成这一否定性运动后,它还会再次否定,以此来重新肯定自身,最后再返回到自身(否定之否定过程),最终实现资本自身增殖,从而确证资本自身的现实存在。实际上,资本自我实现的这个过程就是"绝对精神"自身运动的过程,即"绝对精神"通过自身外化活动来否定自身,创造出客体对象世界,并通过对这个对象世界的再次否定而回到主体自身,最终确证精神主体自身的存在。在这里,感性世界只是作为"绝对精神"确证自身存在而必须经历的一个逻辑阶段。由此可见,资本主体对于感性世界的否定与放逐,表现的是理性形而上学对感性世界的作

---

① 《马克思恩格斯全集》第三十卷,人民出版社1995年版,第114页。
② 《马克思恩格斯文集》第1卷,人民出版社2009年版,第218页。

用关系。这样一来,理性形而上学在资本这里找到了现实的寄居场域。

马克思告诉我们,人类生存发展的第一个前提就是物质生活资料的生产。也就是说,人之为人,并不是因为人是纯粹精神的自我存在(即理性之存在)或者是一种纯粹精神的自我运动,而是由于人是一种感性对象性存在。人一旦离开感性对象性活动,他就无法展开自己的感性创造性社会历史活动。由此看来,人这个"设定者"肯定不是那种纯粹理性的精神个体,而必然是现实的、历史的感性生活着的人。所以,从这个意义上说,当理性形而上学极力要把人类所赖以生存和发展的母体——感性自然世界,从人的精神世界中驱逐出去时,也就意味着它坚决要隔绝其存在的物质现实基础,实际上也就从根本上取消了人的真正主体地位。理性形而上学传统保证了思想在其领地内的绝对自洽,无论这种自洽是存在于个体范围内还是群体范围内,依据思维逻辑都可以找到理性的伊甸园。一旦沉迷于这种感觉中,思想者就会在精神上呈现成瘾性状而无法自拔,直至在现实中碰壁,窒息而亡。理性形而上学传统在西方哲学和文化领域中始终保有新鲜度,甚至辐射到整个西方文化世界,固化为西方世界的精神特质。如果任其蔓延下去,看似它时时处处在围绕着人,而实际上却对生存着的人视而不见,远离人、否定人、拒斥人,成为"无人身的观望"。

理性形而上学,还有费尔巴哈的唯物主义哲学,最终都把人的现实存在理解为精神上的存在,把人的感性活动只是看作纯粹动物式的生物活动。马克思对此批评道,费尔巴哈仅仅将理论活动定义为真正人的活动,而他对"实践"的理解仅仅是从犹太人的经济活动形式这个意义上去理解。也就是说,不仅理性形而上学家们不能正视人的感性对象性活动,就连从前的唯物主义(包括费尔巴哈的唯物主义)也没有正确理解人的感性创造性活动。他们普遍鄙视人的感性劳动,人为地分裂感性活动与人的理性活动,降低人的劳动地位和作用,制造出物质创造和精神智造的对立关系,致使人们始终无法正确地认识世界和改造世界。作为理性形而上学集大成者的黑格尔则用他的辩证法完整地构建了一个似乎天衣无缝的精神体系。他主张通过其绝对理念的自我运动架起连接两种形而上学的桥梁,建构绝对的形而上学,整个世界只不过是黑格尔概念辩证运动中一个必须扬弃的环节。而一旦理性返照到现实,它就会发现自己功能的失灵。一旦这些概念、逻辑成为生命和现实世界的看客,甚至成为精神上的权力意志的帮凶,这种理性形而上学的实际效用便会沦为理论上的鸡肋,变得索然无味。

当然,形而上学并非绝缘于人的生活世界,恰恰相反,它是人的生命持存的必需品。如果它介入到现实世界中,便会以其独有的结构与机制产生一系列的权力系统,构成人们存在的境域,达到形而上学与权力支配的深层关联。个体自我持存的不断努力,正是力图从根本上坚守自我的同一性和属人性。但这种努力和坚守往往会造成自我的一种抽象化呈现,更容易把"自我"臆断为一种先验的逻辑主体,从而据此构成全部理性活动的逻辑起点,并作为人类一切行动的先决条件。在资本主义经济关系中,人将自我降低为劳动中介,被迫按照工具理性逻辑来重塑自身,产生了自我异化。自我持存的主体性让渡给资本及异化的技术结构,工具理性以形式的同一性加深了人的物化程度。这在表象上是以进步的幌子出现的,实际上却显示出对现实生命的蔑视。资本催生的文化工业也使人们越来越背弃理性,变为物的追随者。资本与理性形而上学合谋,便会把"单向度""同一性"和"抽象化"当作消除一切差异、抽空一切丰富内容和异质规定性的现实性力量,并且将这种力量无限扩张为另一种世界性的统治权力。当然,这种力量的侵略性恰恰与资本主义本性不谋而合。资本正需要依赖这种扩张性来谋取利益,而理性形而上学也能继续依靠所谓的启蒙来获取自身存在的合理性。

资本与理性形而上学合谋,不仅成功地将资本主义社会改造成了现代文明的新形态,而且还凭借资本所衍生的各种力量将这种"现代文明"进一步神化为可以不断复制、永不陨落的最后的文明形态。这也就意味着形而上学所开启的对世界和人类自身的"终极关怀"并没有随着时代变迁和社会发展而有丝毫衰减。从绝对意义上说,形而上学也恐难消亡。它的存在是人类社会的一种最深层的哲学反思,终将会伴随着人的本质现实生成的全过程。要明确的是,我们所要反对和批判的不是这种意义上的"形而上学",而是基于虚假性和压迫性之上的、与资本为伍的那种理性形而上学。这恐怕就是"后形而上学"时代的人们为何反复返回"形而上学"的根本所在,也是继续要消解形而上学的原因所在,更是马克思劳动辩证法的理论价值和现实意义所在。

从历史角度看,资本的现实物质力量与理性形而上学的抽象同一性力量联合起来,冲破了原有的、旧式的生产生活方式,改变了人类社会历史的整体面貌,从而真正开启了世界历史的新篇章。与此同时,在资本抽象的统治下,资本也充分暴露出自身的本性。这种无限增殖的资本本性,就要求它必须把一切存在都纳入资本同一性的统治中。这种"抽象力量"是以市场交换价值体系体现出来的,因而交换价值及交换原则成为社会的主宰力量。从此,在资本这个"同一性"暴政统治下,人与物、人与人之间的关系被现实地颠倒了。它不再表现为人支配和使用"物",而是反过来,由"物"控制和奴役着人。人的关系也不再表现为属人性,而是越来越呈现为物性特征。在这种物性统治下,所有个性和特殊性都被"同一性"夷平,世界进入"同构性"时代。黑格尔也承认:"在这种抽象的世界里,个人不得不用抽象的方式在他的内心中寻求现实世界中找不到的满足;他不得不逃避到思想的抽象中去,并把这种抽象当作实存的主体,——这就是说,逃避到主体本身的内心自由中去。"[①]

[①] 黑格尔:《哲学史讲演录》第3卷,贺麟、王太庆译,商务印书馆1996年版,第8页。

因此,自由理想与现实存在之间的矛盾仍然是人类至今所面对的困境。或许,在资本逻辑统治下,人们所追求的精神世界的宁静与和谐只能以这种抽象的同一性来实现,理性形而上学成为人类最后一个"精神避难所"。

如今,理性形而上学早已抛开大家闺秀般的羞涩,在资本权力的威逼利诱之下公开地为资本站台。因此,形而上学的现代发展,与其说是基于形而上学的逻辑,毋宁说是基于资本逻辑:一旦离开资本庇佑,形而上学将只能蜷缩于暗淡无光的旧纸堆中。当然,一旦离开理性形而上学的辩护,资本霸权也将丧失其理论根基。出于扩张并巩固自身统治的需要,资本积极投资并扶植理性形而上学(为此不惜动用国家力量),这也就使得它能以最大的限度和最快的速度征用包括自然界、劳动力在内的一切存在作为其增殖运动的生产要素。同时,科学技术和其他科学知识也被其用作扩展自身的权力掌控能力,从而为资本及资本主义社会赢得更大的生存空间和发展空间。资本主义社会以哲学形而上学死亡的假象复活了资本这一唯一的具象。它将一切存在都商品化,用抽象的同一性掩埋了具体的活的劳动实存。具体内容全部被抽空,堕落为空洞的一般范畴,最富生命力的劳动同样被抽象一般统摄和蹂躏。因此,只有把握资本逻辑和人这个主体,才能理解当代资本主义社会的辉煌与衰落,才能寻找到摆脱人类现实生存和思想困顿的真正出路。不要忘记,历史是人的生成历史,不是"无人身的理性"的纯粹思维运动。

马克思认为,哲学研究不是为了构建一个理论上完美的空中楼阁,而应该努力从人的生活世界中寻求理论自身的生发点。因此,马克思通过人的物质对象性活动——劳动,确证了人的主体地位,实现了人与自然、人与社会、人与人的具体的、历史的统一。马克思并不排斥对本体论问题的哲学反思与追问,他只是反对那种以纯粹的理性思辨方式去先验地创建一个客观世界的形而上学思维方式。马克思主张把这种思维方式从本体论研究中精准地剥离出来,以人的实践为基础来"解释世界",保留哲学对世界观和本体论的"情有独钟"。与此同时,更要通过人的对象性活动展现劳动"改变世界"的伟力,从而实现对理性形而上学的现实超越。总之,马克思从根本上改变了西方哲学研究的问题指向与致思路径,从专注于"是"的追问转变为"何以为是",从精神现象学方法转变为实践生成论的运思。

在马克思看来,形而上学的现实形式集中表现为现代社会中资本的抽象性统治,"抽象是资本主义自己的杰作"[①]。也就是说,形而上学所具有的抽象同一性特征,正是资本主义社会中资本统治的抽象同一性的哲学表达。因此,马克思对资本及资本主义的批判就不仅仅是在政治经济学领域展开,更是从哲学视角来彻底揭露资本对人的实际统治。他从哲学上批判资本这个抽象的、僵死的统治力量对具体的、感性的人及人类社会的现实统治,进而阐明了理性形而上学与资本统治的内

[①] 赫伯特·马尔库塞:《理性和革命》,程志民等译,上海人民出版社2007年版,第265页。

在关联性或同构性,从而在根基上拔除形而上学思维方式的不利影响,彻底超越理性形而上学的理论局限,对传统形而上学进行了革命性变革。

二、资本逻辑呈现的自反性

一般认为,资本主义生产关系的产生源于农业经济的发展,它与农业生产及农民、土地密不可分。资本主义早期资本原始积累通过掠夺教会地产,利用各种欺骗手段窃取国有或公有土地,甚至还用残暴恐怖的方法剥夺封建土地所有者的财产,以此来把它们转化为资本主义的现代私有财产。"这些方法为资本主义农业夺得了地盘,使土地与资本合并,为城市工业造成了不受法律保护的无产阶级的必要供给。"①资本把所有土地所有者资本化,把农业纳入工业生产系统,把耕种的奴隶变成自由的雇佣工人。资本助推着一切社会运动都朝向它的利益最大化发展,从而也将矛盾聚集于身,更是在世界范围内不断上演着巧取豪夺的强盗行径。正如马克思所言,资本来到世间,从头到脚,每个毛孔都滴着血和肮脏的东西。②更何况,资本的贪得无厌使得它将触角伸向了世界各地。美洲大陆成为资本的金银产地,资本通过对土著居民的屠杀和驱赶,对那些被奴役和埋葬在矿井之中的矿工的压榨以及对东印度殖民地的掠夺和罪恶的黑奴贸易,浇筑了这个文明与罪恶共存的资本主义时代。血腥的原始积累和殖民战争使世界动荡不安,民生凋敝。泯灭人性的人口贸易,更是为资本主义蒙上一层厚厚的血泪。在资本主义社会,资本以一种文明"绅士"的形象出场,用外表优雅的盛装掩盖住原本粗鄙难堪的嘴脸。

但是,从历史发展的角度看,资本主义文明确实也反映了现实生产力的迫切要求,具有划时代的历史意义。马克思指出,在资本主义社会中,整个生产都处于不断的变革和不停的动荡之中,这种永不安定、急剧变动的状况恰恰是资本主义社会与过往时代的不同之处。这样一来,一切固定僵化的社会关系和思想观念都会被消除。随之而来的便是新事物代替旧事物、新关系代替旧秩序、新观念代替旧思想。在这种情势下,原有的一切稳固的价值观念都变得不确定了,原来固守的自恃可靠的价值规范也被无情地动摇了,整个社会似乎很难再找到一个稳定的道德支撑点。也就是说,整个世界历史面对资本的鼓噪,现存的一切都要重新在资本面前取得合法性和合理性。对此,马克思强调:"资产阶级的生产关系和交换关系,资产阶级的所有制关系,这个曾经仿佛用法术创造了如此庞大的生产资料和交换手段的现代资产阶级社会,现在像一个魔法师一样不能再支配自己用法术呼唤出来的

---

① 《马克思恩格斯文集》第5卷,人民出版社2009年版,第842页。
② 《马克思恩格斯文集》第5卷,第871页。

魔鬼了。"①（这里的"魔鬼"指代资本）。纵观资本主义发展史，资本主义正是在这种繁荣与危机交替转换的运动中展示这种生产方式的历史进步性，但它的贪婪本性和扩张野心也一次次地将人类社会带入绝望与绝境之中。

资本的形成和增殖过程都源于生产劳动。劳动不但生产出被资本家占有的剩余价值，还不断复制出这种雇佣劳动关系。从资本主义生产关系的整个生产过程来看，资本能够无限增殖的秘密在根本上是源于资本这个"死劳动"无偿地占有和控制了工人这个"活劳动"。可以肯定地说，如果没有工人这个"活劳动"作用，资本就永远是僵死的抽象存在物。因此，马克思把劳动比作酵母，通过劳动可以使资本发酵。由此，工人不仅在劳动中生产出自己，同时也生产出自己的对立面——资本家。与此同时，"资产阶级不仅锻造了置自身于死地的武器；它还产生了将要运用这种武器的人——现代的工人，即无产者"②。因此，资本作为劳动的结果，是与劳动相对立的。工人的劳动实际上表现为劳动的异化，劳动者占有劳动对象的同时，也就意味着对象的丧失以及被对象奴役。马克思认为，造成社会异化的总根源就在于资本的贪婪本性，即资本无限追求自我增殖的生存本能。为了尽可能多地占有剩余价值，资本必须尽可能多地雇用劳动力。资本这种"死劳动"只有不停地吸吮"活劳动"才能维持自身的生命存在。它吮吸的"活劳动"越多，其生命力就越旺盛。

这么说来，一方面，资本可以点石成金，无所不能；另一方面，它的现实存在又必须以他者的非现实存在为前提。资本连同理性形而上学将原本处于主体地位的人降低为非人的工具性存在，将人从"人的世界及其历史"中驱赶出去，使资本主义社会呈现为一个着魔的、颠倒的世界。资本就此成了一个有灵性的怪物，成为支配一切的社会权力，决定和影响着其他一切社会关系。马克思指出，随着社会生产的不断发展，货币所表现出来的权力也随之增长。因此，交换关系对于生产者而言就被固定为一种异己的力量作用于自身，成为一种外在的、压迫自身的权力，成为一种异己的关系。在这个变化过程中，生产者在交换活动中的依赖程度直接决定着他陷入这种异化的程度。作为交换形式的货币，本身并没有直接造成和加剧这种对立和矛盾，但却在其中获得了某种先验的权力。换句话说，资本的神奇魔力已经在不自觉地执行着辩证法的作用，它将亲手缔造的一切存在物最终都变成了自己的对立物。因此，在资本占统治地位的社会关系中，人及人的劳动只是资本自我增殖的工具性中介手段，还无法真正拥有自由个性。可以说，人们刚刚摆脱自然的桎梏，却又在现实社会中为自己建立了另一种"自然"的枷锁（理性必然性的现实束缚）。

---

① 《马克思恩格斯文集》第2卷，人民出版社2009年版，第37页。
② 《马克思恩格斯文集》第2卷，第38页。

这样看来，资本始终需要克服其内在与外在的双重矛盾：内在矛盾主要表现为资本既要保持其增殖的唯一目的，又要阻止这一过程推动那些反资本力量的增长；外在矛盾主要表现为资本既要将整个外部世界包括权力在内的全部要素纳入资本增殖的过程中来，受其统治，又要极力与权力合谋，为权力服务。这其实正是马克思劳动辩证法所要揭示的资本逻辑的"自反性"，即"资产阶级用来推翻封建制度的武器，现在却对准资产阶级自己了"①。资本本性是使自身无限增殖，而劳动和价值创造是有一定界限的，这就造成了矛盾，由此决定了资本在其本质上就表现为"自我排斥"。马克思这样说道，资本在疯狂地追求自身统治的普遍性的过程中，遭遇到了自身的界限限制。这些限制在资本发展到一定阶段时，会使人们清楚地认识到资本本身就是突破这种趋势的最大阻碍。② 因此，劳动辩证法运动的趋势就是推动资本自身的自我消灭，这恰恰是资本逻辑的自我否定和劳动本真状态自我复归的过程。马克思在《资本论》中曾有过断言，随着资本自我运动的发展扩张，资本的垄断必将成为资本主义生产方式进一步发展的桎梏。当社会发展到生产资料高度集中，劳动高度社会化，现有的生产关系已经难以容纳资本主义外壳的地步时，这个外壳就要炸毁，丧钟就要敲响。到那个时候，资本主义私有制就将宣告终结，过去的剥夺者就将成为被剥夺的对象了。

这一历史使命的主体便是无产阶级。在资本主义革命时期，资本主义与人民大众还处于蜜月期，社会矛盾被狂热与激情掩盖。当资本主义摘下它"革命"的面纱，露出它的狰狞面目时，"人民"就彻底成为一句政治宣言。当这种和谐的利益共同体宣告解体时，资本便会与权力联姻，寻求权力（包括意识形态国家机器在内的一切权力）的庇护。从表面上看，资本的同一性强制力量支配和控制了现存一切，资本主义取得了全面的胜利，"它迫使一切民族——如果它们不想灭亡的话——采用资产阶级的生产方式"③。但是，马克思从来不局限在既定事实上去阐释问题，而是坚持在历史维度上对资本的矛盾运动的趋势进行揭示。在马克思看来，随着资本主义大工业的快速发展，资本自反性所积蓄的革命势力致使资产阶级丧失了自身所赖以存在的现实基础。资产阶级的最终灭亡和无产阶级的最后胜利，同样都是不可避免的历史趋势。资本主义产生、发展、消亡过程所呈现的辩证运动恰恰说明任何事物本身都无法逃脱自身发展的辩证法。资本主义最初依靠坚船利炮开拓了资本、贸易等领域的国际化、自由化，击溃了封闭保守落后的封建王国的铁骑，开启了资本主义的空前繁荣；与此同时，也在全世界范围内催生了越来越多的破产者、无产者，激化了国内国际社会的阶级矛盾，推动了世界民族解放运动的兴起，促

---

① 《马克思恩格斯文集》第2卷，第37页。
② 《马克思恩格斯文集》第8卷，第91页。
③ 《马克思恩格斯文集》第2卷，第35页。

进了世界革命阶级的大联合。阿尔都塞将劳动者与资本家的关系形容成"相遇"。笔者认为,这绝非历史的偶然,而是历史发展的必然组合,或者可以称为"遭遇"。双方的关系不是一种历史的巧合或偶遇,而是资本逻辑发展的必然产物。马克思旗帜鲜明地表明,马克思主义哲学的使命就在于揭示资本运动的自反性和自我否定性,掀翻"资本永恒"的论调,最终恢复人的真正自由和个性,实现人的自由全面发展。

  唯物史观告诉我们,这种历史运动也符合生产力与生产关系的辩证统一关系。首先,社会生产力决定社会生产关系的存在形式,即生产关系只有能够容纳现实生产力,才能够促进社会生产力的发展。其次,生产关系也具有相对独立性。生产关系是生产力发挥作用以及生产结果再分配的直接载体和中心力量。任何一种生产力都无法自行运动,它离不开现实生产关系的推动作用。在资本主义生产力的发展进程中,也常常伴随着社会生产关系的不断调整,资本以此来获得并增强自身的增殖能力。在生产力发展的上升时期,生产力的发展要求和剩余产品的分配方式推动着资本主义生产关系的变革与调整,伴随的是资本增殖运动方式的改变;当资本主义生产关系不能适应生产力的发展要求时,就会以一系列矛盾和社会危机的爆发来提示生产关系变革,而为进一步发展开辟空间,这是资本主义处于低谷时合乎逻辑的现实调整。但是,无论怎样的调整与修补,资本逻辑的发展运动都是在其现有生产力可容纳的空间里展开的,一旦它无法容纳这一矛盾,这种生产方式就会发生质的改变。这正如马克思所说:"资产阶级除非对生产工具,从而对生产关系,从而对全部社会关系不断地进行革命,否则就不能生存下去。"①

  资本主义创造了巨大的财富,同时又带来了社会财富的浪费和破坏;资本主义提供了造福人类的物质条件,却又把人类推进了社会灾难的深渊。资本主义繁荣的背后是深刻的社会危机。马克思已经认识到,资本无论是把财富生产作为其唯一目的,还是在客观上造成现实生产力的快速发展和社会的不断变革,这些都是资本自我发展、自我运动的前提。但资本的命运症结也在于此:所有这一切的发展都以它的对立面形式呈现,且以一种异化的状态和异己的力量存在并发挥否定性作用。这样看来,资本的发展是建立在劳动丧失的基础上的。它越是发展,劳动就越表现为退步;它越是富有,工人就越表现为贫穷;它越是表现为自由,人类社会就越表现为压抑。因此,资本逻辑所呈现的自反性预告了它的历史宿命,资本在发展的同时也为自身的覆灭准备好了掘墓人。这个结论是马克思劳动辩证法的科学预见,也是辩证法精神的力量彰显。恐怕资本自身不会想到:当它横征暴敛、强取豪夺时,它正亲手打碎自由平等的牌坊;当它富可敌国、穷奢极侈时,正是无数劳动者穷困潦倒、瑟瑟发抖、整装待发之时。资本想必更不会理解:因为它的贪婪本性和

---

① 《马克思恩格斯文集》第2卷,第34页。

无度扩张,最终它将亲手把自己埋葬于历史的坟墓之中。

三、革命主体的生存境遇

资本主义的每一次进步都会促进自身否定性力量的增长。无论是从历史还是现实的角度来说,资本主义的发展与进步始终是伴随着对劳动人民的剥削和压迫而推进的。回顾这段血泪史,更加验证了资本主义作为历史性存在的道德伦理的非正义性。

(一)劳动者的生存状况

从资本主义最早产生的英国社会的有关资料显示,18世纪末和19世纪初,对于英国社会劳动者而言,无论是从经济剥削还是政治压迫的角度来说,都是历史上最严重的时期之一。哲学家和科学家所梦想的东西,手艺工人和立法者所惧怕的东西,都一一出现了。圈地运动使农民失去土地,产业革命使小生产者沦为无产阶级,在英国产生了很大一批失去个人生产资料和生活资料而只能靠出卖自己劳动力为生的人。虽然资本主义大工业在这一时期得到了显著发展,但是大量剩余劳动力还是超出了资本主义大工业生产的需求,特别是新工艺的发明和机器的广泛运用,致使大量使用女工和童工成为可能,更加剧了就业困难。加之刚刚脱离农业生产方式的工人还没有形成组织性,更为重要的是,当时还没有出台保护工人权益的相关法律,甚至相反,很多国家还立法剥夺工人的结社权利,罢工斗争被认为是违法的"阴谋"。这些不利因素都削弱了工人反抗资本剥削的力量,资本主义剥削在这一时期达到了无以复加的地步。

从资本主义早期发展来看,这一时期的劳动者生活状况极其悲惨。

其一,超出人体极限的劳动强度和劳动时间。马克思指出,资本像狼一样贪婪无度地追逐剩余劳动,不断突破劳动时间的生理和道德极限,甚至夺走了劳动者呼吸新鲜空气、接触阳光的时间,极大地损害了劳动者的身心健康。马克思接着说道,资本是不会关心劳动者寿命长短的,它只关心如何最大限度地榨取劳动者每个工作日的劳动力,甚至不惜牺牲劳动力的寿命。资本主义生产的实质就是剩余价值的生产。为了获得最大化的剩余价值,资本想尽一切办法来延长劳动者的工作时长,不断突破道德和法律底线,甚至不惜透支劳动者的身体健康,这就造成了当时劳动者普遍的体弱多病和过早死亡等社会问题。马克思援引大量资料,有力证明了当时各行业普遍存在延长工人劳动时间的现象。马克思写道,过去工人每天工作8个小时,现在却延长到了14—18个小时,甚至20个小时。有些特殊工种的工作在季节性繁忙时段,甚至连续工作40—50个小时。可想而知,这种超强度的工作已经超出了劳动者自身的生理极限,导致安全事故频繁发生,工人健康状况堪忧。

其二，雇用和剥削童工情况严重。资本家为了进一步降低雇佣劳动成本，便采取雇用大量童工的方式。马克思引用大量报纸和报告，详尽地披露了英国工厂中的童工劳动惨况。10岁左右的孩子在半夜两三点钟就要起床工作，一直要工作到夜晚十一二点钟。在陶器业，7—12岁的童工每天竟要工作15个小时，甚至连1个小时的吃饭时间都不能保证。这样的作息时间导致这些孩子发育畸形、瘦弱多病、神态呆滞，使得很多人夭折。从事火柴业的工人中有一半是13岁以下的儿童和不满18岁的少年，劳动时间在12个小时以上，还会有夜班，而且没有固定的吃饭时间。马克思对此感叹道："如果但丁还在，他会发现，他所想象的最残酷的地狱也赶不上这种制造业中的情景。"① 可想而知，在资本逐利的疯狂年代，一切伦理道德都被无情践踏。

其三，劳动者的工作和生活环境十分恶劣。由于严酷的剥削，工人的工资只能够满足最低的生活水平。同时，在劳动力过剩的胁迫之下，工资无法得到进一步改善。资本家出于节约成本的考虑，更不愿意改善工人的劳动环境。如此一来，必然导致工人疾病缠身，甚至丢掉性命。诸如从事面包业的工人，由于他们需要常年在高温高湿的环境里工作，工作时间至少要14个小时，因而他们很少能活到42岁。在法国和普鲁士，工人状况更加糟糕，"他们得到的工资仅够购买简单的食品和少量他们习惯用的生活舒适品……与他们的英国对手相比，他们生活更苦，劳动更重"②。

其四，无产阶级在精神上的贫困。资本主义这种超出道德底线和生理极限的劳动生产活动不仅严重损害了工人的身体，也严重摧残了工人的精神。超长的工作时间占据了劳动者几乎整个生命周期，致使工人没有多余时间去休闲和发展自己。工人除了吃饭和睡觉等活动所需必要时间之外，没有其他自由时间可以支配，甚至连吃饭和睡觉的时间都无法保证，更不敢奢谈劳动者自身的教育问题，资本家也不愿意额外增加这笔教育培训的支出。因此，这种状况决定了工人的经济、政治、社会地位低下，身心俱损，思想匮乏，自尊自信的独立个性无法实现。煤矿里的妇女和男人一样劳动，满身的灰泥，单从衣服上很难辨别出性别。部分工人面对繁重又折磨人的劳动，只能通过酗酒等放纵的生活来消除自身的郁闷和压抑之情。

（二）工人阶级的斗争状况

马克思指出："正常工作日的规定，是几个世纪以来资本家和工人之间斗争的结果。"③ 面对如此悲惨的生存境况，工人阶级反抗的信念更加坚定了。虽然此时

---

① 《马克思恩格斯文集》第5卷，第286页。
② 《马克思恩格斯文集》第5卷，第310页。
③ 《马克思恩格斯文集》第5卷，第312页。

的无产阶级还没有完全意识到自身的阶级利益,还没有提出社会主义要求,但是他们逐渐认识到自身的痛苦和贫困都与现有制度相关。英国宪章运动后,工人运动兴起,加剧了社会动荡。随着农村人口向城市的大量迁移,劳动力过剩,由此带来的产业变化、社会变化都激发出社会变革的气息。工业革命基本完成后,一度占据工人阶级多数的手工业工人由于受到机器化大生产的冲击,陷入贫困破产的境地。他们将贫困的根源归为政治上的无权状态,因而,政治斗争的氛围浓郁起来。但是,由于早期工人来自农村,受到传统生活的影响,很难组织起来。英国的资产阶级产生于封建贵族统治之下,一方面要争取更多经济发展的自由度,另一方面还要处理好与贵族的合作关系。因此,他们在处理与工人阶级的关系时就显得犹豫,处于妥协合作的状态,在一定程度上承认了宪章运动所倡导的"劳动是财富创造的唯一来源,而作为劳动者拥有优先享受劳动成果的权利"这一理念。

  伴随着资本主义发展呈现周期性衰落,阶级矛盾和社会矛盾日益激化,各国工人罢工运动浪潮此起彼伏。仅仅美国在1881—1886年,就发生罢工事件三千余次,参加罢工的总人数达到一百多万。周期不断的经济危机伴随着革命形势的发展,证明危机中广大工人阶级的生存状况差到极点,受剥削和压迫的程度空前严重。恩格斯指出,过去那种依据地域和民族来区分的群众,只是因为朴素而共同的感情联系在一起。这种联合还不够成熟,也总是在热情与绝望间摇摆不定。如今,无产阶级这支国际大军在社会主义的号令之下,无论是在队伍数量还是在组织纪律、信心、觉悟等方面都与时俱进,表现出不可阻挡之势。在马克思恩格斯的指导下,通过非法的或合法的斗争,国际工人运动势头高涨。与此同时,工人党团组织和工人代表开始陆续登上合法的政治斗争舞台,为本阶级争得相应的对等政治地位。特别是工人政治家开始参与政府管理,在一定程度上打破了原有的国家政治权力架构,提振了无产阶级革命的信心,彰显出无产阶级自身的力量。尽管工人阶级还没有实际掌握政权,但资产阶级政府无法再忽视这一独立的政治势力,这迫使他们必须考虑和重视工人阶级正当合理的经济、政治等方面的利益诉求。历史资料显示,这一时期,各国议会相继通过了一些总体上有利于维护工人阶级权益的法案,可以证明这种政治斗争的效果。

  我们必须看到工人阶级在经济和政治地位上的变化,但马克思也清晰地告诉我们,劳动者工资显著增长的前提是也必须是生产资本的迅速增加。而生产资本的增加,也就意味着财富、消费、需要和享受也要同步增长。固然,工人的生活水平和社会享受得到一定程度的增长,但相比资本家所获得的远超出工人的享受水平而言,即使相比一般社会发展水平,工人最终所得到的社会满足程度也降低了。换句话说,工人阶级生产生活条件的改善是在资本获得更多剩余价值的前提下实现的,现实状况的好转并没有在根本上改变资本主义雇佣关系的本质。马克思明确地指出,工人们吃得好一些,穿得好一些,工资待遇高一些,手中的特有财产多一些,并不会消除劳动者奴隶般的从属地位和剥削关系。"由于资本积累而提高的劳动价格,实际上不过表明,雇佣工人为自己铸造的金锁链已经够长够重,容许把它略微放松一点。"①

随着资本主义的大规模扩张,工人阶级队伍日益壮大,阶级矛盾的激化也成为资本家必须正视的现实问题。特别是大量产业工人聚集到城市中后,如何缓解劳资矛盾,合理满足无产阶级的利益诉求,改善社会治理和企业经营管理方式,摆到了统治者眼前。因此,我们便从历史和现实中看到了"社会进步":资本家想尽一切办法来改善自己以往的"劣迹"。他们通过制定各种规章制度来加强企业管理,通过推行各种福利奖励机制来改善劳资双方关系,也会通过一些立法手段来博取工人好感。在这种情势下,"泰罗制"应运而生。泰罗认为,过去的生产管理方法不仅已经无法提振企业的利润,还会导致工人联合起来反抗雇主,无法调动工人的生产积极性和创造性。他主张提高技术和监管人员的工资待遇,降低劳动强度,改善工人的生存环境,提高工人的受教育水平,前提是不允许工人参加工会联盟组织。这样,泰罗制就打碎了工人阶级的联合,逐渐使其分化。通过减少工人的工作时间,提高他们的工资待遇,企业不但实现了利润成倍增长,还成功地将工人阶级永远地捆绑在资本主义的生产链条上。虽然这些做法缓解了资本主义社会的矛盾,但无法消除阶级利益的根本对立与冲突。不过,不得不承认,随着资产阶级与工人阶级斗争在表面上的缓和,特别是一整套管理模式和治理方式的改进和运用,继续革命的声音逐渐减弱,妥协的声音开始高起,工人阶级凝聚力开始丧失。加之工会贵族化的加剧,工人阶级力量和政治影响力也逐渐削弱。

(三)劳动者的异化状态

随着对自然界的进一步开发和利用,资本主义社会化大生产获得了一定的发展空间。一方面,资本主义工业生产切断了人与自然的"脐带",把人从对自然的依赖和自然对其的束缚中解放出来;另一方面,这种生产打破了人与人的依附关系,把人从共同体或宗法式群体中解救出来,赋予了个人追求自由平等的法权,实现了人自身的双重解放,标志着人的主体性真正形成。此时的资本主义在积极开拓世界市场的同时,也更加注重科技在提高生产效率中的积极作用,迫切需要追求工具理性的扩张性统治地位。这样,原本作为人的自由解放手段的技术工具,蜕变为对人实行全面统治和强力控制的权力结构。在马克思看来,资本成功地赋予劳动资料资本家的意识和意志,也就是按照资本家对于"逐利"这种欲望的追求,力图将人这种原本有着反抗精神又具有伸缩性的生物体界限压缩到最低的限度。在这种精神的激励下,资本手提沾血的皮鞭,逼迫工人每天进行着单调重复而又乏味的机械

---

①《马克思恩格斯全集》第四十四卷,人民出版社2001年版,第714页。

式生产劳动。这种状态下的劳动者完全沦为工具性的存在,成了一个丧失人性的机器般的存在物。工厂制度的确立,使劳动者终于能从传统行会的束缚下真正解放出来。但是,表面上获得人身自由的工人,在现实中的真实处境却更加艰难。一方面,机器代替了人。高效稳定的机器系统逐渐取代了无法永动、不稳定的人的体力劳动,使产品质量与数量有了显著的提高,也致使劳动者在商品生产中的实际地位大幅下降,彻底沦为机器系统的附属物。另一方面,人成为机器。工人被固定在资本主义生产链条上,在日复一日的机械式操作训练和严密流程、纪律监督之下,变为纯粹工具性的存在,人的主体性、创造性日益消退,完全失去了独立人格。

从这个意义上说,人的异化结果就意味着人失去了人的本质属性,丧失了一切属人的权利。劳动异化对人的身心所造成的否定作用,毫无疑问,源于资本主义生产关系。虽然人的物欲在一定条件下能够得到一定程度的满足,但当人们无法完全满足对物的无限、虚假的消费欲望时,人们实际上就沦为这种物的世界的奴隶。这种异化关系也渗透到人的社会交往中。人原本的主体间性交往正逐渐变为以货币或其他"物"的形式为核心的交往关系。这也就意味着,商品、货币和资本等"物"的形式已经成为支配人的世界和人的交往关系的异己性存在。人在这种异己力量的支配与驱使下,打破了原有的信任关系,实际交往中的不信任感和虚假性就遮蔽了人的真实关系。更加广泛的影响在于,以资本和市场竞争为特征的全球扩张所带来的国际劳工间的竞争和对抗情绪正在蔓延,这势必导致无产阶级的国际联合变得愈加困难。这样,资产阶级就可以把经济危机的根源及造成的严重后果归罪于国家和地区间的竞争,从而掩盖资本主义制度的根本矛盾。

马克思因亲身经受了资本主义社会生活的罪恶和灾难而异常愤怒。他开始研究这种经济社会现象,为无产阶级摆脱这种状况而拼命地进行理论创造工作,并亲自领导国际工人运动。马克思发现,社会罪恶和灾难的制造者是资本及其政治代理人——资产阶级。"而只有通过实际地推翻这一切唯心主义谬论所由产生的现实的社会关系,才能把它们消灭;历史的动力以及宗教、哲学和任何其他理论的动力是革命,而不是批判。"①

---

①《马克思恩格斯文集》第1卷,第544页。

马克思政治经济学批判下的劳动价值论探究

候 畅

摘 要： 古典政治经济学思想史的发展过程是劳动价值论的生成过程。资本主义生产方式内在本质的历史阶级局限性，必然导致资产阶级政治经济学缺乏符合社会历史发展规律的科学性与现实性，而致使其最终走向被庸俗化的道路。马克思批判地吸收了英国古典政治经济学的科学部分，最终完成了对劳动价值论的结构性重塑。马克思凭借其独特的历史视野与人文关怀，从人与人的关系出发，超越了对物的表象的分析，揭发了资产阶级对工人阶级剥削的全过程秘密，为理解资本主义政治经济体系提供了科学的理论视角和分析工具，为无产阶级革命斗争提供了坚实的经济理论支撑。马克思发现并论证了生产关系取决于生产力、社会主义生产方式的必然趋势等真理性认知，为共产主义是异化劳动积极扬弃的结果、无产阶级是未来世界的主人等社会历史发展规律提供了科学依据。

关键词： 政治经济学；劳动价值论；异化劳动

本文引文格式： 候畅：《马克思政治经济学批判下的劳动价值论探究》，见何云峰主编：《劳动哲学研究》第十一辑（2024年第2辑），上海教育出版社2024年版，第52-64页。

从自给自足到商品交换，劳动始终保持着其创造价值的独立性特征，然而其价值的实在性却随社会形态的变革而不断革新。本文试图通过分析古典政治经济学的演进过程，廓清劳动价值论在重要历史时段的表现形式，论述马克思对劳动价值论内涵的批判与丰富，并揭示马克思所提出的共产主义的构想是异化劳动的积极扬弃，也是人类社会发展的必然趋势和终极目标。本文的论述是对劳动价值论形

---

① 作者通信地址：候畅，黑龙江大学哲学学院（黑龙江哈尔滨 150080）。

成的历史过程的一次深入追溯,也是对马克思政治经济学批判的一次全新解读,希望能够为大众提供一个深刻、系统、全面的理论视角,洞悉劳动价值论在现代社会中的意义与应用。

一、劳动价值论的古代经济哲学溯源

西方经济哲学思想史拥有完整的历史发展体系,大体经历了三个阶段:古代经济哲学阶段、资产阶级古典政治经济学阶段,马克思主义政治经济学阶段。在古代经济哲学中,亚里士多德认为物品拥有两种使用属性,即自产自用与物物交换。后一种属性是通过物品交换的方式来改变公民的经济状况,并且始终秉持着公平公正的原则进行买卖。对此,亚里士多德举例说明。他认为,建筑商用建造的房子与鞋匠制作的鞋子交换,二者交换后所获得的利润率必须是等同的,这就是互惠行为,否则这种行为无法一直进行下去。这种公平正义会将公民紧紧联系在一起,是促成城邦团结统一的力量。马克思称这一论述"闪耀出他的天才的光辉"①。即便亚里士多德的表述还非常模糊,但是他看到了使用价值与交换价值的区别,并且交换价值与使用价值是衍生与被衍生的关系。物物交换是建立在同等质关系的基础之上的,这是价值论的逻辑起点。另外,亚里士多德将人与人的关系和物与物的关系等同起来了,生产者之间的交换依据就被理解为两种劳动的相互比较,而这种比较又与劳动的产品有一定的数量关系。因此,在亚里士多德这里已经开始产生了劳动价值论的萌芽。

伊本·赫勒敦在《历史绪论》中对劳动价值概念作了重要论述——"劳动是制造财富的"②。原因在于"财富和得到的好处就必须有劳动的价值加在里边,只有劳动才实现其价值"③。劳动对于世界文明的意义就在于它是社会发展的根本动力,"劳动是收获的根本,收获是劳动的真实,……如果劳动价值被破坏了,变成无偿的,……文明毁灭了"。④ 基于此,伊本·赫勒敦提出了"劳动本身不是目的,而是为了获取收益(财富)"⑤这一重要的论断。在他看来,劳动是有价值的,劳动者"劳动的价值被掠夺了,也就是他们劳动产生的财富被掠夺了,他们受到极大的伤害,……不再积极劳动,结果必然导致社会发展的倒退和破坏"⑥。他进而区分了劳动同剩余劳动的区别,指出"联合起来的劳动成果超过了这些劳动者的需要。……其余的

---

① 《马克思恩格斯文集》第5卷,人民出版社2009年版,第75页。
② 伊本·赫勒敦:《历史绪论》上卷,李振中译,宁夏人民出版社2015年版,第403页。
③ 伊本·赫勒敦:《历史绪论》下卷,李振中译,宁夏人民出版社2015年版,第544页。
④ 伊本·赫勒敦:《历史绪论》上卷,第191页。
⑤ 伊本·赫勒敦:《历史绪论》下卷,第544页。
⑥ 伊本·赫勒敦:《历史绪论》上卷,第403-404页。

劳动都是超出需要的剩余劳动。……这些人通过交换或者支付价值来获得他们需求的物资,这样,有剩余物资的人们就有了数量相当的财富"①。我们从伊本·赫尔顿对劳动价值理论的继续考究中,隐约可见他对异化劳动的逻辑推敲,以至于存在对剩余价值论预示性的感知。他认为,有地位的人聚财更加容易,"财富不是来自赚到的钱,而是他们得到的劳动价值,这些劳动是人们为了帮助他们而做的"②。对于没有地位的人,"他们的收益就仅限于他们从事职业劳动的收益,在许多情况下,他们会变得穷苦、贫困"③。诚然,在伊本·赫勒敦看来,人的价值"也就是他劳动的价值"④。由此,人的价值被抽象地禁锢在了劳动价值之中。

基于对古代经济哲学阶段的劳动价值论的研究,可以看出他们对于经济学的研究更像是一种更加宏大的哲学研究的附带产物。他们认为,劳动产业化生产的内涵只是生产这个属的一个种,当内涵变小时,它的外延必定向其反向扩充。劳动生产的外延涵盖任何精神的和物质的创造,因劳动产业产生的创造物不同于对业已创造之物的单纯转让或者改造。劳动产业化上的转让只是获取这个属的一个种,获取包括任何物质的和精神的、自愿的和不自愿的转让。他们试图在这两个属之间画出一条严格的分界线,但却徒令自己陷入了所有哲学家对不可区分之物进行区分时所遭遇的困境。⑤马克思在评论古代经济哲学阶段的状况时表示,当生产者不再直接消费自己的劳动产品,而是通过交换把劳动产品转让出去的时候,他们就失去了对自己的劳动产品的支配权。他们无权过问自己的劳动成果是何结果,于是劳动产品有那么一天会被用来反对、剥削甚至是压迫劳动者的可能性顺势产生了。"因为历史地出现的政治经济学,事实上不外是对资本主义生产时期的经济的科学理解,所以,与此有关的原则和定理,能在例如古代希腊社会的著作家那里见到,只是由于一定的现象,如商品生产、贸易、货币、生息资本等等,是两个社会共有的。就希腊人有时涉猎这一领域来说,他们也和在其他一切领域一样,表现出同样的天才和创见。所以他们的见解就历史地成为现代科学的理论的出发点。"⑥古代经济哲学的劳动价值论为古典政治经济学的发端提供了重要的理论基础。资产阶级古典政治经济学的典型代表是英国古典政治经济学,它也是马克思政治经济学思想的发端。

---

① 伊本·赫勒敦:《历史绪论》下卷,第517页。
② 伊本·赫勒敦:《历史绪论》下卷,第553页。
③ 伊本·赫勒敦:《历史绪论》下卷,第555页。
④ 伊本·赫勒敦:《历史绪论》下卷,第569页。
⑤ 詹姆斯·博纳:《哲学与政治经济学》,张东辉、夏国军译,商务印书馆2021年版,第22页。
⑥《马克思恩格斯文集》第9卷,人民出版社2009年版,第240页。

二、英国古典政治经济学为马克思劳动价值论提供直接来源

马克思认为古典政治经济学在英国是从威廉·配第开始的,经亚当·斯密等人,到大卫·李嘉图结束。英国古典政治经济学是马克思主义政治经济学的思想理论来源,马克思在继承它的科学部分的同时,否定了它的虚无主义,摆脱了它的庸俗主义阶段,创立了无产阶级政治经济学,从而实现了对劳动价值理论的正确研究。了解英国古典政治经济学的发展规律及其科学成分,应当从英国古典政治经济学的三个发展阶段入手,厘清其思想脉络。

受培根的影响,配第主张理性与经验相结合,这是经济学首次对亚里士多德三段式哲学演绎的背弃。他主张透过现象勘察本质,将自然科学方法运用于政治经济学领域,用应用数学和统计数字来阐释经济学问题。因此,他最大的贡献在于发现了劳动价值论。配第在研究自然价格时,否定了关于自然价格是上下波动的政治价格所计算出来的平均价格的说法。他从实时波动的政治价格中寻找它的中枢核心,由此廓清了政治价格与自然价格的关系。即自然价格就是价值,政治价格就是实时波动的市场价格,价格由价值决定,而价值来源于劳动。配第在《赋税论》中提出了他的著名论断:"假如一个人在能够生产一蒲式耳谷物的时间内,将一盎司白银从秘鲁的银矿中运来伦敦,那么,后者便是前者的自然价格。"[1] 他已经意识到生产谷物与生产白银两种具体的劳动形式应该存在着可比较的共同性原则。他将单位量的谷物与单位量的白银的对等关系进行了反复论证后,又得出了商品的自然价格同开采白银的劳动生产率应该成正比,同开采白银的劳动时间成反比,并且分工在提高劳动生产率的同时,也会促使商品价值量的下降的结果。因此,商品的价值是受生产自然生活物品所需的劳动量所决定的。但是,配第认为,拥有直接交换价值属性的存在物只能是生产金银的劳动力,其他的劳动产品只有在与金银进行交换时才具有交换价值的功能。这是由于配第不理解劳动二重性的概念所导致的,因而他也就无法理解和区分价值和使用价值的关系。配第此时意识到获得财富不仅仅需要劳动,也需要以自然力或自然物质为基础。因此,他提出"土地为财富之母,而劳动则为财富之父和能动要素"[2];"所有物品都是由两种自然单位——即土地和劳动——来评定价值"[3]。配第为了让劳动和土地成为全部物品的共同价值尺度,并且"必须找出土地和劳动之间的自然的等同关系"[4],做出了一系列假设

---

[1] 威廉·配第:《赋税论献给英明人士货币略论》,陈冬野、马清槐译,商务印书馆2022年版,第52页。
[2] 威廉·配第:《赋税论献给英明人士货币略论》,第71页。
[3] 威廉·配第:《赋税论献给英明人士货币略论》,第45页。
[4] 《马克思恩格斯全集》第二十六卷,人民出版社2014年版,第397页。

的分析，最终得出了他想要的结果，即"一个成年人平均一天的食物"①，亦即工资。

在劳动价值论的基础上，配第还进一步构建了他的分配理论，从工资、地租和利息三个方面分析劳动生产物价值在这些所得中的比例关系问题。配第的这些思想促使政治经济学首次具有一种系统性的特征。由于配第最早提出了劳动价值论，因此，马克思称他为"英国政治经济学之父"。②

英国古典政治经济学从配第到斯密经历一个世纪之久。按照斯密的观点，他的《国富论》就是研究国民财富的性质及其产生和发展的条件。自由及自由主义是斯密经济学的中心思想，自由秩序是《国富论》的出发点。在他看来，经济秩序"带来了人与人之间过去不可能存在的某种程度的权利和服从，因而此又带来了保持权利和服从所必要的某种程度的民政组织。这种演进，似乎是自然而然的"③。自然秩序产生于人的本性，进而又回归于人的本性成为社会秩序的一般标准。《国富论》以国民财富为探究对象，第一篇主要分为分工、货币、价值三个部分。斯密在序论开篇首句说道："一国国民每年的劳动，本来就是供给他们每年消费的一切生活必需品和便利品的源泉。构成这种必需品和便利品的，或是本国劳动的直接产物，或是用这类产物从外国购进来的物品。"④他断定劳动是一切财富的源泉，进而论述了促使劳动生产力得以进步的原因以及劳动生产物分配给各阶级人民的自然顺序。他将分工视为促进国民财富增进的主要因素，指出分工的发展必定由合理的分配所支撑。在土地私有制与资本社会的背景下，价值是由工资、利润和地租这三种收入决定的，由此衍生出工人、资本家和地主三个阶级。马克思在面对斯密的利润理论时指出："斯密后来更直接地从工人超出他用来支付（即用等价物来补偿）工资的那个劳动量之上所完成的劳动，引申出利润。斯密这样就认识到了剩余价值的真正起源。"⑤马克思评价斯密是在资产阶级经济学家中提出正确的社会阶级构成的第一人。斯密在《国富论》第二篇中研究了资本。他认为："有用的生产性劳动者人数，无论在什么场合，都和推动劳动的资本量的大小及资本用途成比例。"⑥资本量越大，劳动量随之上涨，分工越是细化与发展。劳动生产率一旦提高，国民财富必定增加。因此，他将资本的积累视作促进国民财富增进的另一主要因素。在论述资本积累时，斯密进而提出生产劳动与非生产劳动。"有一种劳动，加在物上，

---

① 威廉·配第：《爱尔兰的政治解剖》，周锦如译，商务印书馆1964年版，第58页。
② 《马克思恩格斯全集》第十三卷，人民出版社1962年版，第43页。
③ 亚当·斯密：《国民财富的性质和原因的研究》下卷，郭大力、王亚南译，商务印书馆1974年版，第277页。
④ 亚当·斯密：《国民财富的性质和原因的研究》上卷，郭大力、王亚南译，商务印书馆1974年版，第1页。
⑤ 《马克思恩格斯全集》第三十三卷，人民出版社2004年版，第56页。
⑥ 亚当·斯密：《国民财富的性质和原因的研究》上卷，第2页。

能增加物的价值;另一种劳动,却不能够。"①斯密克服了重农主义者将只从事农业的劳动才称作生产劳动的观念,把生产劳动理解为可以生产剩余价值的劳动,并深入探讨了生产劳动是同资本相交换的劳动。马克思认为斯密在学问上最大的功绩之一就是"他下了生产劳动是直接同资本交换的劳动这样一个定义"②。但是,斯密却混淆了商品运输与流通的经济学职能概念,并认为农业生产是最重要的生产。斯密的《国富论》形成了政治经济学最早的完整体系,他在研究资本主义经济时放弃了自己的劳动价值论,认定商品的价值是由工资、利润和地租这三种收入构成的。由此,资本主义的剥削关系被掩盖起来了。他能够正确理解剩余价值的根源,但却认为这是工人无偿劳动的产物。同时,他混淆了剩余价值和利润的概念,不用剩余价值来说明利润,而是以资本家的利益来解释。因此,资本家对工人剥削的关系也被掩盖起来了。斯密是一个唯心主义的二元论者,他运用形而上学解释经济学的方法,使他对每一个经济范畴都会做出多种解释。由于他不理解劳动的二重性,所以无法说明在同一劳动过程中劳动者的抽象劳动创造新价值,具体劳动把生产资料价值转移到新生产的商品价值中去的相关问题。大卫·李嘉图看到了斯密的二元论矛盾,他在逻辑上更加谨慎并使用抽象和一般化的方法对待和论述资本主义的经济实践活动,这使得他能够把劳动价值论贯彻到底,能够以劳动价值论为基础去分析资本主义的一切经济范畴和经济关系,从而在资产阶级的限度内最深入地分析和揭示了资本主义生产方式的内在联系。

李嘉图是英国资本主义古典政治经济学体系的最终完成者,马克思评价道:"李嘉图让国民经济学用它自己的语言说话。"③李嘉图的劳动价值论成为马克思政治经济学的直接来源。李嘉图所处的时代是无产阶级真正形成的时代,整个社会是无产阶级、资产阶级、地主阶级所构成的资本主义社会,分配问题自然成为李嘉图经济学理论的核心论点。马克思指出:"只要它把资本主义制度不是看做历史上过渡的发展阶段,而是看做社会生产的绝对的最后的形式,那就只有在阶级斗争处于潜伏状态或只是在个别的现象上表现出来的时候,它还能够是科学。"④1817年,李嘉图出版《政治经济学及赋税原理》,该书以劳动价值论为基础和出发点并坚持前后一贯的理论逻辑,揭示出资本主义各方面的运转架构,并详细探究了三个阶级的收入来源、方式以及他们之间的内在联系,由此廓清了阶级占位相互所对立的利益关系问题。

《政治经济学及赋税原理》第一章节主要讨论价值,李嘉图首先指出,商品能够

---

① 亚当·斯密:《国民财富的性质和原因的研究》上卷,第303页。
② 《马克思恩格斯文集》第8卷,人民出版社2009年版,第218页。
③ 《马克思恩格斯文集》第1卷,人民出版社2009年版,第229页。
④ 《马克思恩格斯文集》第5卷,第16页。

马克思政治经济学批判下的劳动价值论探究　　　　　　　　　　　候　畅

拥有交换价值的物质前提是它本身所拥有的使用价值。一种商品如果全然没有用处,那就无论怎样稀少,也无论获得时需要费多少劳动,总不会具有交换价值。① 但他并没有意识到使用价值是价值的物质承担者。关于价值的来源问题,他认为,"价值尺度是劳动量"②,是商品生产与运输的劳动总量。这也就彻底否定了斯密关于价值取决于工资、利润和地租的理论。虽然李嘉图已经认识到社会必要劳动决定商品价值,但是他将社会必要劳动解释为:一切商品,规定其交换价值的永远不是在劳动,而是那些需要在最不利的条件下进行生产的人所必需投入的较大量劳动。③ 这明显将农业商品价值一般化,失之偏颇。李嘉图进一步将生产劳动分为活劳动与物化劳动,即直接劳动与间接劳动。李嘉图发现了工具、器具以及工厂建筑等间接劳动价值,并以此批判了萨伊关于资本、土地也创造价值的观点。但是,他并没有详细论述劳动二重性,也没有进一步解释它们同时进行生产活动的过程原理。马克思在评价李嘉图价值论时,认为李嘉图体系的第一个困难是资本和劳动的交换如何同价值规律相符合;第二个困难是等量资本,无论它们的有机构成如何,都提供相等的利润,或者说,提供一般利润率。实际上,这是一个没有被意识到的问题:价值如何转化为费用价格?造成这种困境的原因在于:一方面,李嘉图仅仅将劳动当作价值量的研究对象进行考量,而没有研究劳动的性质;另一方面,他只看到了劳动创造价值,价值由劳动时间决定,却没有意识到价值是一种社会关系。《政治经济学及赋税原理》第二章节讨论地租,主要内容是三个阶级的分配理论。李嘉图指出:"全部土地产品在地租、利润和工资的名义下分配给各个阶级的比例是极不相同的……确定支配这种分配的法则,乃是政治经济学的主要问题。"④ 首先,关于工资理论,李嘉图将劳动工人等同于商品,指出工资即是有价格的劳动。他将劳动力的价格按照商品人的属性被分为市场价格与自然价格。劳动的市场价格是"根据供求比例的自然作用实际支付的价格"⑤,即劳动力价值与其货币表现之间成正比关系。劳动的自然价格是"让劳动者大体上能够活下去并不增不减地延续其后裔所必需的价格"⑥,即劳动力的价值。劳动的自然价格与生活必需品的价格波动成正比。因此,工资往往更依赖于自然价格。同时,李嘉图指出,"作为工资而付出的比例,对利润问题是极为重要的,因为我们一眼就可以看清楚,

---

① 大卫·李嘉图:《政治经济学及赋税原理》,郭大力、王亚南译,商务印书馆2021年版,第5—6页。
② 大卫·李嘉图著,彼罗·斯拉法主编:《李嘉图著作和通信集》第三卷,蔡受百译,商务印书馆1979年版,第194页。
③ 大卫·李嘉图:《政治经济学及赋税原理》,第58页。
④ 大卫·李嘉图:《政治经济学及赋税原理》,第1页。
⑤ 大卫·李嘉图:《政治经济学及赋税原理》,第76页。
⑥ 大卫·李嘉图:《政治经济学及赋税原理》,第75页。

利润的高低恰好和工资的高低成反比。"① 马克思对李嘉图的相对工资理论给予高度的赞扬，认为李嘉图的伟大功绩就在于他"彻底粉碎了'工资决定价格'这个流行已久的陈腐不堪的谬论"②。其次，关于利润理论，李嘉图将利润视为资本家的全部收入，并从两个方面展开论述，即实际利润与剩余价值。与斯密等人不同，李嘉图将地租视作利润的一个要素，把利润视为剩余价值的唯一形式，并将利润与工资联系在一起。马克思称赞李嘉图虽未单独论述剩余价值的概念，但提出了真正的剩余价值理论。李嘉图将利润视为劳动者剩余劳动所创造的剩余价值，指出工资决定利润，且二者是成反比的变化规律。但是，李嘉图忽视了绝对剩余价值的因素，因为只有在劳动生产率不变的情况下，工资与利润才成反比状态。此外，马克思指出："李嘉图从来没有考虑到剩余价值的起源。他把剩余价值看做资本主义生产方式固有的东西，而资本主义生产方式在他看来是社会生产的自然形式。他在谈到劳动生产率的时候，不是在其中寻找剩余价值存在的原因，而只是寻找决定剩余价值量的原因。"③ 最后，关于地租理论，李嘉图认为："地租是为使用土地的原有和不可摧毁的生产力而付给地主的那一部分土地产品。"④ 地块的出租形式分为商用地与农用地。如此，级差地租理论表现为两种形式，当资本和劳动定量投入时，地质差异性就决定了地租的收益额。李嘉图指出，"地租总是由于使用两份等量资本和劳动而获得的产品之间的差额"⑤。其中，差额利润转化为差额地租，被土地所有者占有。当同一地块资本和劳动增加量投入时，产品收入的增加量是逐次递减的，即土地报酬递减规律。第二种形式不能完全正确说明差级地租的来源方式，只有在一定范围内这个理论才是正确的。但边际递减原则成为现代经济学发展的重要理论基础。综上，由于李嘉图没有区分价值的创造与分配，所以他不承认绝对地租的存在，而绝对地租正是私有权的直接结果。按照李嘉图的理论，随着人口增加，生活必需品需求量上涨，物价增高，地租上涨。但劳动者的实际工资并未上涨，由此导致利润下跌，资本积累的财富减少。英国当时奉行谷物法，除地主阶级外，工人阶级、资本家阶级利益均受损，而工人与资本家的对立是地主引起的。由此，李嘉图的地租论成为当时抨击谷物法的有力武器。马克思评论道："尽管李嘉图已经假定资产阶级的生产是规定租的必要前提，但是他仍然把他的租用于一切时代和一切国家的土地所有权。这就是把资产阶级的生产关系当做永恒范畴的一切经济学家的通病。"⑥

---

① 大卫·李嘉图：《政治经济学及赋税原理》，第19页。
② 《马克思恩格斯文集》第3卷，人民出版社2009年版，第45页。
③ 《马克思恩格斯文集》第5卷，第590页。
④ 大卫·李嘉图：《政治经济学及赋税原理》，第53页。
⑤ 大卫·李嘉图：《政治经济学及赋税原理》，第57页。
⑥ 《马克思恩格斯文集》第1卷，第644页。

英国古典政治经济学主要经历了三个重要的发展阶段,反映了当时先进的资产阶级的利益。它为劳动价值论奠定了基础,并发现了剩余价值论的存在事实。在马克思看来,英国古典政治经济学理论之所以具有一定的科学性,原因在于经济学家们所处时代的资产阶级还处于进步时期。这些经济学家的局限性则是他们代表的资产阶级的阶级性所导致的,一方面刺激生产力和财富的自由发展,另一方面又限制这种发展,以至于他们的政治经济学理论最终走向庸俗化。真正能够科学地解决这些问题的第一人是马克思,他是劳动价值论的最终完成者,他批判地继承了英国古典政治经济学的事业。

三、马克思对劳动价值论的批判与创新:政治经济学的科学革命与无产阶级的思想武器

马克思通过对英国古典政治经济学劳动价值论的批判继承,指明了政治经济学发展的科学道路,并将政治经济学改造为无产阶级的科学,完成了政治经济学的科学革命,为无产阶级提供了革命的思想武器。这场伟大的科学革命使得马克思发现了劳动二重性,创立了劳动价值论,推演出真正的剩余价值学说,彻底揭露了资产阶级剥削无产阶级的秘密以及无产阶级和资产阶级对立的根源。马克思在对英国古典政治经济学家进行批判时指出:"我的结论是通过完全经验的、以对国民经济学进行认真的批判研究为基础的分析得出的。"[1] 马克思对英国古典政治经济学的批判除了是对经济学规律的掌握,重要的是,他还以人与人的生产关系为立足点,批判资本主义私有制的工人阶级经济学,具有鲜明的人文特征。

(一)超越物的表象:从物与物的关系转向人与人的关系的重构

英国古典政治经济学家对经济范畴的研究是从物与物的关系中去探寻的。他们认为,商品仅仅是某种一般物,商品交换是两个具备使用价值的商品在同等量的条件下发生的物物关系。资本只代表生产资料,因而货币只具备充当交换职能的工具属性。工资、利润和地租则是构成劳动生产价值的一般要素。而在马克思看来,物物关系只是研究经济范畴中的一种表象,我们要做的是深入研究政治经济学现象中的深层关系,即人与人的关系。马克思提出人是一切经济活动和经济关系的基础和承担者的重要命题。对于英国古典政治经济学对经济范畴的解释,马克思指出:"政治经济学从商品开始,即从产品由个别人或原始公社相互交换的时刻开始。进入交换的产品是商品。但是它成为商品,只是因为在这个物中、在这个产品中结合着两个人或两个公社之间的关系,即生产者和消费者之间的关系……"[2]

---

[1]《马克思恩格斯文集》第1卷,第111页。
[2]《马克思恩格斯文集》第2卷,人民出版社2009年版,第604页。

商品不是简简单单的物,而是人与人之间关系的体现者;商品交换则表示通过市场来实现的商品生产者之间的联系。"商品通过货币来估价的交换价值,也就称为商品的价格。所以,工资只是人们通常称之为劳动价格的劳动力价格的特种名称,是只能存在于人的血肉中的这种特殊商品价格的特种名称。"① 而且,"货币就是产生下述现象的根源:迄今为止的一切交往都只是在一定条件下个人的交往"②,表现为人类的外化的能力。综上,马克思发现了隐藏在物与物关系下的人与人的关系。马克思指出,他的"经济学研究的不是物,而是人和人之间的关系,归根到底是阶级和阶级之间的关系"③。

(二)阶级对立与经济矛盾:马克思对资本主义经济范畴的深层批判

马克思通过对工资、利润和地租之间矛盾问题的分析,揭示出三个阶级之间的矛盾问题,即工人、资本家以及地主之间的人与人的关系问题。马克思通过分析资本家与工人的关系来考察工资。他认为,资本与劳动起初是同一个东西,但是当它第一次被割裂开来时,随即产生了资本家与工人的分离。马克思指出:"工资决定于资本家和工人之间的敌对的斗争。胜利必定属于资本家。"④ 因为"工资不是工人在他所生产的商品中占有的一份。工资是原有商品中由资本家用以购买一定量的生产性劳动力的那一部分"⑤。工资仅仅只是资本家给予工人在劳动期间不是作为人而是作为工人能够维持生存并持续繁衍的最低费用。在国民经济学家眼中,工人只是一种抽象的工具、可购买的商品。当市场价格贴近于自然价格时,资本家会转移投资领域,这导致工人失去唯一的经济来源,在工人之间就会形成恶劣的竞争。同样,当社会财富不断增加时,资本作为劳动的积累,对工人也并不是友好的。资本越是积累,工人生产的劳动产品就会越多地集聚于资本家手中。资本的积累会导致分工的进一步细化,劳动的报酬必然日益降低,工人逐渐被贬低为机器。工人的这种片面的、抽象的活动使其与机器化劳动捆绑得越加紧实。即便是在资本家互相竞争的时段,工人工资会稍有提高,但增加的劳动时间也是工人提前结束生命的时间。在马克思看来,"工人的毁灭和贫困化是他的劳动的产物和他生产的财富的产物"⑥。他进一步对国民经济学提出疑问:"把人类的最大部分归结为抽象劳动,这在人类发展中具有什么意义?"⑦ 社会总财富集中于少部分的资本家手中,资本家以财富占有为目的而对工人阶级生命的无情浪费和剥削将会使无产者数量急

---

① 《马克思恩格斯文集》第1卷,第714页。
② 《马克思恩格斯文集》第1卷,第579页。
③ 《马克思恩格斯文集》第2卷,第604页。
④ 《马克思恩格斯文集》第1卷,第115页。
⑤ 《马克思恩格斯文集》第1卷,第715页。
⑥ 《马克思恩格斯文集》第1卷,第124页。
⑦ 《马克思恩格斯文集》第1卷,第124页。

剧上升并成为资产阶级最强有力的对手。我们可以得出这样的结论：马克思对国民经济学的批判始终是以人类社会的发展为主旨的。

对于资本的利润的讨论，马克思认为，它完全取决于所利用的资本的价值，二者保持一定的比例。也就是说，一方面，虽然资本家没有亲身参与到劳动产品的生产过程中，但是资本所有者对工人的劳动及其产品拥有绝对的支配权，这是资本所拥有的自然的购买权利。另一方面，资本家渴望更多的财富，所以将资本的利润与资本的投入保持一定的比例是资本家获得纯利润必不可少的手段。保证利润获得最大剩余的方法就是尽可能压低工人的工资，同时利用商业秘密与制造业秘密进行产品垄断。由此，马克思指出："在对自然产品加工和再加工时人的劳动的增加，不是使工资增加，而是一方面使获利资本的数额增加，另一方面使每一笔后来的资本比先前的资本增大。"①利润的增加主要依靠两种途径，即细化分工与增加产品生产的劳动量。人的劳动所生产的产品份额越大，固定资本所创造的利润就越大。当国家财富增多时，随资本的不断增加而产生的竞争就会使得普通利润率不断走低。资产较薄弱的小资本家在商战博弈中濒临破产，大资本家吞噬小资本家，使得行业进一步被垄断。马克思批判李嘉图将人的生命视为资本，将人视为生产和消费的工具，称他将产品视为一切，却将人视作微不足道的，因而颠倒了人与劳动产品的位置。资本的积累促进生产力的发展，伴随而来的是生产过剩。同时，资本家将生产某一产品的全部过程尽可能地集中在自己手中以节约生产资料成本，并将其他的积蓄运用到更多领域中以谋求更多的利润，这就深化了有产阶级与无产阶级的对立。

对于地租的讨论，马克思将地租定义为"通过租地农场主和土地所有者之间的斗争确定的"②。马克思通过探究土地所有者与租地农场主的关系来说明这一理论。租金一般固定为产品价格的三分之一，所有者尽可能对租地农场主进行压榨，刨除产品所需生产资料，其余皆被土地所有者视为自己的租金。因此，土地所有者越是提高地租，租地农场主所支付的工资就越少。反过来也是如此，租地农场主所支付的工资越低，土地所有者索要的地租越多。间接地，土地所有者出于利益考量，就要求将工资压到最低限度。地主阶级与其他两个阶级的利益是完全相敌对的。地主之间的竞争也是地主阶级财富积累的重要举措，同大资本家"吞噬"小资本家一样。经过不断竞争，大地主不断聚集土地或将土地转入工业家手中，其中一部分土地也会落入资本家手中。在这里，马克思发现了私有财产的源头，认识到"私有财产的统治一般是从土地占有开始的；土地占有是私有财产的基础"③。地产

---

① 《马克思恩格斯文集》第1卷，第132页。
② 《马克思恩格斯文集》第1卷，第144页。
③ 《马克思恩格斯文集》第1卷，第150页。

垄断的每一次扩张都奠定了私有制形成的基础。马克思指出,在这种趋势下,"最终的结果是资本家和土地所有者之间的差别消失,以致在居民中大体上只剩下两个阶级:工人阶级和资本家阶级"①。地主的私有财产最终也在资本的私有制运动中失去一切政治因素而沦为商品。在不断发展的私有财产统治普遍化过程中,资本家与工人的唯一纽带就是剥削者与被剥削者的关系,"所有者和他的财产之间的一切人格的关系必然终止,而这个财产必然成为纯实物的、物质的财富"②。

综上,马克思从工资、利润与地租的经济物质关系中推演出了工人、资本家与地主的既相互对立又在各自共同体阶级中相互竞争的人与人之间的关系,从而实现了劳动价值论的确立与对英国古典政治经济学的批判。

(三)异化与人类本质:马克思对资本主义社会关系的非难

在马克思看来,研究政治经济学"必须弄清楚私有制、贪欲以及劳动、资本、地产三者的分离之间,交换和竞争之间、人的价值和人的贬值之间、垄断和竞争等等之间以及这全部异化和货币制度之间的本质联系"③。国民经济学家们总是以虚构的假设前提和资产阶级的利益为最终原因,而马克思则是以那一时段国民经济学历史发展的现实规定性为出发点,在一定的社会经济形式下探究人的经济行为。工人阶级、资产阶级和地主阶级在利润分配上的对抗性关系可以证明,对于工人来说,"物的世界的增值同人的世界的贬值成正比"④。也就是说,按照国民经济学的规律,工人用自己的劳动生产的产品越多,工人自己本身的价值就越贫乏,本应属于工人的劳动产品却不属于劳动者,而是成为遏制工人生存的桎梏,与工人相分离且形成相对立的局面,即劳动产品同劳动相对立。因此,"工人对自己的劳动的产品的关系就是对一个异己的对象的关系"⑤。这一关系的结果表现为工人的劳动本质的异化或外化现象,"异化不仅表现在结果上,而且表现在生产行为中,表现在生产活动本身中"⑥。这是异化劳动的第二个规定。劳动不再天然属于工人,不再是他的应然本质。劳动这种实践活动也不再是工人的自主活动。这主要体现在两方面关系中:一方面,给工人提供生活资料的自然界和外部感性世界成为工人异己的存在;另一方面,在工人劳动的过程中,他的劳动同他的生产行为相异化。马克思通过以上两个异化劳动的规定推演出了异化劳动的第三个规定,即人同自己的类特性相异化。人通过对自然界的改造证明了自己是区别于动物的有意识的类存在

---

① 《马克思恩格斯文集》第1卷,第150页。
② 《马克思恩格斯文集》第1卷,第151页。
③ 《马克思恩格斯文集》第1卷,第156页。
④ 《马克思恩格斯文集》第1卷,第156页。
⑤ 《马克思恩格斯文集》第1卷,第157页。
⑥ 《马克思恩格斯文集》第1卷,第159页。

物,"把类看做自己的本质"①。但是,由于异化劳动,人的生产对象被剥夺,从而也被剥夺了类生活。"无论是自然界,还是人的精神的类能力,都变成了对人来说是异己的本质,变成了维持他的个人生存的手段。"② 因此,这"使他的精神本质、他的人的本质同人相异化"③,进而导致的直接结果就是人同人相异化。

综上,马克思通过对异化劳动的科学分析指出:"私有财产一方面是外化劳动的产物,另一方面又是劳动借以外化的手段,是这一外化的实现。"④ 当异化劳动消失时,私有财产也就随之消亡了。马克思把私有财产的起源问题变为异化劳动同人类发展的关系问题,通过异化劳动来解释私有财产及其经济范畴的本质和起源,并将其理解为历史本身产生出来而又加以扬弃的历史暂时现象,使这些范畴得到合乎历史唯物主义原则的解释。另外,可以看到的是,私有财产对人的奴役是从工人的生产关系中产生的,马克思指出这种解放一定是工人首先从政治形式中寻找出路。马克思指出:"共产主义是对私有财产即人的自我异化的积极的扬弃,因而是通过人并且为了人而对人的本质的真正占有;因此,它是人向自身、也就是向社会的即合乎人性的人的复归,这种复归是完全的复归,是自觉实现并在以往发展的全部财富的范围内实现的复归。这种共产主义,作为完成了的自然主义,等于人道主义,而作为完成了的人道主义,等于自然主义,它是人和自然界之间、人和人之间的矛盾的真正解决,是存在和本质、对象化和自我确证、自由和必然、个体和类之间的斗争的真正解决。它是历史之谜的解答,而且知道自己就是这种解答。"⑤

---

① 《马克思恩格斯文集》第1卷,第162页。
② 《马克思恩格斯文集》第1卷,第163页。
③ 《马克思恩格斯文集》第1卷,第163页。
④ 《马克思恩格斯文集》第1卷,第166页。
⑤ 《马克思恩格斯文集》第1卷,第185—186页。

马克思劳动正义思想及其新时代启示①

罗慧珍　刘　林

摘　要：马克思劳动正义思想是其劳动观的重要内容之一。马克思在对当时的资本主义社会进行深切考察的基础上，真实地再现了资本逻辑主导下的社会现实。在批判资本逻辑主导、资本天然正义、异化劳动支配的过程中，马克思构建了以劳动过程的有效、劳动关系的和谐、劳动分配的公平、劳动主体的自由为主要价值追求的劳动正义思想。以马克思的劳动正义思想为指南，提高劳动生产率、促进劳动分配公平、保障劳动主体的权益、促进实现体面劳动，对我国社会主义建设以及构建和谐的劳动关系具有重要意义。

关键词：马克思；资本；劳动正义

本文引文格式：罗慧珍、刘林：《马克思劳动正义思想及其新时代启示》，见何云峰主编：《劳动哲学研究》第十一辑（2024年第2辑），上海教育出版社2024年版，第65—73页。

在资本与劳动的矛盾关系中，一直都是资本处于支配地位。在以资本逻辑为主导的社会里，工人的劳动一直被资本家以及国民经济学家认为是理所应当的事情，劳动主体忍受着资本为实现其自身增殖所造成的精神和身体的双重压迫，成为异化劳动摧残和剥削的对象。马克思劳动正义思想的出场，是对这样一种社会现实状况的深切揭露与批判，是对劳动自由与解放的价值追求。所谓劳动正义，"就是从人类自由的核心价值和历史唯物主义的原则高度出发，对作为人类基础存在之方式和社会历史之深刻本体的劳动活动及其关系的正义追问，其实质是对现实具体的人类劳动活动、劳动方式和劳动关系所展开的合理性反思和合目的性价值

---

① 作者通信地址：罗慧珍，上海师范大学哲学与法政学院（上海 200234）；刘林，上海师范大学哲学与法政学院（上海 200234）。

审视"①。现代社会劳动者的劳动状况较之《资本论》中所描述的劳动状况有较大改变,但是资本的剥削本性并未改变,资本逻辑依旧处于统霸地位,劳动者的利益依旧遭受侵蚀和损害,由此引发了一系列社会问题。因此,对马克思劳动正义思想的阐释以及对劳动正义之实现可能性路径的探寻,对于彰显劳动价值、肯定劳动者主体地位、构建和谐劳动关系、促进社会发展具有重要意义。

一、资本逻辑"正义"的非正义性

若是想要探察马克思劳动正义思想,不可避免地就要考察其生发境遇。任何一种真正的思想,都不会凭空产生,必定有其现实缘由,是对当时时代境况的反映与折射。因此,对马克思劳动正义思想的认识需要建立在对当时资本主义社会状况的考察之上。

在资产阶级政治经济学家那里,资本主义社会永恒正义。资产阶级认为在资本主义社会中,他们所高举的自由、平等、私有财产神圣不可侵犯等权利都可以得到实现,而且在遵循等价交换的原则下,资本可以实现自行增殖,完全自主且持续不断。因此,在他们眼中,资本主义社会就是天然正义的,是一个完美的社会形态。国民经济学家们持有这样一种理念,在面对资本与劳动的关系问题时,也是从"一致论"的角度看待和解决这个问题。国民经济学家们对于劳动的态度并不是否定和反对,关于这一点,马克思在《1844年经济学哲学手稿》中已经有了详细的论述。国民经济学家们肯定劳动具有合理性,但是他们把劳动是否合理或者说是否正义同它是否符合资本的要求联系在一起,用资本评判劳动。这样一来,马克思所揭露和批判的资本的增殖本质以及资本永无休止地对剩余价值的追求反而成了劳动之存在依凭。又因为资本主义社会形态的出现符合历史发展规律,国民经济学家认为在此社会形态之下所存在的一切有利于资本发展的手段和方式都是合理的。无论是资本家对雇佣工人的压迫,还是资本所具有的剥削本性,都被认为是与资本主义社会生产方式相适应的,是正义的。由此,正义也交由资本评判,它凌驾于正义之上,审视着一切行为和手段,对压迫与剥削笑脸相迎。与资本处于同一立场,"把工人只当做劳动的动物,当做仅仅有最必要的肉体需要的牲畜"②的国民经济学家,对资本主义社会所标榜的一切进行宣扬,以削弱劳动者的主体意识来掩盖资本的剥削本性,为资本主宰劳动、资本家榨取工人剩余价值的行为进行辩护。如此一来,资本支配着社会中的一切,资本正义取代劳动正义。至此,也可以明确资本正义的内涵,即"以资本来定义正义,以资本作为正义的评判原则和核心尺度的思想

---

① 毛勒堂:《劳动正义:一个批判性的阐释》,《上海师范大学学报(哲学社会科学版)》2016年第5期,第5—13页。

② 《马克思恩格斯文集》第1卷,人民出版社2009年版,第125页。

原则和价值立场"①。

也正是在这一资本逻辑支配之下,资本主义社会存在着这样一些状况。

首先,资本逻辑主导一切。在资本主义社会,"资本至上""资本永恒"等价值观念被广泛传播和宣扬,是一切行为的准绳,是人们的生存之道,主导着生产和生活。资本必须依靠劳动实现自身的增殖,而在此过程中劳动者究竟承受着多大的身体和精神的折磨并不是它关心的,劳动仅仅被作为实现资本增殖的手段。资本若是想永无止境地存在和运行,必须永不停歇地追求利润,以实现自我的增殖。于是,利己主义成为它的价值指南,榨取剩余劳动是它的必由路径,增殖则成为它的追求目标。然而,这些都被国民经济学家遮蔽,都被资本家隐藏,工人无法窥得其中的奥秘,只能在这种资本逻辑的支配之下,茫然且痛苦地从事无休止的劳动。但是,在这样一种社会形态下,资本逻辑主导一切又无法避免。在资本逻辑所具有的霸权、贪婪及颠倒的特性之下,工人无法摆脱资本的强制和压迫,资本也不会主动给劳动让位。具体一点来说,资本逻辑所具有的霸权特性,使得它要对劳动者展开全面统霸。生产资料由资本家持有,工人若是想使自己的生命得以延续下去,必须出卖自己的劳动力;而资本家为了使自己获得更多的利润,也会采取各种方式榨取工人的剩余价值。资本在其中展开全面强制与压迫,使工人除了遵循别无他法。资本所具有的贪婪特性又是其增殖本质的要求。马克思在《资本论》中说:"资本是死劳动,它像吸血鬼一样,只有吮吸活劳动才有生命,吮吸的活劳动越多,它的生命就越旺盛。"②所以,资本逻辑必然具有贪婪性,否则它的增殖本质将会不存在,而它也将会失去持续运行下去的动力,最终把自己推向绝境。除此之外,资本逻辑亦具有颠倒的特性。主要表现就是,在人与物的关系中,人丧失了主体地位,成为资本的附庸,依托于资本而存在,资本才是神圣主体。这样一种颠倒性在社会上的整体呈现就是人受资本的支配和统治,仿佛资本才是有生命的存在,人只是实现资本增殖的材料。资本的这些特性相融相通,最终一起加注在劳动者身上,使得劳动者的生活苦不堪言。

其次,认为资本天然正义。关于资本正义,前文已经进行了一些论述。详细说来,资本天然正义的理念也并不是凭空产生的。相对于封建社会,资本主义社会的建立确实是一大进步。在资产阶级眼中,封建社会的社会秩序并不是天然的秩序,而是一种人为秩序,因而是不合理的。这种不合理的封建社会秩序必将为合理的资本秩序所替代,这是历史发展的必然。在国民经济学家的话语中,资本主义社会就是一个永恒的社会,是一个天然正义的社会,是理性原则的实现,是理想乐园。

---

① 毛勒堂:《劳动正义:马克思正义的思想内核和价值旨趣》,《毛泽东邓小平理论研究》2017年第3期,第50-57页。

② 《马克思恩格斯文集》第5卷,人民出版社2009年版,第269页。

因此，资本主义社会中所存有的一切都是天然正义的，生产资料私有制是与生俱有的，雇用工人劳动是合理的，资本家追逐利润的剥削活动也是理所应当的。马克思对此也有过揭示，他指出，政治经济学家们论述资本主义社会生产关系天然合理，目的就是要说明这样一种关系是永恒的规律，它可以不受时间的影响，永远支配社会。他们甚至认为，历史在资本主社会之前是存在的，但是在此之后，因为这种关系是永恒的，因而便没有了历史的存在。这样一来，资本主义社会就成了超历史的社会形态，是历史发展的最终社会形态。国民经济学家们宣扬资本天然正义，也是对自由、平等等权利得以实现的欢呼。在他们看来，人们对另一种商品的获得是通过交换的方式，这种方式是自愿的，并不带有强迫性质。如此聚焦到资本家与工人身上，那么双方也是以自愿、"平等的方式缔结契约，他们之间的等价交换证明他们是'价值相等的人'"[1]。然而，马克思指出，这种所谓的平等的交换关系实际上仅仅停留在表面上，"交换平等实际上只是交换者在等价物面前的平等"[2]，结果就是工人受资本家的支配，劳动依旧是资本的附庸。可以说，资本正义仅仅是停留在"流通领域"之中，仅仅是"形式正义"，一旦深入"生产领域"，那么一切正义幻象就会消散，其真实本质便会显现。你会看到实际上工人一无所有，资本奴役工人，资本宰制劳动。

最后，异化劳动之现实存在。资本主义社会中建立起来的雇佣劳动制度，是导致异化劳动的缘由之一。所谓异化，是指"主体活动的后果成了主体的异己力量，并反过来危害或支配主体自身"[3]。在雇佣劳动制度下，资本家对工人的雇佣劳动进行全面的占有和剥夺。在这一过程中，劳动正义隐而不显，劳动发生了异化，工人被异化劳动奴役和支配。雇佣劳动之所以会产生，原因在于生产资料与劳动者相分离，劳动者丧失了对自己的劳动力所具有的支配权。为了自身的生命得以延续，劳动者不得不出卖自己的劳动力。劳动者是自由的工人，他仅拥有自身的劳动力，除此之外，一无所有。而且，他可以自由出卖自身的劳动力。资本家想要的便是这样一种结果，唯有如此，他才能为所欲为地榨取工人的剩余价值。于是，可以看到，工人丧失了主体性，劳动仅仅成了一种谋生手段，异化劳动成了工人的命运。马克思在《1844年经济学哲学手稿》中论述了异化劳动的四个规定。第一，劳动产品同劳动者发生异化，即物的异化。也就是说，在资本主义社会中，劳动者生产出来的劳动产品不仅不归自己所有，反而与劳动者相对立。工人创造的财富越多，他就越贫困，也就越受他生产出来的产品的支配。第二，自我异化，也就是劳动行为

---

[1] 彭文刚：《马克思的劳动正义观及其新时代价值》，《学习与实践》2021年第2期，第5-11页。

[2] 贺汉魂、何云峰：《马克思商品交换理论的劳动正义意蕴研究》，《四川大学学报(哲学社会科学版)》2021年第4期，第48-56页。

[3] 黄楠森：《马克思主义哲学史》，高等教育出版社1998年版，第28页。

本身同劳动者发生异化。劳动本应是人自由自觉的活动,人在劳动中是肯定自己的,自愿从事劳动,对自己的体力和智力进行自由发挥。但是,异化劳动使得劳动变成了异己的存在。人们在异化劳动中否定自己,感到不幸,在肉体和精神上承受着双重折磨,劳动对于劳动者而言不再是自愿的行为,而是被迫的工作,是一种遭受摧残、自我牺牲的活动。第三,人的类本质同人发生异化。在马克思看来,劳动就是人的类生活,是人的类本质,并且通过对象化的活动得以确证。但是,在资本主义生产条件下,原本作为人的自由自觉的劳动沦落为仅是人维持自己肉体存在的手段,于是就使得人的类本质同人发生异化。第四,人同人发生异化。这是以上三种异化所导致的结果。这四种异化劳动的规定,揭露了资本主义社会中资本霸权、剥削劳动的残忍现实,展现了工人的悲惨处境。

正是这些现实状况,推动着马克思劳动正义思想的生发。在此社会背景之下,马克思走入历史深处,对资本主义社会所存在的诸如"资本天然正义""资本永恒存在"等进行揭露和批判,并在此过程中建构自己的劳动正义思想。

二、马克思劳动正义思想的内涵

在探察了马克思劳动正义思想由以生发的现实境遇以后,不可避免地就要进一步追问马克思劳动正义思想的内涵。

马克思本人并未直接阐释过"何为劳动正义",但是随着对其思想研究的深入,我们可以发现有关劳动正义的思想在他对资本主义的批判以及对人类社会发展的探讨过程中得以显现。关于"何为劳动正义",毛勒堂在其文章中指出:"就是从人类自由的核心价值和历史唯物主义的原则高度出发,对作为人类基础存在之方式和社会历史之深刻本体的劳动活动及其关系的正义追问,其实质是对现实具体的人类劳动活动、劳动方式和劳动关系所展开的合理性反思和合目的性价值审视。"①

在马克思那里,劳动正义思想具有非常丰富的内涵,其最终价值旨趣是追求劳动自由,促进劳动解放,实现人的自由而全面的发展。关于劳动正义的内涵,可以从以下几个方面进行理解。

第一,劳动过程的有效。这里包括劳动生产率的提高以及劳动产品质量的达标。人们为了维持自己的生命,就要通过劳动对自然界施加作用力,改造自然界,获取自己所需要的物质生活资料。这样一种情况从人类产生起就一直存在。比如,原始社会时,人们用各种自然物制作坚实的工具,用于捕获猎物、获取食物。随着时代的发展,人们为了生存以及更好地生活,制作和研发出各种工具,这些工具

---

① 毛勒堂:《劳动正义:一个批判性的阐释》,《上海师范大学学报(哲学社会科学版)》2016年第5期,第5-13页。

大都取材于自然界,又作用于自然界和人类世界,保障着人类最基本的生存。我们从中可以看出一个比较明显的特点,即生产工具是不断改进的,劳动效率是不断提高的。在劳动过程中,劳动效率的提高可以帮助人们节省劳动时间,在同一时间内生产出更多的产品。若是要实现人的自由而全面的发展,必须有高效的劳动生产率,如此才能在最短的时间内创造出最多的产品,积累起丰富的物质产品,减少人们的劳动时间,增加人们的自由时间。若是生产效率低下,那么劳动过程中人们就要付出更多的劳动才能获得基本维持自己生活的物质所需,财富无法积累,人们的生活必将陷入贫困。这样低效的劳动生产率显然不符合劳动正义的要求。除此之外,劳动过程中生产出来的产品必须达到质量要求。产品质量和人类生活息息相关,产品达标意味着人们的健康得到保障。因此,劳动过程中生产出来的产品还要确保其质量达标。

第二,劳动关系的和谐。说到劳动关系,不仅指人和人之间的关系,也指人和自然之间的关系。实践具有社会历史性,劳动活动是人的实践活动,因此劳动活动的展开必定也具有社会历史性,与人、环境密不可分。和谐是指协调得当,体现了各方的动态平衡。劳动关系和谐,就是要达到人与人、人与自然之间关系的和谐。人与人之间关系的和谐,就是主体之间要平等互惠、相互尊重、共同发展。在资本主义社会中,资本家和工人的关系就是一种不和谐的劳动关系,"劳资协调一致"在这种生产关系中无法实现。资本家不把工人当人,仅仅是当作促进其资本增殖的工具,奴役和压制雇佣工人的劳动,极大地损害了工人的身心健康。因此,要实现劳动正义,必须要对资本进行批判和超越。人与自然之间关系的和谐,是指人类在对自然界进行改造的过程中,要符合自然界的发展规律,要在自然界的承受限度之内进行开发和利用,保护生态环境,不可乱砍滥伐,肆意妄为。生态环境健康与否,与人类发展休戚相关。中国古代就讲求"天人合一"。马克思也说过:"自然界……是人的无机的身体。"① 唯有拥有和谐良好的生态环境,人们才有场所进行生产和发展。劳动关系的和谐,关乎社会稳定和人类生存发展,是劳动正义的重要内涵。

第三,劳动分配的公平。虽然劳动成果的分配公平为人熟知,但是对劳动分配公平的审视不能仅仅停留在劳动成果的公平分配上,除此之外,劳动机会、劳动者的人格也要求公平。首先是劳动成果的分配公平。如何分配劳动成果,关系到人们的生存境况。在资本主义全面统治的社会中,生产资料由私人占有,参与劳动过程的是劳动者。然而,最终劳动成果仅归少数资本家占有,大多数的劳动主体只能获得维持自己生命的工资。马克思对此有过真实的描述:工人生产的产品越多,他自己所能消费的就越少。工人创造了更多的价值,然而他自己却更少拥有价值。工人给资本家创造了宫殿,但是仅给自己生产了棚舍。这一切都表明,劳动成果分

---

① 《马克思恩格斯文集》第1卷,人民出版社2009年版,第161页。

配的严重失衡,使得劳动者处于悲惨的生存境地。其次是劳动机会的分配公平。也就是说,劳动机会要面向所有能够参与到某个劳动过程中的劳动者,劳动成果的获取也需要以劳动机会的获得为前提。若是失去了劳动机会,劳动成果的获取就无从谈起。没有了劳动成果的获取,生活就难以为继。最后是劳动者的人格的公平。也就是说,劳动者要得到公平对待,也是劳动者平等地获得劳动机会、享有劳动成果的体现。由此可看出,劳动分配的公平作为马克思劳动正义思想的重要追求是每个人的心之所愿。

第四,劳动主体的自由。对于人而言,自由是美好的理想,是最终的价值追求。马克思劳动正义思想的最终价值旨趣就是追求劳动自由,促进劳动解放,实现人的自由而全面的发展。然而,在异化劳动状态下,个人主体性丧失,劳动主体无法摆脱物化的侵蚀而获得自由。劳动本该是人的自我实现,但是在异化劳动状态下,劳动主体在劳动中感受到的只有不幸和痛苦,以至于对劳动望而生畏。劳动所得亦不归劳动主体所拥有,劳动和所得在劳动主体那里无法实现统一。劳动主体的自由,要求劳动主体从异化劳动的压制和剥削中挣脱出来,重新获得主体性。而且,马克思劳动正义思想中所追求的劳动过程的有效、劳动关系的和谐、劳动分配的公平,其最终的目标都是实现劳动主体的自由,实现人的自由而全面的发展。作为马克思劳动正义思想的最终旨归,劳动主体的自由亦是每个人的期盼。

综上所述,马克思的劳动正义思想内涵丰富,是对实现劳动过程的有效、劳动关系的和谐、劳动分配的公平、劳动主体的自由的追求,旨在实现对资本的批判和超越。在新时代,从劳动入手对资本进行扬弃,也是实现劳动正义的必然选择。

三、马克思劳动正义思想的新时代启示

马克思的批判思想包含着建构的维度,他在对资本主义社会现状进行考察的基础上,构建了劳动正义思想,实现了对资本的批判和超越。他的劳动正义思想,毫不留情地揭开了遮蔽资本主义社会真实面目的面纱,使资本的剥削本性无处遁形,促进了无产阶级主体意识的觉醒,唤起了他们的反抗意识,促使他们为实现劳动自由和解放而斗争,推动了无产阶级革命事业的发展。尽管马克思生活的时代与我们如今的时代隔着两百多年,但是时间上的间隔只是表象,资本和劳动的矛盾依旧是现代社会中的焦点。因此,马克思的劳动正义思想对我国现阶段的社会发展以及建构和谐融洽的劳动关系具有启示作用,指引着我们当下的路径选择。

第一,提高劳动生产率,为社会发展奠定物质基础。上文在对劳动正义价值内涵进行论述的过程中已经提到,劳动正义包含着对"劳动过程的有效"的追求,其中便要求提高劳动生产率。劳动生产率的提高,意味着社会财富的增加,意味着人民生活的富足,意味着社会关系的和谐,同时也符合共同富裕的要求。首先,辩证地

看待资本逻辑。资本主义社会作为历史发展过程中的社会形态之一,其出现和存在是历史发展的要求,自然有其合理之处。资本的增殖要求以及剥削本性固然丑陋,但是在其追求利润的过程中却促进了劳动效率的提高,推动了生产力的发展,为社会整体发展积累了物质财富。马克思在《共产党宣言》中就谈道:"资产阶级在它的不到一百年的阶级统治中所创造的生产力,比过去一切世代创造的全部生产力还要多,还要大。"① 这是其文明的一面。然而,劳动在资本逻辑之下异化,劳动者在异化状态下陷入贫困不堪的境地,大量的财富聚集到少数资本家手中,劳动者得到的只是与其付出不匹配的仅供维持生命的微薄工资,甚至没有居住清洁房屋、呼吸新鲜空气的权利。因此,资本野蛮的一面也切切实实存在,必须予以批判和超越。在现代社会中,对待资本逻辑要采取辩证的态度,应对资本逻辑进行扬弃。要坚持社会主义基本经济制度不动摇,严厉防范资本的野蛮生长,制止资本的无序扩张,重视资本提高劳动效率的一面,为社会发展积累物质财富。其次,提高劳动生产率,离不开高素质的劳动人才。当今世界的发展离不开科学技术的进步,而科学技术的进步离不开高素质的人才,因此要加强高素质人才的培养。我们不仅要加强专业技能人才的培养,培养人们的创造精神和创新意识,还要传播正确的价值观,提高人们的思想觉悟和道德水平,培育能够担当民族复兴大任的时代新人。高素质劳动人才的培养,可以提高社会的文明程度,促进生产力的发展,为社会进步积累丰厚的物质财富。

第二,促进劳动分配公平,保障劳动主体的权益。劳动主体生活水平及幸福感的提高,离不开劳动分配公平。首先,坚持按劳分配原则,促进劳动财富的公平分配。在资本主义社会,生产资料归属于资本家,劳动者生产的产品是他人的财物,资本家通过雇佣劳动实现对劳动主体剩余价值的无偿占有,贫富差距悬殊,两极分化严重。劳动财富的分配公平关涉人们能够占有多少劳动成果,获得多少生活资料,满足多少发展需要,拥有何种程度的生活水平,进而关涉社会秩序的稳定和社会的持续健康发展。因此,劳动财富的分配公平至关重要。然而,在社会中却存在着劳动者的付出和所得不成正比的情况,不劳而获、劳而不获、少劳多获也存在其中。为了解决这些问题,必须坚持按劳分配的原则。马克思在《哥达纲领批判》中,讨论了分配问题,阐明了在社会主义社会中按劳分配的重要性。因此,要按照人们的劳动付出对劳动财富进行分配,提高劳动所得在初次分配中的比重,同时也要坚持多种分配方式并存,提高劳动者的生活水平,保障劳动主体的权益。其次,促进就业,保障劳动者就业机会平等。就业是民生之本,是最基本的民生。人们为了生活,必须获取物质生活资料,而劳动是人们获取物质生活资料的手段。如此,人们就需要劳动条件,就需要就业机会。若是丧失就业机会,人们就无法获得物质所

---

① 《马克思恩格斯文集》第2卷,人民出版社2009年版,第36页。

需,更不用提劳动所得,人们的生活就会陷入贫困,面对生存危机。若是就业平等问题持续得不到解决,还会影响社会的稳定和发展。因此,要千方百计地促进就业,确保就业机会面向所有能够参与到某个劳动过程中的劳动者,保障劳动者就业机会平等。最后,肯定劳动者的主体地位。劳动者作为劳动主体,其主体地位需要被承认和认可。在资本主义生产关系中,劳动者的主体性丧失,劳动者仅仅被当作资本增殖的材料,而不被当作人看待。劳动者的人格被资本家无视,没有所谓的公平可言,劳资矛盾严重。因此,在当代,为了促进社会发展,保障劳动者权益,必须处理好劳资之间的矛盾,宣扬劳动光荣、劳动崇高、劳动美丽的价值理念,尊重劳动主体的人格,保障劳动主体的权益,肯定劳动主体的作用和价值。

第三,促进实现体面劳动,构建和谐的劳动关系。促进体面劳动的实现,就是要让劳动者在劳动过程中感受到作为人的价值和尊严。若是劳动者的尊严得不到承认,劳动的价值同样得不到彰显,劳动者实际上还是处于异化劳动状态下,和谐的劳动关系的构建更是无从谈起。体面劳动要求充足的劳动机会、健全的社会保障、劳动权利的落实以及公平的劳动分配,这些都应该贯穿劳动的全过程。体面劳动能够激发劳动者的劳动积极性和创造性,促使劳动变成劳动者的自愿行为,增强劳动者的获得感和幸福感,有利于劳动者的身心健康,有利于社会秩序的稳定和社会生产力的发展。资本主义生产关系下,资本逻辑对劳动的主宰和压迫导致劳动异化和劳动者的非人化,劳动者丧失实现自我价值的能力。对于劳动者而言,劳动无异于对自身生命的迫害。所谓"劳资和谐一致",实际上只是资产阶级的谎言。因此,为了维护劳动者的权益,构建和谐的劳动关系,维护社会稳定,必须解决广大劳动人民最为关心的现实问题,提供良好的工作环境,对劳动者的身体健康和安全负责,加强社会保障体系的建设,促进实现体面劳动。

资本主义社会将劳动异化当作与历史发展规律相适应的存在,用诸如"资本天然正义""劳资和谐一致"等话语为资本家辩护,掩盖资本的剥削本性,弱化劳动者的反抗意识,维护资产阶级的统治。马克思站在唯物史观的立场上,把批判的矛头直指资本主义私有制,深刻揭示了资本的本来面目,破除了"资本永恒正义"的迷障,促进了工人阶级反抗意识的觉醒,为其进行反抗资产阶级的斗争提供了方向。马克思的劳动正义思想,是对资本的批判和超越,具有非常丰富的价值意蕴,其最终价值旨趣是追求劳动自由和解放,实现人的自由而全面的发展。以马克思的劳动正义思想为指南,对我国现阶段促进社会发展、建构和谐的劳动关系具有重要指导意义。

马克思主义劳动观的基本内容论析①

白 冰

摘 要：马克思主义劳动观从哲学本体论和人的本质论的高度来把握劳动，以劳动的本质为逻辑基点，经过不断深化而形成了丰富的理论内涵，其基本内容包括劳动本体观、劳动价值观和劳动道德观。其中，劳动本体观从终极存在、终极价值和终极解释的论域深刻阐明劳动创造了人自身和人类社会，推动了人类社会全面进步，促进了人本质的自由自觉。劳动价值观则是对劳动本体观，尤其是对终极价值的进一步细化和具化，认为劳动不仅是社会财富的重要源泉和文明进步的强劲引擎，还是人生幸福的关键密钥。马克思主义的劳动本体观与劳动价值观共同作用，生发了与之相应的劳动道德观。马克思主义的劳动道德观超越了资产阶级对于劳动的矛盾态度，实现了对私有制条件下劳动异化的扬弃，指引和规范着人们积极承担劳动责任、遵守劳动原则并培养劳动美德。

关键词：马克思主义；劳动本体观；劳动价值观；劳动道德观

本文引文格式：白冰：《马克思主义劳动观的基本内容论析》，见何云峰主编：《劳动哲学研究》第十一辑（2024年第2辑），上海教育出版社2024年版，第74-83页。

2020年3月，中共中央、国务院印发了《关于全面加强新时代大中小学劳动教育的意见》（以下简称《意见》），确立了"通过劳动教育，使学生能够理解和形成马克思主义劳动观"②的总体目标。然而，与劳动教育体系建构、劳动教育课程开发、劳

---

① 基金项目：江南大学本科教育教学改革研究项目之劳动教育专项"劳动教育融入思想政治教育专业的实践路径研究"（项目编号：JG2023038）；江苏省高校哲学社会科学研究项目之思想政治专项项目"新时代高校渐进式劳动教育体系的构建研究"（项目编号：2019SJB259）。作者通信地址：白冰，江南大学马克思主义学院（江苏无锡 214122）。

② 《中共中央 国务院关于全面加强新时代大中小学劳动教育的意见》，https://www.gov.cn/zhengce/2020-03/26/content_5495977.htm，2024年9月20日检索。

动教育实践探索、劳动教育评价机制以及劳动教育思想等研究热点相比,学界对于马克思主义劳动观及其培育的研究重视程度不够,高水平的学术成果明显不足。综括而言,当前对于劳动观的研究,要么侧重于马克思本人的劳动观及其当代启示,[①] 要么关注阐释某位马克思主义者的劳动观及其时代价值,[②] 要么从马克思主义劳动观的视域探析劳动教育的具体实施路径。[③] 鲜有研究从整体性、全局性和系统性的视角论述马克思主义劳动观的基本内容。究其缘由,既有马克思主义劳动观涉及学科领域过于广阔之因,也有马克思主义劳动观包蕴内涵要义过于浩博之故,更有马克思主义劳动观的理论探索尤具挑战性之源。鉴于此,本文根据学者们已有的研究成果以及马克思主义劳动观的内在逻辑结构,以劳动本质为逻辑基点,尝试从劳动本体观、劳动价值观和劳动道德观三个论域来探析马克思主义劳动观的基本内容,力争为新时代马克思主义劳动观教育提供理论支持和有益参考。

在马克思看来,劳动作为人类特有的对象性实践活动,使人在劳动中获得了人之所以为人的内在本质。劳动不仅创造了人本身和人类社会,还推动了人类社会全面进步,促进了人本质的自由自觉。这使得劳动在整个马克思主义理论体系中被赋予了本体论意义,形成了马克思主义的劳动本体观。劳动本体观从终极存在、终极价值和终极解释的论域深刻阐明劳动既是人自身产生的先决条件,亦是社会全面进步的终极体现和个体自由全面发展的关键要素。劳动本体观的进一步细化和具化,尤其是对终极价值的体认构成了马克思主义关于劳动对人以及人类社会本质的深刻洞察和系统阐述,即马克思主义的劳动价值观。劳动被视为财富产生的源泉、文明进步的引擎和人生幸福的密钥。马克思主义的劳动本体观与劳动价值观共同作用,生发了与之相应的劳动道德观。马克思主义劳动道德观的产生克服了传统社会形态中统治阶级对于劳动的轻视态度,也超越了资产阶级对于劳动的矛盾态度。马克思主义所向往和追求的劳动是解放意义上的劳动,是对生产资料私有制社会条件下劳动异化的扬弃,是人实现本质力量和通往自由幸福的本真劳动。这种劳动道德观指引和规范着人们承担参与劳动、积极劳动的责任,遵守辛勤劳动、诚实劳动的原则,并养成尊重劳动、热爱劳动的美德。

一、马克思主义的劳动本体观

马克思主义劳动观对于整个马克思主义理论体系而言,不仅是其重要组成部

---

① 韩莉莉、马万利:《新时代马克思劳动观的内涵与价值》,《人民论坛》2020年第15期,第78—79页。

② 宦欣雨:《苏霍姆林斯基的劳动教育思想及其借鉴意义》,见何云峰主编:《劳动哲学研究》第四辑(2021年第1辑),上海教育出版社2021年版,第325—333页。

③ 宗爱东:《马克思主义劳动观及其当代启示》,《江淮论坛》2021年第6期,第83—88页。

分，而且还是其建构宏伟理论大厦的基石。这是因为，"劳动"作为基础性、前提性的核心概念，始终贯穿并统摄了马克思主义的全部理论探索。马克思主义的全部理论探索正是从分析考察"劳动"现象开始的，并且"在劳动发展史中找到了理解全部社会史的锁钥"①。从哲学本体论的高度来看，劳动在马克思主义理论体系中被赋予了三重内涵的本体论意义，即追寻作为"世界统一性"的终极存在之本、体认作为"意义统一性"的终极价值之源和反思作为"知识统一性"的终极解释之维。②换言之，马克思主义认为，劳动创造了人本身和人类社会，是人类存在的根本前提；劳动还推动了人类社会全面发展，是人类文明的终极体现；劳动更促进了人本质的自由自觉，指向社会发展与人的发展的终极统一。由此生成的马克思主义劳动本体观不仅揭示了劳动的本质力量，也为我们从终极存在、终极价值和终极解释的广义本体论视域探析劳动提供了有力的理论支撑。

（一）劳动创造了人本身和人类社会，是人类存在的根基

马克思主义劳动本体观深刻地揭示了劳动在人本身形成和人类社会发展过程中的核心地位，其逻辑出发点不是古典政治经济学家亚当·斯密眼中的"财富源泉"，也不是旧唯物主义哲学家费尔巴哈所讲的"抽象的人"，而是从事具体生产活动的"现实的个人"。现实的个人正是通过从事感性的生产活动，从而在劳动中获得了人之所以为人的内在本质。首先，劳动使人与动物相区分。虽然动物也能进行"生产"，但其生产的本质是对自然环境的适应性反应，旨在维持个体的生存和种群的繁衍，只能称得上本能的生命生产和生存生产。相比之下，人类的劳动则是一种超越自然限制的创造性活动，它蕴含着对世界的理解与改造意愿。人类通过有目的、有计划的对象性活动，不仅满足了基本的生存需求，更实现了对自然和社会的双重改造。所以，"一当人开始生产自己的生活资料，……人本身就开始把自己和动物区别开来"③。其次，劳动创造了人自身。恩格斯在《自然辩证法》中对人类的起源进行了深刻阐释，他指出劳动在从猿到人的转变过程中起到了基础性和决定性的作用，得出了"劳动创造了人本身"④的著名论断。劳动不仅使人的外部行为特征发生了演变，而且使人类的思维意识发生了质的飞跃。这样一来，人类就能够超越直观经验的局限，进行抽象性思维与创造性想象。由此可见，劳动不仅是人类外在身体形态的塑造者，也是人类内在精神世界的构建者，更是赋予人作为有意识的类存在物的独特地位。最后，劳动还创造了人类社会。劳动作为人的对象性实践活动，除了与自然紧密相连之外，更多的是在人的社会交往以及分工合作中进

---

① 《马克思恩格斯文集》第4卷，人民出版社2009年版，第313页。
② 孙正聿：《哲学通论》，北京师范大学出版社2020年版，第267页。
③ 《马克思恩格斯文集》第1卷，人民出版社2009年版，第519页。
④ 《马克思恩格斯文集》第9卷，人民出版社2009年版，第550页。

行。通过劳动,人与人之间形成各种各样的社会关系,这些社会关系不仅构成了人类社会的基本框架,也催生了政治、文化、法律、道德等社会规范与价值观念,最终使人类社会得以产生和发展。

(二)劳动推动了人类社会全面发展,是文明的终极体现

在探讨人类社会全面进步的深层动力时,劳动无疑占据了核心且不可撼动的地位,它不仅是人类生存发展的根基,更是人类文明进步的终极体现。马克思在《1844年经济学哲学手稿》中深刻指出,"整个所谓世界历史不外是人通过人的劳动而诞生的过程"。[1]这一论断精辟地揭示了劳动在人类历史演进和社会全面进步中的决定性作用。劳动不仅创造了人本身和人类社会,是人类社会产生的基石,更是推动人类社会不断前进的根本力量。具体而言,一方面,人们所从事的劳动及其过程是人类本质力量的外化与对象化的生动展现。在劳动过程中,人类凭借智慧与汗水不断改造着自然界的原始形态,创造出了适应人类生存与发展需求的"人化自然"。另一方面,更为重要的是,人们通过劳动持续改造着人类社会,使社会制度得以建立与完善,社会关系得以调整与优化,文化思想得以传承与创新,推动了人类社会在政治、经济、文化、生态文明等各个领域的全面发展,进而创造了人类社会不断发展的历史。可以说,整个人类社会发展史实质上就是一部波澜壮阔的劳动史,人作为社会发展的参与者、体验者和创造者,恰恰通过劳动不断外化自身的本质力量,擘画了整个人类社会发展的恢弘画卷,并推动着劳动成为人的第一需要,推动着人类社会不断向共产主义社会的"自由王国"迈进。正如习近平总书记所言:"人民创造历史,劳动开创未来。"[2]这不仅肯定了劳动在人类社会发展中的关键作用,更是寄托了人们对未来社会的美好憧憬。在那里,劳动将不再是生存的手段,而是成为社会全面进步和人的全面发展的内在需求。人类将在愉悦的劳动与创造中共同构建一个和谐、民主、公正、繁荣的理想社会。因此,人类通过劳动不仅创造了人类社会发展的历史,也必将通过劳动开创更加美好的未来,逐步实现人类社会的最高追求和终极目标。

(三)劳动促进了人本质的自由自觉

劳动作为人类社会得以产生、存在与发展的基石,其本质在于促进人类主体性的自由展现与自我意识的觉醒。一方面,人类通过劳动不断地改造着客观世界,实现"客体主体化",将自然界的物质转化为满足自身生存与发展需要的各种物质和精神财富,从而推动着人类社会的进步与社会形态的更迭。另一方面,劳动也在不断地改造着人的主观世界,实现"主体客体化"。即在劳动实践中,人的思想、意识、情感、观念等主观因素也在不断得到塑造与升华,人的本质力量得以彰显,自由自

---

[1]《马克思恩格斯文集》第1卷,第196页。
[2] 习近平:《习近平著作选读》第一卷,人民出版社2023年版,第116页。

觉的意识逐步增强,这使得人的全面发展成为可能。然而,劳动发展与人的发展的终极统一并非自然而然就能实现的,它深刻地受到社会生产关系的制约。即要实现劳动的发展与人的发展的终极统一,需要一个重要的前提条件,这个前提条件就是马克思恩格斯在《共产党宣言》中作出的经典论述:"在那里,每个人的自由发展是一切人的自由发展的条件。"① 展开来讲,就是由于生产资料私有制的存在,劳动不再是劳动者自由自觉的主体性活动,而是出现了劳动者与劳动产品、劳动者与劳动本身、人与自己的类本质以及人与人的四重异化。要从根本上消除异化劳动,实现劳动与人的内在的终极统一,只有彻底推翻私有制,建立自由人的联合体。"只有在共同体中,个人才能获得全面发展其才能的手段,也就是说,只有在共同体中才可能有个人自由。"② 因为在自由人的联合体中,从事劳动的人实现了自身的解放,不再是任何人、任何资本和任何机器的附庸,成了自己真正的主人,也成了劳动真正的主人。如同列宁所评价的那样:"用为自己劳动取代被迫劳动,是人类历史上最伟大的更替……"③ 当人在获得解放之后,才能真正地根据自身兴趣来从事自己喜爱的劳动,并在自由自觉的劳动中不断提升自我和完善自我,最终实现人向人本质的复归和自由全面的发展。

二、马克思主义的劳动价值观

通常来讲,人们主要从"主体—客体"的逻辑关系来思考和界说"价值"。对于价值,学界公认的定义是:"价值是客体的事实属性对主体需要——及其经过意识的各种转化形态——的效用,简言之,价值亦是客体对主体需要的效用。"④ 论及马克思主义的劳动价值观,从广义上讲就是从劳动与人以及人类社会的关系去看劳动的价值本质与价值存在,即劳动对于人以及人类社会而言创造何种价值、具有何种效用的根本看法和根本观点。如果说马克思主义的劳动本体观是从终极存在、终极价值和终极解释的论域深刻阐明劳动不仅是人类创造本身以及创造人类社会的先决条件,也是人类社会全面进步的终极体现和个体自由全面发展的关键要素,那么马克思主义的劳动价值观就是对其终极价值的进一步细化和具化,它构成了马克思主义关于劳动对人以及人类社会的本质的深刻洞察与系统阐述。基于"社会财富—文明形态—人生幸福"的逻辑进路,可以从劳动是创造社会财富的重要源泉、促进文明进步的强劲引擎和解锁人生幸福的关键密钥三个维度来论析马克思

---

① 《马克思恩格斯文集》第2卷,人民出版社2009年版,第53页。
② 《马克思恩格斯文集》第1卷,第571页。
③ 《列宁全集》第三十三卷,人民出版社2017年版,第207页。
④ 王海明:《新伦理学原理》,商务印书馆2017年版,第25页。

主义劳动价值观的核心内容。

（一）劳动是创造社会财富的重要源泉

在马克思看来，劳动不仅仅是指生产过程本身，也指与生产过程相对应和相联系的一切活动。劳动显然具有两个方面的基本功能：一方面，满足人自身生存和生命的需要，确保个体及社会的存续与发展；另一方面，不断创造价值和使用价值，为社会创造和积累财富。可以说，大多数财富都是通过劳动创造出来的。对于劳动与财富的关系以及劳动是不是财富创造的唯一源泉等问题，马克思恩格斯都作过深刻剖析，他们强调劳动并非财富生成的唯一条件，但却是其不可或缺的核心要素。马克思在《资本论》中明确指出："劳动并不是它所生产的使用价值即物质财富的唯一源泉。正像威廉·配第所说，劳动是财富之父，土地是财富之母。"①对此，恩格斯也给予了精彩补充，他认为："政治经济学家说：劳动是一切财富的源泉。其实，劳动和自然界在一起才是一切财富的源泉，自然界为劳动提供材料，劳动把材料转变为财富。"② 这段表述突出强调自然界作为劳动的对象与材料提供者，与劳动过程紧密相连，共同构成了财富创造的完整链条。除去劳动、土地等生产要素之外，资本、科学技术以及新质生产力、企业家精神等无不作用于价值的创造和财富的生产。当然，需要特别指出的是，唯有不断限制和逐步消除资本逻辑的无限贪婪，才能保障劳动成果得到更加公平与合理的分配。综上所述，劳动虽非财富产生的唯一源泉，却是财富产生的重要源泉，在财富创造过程中发挥着不可替代的决定性作用。

（二）劳动是促进文明进步的强劲引擎

劳动作为人的对象性实践活动，不仅包括体力劳动和脑力劳动，而且包括所有体力劳动和脑力劳动相结合的、有计划的、有目的的实践活动。这种多维度的劳动活动既是推动社会发展、经济繁荣的根本动力，也是促进人类文明进步的中枢引擎。在我国以往关于马克思主义劳动价值观的学术研究中，大多数学者都重视劳动是人类生存的基础和财富生产的源泉。对于人类文明发展史而言，劳动不仅创造了"整个人类生活的第一个基本条件"③，满足了人类基本的生存需求，更是在此基础上不断开拓着人类文明的疆域，源源不断地创造着丰富多彩的文明形态。也就是说，在人类文明的历史长河中，劳动是推动社会形态跃迁和人类文明进步的关键因素。首先，从人类文明进程上讲，劳动使人类社会摆脱了野蛮时代、蒙昧时代，迈进了文明时代。其次，从技术形态上讲，劳动使人类社会告别了渔猎文明、农业文明，迈进了工业文明。同样，也是劳动促进人类技术不断革新，使人类社会先后

---

① 《马克思恩格斯文集》第5卷，人民出版社2009年版，第56-57页。
② 《马克思恩格斯文集》第9卷，第550页。
③ 《马克思恩格斯文集》第9卷，第550页。

跨越了蒸汽时代、电气时代和信息时代,正昂首阔步迈向人工智能时代。最后,从社会制度的文明形态上讲,劳动使人类社会冲破了原始文明、奴隶制文明、封建制文明,迈进了资本主义文明和社会主义文明。无论是文明形态的多样发展,还是社会制度的深刻变革,劳动始终都是最根本、最活跃、最革命的因素和力量。尤其是在中国特色社会主义新时代,广大人民群众在中国共产党的正确领导下,通过诚实劳动、辛勤劳动和创造性劳动推动了物质文明、政治文明、精神文明、社会文明和生态文明的协调发展,从而不断地丰富和发展着人类文明新形态,也为超越执迷于资本至上、金钱政治和零和博弈的资本主义文明形态贡献着中国智慧和中国方案。

(三)劳动是解锁人生幸福的关键密钥

在探讨实现人生幸福的学术语境中,解放意义上的劳动,即"对私有制社会形式的批判扬弃,从而使劳动真正成为确证、发展人的能力的活动"[①]被赋予深刻内涵与重要意义。从词义上讲,幸福是人在较长时间内对现存状态的一种满足感,是人身心获得深层愉悦的生命体验且希望一直维持这种愉悦感受的美妙状态。劳动不仅为人类创造了现实生活所需要的基本物质资料,创造了大量的社会财富和璀璨的世界文明,还给人们带来了安乐和幸福,赋予人生以正向价值和积极意义。由此可见,劳动是实现人生幸福的关键密钥并具有多层意蕴。第一层次的幸福即最低层次的幸福,是人的生理幸福或消费幸福。人们通过劳动创造自身生理机能发展所需的物质产品和生活资料,在消费这些产品和生活资料时所体验到的主体感官上的满足与快乐状态就是生理幸福或消费幸福。第二层次的幸福是人的生存幸福或生产幸福。劳动是人类特有的生存方式,人们通过劳动的方式不断改造客体,使主体的目的通过对象化的实践活动得到实现,由此也使人的本质力量得到确证,从而获得一种从事生产的满足感与幸福感。这也是劳动过程中"主体客体化"所带来的幸福,即劳动生产或劳动创造的过程本身是幸福的。第三层次的幸福也是最高层次的幸福,是生命幸福或终极幸福。在马克思看来,即便人们通过劳动获得第二层次的生产幸福,也只是有限的、可怜的、自私的幸福,真正的幸福应该是超越个人私利以及小集体利益,致力于全人类的福祉。所以,马克思认为人生应当选择最能为人类福利而劳动的职业,因为只有"为大多数人带来幸福的人是最幸福的人"[②]。这种幸福是基于对社会整体进步的贡献,是对他人幸福生活的促进,它超越了个人狭隘的快乐追求,展现了人类精神世界的崇高与伟大。可以说,劳动是人类获得安乐和幸福的根本手段,是连通主观世界与客观世界的关键媒介,只有追求以人民为中心的劳动才是实现人生幸福的必由之路。

---

① 李乾坤:《论马克思主义劳动观的三重维度及其"两个结合"实践指向》,《扬州大学学报(人文社会科学版)》2023年第5期,第54-65页。

② 《马克思恩格斯全集》第四十卷,人民出版社1982年版,第7页。

三、马克思主义的劳动道德观

马克思主义劳动道德观的产生既得益于马克思从哲学本体论高度把握劳动的理论支撑,也得益于人类社会发展推动道德水平不断提升的实践需求。马克思主义劳动道德观的产生克服了传统社会形态中统治阶级对于劳动的轻视态度,也超越了资产阶级对于劳动的矛盾态度。在马克思看来,解放意义上的劳动是对生产资料私有制条件下"劳动异化"的扬弃,是人实现本质力量的必要途径和通往自由幸福的真正源泉,也是社会主义和共产主义社会深切向往并孜孜以求的本真劳动。这在马克思主义的劳动道德观中则体现为劳动权利与劳动义务、工具取向与价值取向的内在统一。因此,马克思主义的劳动道德观指引人们积极承担参与劳动、积极劳动的责任,遵守辛勤劳动、诚实劳动的原则,培养尊重劳动、热爱劳动的美德。

(一)劳动责任:参与劳动、积极劳动

劳动责任作为人类社会活动中不可或缺的重要一环,深刻体现了人类对生存、发展以及社会进步的积极贡献和应尽义务。从人的生存维度来看,劳动是人类存在的基本方式,没有劳动提供的物质产品和生活资料,人类就无法维持生命和延续种群的存在。正如马克思恩格斯所指出的:"任何一个民族,如果停止劳动,不用说一年,就是几个星期,也要灭亡,这是每一个小孩子都知道的。"① 这一具有直观性和生动性的论断揭示了劳动对于生命维持与种群延续的不可替代性,强调了停止劳动即意味着人类文明与社会的倒退乃至消亡。从人的发展维度来看,无论是个体的成长还是人类的发展都离不开劳动,劳动不仅仅是生存的手段,更是激发自身潜能与实现自我价值的必由之路。劳动是人的本质实践活动,正是通过劳动促进了人的本质力量的外化和对象化,也必将通过自由自觉的劳动促进人的自由全面发展。从社会进步的维度来看,劳动不仅创造了人类社会,而且还推动着人类社会的进步。正如习近平总书记所强调的:"劳动是推动人类社会进步的根本力量。"② 这充分表明劳动在社会历史发展进程中的核心地位,社会的进步与繁荣离不开广大人民的辛勤劳动与不懈奋斗。因此,无论是基于个体生存发展的微观视角,还是基于人类社会进步的宏观视域,人都离不开劳动,都必须从事劳动。一方面,对于个体的人而言,参与劳动是最为基本的生存责任,而积极劳动则体现了更高的社会责任与自我追求。另一方面,对于党和国家来说,为了更好地保障民众从事劳动、积极劳动,就要通过"建立健全劳动关系协调机制,完善劳动保护机制,让广大劳动

---

① 《马克思恩格斯文集》第10卷,人民出版社2009年版,第289页。
② 习近平:《习近平著作选读》第一卷,第116页。

群众实现体面劳动"①,即通过加强劳动机制的建设,不断提高劳动者的劳动回报,保障劳动者的应得权益,改善劳动者的生活条件,努力使劳动者实现体面劳动和全面发展,最终造福于广大劳动群众。

(二)劳动原则:辛勤劳动、诚实劳动

劳动原则有广义和狭义两种解读。广义的劳动原则与资本原则相对应,是指马克思对资本原则存在论层面的深刻变革,这一变革揭示了劳动作为价值创造的源泉及其在社会结构中的核心地位。②狭义的劳动原则聚焦于人们在通过劳动创造物质财富和精神财富的过程中所要遵守的道德规范和行为准则。本文在此所探析的是狭义的劳动原则。人们出于生存和发展的需要,必须从事劳动,甚至需要积极劳动。然而,人们在劳动过程中应该遵守什么样的道德原则呢?习近平总书记指出:"实现我们的奋斗目标,开创我们的美好未来,……必须依靠辛勤劳动、诚实劳动。"③这就意味着,要实现中华民族伟大复兴的奋斗目标,开创建设社会主义现代化强国的美好未来,必须遵守辛勤劳动、诚实劳动的原则。从个人层面来讲,需要切实秉持勤勉不辍、脚踏实地的劳动态度和诚信为本、守法经营的致富理念,既要坚决反对不劳而获、少劳多获,抵制非法吞占他人劳动成果的行为,又要坚决反对投机倒把、弄虚作假,抵制通过非法经营或不道德经营获得劳动成果的行为。另外,从国家层面来讲,不仅需要通过营造更加优良、公正、和谐的社会环境鼓励辛勤劳动、诚实劳动,更要通过法律和制度的手段防止劳动发生新的异化,保障公正劳动、平等劳动。尤其是在劳动成果分配上,国家应当确保始终"坚持按劳分配的社会主义原则","按劳动的数量和质量进行分配"。④唯有如此,才能有效激励劳动者保持高度的劳动积极性和创造性,才能进一步巩固和发展社会主义生产关系,才能进一步维护和促进社会的公平正义,进而全面推进中国特色社会主义的新发展。

(三)劳动美德:尊重劳动、热爱劳动

通常来讲,美德是一种道德上的优良品格或良好习惯,体现着一种道德价值观念的信条。劳动美德既是人们对待劳动的优良品格或良好习惯,也是指导人们积极履行劳动责任和贡献社会的道德准则。早在1939年,毛泽东在陕甘宁边区机关、学校、部队秋收动员大会上就指出,"看不起劳动是不对的。……'万般皆下品,唯有劳动高'"⑤。这一论断深刻揭示了劳动在道德价值体系中的至高地位,为劳动美德的弘扬奠定了坚实的基础。步入新时代,习近平总书记在2013年的全国劳动

---

① 胡锦涛:《胡锦涛文选》第三卷,人民出版社2016年版,第370页。
② 孙辉、陈立新:《马克思劳动原则的存在论变革》,《华侨大学学报(哲学社会科学版)》2021年第1期,第5—14页。
③ 习近平:《习近平著作选读》第一卷,第116页。
④ 邓小平:《邓小平文选》第二卷,人民出版社1994年版,第101页。
⑤ 中共中央文献研究室:《毛泽东年谱(1893—1949)(修订本)》中卷,中央文献出版社2013年版,第141页。

模范代表座谈会上,再次强调"必须牢固树立劳动最光荣、劳动最崇高、劳动最伟大、劳动最美丽的观念"①。人们要树立劳动美德观,做到尊重和热爱"一切有益于人民和社会的劳动"②。从个体维度审视,尊重劳动体现为人们优良的劳动德性。不论是体力劳动还是脑力劳动,不论是简单劳动还是复杂劳动,都是推动社会进步不可或缺的根本要素。尊重劳动既要正面肯定和赞扬劳动行为,珍视和保护劳动成果,更要深刻认同并尊重劳动者身份和劳动者的社会地位。同时,热爱劳动也体现为人们优良的劳动德行,是人们将劳动视为实现自我价值、体验生活美好的重要途径。只有把德性与德行相结合,投身劳动并热爱劳动,才能在劳动中感受到成就感和幸福感,进而在劳动中促进个人价值与社会价值的双重提升,在实现个人自身成长的同时推动社会进步。从国家维度审视,弘扬劳动美德是构建和谐社会、推动高质量发展的关键一环。政府与社会需要通过多元化的宣传教育手段,坚决贯彻以尊重劳动为核心的"四个尊重"重大方针,大力表彰劳动模范,弘扬劳模精神,发挥劳模的示范引领作用,积极培养人们的劳动美德,使人们进一步焕发劳动热情,释放劳动潜能。唯有如此,方能汇聚起磅礴的劳动力量,通过劳动创造更加繁荣的社会和更加美好的生活。

综上所述,随着新时代劳动教育的持续推进,通过劳动教育使学生理解和形成马克思主义劳动观显得极为迫切,这也是全面加强新时代劳动教育的基础目标和重要内容。马克思主义劳动观作为马克思主义理论体系的重要组成部分,从哲学本体论和人的本质论的高度来考察和把握劳动,不仅为我们提供了马克思主义在看待劳动问题上的本体观、价值观和道德观,也从思想上、理论上告诉我们劳动创造了人自身和人类社会,推动了人类社会全面进步,促进了人本质的自由自觉等道理。正是基于马克思主义对于劳动的科学认知,基于马克思主义劳动观丰富而深刻的内涵,马克思主义者始终如一地主张必须加强教育同生产劳动相结合,形成劳教结合的教育制度和劳动制度,"不仅是提高社会生产的一种方法,而且是造就全面发展的人的唯一方法"③。这也是加强马克思主义劳动观研究以及全面加强新时代劳动教育的旨要所在。

---

① 习近平:《习近平著作选读》第一卷,第118页。
② 江泽民:《江泽民文选》第三卷,人民出版社2006年版,第540页。
③ 《马克思恩格斯文集》第5卷,人民出版社2009年版,第557页。

马克思劳动思想的理论来源探讨
——古典政治经济学的劳动思想[①]

李晓霞

摘　要：古典政治经济学关于劳动的理论深刻影响了马克思的劳动思想，是马克思劳动思想产生的直接理论来源之一。古典政治经济学的最大贡献是提出了"劳动价值论"，建立起了劳动与价值之间的关系，把劳动看作创造财富的手段，提高了劳动的社会地位，在一定意义上发挥了进步作用。但是，囿于阶级立场，古典政治经济学的劳动理论本质上是一种资产阶级的经济理论，它把阶级生产关系看成是固定不变的永恒范畴，把劳动仅仅看作创造财富的手段，因而无法揭示出劳动的真实本质，更看不到劳动背后的人的真实处境。马克思正是看到了这一点，才批判古典政治经济学并在其基础上进一步创立了科学的劳动价值论，将被掩盖的资本主义对抗性的生产关系揭示了出来，深刻阐明了劳动的本质内涵。因此，马克思劳动思想的形成与古典政治经济学的劳动理论关系密切，后者是前者的基础，为前者的产生提供了理论资源。

关键字：古典政治经济学；劳动价值论；马克思

本文引文格式：李晓霞：《马克思劳动思想的理论来源探讨——古典政治经济学的劳动思想》，见何云峰主编：《劳动哲学研究》第十一辑（2024年第2辑），上海教育出版社2024年版，第84-92页。

古典政治经济学著名的代表人物有威廉·配第、亚当·斯密、大卫·李嘉图等。他们把劳动作为财富的源泉，最大的贡献是提出了"劳动价值论"：威廉·配第把劳动看作财富之父；亚当·斯密把劳动看作财富的源泉，认为劳动是衡量一切商品交

[①] 作者通信地址：李晓霞，上海应用技术大学马克思主义学院（上海 201418）/上海师范大学知识与价值科学研究所（上海 200234）。

换的价值尺度;大卫·李嘉图作为古典政治经济学的完成者,提出了"劳动价值论",指出商品的价值取决于生产所必需的相对劳动量,而不是取决于支付这种劳动报酬的多少。[①] 古典政治经济学是一种资产阶级的经济理论,其进步在于将经济学的研究对象从交换关系转向生产关系,研究资产阶级生产关系的内部联系。但由于阶级立场和历史发展的局限,古典政治经济学把资本主义生产方式看作一种永恒不变的存在,因而没有真正理解资本主义社会中劳动的真实本质,仅仅将劳动作为创造财富的手段,不仅粗鄙地理解经济范畴,更是无法看到劳动所具有的自由性质,最终只能走向"政治经济学的形而上学"。马克思虽受其影响,但并未被其误导,而是发现了古典政治经济学的理论缺陷,指出了其问题所在,最终创立了科学的劳动价值论。古典政治经济学是马克思劳动思想形成的直接理论来源之一,我们有必要对其主要代表人物的劳动理论进行深刻阐述和分析,以便进一步把握马克思的劳动思想。

一、威廉·配第:劳动是财富之父

威廉·配第是英国古典政治经济学的先驱,被马克思称为"现代政治经济学的创始人"[②]。在他之前,重商主义学派和重农主义学派已经对货币或农业劳动进行了研究。重商主义把货币看作财富的本质,认为财富的增加不在于商品的生产,而在于商品的流通。重商主义把商品的价值看作流通领域中表现出来的交换比例关系,即交换价值,却不明白劳动才是财富的基础,而商品的价值本质取决于商业资本的本性。与此相反,重农主义学派恰恰意识到了财富的获得不在商品的流通领域,而在商品的生产领域,进而认为农业劳动是创造财富的源泉,所有的财富都来自土地和耕作。可见,重农主义学派是从劳动和土地的关系来理解价值的。尽管重农主义学派对价值的理解已经从流通领域转向生产领域,但还是没有揭示出价值背后所隐藏的人与人之间的社会关系,对劳动也仅是从其具体的、特殊的形式去理解,而没有把握到劳动的抽象性和普遍性。

威廉·配第受重商主义学派和重农主义学派的影响,逐渐意识到财富是由劳动创造的。他有一个著名论断:"土地是财富之母,劳动是财富之父,劳动是创造财富的能动的要素。"[③] "所有的东西都应该由土地和劳动这两种自然单位来衡量其价值。"[④] 这里的"土地"泛指为人类提供生活资料的自然界和自然资源,而不是指私

---

① 大卫·李嘉图:《政治经济学及赋税原理》,周洁译,华夏出版社2005年版,第1页。
② 《马克思恩格斯文集》第9卷,人民出版社2009年版,第244页。
③ 威廉·配第:《赋税论》,邱霞、原磊译,华夏出版社2013年版,第97页。
④ 威廉·配第:《赋税论》,第50页。

有制产生之后受到权力支配、由地主或资本家拥有并由雇农耕种或作为房地产存在的狭义的"田地"。① 所以,"土地"是财富存在和获取的基础和源泉。威廉·配第认为,劳动是财富或价值的来源。他指出,商品的价值应该由生产中耗费的劳动量来衡量和决定,商品的劳动量相等,则价值相等,就可以进行等价交换。所以,商品交换必须以商品中包含的劳动量为根据。在这里,威廉·配第不仅强调了劳动创造价值,更强调了商品的价值是由等量劳动来衡量的。为此,他特意举了贵金属和谷物的例子来说明价值量。他认为,铸币制造者制造的白银和谷物种植者种植的谷物,两者的价值一定是相等的,因为其中所耗费的劳动量是相等的。可见,威廉·配第已经发现了劳动创造价值的真理,也强调了价值等量交换这一根本原则。

此外,威廉·配第还针对劳动和交换价值的关系进行了论述。他认为,劳动可以分为两类:一类是生产金银的劳动,这种劳动可以直接产生交换价值;一类是生产普通商品的劳动,这种劳动只有和金银交换以后才能产生交换价值。与此相对应,商品的价格也有两类:一类是政治价格,即市场价格;一类是自然价格,即价值。自然价格由生产中所耗费的劳动量决定,劳动量的多少决定价值的高低。② 威廉·配第认为,只有生产金银的劳动才创造价值。可见,他已然注意到了创造价值的劳动和创造使用价值的劳动的区别,但他并没有和马克思一样深入研究和区分劳动的性质,也没有把劳动的价值属性和使用价值属性以及具体劳动和抽象劳动区分开。所以他不懂得劳动的二重性,也没有把劳动价值论贯彻到底。但威廉·配第的"劳动创造价值"这一思想显然就是"劳动价值论"的萌芽,这为之后古典经济学家在劳动价值论等问题上的推进奠定了一定的理论基础。只不过,威廉·配第还是着重从劳动作为财富来源的角度来理解劳动,看重劳动的经济学价值,因而也就忽略了劳动作为人的生命活动所具有的真实本质。

二、亚当·斯密:劳动是财富的源泉

亚当·斯密深入研究了资本主义社会经济生活的内部联系,从商品价值形成的角度出发,提出了"劳动一般"的概念,认为是"劳动一般"创造了财富,劳动才是财富的源泉。他在《国民财富的性质和原因的研究》一书的"序论及全书设计"部分直接指明了"一国国民每年的劳动,本来就是供给他们每年消费的一切生活必需品和

---

① 聂锦芳:《"政治算术"范式与资本社会的"内部联系"——重新理解威廉·配第的经济思想及其对马克思的影响》,《马克思主义理论学科研究》2022年第7期,第62—73页。
② 聂锦芳:《"政治算术"范式与资本社会的"内部联系"——重新理解威廉·配第的经济思想及其对马克思的影响》,《马克思主义理论学科研究》2022年第7期,第62—73页。

便利品的源泉"①。在亚当·斯密看来,构成一个国家财富的必需品和便利品都是劳动的直接生产物。也就是说,社会的财富来源于劳动,但社会财富的增长不仅取决于参加生产的劳动量,更取决于劳动生产率。他从劳动分工入手,分析了分工所带来的劳动生产力的增长,认为分工在客观上提高了劳动生产力和劳动效率,"凡能采用分工制的工艺,一经采用分工制,便相应地增进劳动生产力"②。不仅如此,分工还提升了劳动者的专业技巧,避免了工作转换间的时间损失,使一个人能同时从事多份工作。但是,亚当·斯密把分工的起因简单地归结为人类之间特有的相互交换的倾向,认为人与人之间的相互交往和相互交换的倾向导致产生了分工,进而产生了个人才能的巨大差异。可见,他并没有对劳动分工产生的根本原因进行深入分析,只能停留在表面,粗浅地把个人才能的差异视为劳动分工的结果。

在考察了劳动分工的原因和作用之后,亚当·斯密进一步提出了"劳动是衡量一切商品交换价值的真实尺度"③的著名论断。他认为:"只有劳动才是价值的普遍尺度和正确尺度,换言之,只有用劳动作标准,才能在一切时代和一切地方比较各种商品的价值。"④在这里,亚当·斯密已经明确地表述了劳动决定商品价值的观点。在他看来,劳动不仅决定商品的价值,还可以衡量商品的价值。因此,亚当·斯密第一个提出了古典政治经济学劳动价值论的"两个教条":一是劳动创造价值,二是劳动衡量价值。⑤对于劳动何以成为商品价值的衡量标准,他认为,是社会分工使劳动社会化,每个人都为他人而劳动,在此基础上的商品交换就表现为商品中的劳动量的交换,而商品的真实价格就是获得它的辛苦和麻烦。也就是说,商品的真实价格就是耗费在商品生产中的劳动量。在这个意义上,亚当·斯密才认为:"劳动是第一性价格,是最初用以购买一切货物的代价。世间一切财富,原来都是用劳动购买而不是用金银购买的。"⑥也因此,劳动才成为价值的普遍尺度和正确尺度。而且,等量劳动具有同等的价值。因为货币含有一定劳动量的价值,所以可以充当一般等价物,用以购买商品。但金银等货币的价值时有变动、时有高低,唯有劳动的价值不会变动,所以"劳动是商品的真实价格,货币只是商品的名义价格"⑦。商品的价值量与生产所耗费的劳动量成正比,劳动本身所具有的价值的稳定性决定了劳动可以作为商品的价值尺度而存在。这是亚当·斯密在劳动价值论上作出的重要贡献。

---

① 亚当·斯密:《国民财富的性质和原因的研究》上卷,郭大力、王亚南译,商务印书馆1972年版,第1页。
② 亚当·斯密:《国民财富的性质和原因的研究》上卷,第7页。
③ 亚当·斯密:《国民财富的性质和原因的研究》上卷,第26页。
④ 亚当·斯密:《国民财富的性质和原因的研究》上卷,第32页。
⑤ 白刚:《劳动的张力:从斯密、黑格尔到马克思》,《哲学研究》2018年第7期,34—40页。
⑥ 亚当·斯密:《国民财富的性质和原因的研究》上卷,第26—27页。
⑦ 亚当·斯密:《国民财富的性质和原因的研究》上卷,第29页。

此外，亚当·斯密还关注到了不同劳动在劳动时间、困难程度和精巧程度上的对比，指出同样是一个钟头的劳动，困难工作比容易工作耗费更多的劳动量，而一个人花费十年学习并劳动一小时比他人从事简单工作一个月所耗费的劳动量多。可见，亚当·斯密已经注意到了复杂劳动和简单劳动在价值创造上的细微差异。不仅如此，他还从物的价值增加的角度将劳动划分为生产性劳动和非生产性劳动："有一种劳动，加在物上，能增加物的价值；另一种劳动，却不能够。前者因可生产价值，可称为生产性劳动，后者可称为非生产性劳动。"① 他通过制造业工人和家仆的区别论证了制造业工人的劳动属于生产性劳动，能够增加物的价值；而家仆的劳动属于非生产性劳动，虽不产生任何价值，但其本身具有价值。这实际上是亚当·斯密站在资本家的立场上理解劳动，把劳动仅仅看作实现价值增殖的手段和工具。因此，他只重视带来利润和创造增殖的生产性劳动，不看重单纯消费而不增殖的非生产性劳动。他错误地理解了劳动分工的不同形式，把增加私有财产而不是丰富劳动和解放人当作最终目的。② 所以，亚当·斯密更看重劳动作为衡量一切商品的价值尺度所具有的手段性意义。在他看来，劳动仅仅是价值增殖的工具，而不是人的自我实现，所以劳动是令人厌恶的事情，是一种强制活动，不劳动才是自由和幸福。这也就意味着亚当·斯密认为劳动与自由并无关联，表明他并没有正确认识到劳动的真正内涵。

在区分生产性劳动与非生产性劳动的基础上，亚当·斯密进一步把除土地上天然生产的物品以外的产物都归为生产性劳动的结果。而且，他把土地和生产性劳动的产物分为两个部分：一部分是生产资料，另一部分是收入。前者用来投入劳动再生产过程以补偿资本，后者以利润或地租的形式为资本家或地主占有。在这里，亚当·斯密显然已经对劳动与资本的关系作了初步考察，但是他并没有揭示出劳动与资本之间的矛盾，也没有把劳动创造价值贯彻到底，而是陷入矛盾之中，把商品的价值归结为工资、利润和地租，认为"工资、利润和地租，是一切收入和一切可交换价值的三个根本源泉。一切其他收入归根到底都是来自这三种收入中的一个"③。亚当·斯密认为，劳动决定价值的原理只适用于原始社会，即劳动者与生产资料还未分离的前资本主义社会，而在资本积累和土地私有制产生以后，价值由工资、利润和地租这三种收入决定。这一思想明显是错误的，混淆了劳动与劳动力以及工人与资本家之间的区别。尽管如此，亚当·斯密关于劳动是商品的价值尺度以及资本主义的劳动生产是价值和剩余价值的生产等观点都体现出劳动价值学说的基本论点，他对劳动价值理论系统而全面的论述也成为马克思劳动思想的滥觞。

---

① 亚当·斯密：《国民财富的性质和原因的研究》上卷，第303页。
② 白刚：《劳动的张力：从斯密、黑格尔到马克思》，《哲学研究》2018年第7期，34—40页。
③ 亚当·斯密：《国民财富的性质和原因的研究》上卷，第47页。

三、大卫·李嘉图：劳动价值学说

大卫·李嘉图作为古典政治经济学的完成者，对古典政治经济学的最大贡献就是提出了劳动价值学说。他站在亚当·斯密的理论基础之上对劳动价值论进行分析，通过对亚当·斯密关于劳动价值论的错误观点的批判进一步发展了劳动价值论，形成了系统的劳动价值学说。他将劳动价值论贯彻到底，始终坚持商品的价值是由生产中所耗费的劳动量所决定的这一观点，认为劳动是财富和价值的唯一源泉。他明确指出："商品的价值或其所能交换的任何其他商品的数量，取决于其生产所必需的相对劳动量，而不是取决于支付这种劳动报酬的多少。"[①] 在这里，大卫·李嘉图明确指出了劳动决定商品的价值，并试图把作为商品"真实价格"的"耗费劳动"和作为"真实尺度"的"购买劳动"区别开。不仅如此，他还通过对亚当·斯密价值论的分析，明确区分了使用价值和交换价值的不同含义。他认为，商品的使用价值和交换价值是完全不同的：使用价值是指商品的效用，它要获取交换价值的来源有两个，即稀缺性和获取商品时所需的劳动量；交换价值则是指一种商品交换另一种商品所应付出的尺度。使用价值只是交换价值的前提，它并不能成为交换价值的尺度，交换价值取决于商品中所耗费的相对劳动量。但是，大卫·李嘉图的问题在于他并没有对创造交换价值的劳动的性质进行深入研究，因此不能真正明白何为劳动的二重性，也就无法进一步区分抽象劳动和具体劳动。

尽管如此，大卫·李嘉图还是认识到了亚当·斯密没有将劳动决定价值的观点贯彻到底的错误，并严厉地批判亚当·斯密的说法前后不一致，指出他本来"应该认为一切物品的价值都随生产它们时所费的劳动量而发生变化。但他自己提出了另一种价值衡量标准，并说物品的价值随它们所能交换的这种衡量标准的量而发生变化"[②]。也就是说，亚当·斯密在劳动价值论上是不彻底的，他提出了另一种价值衡量标准，认为商品的价值可以由交换价值来衡量。大卫·李嘉图却不这样认为，他始终坚持劳动决定价值的观点，认为"正是劳动所产生的各种商品的相对数量决定着商品的现在或过去的相对价值，而不是为交换劳动而给予劳动者的商品数量决定商品的现在或过去的价值"[③]，商品价值的变化是与生产商品所需的劳动量成比例的，只有投放在商品上的劳动量有所增减，商品的价值才会发生变化。因此，马克思指出，大卫·李嘉图和其他古典政治经济学家不同的地方"恰恰在于他前后

---

① 大卫·李嘉图：《政治经济学及赋税原理》，第1页。
② 大卫·李嘉图：《政治经济学及赋税原理》，第3页。
③ 大卫·李嘉图：《政治经济学及赋税原理》，第5页。

一贯地把商品的价值看做仅仅是社会规定的劳动的'体现'"①。

不仅如此,在关于产品的分配问题上,大卫·李嘉图在《政治经济学及赋税原理》一书的"序"中指出:"土地产品——所有通过劳动、机械和资本的联合使用从地面上所得到的一切——要在土地所有者、耕种所必需的牲畜或资本的拥有者和进行耕种的劳动者这三个社会阶级之间进行分配。"②换言之,大卫·李嘉图认为社会可以分为三个阶级,分别是地主阶级、工人阶级和资本家阶级,这三个阶级分别占有土地、资本和劳动。因此,三个阶级将自身所占有的东西联合起来用于土地生产后所获得的产物理应归三个阶级共同所有。由此,三个阶级获得的产物分别是地租、利润和工资。因此,大卫·李嘉图认可商品的价值可以分割为地租、利润和工资,但是他不同意亚当·斯密将地租、利润和工资看作商品价值的决定因素的观点。他认为,无论商品的价值如何分割,都不会改变价值由生产商品所耗费的劳动量决定的原理,价值的大小并不会被价值所分割的内容影响。尽管大卫·李嘉图在劳动价值论和产品分配论上都作出了巨大的理论贡献,但是他在对资本主义社会的分析上却做了直观抽象的理解,把资本主义社会看作自然的、永恒的、超历史的理想社会。这种社会历史观使他在劳动价值论的相关问题上只能作出量的分析,只能将劳动产品之间的关系单纯地看作数和量的关系,因而无法看到经济范畴背后所隐含的社会生产关系,也就不可能看到被掩盖的资本主义对抗性的生产关系,更不可能看到劳动所具有的自由和解放意义。

综上所述,英国古典政治经济学家对劳动价值学说的分析和研究在一定程度上提高了劳动的社会地位,推动了劳动价值论体系的建立和完善,同时也为接下来马克思科学的劳动价值论的形成奠定了前期的理论基础。但是,古典政治经济学家都是站在资产阶级的立场上,采取直观的经验主义方法来研究劳动价值论,本质上他们并没有动摇资本主义的生产关系,因而也就不理解劳动与资本的实质关系,看不到被物与物的关系遮蔽的人与人的关系,用马克思的话来说:"以劳动为原则的国民经济学表面上承认人,其实是彻底实现对人的否定……"③不仅如此,受时代与阶级的局限,古典政治经济学家仅仅将劳动看作创造财富和实现资本增殖的手段,将自由视同抽象经济人的理性。因此,他们并不能揭示劳动的真正作用,也看不到人与人之间的感性对抗关系,自然也就无法将劳动与自由联系起来。在此基础上,马克思对古典政治经济学进行了批判,揭示了资本主义社会中劳动受剥削和压迫的真相,进而超越了古典政治经济学,创立了马克思主义政治经济学。

---

① 《马克思恩格斯全集》第三十五卷,人民出版社2013年版,第198页。
② 大卫·李嘉图:《政治经济学及赋税原理》,第1页。
③ 《马克思恩格斯文集》第1卷,人民出版社2009年版,第179页。

四、马克思对古典政治经济学劳动思想的批判

尽管古典政治经济学家对劳动价值论的研究具有十分重要的理性价值,也对后来马克思的科学的劳动价值论的形成作出了巨大理论贡献。但他们不仅对劳动概念作纯粹经济学层面的实证研究,从而僵化了劳动的实质内涵,而且在对劳动价值论的研究上采取了实证主义的方式,把分工、货币等资产阶级生产关系说成是固定不变的永恒范畴,把资本主义的生产方式看作自然的和永恒的超历史存在。他们将劳动产品之间的关系描述为数和量的关系,用经验科学的法则取代了抽象的价值法则,因而没有看到经济范畴背后隐含的社会生产关系,自然也就不可能看到被掩盖的资本主义对抗性的生产关系。原因就在于,他们没有真正理解资本主义社会中劳动的真实本质,不懂得劳动的二重性,也没有把价值和使用价值区分开,从而导致对劳动产品的粗鄙理解。在资本主义社会中,现实的人和抽象的物发生了颠倒,人被物统治,人与人的关系通过人与物的关系或物与物的关系表现出来,人与物的颠倒问题成了资本主义社会最根本的问题。①这一点是古典政治经济学家没有看到的,他们没有批判资产阶级的生产关系,却反过来拥护资本主义社会,仅仅把劳动当作创造财富的手段而忽视劳动的真正作用。

对此,马克思也指出:"古典政治经济学的根本缺点之一,就是它从来没有从商品的分析,特别是商品价值的分析中,发现那种正是使价值成为交换价值的价值形式。恰恰是古典政治经济学的最优秀的代表人物,像亚·斯密和李嘉图,把价值形式看成一种完全无关紧要的东西或在商品本性之外存在的东西。这不仅仅因为价值量的分析把他们的注意力完全吸引住了。还有更深刻的原因。劳动产品的价值形式是资产阶级生产方式的最抽象的,但也是最一般的形式,这就使资产阶级生产方式成为一种特殊的社会生产类型,因而同时具有历史的特征。因此,如果把资产阶级生产方式误认为是社会生产的永恒的自然形式,那就必然会忽略价值形式的特殊性,从而忽略商品形式及其进一步发展——货币形式、资本形式等等的特殊性。"②可见,马克思认为,古典政治经济学家的问题在于肤浅地理解经济范畴,对一切经济范畴只能采取直观的经验主义态度,将其视为物的自然属性。③他们没有对产生交换价值的价值形式进行具体分析,仅仅关注对商品的价值量的分析,因而也就不能理解资本主义生产方式的特殊性和历史性,只能对资本主义的生产方式作抽象和僵化的理解,把其看作一种永恒的存在,进而为资本主义社会的天然合

---

① 付泽宇:《马克思对古典经济学的三重超越》,《学术研究》2020年第7期,第37—42页。
②《马克思恩格斯文集》第5卷,人民出版社2009年版,第98—99页。
③ 白刚:《黑格尔、马克思与古典政治经济学》,《现代哲学》2015年第5期,第9—16页。

理性存在作辩护。

在此种情况下,古典政治经济学家更不可能看到资本主义社会存在的对抗性的生产关系,他们不仅忽视了进行感性经济活动的人及其感性活动,也忽视了人与人之间的感性对抗关系。一如科西克所言:"古典经济学不是在人类世界的异化形式中描述这个世界,它也不去说明物的关系和物的运动如何掩盖着人的社会历史关系。相反,它描述这个物像化的世界及其规律,仿佛这就是真实的人类世界,因为这是古典经济学所知道的唯一的人类世界。"[①] 可见,古典经济学家并没有看到资本主义社会的异化现实,也没有看到被物的关系掩盖的真实的人的关系。由此,马克思对古典政治经济学进行了批判。他深入到经济事实之中去了解劳动和财产的关系,从而发现了资本主义社会劳动的异化本质以及私有财产的剥削本质。他发现古典政治经济学家片面地理解劳动和私有财产的关系,不明白体现在私有财产之上的现实的社会关系的实质就是劳动和资本的关系,因而忽视了现实生活中劳动者的悲惨处境,也没有看到劳动本身所具有的积极的解放作用,而仅仅把劳动看作创造财富的手段,对劳动作纯粹经济学的理解。对此,马克思重新研究了经济事实背后所掩盖的真实的生产关系的运动过程,揭示了资本主义社会中劳动者被压迫和剥削的真相,将人从僵死的经济范畴之中重新解放出来,并赋予劳动新的价值和内涵,从而超越了古典政治经济学,创立了马克思主义政治经济学。

作为马克思劳动思想形成过程中重要的思想资源之一,古典政治经济学的最大贡献就是提出了"劳动价值论",提高了劳动的社会地位,使经济学的研究对象从交换关系转向生产关系,从而启发马克思开始关注生产领域以及生产领域中现实的个人,进而一步步发现资本主义生产方式的真正本质,揭露资本主义生产关系下工人的真实处境,同时也彰显了劳动的真实意蕴,最终才能形成其科学的劳动理论。由此足以见得,古典政治经济学的劳动理论对马克思劳动思想形成的作用是十分巨大的,我们应该重视其思想来源,辩证看待,理性分析,这才是我们对待任何一种理论应该秉持的态度。

[①] 卡莱尔·科西克:《具体的辩证法——关于人与世界问题的研究》,傅小平译,社会科学文献出版社1989年版,第67-68页。

论马克思劳动辩证法的伦理基因①

刘 壮

摘 要：劳动辩证法是黑格尔和马克思共同关注的基本议题之一，但他们的关注视角截然不同。黑格尔所描述的是以"精神劳动"为实质的劳动辩证法，马克思在批判性继承黑格尔的思想遗产基础上，创立了以"物质生产"为表征的劳动辩证法。首先，单就劳动概念而言，西方学者的解读中就有剥离其价值维度的倾向，事实上马克思的劳动概念综合政治经济学、伦理学和人类学等多重角度，具有流变性和丰富性的特征；其次，在《资本论》的准备手稿中，马克思劳动辩证法的伦理特质初现在对劳动态度、人的自由本性和劳动解放的伦理关怀之中；最后，在成熟的《资本论》中，马克思劳动辩证法的伦理之维聚焦于伦理批判与资本批判的统一。由此，马克思的劳动辩证法不但呈现了科学性的一面，而且蕴藏着深刻的伦理基因。

关键词：马克思；黑格尔；劳动辩证法；伦理基因

本文引文格式：刘壮：《论马克思劳动辩证法的伦理基因》，见何云峰主编：《劳动哲学研究》第十一辑（2024年第2辑），上海教育出版社2024年版，第93-104页。

在马克思主义哲学史的形成和发展中，辩证法始终是一个重要的核心概念。马克思早在1868年致约瑟夫·狄慈根的信中就表达了自己研究辩证法问题的决心，他写道："一旦我卸下经济负担，我就要写《辩证法》。辩证法的真正规律在黑格尔那里已经有了，当然是具有神秘的形式。必须去除这种形式……"② 这段话陈述

---

① 基金项目：国家社会科学基金重大项目"中国乡村道德的实证研究与地图平台建设"（项目编号：21&ZD058）。作者通信地址：刘壮，吉林大学哲学社会学院（吉林长春 130012）。

② 《马克思恩格斯文集》第10卷，人民出版社2009年版，第288页。

如下两层含义:第一,作为反映"真正的规律"的辩证法是马克思重点关注的话题,只不过囿于当时的任务和窘迫的经济状况,事先确定一个研究计划;第二,在黑格尔那里已然有辩证法的合理因素,但需要改造其原有的神秘形式。透过这一判断,我们不妨回溯到《1844年经济学哲学手稿》(以下简称《手稿》)中马克思与黑格尔辩证法的初次思想交锋,以"劳动辩证法"这一特定视角窥探马克思所未完成的《辩证法》的理论准备和思想特征。由此,本文尝试首先以马克思的劳动概念作为考察起点,特别是结合西方学者对这一概念的误读,澄明劳动在马克思那里被忽视的伦理特质;其次指明马克思在批判黑格尔的劳动观点的同时,又继承了辩证法这一合理要素,并与政治经济学批判相结合,确立了科学的劳动辩证法(当然,马克思的劳动辩证法不仅在于厘清劳动与资本的关系问题,而且更重要的一点是蕴含着对劳动的态度、人的自由本性和劳动解放的伦理关切);最后从《资本论》中的伦理批判出发,证成并升华马克思劳动辩证法的伦理维度。

一、问题的提出:马克思的劳动概念究竟何谓?

"劳动"是马克思思想中的一个核心概念。无论是早期文本《手稿》中对异化劳动的揭示和诊断,还是《资本论》中对劳动的确证和指认,都表明劳动是进入马克思文本及其理论的切入口。一般而言,学术界对马克思的劳动概念进行一种类型学的划分,更能对这一纷繁复杂的概念进行合理的解释。① 大致而言,从宏观层面来把握马克思的劳动概念可分为两种视角:一是从政治经济学批判的实然角度,二是从存在论或伦理意蕴的应然角度。可以说,学者们在对马克思的理解上都是兼顾事实和价值的双重维度。换言之,劳动彰显出人的物质生产活动与人之自我实现的相互统一。相反,以阿伦特、哈贝马斯、海德格尔和鲍德里亚为代表的西方学者对马克思的劳动概念屡屡产生误解,一方面是由于马克思劳动概念本身的复杂性和流变性,另一方面也缘于这些哲学家囿于自己的哲学立场和诠释视角而对这一概念进行批判。

---

① 学术界一般对马克思的劳动概念界定采取二分法或者三分法。有学者认为,劳动一方面表达物质生产的经济学范畴,另一方面表征人的生命自我实现的哲学范畴。参见刘雄伟:《现实历史的澄明——马克思劳动概念的存在论诠释》,《学术论坛》2011年第3期,第17-20页。有学者认为,劳动有两层含义:一是自我实现的劳动,二是满足需要的劳动。参见王晓升:《论马克思的两个劳动概念与两种历史解释模式》,《马克思主义与现实》2010年第6期,第152-158页。还有学者认为,劳动既指人类学意义上的生产劳动,又指政治经济学批判意义上的雇佣劳动。参见王海锋:《马克思的劳动概念》,《东岳论丛》2010年第1期,第25-29页。持劳动三分法的学者认为,劳动一是作为人的本质规定的一般劳动,二是资本逻辑操控下的雇佣劳动,三是共产主义条件下的自由劳动。参见汪信砚、刘东东:《马克思劳动概念的三重维度及其生存论意蕴》,《兰州大学学报》2022年第1期,第39-47页。

阿伦特对劳动的理解实际上服务于他对政治哲学的建构，认为劳动具有较为特殊的含义。阿伦特对人类活动采取三分法，即劳动(labor)、工作(work)和行动(action)，其中"劳动是与人体的生命过程对应的活动，身体自发的生长、新陈代谢和最终的衰亡，都要依靠劳动产出和输入生命过程的生存必需品。劳动的人之条件是生命本身"①。换言之，劳动即是个体为了自我保存和生命延续所作的持续努力，因而具有一种强制性和奴役性。相反，行动涉及阿伦特对政治本质的洞察，她所提的"积极生活"(vita activa)更类似于亚里士多德所说的城邦共同体生活，指向一种公共事务的生活。行动则是"唯一不以物或事为中介的，直接在人们之间进行的活动，与之对应的是复数性(plurality)的人之条件，即不是单个的人，而是人们，生活在地球上和栖息于世界的事实"②。行动的复数性正好契合了政治的公共性，政治的公共性恰恰是通达自由的必要条件。因此，行动在阿伦特政治哲学中占有至关重要的位置。马克思却多用劳动而少使用行动，劳动正是由于对工人阶级政治解放具有重要意义，才在马克思思想中举足轻重。阿伦特的误读就在于"当她用自己为劳动所下的定义来将马克思僵固地划定在排拒行动、背离自由、疏远政治本质的传统中时，她完全遮蔽了这样一个问题，即马克思恰恰是在自由的基点上，来对劳动予以高度赞颂的"③。这也就意味着，马克思不单是从政治经济学意义上使用劳动概念，而是将人的自由与解放的伦理意蕴内嵌于劳动中。由此可见，劳动究竟是从生理事实上维持个体的生命存续？还是在经济意义上创造使用价值中伴随着人之自由的价值维度，这是马克思与阿伦特对劳动理解的根本差异所在。

哈贝马斯与阿伦特对马克思劳动概念的批判可谓殊途同归，都锚定了劳动规范性维度的阙如。哈贝马斯直言不讳地指出："马克思的社会理论的规范基础从一开始就是不明确的。"④他首先分析了历史唯物主义中的"社会劳动"概念，指出在传统解释框架中，有组织的社会劳动是人与动物相揖别的衡量标志，同时也是历史唯物主义学说得以阐明的理论基点。然而，社会劳动的解释力不足在于"不适合于人类特有的生活方式的再生产"⑤。这是因为，一个社会的发展与进步呈现出复合性的特征，不仅在于一般性的社会劳动，而且还在于社会分工所塑造的组织结构以及技术和知识的使用。哈贝马斯揭示了"在这种构成结构的过程中，社会和个人，连同个人的自我同一性和群体同一性，都在变化"⑥。在哈贝马斯看来，马克思的生产劳动或者社会劳动是一个经验性活动，严格遵循主体作用于客体的活动原则，反映了人与

---

① 汉娜·阿伦特：《人的境况》第2版，王寅丽译，上海人民出版社2017年版，第1页。
② 汉娜·阿伦特：《人的境况》第2版，第1—2页。
③ 李佃来：《阿伦特对马克思政治哲学的四个根本性误解》，《学术月刊》2018年第8期，第20—32页。
④ 尤尔根·哈贝马斯：《重建历史唯物主义》(修订版)，郭官义译，社会科学文献出版社2013年版，第4页。
⑤ 尤尔根·哈贝马斯：《重建历史唯物主义》(修订版)，第108页。
⑥ 尤尔根·哈贝马斯：《重建历史唯物主义》(修订版)，第113页。

物之间的直接关系,追求人对自然界的改造和控制。由此,我们也可以明显地看出哈贝马斯的理论失察:其一,从马克思的劳动概念来看,可划分为谋生的原始劳动、资本主义社会条件下异化的雇佣劳动以及具有创造性的自由劳动。哈贝马斯仅仅将劳动视为一种工具性活动,掩盖了其规范性维度,这一说法未免失于偏颇。其二,从哈贝马斯所攻击的社会劳动来看,这一概念背后早已蕴含着"在一定社会关系下进行的生产活动"的前提设定,更不消说在历史唯物主义中"社会关系"这一概念包含了交往关系的丰富性。所以,哈贝马斯对马克思的误解之处在于"对马克思'作为劳动的劳动'给予了过多的关注,而忽视了马克思'作为实践的劳动'"①。

海德格尔同样解读过马克思的劳动概念,但也存在一定程度上的误解。在《关于人道主义的书信》中,海德格尔把握到了马克思与黑格尔对于劳动的理论关联,指出了马克思对黑格尔劳动观的继承。他说道,"在黑格尔的《精神现象学》中,劳动的现代形而上学的本质已经得到先行思考,被思为无条件的创造(Herstellung)的自行设置起来的过程,这就是被经验为主体性的人对现实事物的对象化的过程。"② 的确,马克思在《手稿》中对劳动的阐发也正是借助于黑格尔哲学才得以呈现。因此,他们的共同特征即为"作为辩证法的劳动过程"。③ 然而,海德格尔没有洞察到马克思对黑格尔劳动观的根本性变革,反而将马克思的劳动概念拉回到黑格尔形而上学的窠臼之中。尽管劳动是将黑格尔与马克思联系起来的理论主题,但是他们各自理解的劳动却有本质上的差异。具体而言,黑格尔所说的劳动更多指向自我意识的成长历程或者绝对本体论层面的精神,马克思所理解的劳动是人的对象化活动或者感性活动。很显然,马克思所关注的是现实的感性世界,他将劳动视为人本质力量的实现方式,并借此澄清人与自然界和社会的复杂关系,绝不同于黑格尔与海德格尔的阐发视角。在海德格尔看来,马克思对黑格尔哲学的批判是一种"粗暴的颠倒"④,但同时又"指认"马克思是黑格尔最伟大的信徒。由此可见,海德格尔抓住了马克思劳动概念的思想策源地,但却"无法洞察从劳动到异化劳动的转变过程展现了马克思对黑格尔精神现象学的扬弃,也无法领会劳动在本真意义上深嵌于解放取向的内蕴"⑤。

在西方学者对马克思劳动概念的解读中,鲍德里亚当数最为激进和彻底。他认为,马克思不仅将劳动作为整个理论大厦的根基,而且还把以劳动为基础的生产力进步视为人类社会发展的标志。鲍德里亚指出,马克思劳动概念无非是"将经济

---

① 齐勇:《对哈贝马斯"重建历史唯物主义"的再阐释——基于实践哲学视角》,《华中科技大学学报(社会科学版)》2021年第2期,第5页。
② 海德格尔:《路标》,孙周兴译,商务印书馆2017年版,第404页。
③ 海德格尔:《同一与差异》,孙周兴、陈小文、余明锋译,商务印书馆2000年版,第401页。
④ 海德格尔:《路标》,第512页。
⑤ 黄漫、刘同舫:《海德格尔对马克思劳动观的误读》,《国外社会科学》2020年第3期,第35-43页。

学的理性方式普遍化了,并作为人类生成的一般模式推广到整个人类历史中"①。这样一种生产本位主义的做法,最终导致的结果是以劳动为起始点的宏大叙事难逃资本所设置的意识形态幻象,同时也无异于与资产阶级经济学的共谋。不仅如此,他还批判马克思所援引的"劳动是财富之父,土地是财富之母"这一观点。在他看来,整个生产过程当中,"劳动是对自然加以雕琢的客观改造活动,是对主体与客体的技术抽象"②。在此,他从政治经济学的单一视角出发,将劳动仅仅理解为人类改造和加工自然的活动,自然界则被降格为人类的征服对象,生产力表现为一种对自然的破坏力。事实上,鲍德里亚对马克思劳动概念的批判性分析,最终的理论目的在于走出生产领域而进入消费领域,以"象征交换"替代"生产之镜",构建自己的符号政治经济学体系。由是观之,尽管鲍德里亚对马克思劳动观的解读方式富有新意,但他认为"马克思的劳动概念只有'经济学'(生产使用价值和价值)或'人类学'(满足人类需要)的维度"③,这一视差之见也注定了他会对马克思的劳动概念有很深的误解。

综合以上西方学者对马克思劳动概念的解读,我们不难发现马克思劳动概念被误读的原因大致有如下两个方面:一方面,马克思劳动概念具有丰富性和流变性,既可以从政治经济学的角度加以阐发,又可以从规范性的视角进行诠释,任何单一维度的长驱直入都可能会造成一定的误解。另一方面,西方学者以批判马克思的劳动概念为突破口,但都有自己的思想创见。例如阿伦特以"行动"为政治哲学的建构开辟道路;哈贝马斯以"交往行为"取代"社会劳动",衍生出交往行为理论;海德格尔从生存论角度阐发马克思的劳动概念,却又在解读过程中出现了马克思思想的"黑格尔化"倾向;鲍德里亚以"象征交换"取代"生产劳动",试图为符号政治经济学体系作筹划。总体而言,西方学者对劳动的误解存在一定的共性,即认为劳动是一种工具性活动,只是改造自然界的经验活动,消弭了其属人的价值维度。他们表面上抓住了马克思劳动观的"阿喀琉斯之踵",实际上并没有全面地理解马克思劳动概念的丰富含义。这样一种解读思路所导致的最终结果是马克思的劳动概念被实证化和科学化,从而剥离了劳动蕴含的伦理特质。

二、马克思劳动辩证法的三重伦理特质

鉴于马克思的劳动概念被西方学者们误读,拯救马克思劳动辩证法的伦理基

---

① 鲍德里亚:《生产之镜》,仰海峰译,中央编译出版社2005年版,第14页。
② 鲍德里亚:《生产之镜》,第38页。
③ 何云峰、王绍梁:《鲍德里亚缘何误解马克思的劳动理论》,《北京大学学报(哲学社会科学版)》2021年第6期,第26-36页。

因成为一项紧要的理论工作。从思想渊源上看,马克思劳动辩证法的出场是以扬弃黑格尔的理论学说为前提,集中呈现在《手稿》中一段脍炙人口的经典表述:"黑格尔的《现象学》及其最后成果——辩证法,作为推动原则和创造原则的否定性——的伟大之处首先在于,黑格尔把人的自我产生看做一个过程,把对象化看做非对象化,看做外化和这种外化的扬弃;可见,他抓住了劳动的本质,把对象性的人、现实的因而是真正的人理解为人自己的劳动的结果。"①一方面,马克思赞同将作为推动原则和创造原则的辩证法运用于人的自我理解,也即是通过劳动这一对象化过程和劳动产品这一结果确证了人的生命活动和本质存在,并揭橥了"整个所谓世界历史不外是人通过人的劳动而诞生的过程"②。科亨认为,马克思劳动辩证法承袭黑格尔辩证法三段式结构中"无差异的统一""有差异的分化""有差异的统一",分别置换为马克思所描述的传统社会中的手工业劳动、资本主义社会中的异化劳动、未来社会主义社会中的自由劳动。③可见,马克思继承了黑格尔辩证法的合理因素,并借以审视现代社会中的劳动问题及其不同社会形态下的劳动形式,确立了以物质生产为核心的劳动辩证法。在此意义上,马克思的劳动辩证法既锚定了劳动之于人类社会发展的推动作用,又揭示了不同社会形态下劳动性质的变化。另一方面,马克思更为直接地指出黑格尔劳动辩证法的偏颇之处,不仅侧重于劳动的抽象性和精神性,轻视劳动的现实性和物质性,而且只看到劳动积极的方面,而没有将劳动的自否性充分展现出来。相反,马克思以辩证法的思维方式考察劳动问题,呈现出鲜明的伦理特质。

(一)在"辛苦麻烦"与"娱乐消遣"之间廓清对劳动的本真态度

在西方文化传统中,从古希腊到中世纪,劳动一般处在被贬低、排斥的位置。在古希腊社会中,劳动更多指涉奴隶这一特定群体的具体活动。在中世纪社会的宗教叙事中,劳动则被视为耶和华对人类始祖亚当的诅咒,表现为满面流汗的强制性活动。劳动地位发生根本性的转变是近代社会以来的事情,旧时人们对劳动的抵触转变为如今社会对劳动的赞扬。根据阿伦特对马克思劳动观点的解读,"首先,在近代社会,劳动本身遭遇决定性的变化;其次,劳动是一切财富的源泉;从而,第三,劳动不仅是所有的社会价值的源泉,而且所有的人类不管其阶级出身都面临迟早必然要成为无产阶级的命运,不适应这样的社会变化过程的人,就被社会视为寄生虫"④。这就意味着,劳动在马克思这里不仅是个人自我实现的方式,而且更是社会财富得以产生的重要手段。

---

① 《马克思恩格斯文集》第1卷,人民出版社2009年版,第205页。
② 《马克思恩格斯文集》第1卷,第196页。
③ G. A. Cohen, Marx's Dialectic of Labor, Philosophy & Public Affairs, Vol.3. No.3,1974,pp.235-261.
④ 汉娜·阿伦特:《马克思与西方政治思想传统》,孙传钊译,江苏人民出版社2007年版,第8页。

将马克思对劳动的称颂置放在斯密与傅立叶对劳动看法的比较中,才能甄别劳动所体现出来的伦理性质。在《1857—1858年经济学手稿》中,马克思一方面区别了剥削社会中的劳动和真正自由的劳动,另一方面延展了劳动的实质内涵并明确了对劳动所持的本真态度。首先,在斯密看来,劳动就意味着疏远了个人的安逸、自由和幸福,劳动与人的价值旨趣是极不兼容的。首先,马克思认为斯密单纯将劳动看作个体的牺牲,又或是只看到了劳动在历史形式下的外在必然性,呈现为人类社会历史上递次出现的奴隶劳动、徭役劳动和雇佣劳动,诸如艺术创造之类的精神劳动是在他的视野之外的。劳动在排除了外在必然性之后,还保留着其内在目的性,即"被看做个人自己提出的目的,因而被看做自我实现,主体的对象化,也就是实在的自由——而这种自由见之于活动恰恰是劳动"①。其次,对真正的自由劳动也不能作任意化的解释,马克思故而提示为"但这决不是说,劳动不过是一种娱乐,一种消遣,就像傅立叶完全以一个浪漫女郎的方式极其天真地理解的那样"。②最后,马克思明确指认:"劳动是积极的、创造性的活动。"③如同艺术家作曲一样,劳动是一件严肃且紧张的事情。大体而言,马克思一改西方文化传统中对劳动的消极态度,反而赋予劳动以积极意义,即劳动不只是粗糙的物质生产,更有高级的科学、艺术等活动的创造。

(二)在异化劳动与自由劳动之间探问人的自由本性

作为青年马克思"思想实验室"的《手稿》素来备受争议。然而,学术界基本达成两点共识:第一,从思想史线索来看,自1843年3月起,马克思研读了斯密、李嘉图、萨伊等古典政治经济学家的著作,并做了大量摘抄和笔记,它们共同占据了《手稿》笔记本Ⅰ的绝大篇幅;第二,从文本内容来讲,《手稿》的思想渊源是英法古典政治经济学和以黑格尔为代表的德国古典哲学,但关注的核心问题是异化劳动及其扬弃方式。可以说,《手稿》拉开了马克思整个政治经济学批判的序幕,同时也让异化劳动进入马克思的关注视野之中。

其实,早在西方近代政治思想史的谱系中,劳动与个人权利就有着高度的关联性。论及个人劳动产品的所有权缘何而来之时,离不开劳动的赋形作用。也就是说,个体对所有物的私有权上加了"劳动"这一烙印。对此,洛克在论述社会资源如何从自然共有向个体私有转变时有过论断:"劳动在万物之母的自然所已完成的作业上面加上一些东西,这些它们就成为他的私有的权利了。"④马克思对异化劳动的批判预设了相似的原则,即劳动产品应该归劳动者所有。然而,资本主义社会暴

---

① 《马克思恩格斯文集》第8卷,人民出版社2009年版,第174页。
② 《马克思恩格斯文集》第8卷,第174页。
③ 《马克思恩格斯文集》第8卷,第177页。
④ 洛克:《政府论》下篇,叶启芳、瞿菊农译,商务印书馆1964年版,第19页。

露无遗的事实是：工人的劳动不是确证自身的自主活动，而是受异己的外在必然性所支配，具体表现为劳动者与劳动产品的分离，工人创造的劳动产品愈多，反而愈加感到肉体上的痛苦和精神上的折磨。因此，"劳动的异己性完全表现在：只要肉体的强制或其他强制一停止，人们就会像逃避瘟疫那样逃避劳动。外在的劳动，人在其中使自己外化的劳动，是一种自我牺牲、自我折磨的劳动"①。

马克思不仅揭示了资本主义社会条件下异化劳动这一现象，而且还要寻找消解人之自我异化的途径。他寄托于共产主义运动，"通过人并且为了人而对人的本质的真正占有"②，并且复归到一种合乎人性的生存方式。马克思在批判社会现实中的异化劳动之时，又指向理想状态中的自由劳动。这种自由劳动扎根于人的自由本性，劳动的形式从属是顺乎人的自身规定性。就两种异质性劳动的关系而言，自由劳动是兼有生存论与伦理意蕴的核心概念，又是对异化劳动的积极扬弃。有学者提出"马克思对劳动所作的正面规定几乎全是作为异化劳动的对立概念提出来的"③，无疑是切中肯綮的。

（三）在雇佣劳动与资本的辩证张力中寻觅人的劳动解放

马克思对劳动的探讨不限于劳动性质本身，更延伸至现代社会运行的轴心——资本与劳动的关系。准确来讲，这种劳动已经不是人本学意义上的异化劳动，而是经济学意义上指向资本主义生产方式的雇佣劳动。无论将劳动置于何种界面来讨论，马克思寻觅工人阶级劳动解放的宏伟远景始终没有动摇。正因如此，阿伦特才评价道："马克思是19世纪唯一的使用哲学用语真挚地叙说了19世纪的重要事件——劳动的解放的思想家。"④在《雇佣劳动与资本》中，马克思剖析了现代阶级斗争出现的经济根源，重点锚定了对雇佣劳动与资本关系的深刻揭示：一方面，资本与雇佣劳动互为前提、相互支撑；而另一方面，资本与雇佣劳动又彼此矛盾、相互对立。

首先，在马克思之前，古典政治经济学家侧重从物质样态的角度去理解资本，将它视为生产资料或生活资料。马克思则是从物质属性和社会关系双重维度把握资本：从前者来看，"资本是由用于生产新的原料、新的劳动工具和新的生活资料的各种原料、劳动工具和生活资料组成的"⑤，而这些鲜活的材料全部是由劳动所完成，资本也是积蓄起来的劳动；从后者来看，资本更加凸显为一种社会生产关系，尤其反映出特定时代的社会生产力变化和明显的阶级特征，这种社会生产关系也为

---

① 《马克思恩格斯文集》第1卷，第159-160页。
② 《马克思恩格斯文集》第1卷，第185页。
③ 张盾：《马克思哲学革命中的伦理学问题》，《哲学研究》2004年第5期，第3-10页。
④ 汉娜·阿伦特：《马克思与西方政治思想传统》，第12页。
⑤ 《马克思恩格斯文集》第1卷，第723页。

下一阶段的生产活动和再生产环节"着色"。因此,马克思强调的重点不单是摆在面前的物质生产事实,更是一定社会关系下的生产。其次,从资本与劳动的关系来看,一方面,资本吮吸活劳动以扩充自身,它"只是由于积累起来的、过去的、对象化的劳动支配直接的、活的劳动,积累起来的劳动才变为资本"①。换言之,资本的最大特性就是增殖属性,它是能够创造价值的价值,而这一条件的成立前提是雇佣劳动。另一方面,作为劳动主体的工人出卖劳动力,为资本创造源源不断的价值。在资本主义社会的买卖市场中,劳动力是一种特殊的商品,这种特殊之处在于其再生产性。工人的生产活动不仅能获得基本生活资料,而且积累起来的劳动还能创造更大的价值。这也就意味着,工人劳动的再生产性正好契合了资本的增殖属性。由是观之,资本与雇佣劳动的关系恰如马克思所述:"资本以雇佣劳动为前提,而雇佣劳动又以资本为前提。两者相互制约;两者相互产生。"②再者,资本与雇佣劳动又呈现相互对立的态势。资本以宰制工人活劳动的方式谋划和壮大自身,其结果必定是越来越多的工人成为产业后备军。马克思洞察到这一特殊商品买卖造成的后果,指出:"雇佣工人的劳动力只有在它增加资本,使奴役它的那种权力加强时,才能和资本交换。因此,资本的增加就是无产阶级即工人阶级的增加。"③

由此可见,马克思对黑格尔劳动辩证法的改造,不仅在于将神秘的绝对精神转化为祛魅了的物质生产活动,把概念化的思维运动颠倒为扬弃异化劳动的历史活动,而且更在于通过政治经济学批判这一理论任务阐明劳动辩证法的伦理特质。这样一来,对于劳动的事实维度与价值维度之争就被统摄于马克思的政治经济学批判之中,并且也为辩证法的生命力和批判本性的彰显找到了坚实的根基。这也正如恩格斯后来对马克思思想贡献的高度评价那样,"第一个把已经被遗忘的辩证方法、它和黑格尔辩证法的联系以及差别重新提到人们面前,同时在《资本论》中把这个方法应用到一种经验科学即政治经济学的事实上去"④。

三、从《资本论》的伦理批判管窥马克思劳动辩证法的伦理之维

如果说《资本论》的准备材料初现马克思对劳动辩证法所呈示的伦理特质,那么延伸到《资本论》,则是进一步彰显出劳动辩证法的伦理基因。长期以来,历史唯物主义与规范性的兼容问题,或是有学者凝练地概括为"历史唯物主义语境下的道

---

① 《马克思恩格斯文集》第1卷,第726页。
② 《马克思恩格斯文集》第1卷,第727页。
③ 《马克思恩格斯文集》第1卷,第727页。
④ 《马克思恩格斯文集》第9卷,人民出版社2009年版,第440-441页。

论马克思劳动辩证法的伦理基因　　　　　　　　　　　刘 壮

德合法性问题"①,是马克思主义伦理学上聚讼已久的基本议题之一。针对这一问题的解决办法,需要走出一种非此即彼的思维误区,即坚持历史唯物主义的事实优先性原则而抹杀了马克思思想中的价值维度,或者抬高某一规范性概念而忽略了最为基础性的经济事实。就此而言,《资本论》也会遭遇到伦理解读的质疑。譬如,阿尔都塞断言:"把《资本论》归结为伦理学的构想是一种儿戏,因为这仅仅是以《1844年手稿》中的激进的人本主义作依据。"② 这显然是站在"断裂论"的立场上评价《资本论》的性质及其解读,即以《手稿》为代表的早期著作是意识形态,而以《资本论》为代表的成熟著作是科学,马克思的前后两个阶段明显不可通约,更遑论以伦理学来注解马克思的科学著作。在此,我们需要反问的问题是:《资本论》中的伦理解读当真是一种儿戏吗?近年来,阿尔都塞的这一观点越来越受到国内学者的质疑和清算,以至于更加聚焦于《资本论》中的伦理学问题。

就劳动问题而言,相较于《手稿》中将劳动描述为人自觉的、有意识的自由活动,马克思在《资本论》中明确把劳动界定为"首先是人和自然之间的过程,是人以自身的活动来中介、调整和控制人和自然之间的物质变换的过程"③。一方面马克思对劳动问题的视角切换,正如他在《政治经济学批判导言》中所说:"劳动似乎是一个十分简单的范畴。它在这种一般性上——作为劳动一般——的表象也是古老的。但是,在经济学上从这种简单性上来把握'劳动',和产生这个简单抽象的那些关系一样,是现代的范畴。"④ 可见,一方面,马克思所探讨的对象是作为现代范畴的劳动,并且认为雇佣劳动同历史上出现的奴隶劳动、农奴劳动一样都是低级的和暂时的劳动样态,代替这一劳动形式的将是合乎人性的自由劳动和有计划的联合劳动;另一方面,马克思也认识到了资本是支撑起整个资本主义社会的社会关系,是一束"普照的光"和一种"特殊的以太"。马克思已经从物质形式转化到社会关系层面,达到对资本的科学认识,"资本作为一种生产关系赋型,让所有社会定在都变成关系性构式负熵中的神秘商品存在"⑤。为了进一步具象化地洞察资本,马克思就此列举了黑人和纺纱机的例子,旨在说明资本不能脱离一定的社会关系而独立存在,恰恰是这种社会关系构成了一定社会条件下的再生产条件。同时,在这场资本与劳动的较量之中,资本总是能占据上风,其结果是资本增长越加迅速,工人之间的竞争就越加激烈,他们自身就越加贫困。因此,"《资本论》的核心任务就是'论

---

① 李义天:《再论马克思主义伦理学的初始问题》,《道德与文明》2022年第5期,第75页。
② 路易·阿尔都塞、艾蒂安·巴里巴尔:《读〈资本论〉》(第二版),李其庆、冯文光译,中央编译出版社2017年版,第155页。
③《马克思恩格斯文集》第5卷,人民出版社2009年版,第207-208页。
④《马克思恩格斯文集》第8卷,第27页。
⑤ 张一兵:《马克思:资本是一种社会生产关系——〈雇佣劳动与资本〉研究》,《东岳论丛》2020年第7期,第86-94+192页。

资本',就是要弄清劳动和资本之间的复杂关系。因此,在伦理学维度上,《资本论》自然也要以劳动关系为核心辩证审视资本主义社会的伦理问题"。① 相较而言,黑格尔的著作中虽然也触及政治经济学内容,特别是在耶拿手稿中记叙了机器的使用和劳动的分工对工人的消极影响,但他却采取同国民经济学家非批判的实证主义相一致的非批判的思辨唯心主义立场,自然也就绕过了资本主义社会中最为核心的"劳动—资本"范畴。反观马克思,却切中现代社会运转的轴心,开辟了一条以"劳动政治经济学"战胜"资本的政治经济学"的新路径。

在劳动辩证法的改造方面,"马克思在《资本论》中批判地继承了黑格尔劳动辩证法,在劳动价值论的论证中凸显劳动者的革命主体性,从而确立了科学的劳动辩证法"②。同样,马克思所创立的劳动辩证法的科学性在于揭示资产阶级社会生产方式的运行规律,其道义性更体现在抵制资本对劳动无休止的权力统治和经济支配,谋求劳动者的解放与自我实现。《资本论》中最能佐证上述观点的地方在于劳动力的买与卖和工作日批判。其一,在货币转化为资本的结尾处,马克思发现劳动力的买与卖在流通领域与生产领域两种截然相反的局面,戳穿了资本主义社会意识形态的假面具。在劳动力的买与卖的商品交换领域内,"这个领域确实是天赋人权的真正伊甸园,那里占统治地位的只是自由、平等、所有权和边沁"③。自由显示为劳动力买者与卖者的自由意志以及缔结契约的自由;平等表现为形式的等价物交换;所有权体现为双方都能支配自己的所有物;边沁所隐喻的是双方互通有无、互利互惠的最大的善。然而,一旦进入了生产领域,"原来的货币占有者作为资本家,昂首前行;劳动力占有者作为他的工人,尾随于后。一个笑容满面,雄心勃勃;一个战战兢兢,畏缩不前,像在市场上出卖了自己的皮一样,只有一个前途——让人家来鞣"④。原先庸俗自由贸易论者鼓吹表面上的自由、平等、所有权以及皆大欢喜的结局,终归被现实中的压迫、奴役、剥削以及主奴情景代替了。所谓"天赋人权的真正伊甸园"只不过是一套混淆视听的说辞,绝非资本主义社会里商品交换的真实情景。其二,在《资本论》第八章"工作日"中,马克思认为资本追求增殖自身,必定吮吸更多的活劳动以创造剩余价值,资本家将会以延长工作日的方式追求剩余劳动,而工作日的延长则会触碰到工人生理和道德的双重界限。同时,马克思揭示了"工人必须有时间满足精神需要和社会需要,这些需要的范围和数量由一般的文化状况决定"⑤,而资本家对剩余劳动的无休止攫取导致工作日最大限度地延长,不仅超

---

① 付文军:《〈资本论〉与马克思的伦理叙事》,《山东社会科学》2023年第7期,第39—46页。
② 肖祥:《〈资本论〉中马克思主义伦理学的理论旨趣》,《马克思主义研究》2020年第2期,第54—62页。
③《马克思恩格斯文集》第5卷,第204页。
④《马克思恩格斯文集》第5卷,第205页。
⑤《马克思恩格斯文集》第5卷,第269页。

出了工人正常的生理条件,而且也突破了社会的道德界限。因此,马克思批判资本家既模糊工作日的不变量和可变量,进而又将工作日延长到超出工人的忍耐限度。不仅如此,马克思对工作日问题的持续关注还体现在必然王国转向自由王国之中,即"在这个必然王国的彼岸,作为目的本身的人类能力的发挥,真正的自由王国,就开始了。但是,这个自由王国只有建立在必然王国的基础上,才能繁荣起来。工作日的缩短是根本条件。"[①] 这也就意味着自由王国不仅奠基于必然王国所创造的物质生活资料,而且以工作日的缩短作为具体衡量尺度。由此可见,不仅《资本论》的伦理解读是可能的,而且马克思劳动辩证法的伦理之维就呈现在资本批判与伦理批判相互统一之中。

马克思在《手稿》中不仅受英法政治经济学家著作中的劳动启发,而且关注到黑格尔的抽象劳动和神秘辩证法,其中大篇幅引用了《精神现象学》。其实,黑格尔的劳动不外有如下的含义:"精神若要使自己成为意识的对象,必须通过自己的劳动来实现,在旅程的最后,意识回顾其通过否定性的劳动所经历的整个历史全景而获得全体必然性,整体的意义才能得以把握。"[②] 也就是说,精神通过劳动而获得自身的完满性。相反,马克思的劳动则是现实的物质生产活动,他所首要强调的是劳动不能脱离自然界的客观存在,没有外在的感性实存,人的劳动无从发生。尽管马克思和黑格尔从不同的角度阐明劳动对人类社会的奠基性作用,揭示了世界的生成过程无非是劳动的展开过程,但他们最终在理论旨趣上分道扬镳。借用莱文的说法,"黑格尔写了一部人类精神劳动的百科全书。马克思创建了以人类劳动这个范畴为基础的政治经济学"[③]。需要补充的是,在政治经济学批判中,马克思劳动辩证法的伦理特质具体表现为:严肃且紧张的劳动态度、根植于人自由本性的自由劳动以及代替资本主义社会中雇佣劳动的劳动解放目标。行文至此,不妨引用马克思对未来社会的美好憧憬作为结尾,"人与人之间的兄弟情谊在他们那里不是空话,而是真情,并且他们那由于劳动而变得坚实的形象向我们放射出人类崇高精神之光"[④],而这一理想图景正是马克思劳动辩证法伦理维度的忠实表达。

---

① 《马克思恩格斯文集》第7卷,人民出版社2009年版,第929页。
② Arthur C. J., *Dialectics of Labour: Marx and His Relation to Hegel*, Oxford: Blackwell, 1986, pp.46-47.
③ 诺曼·莱文:《马克思与黑格尔的对话》,周阳、常佩瑶、吴剑锋,等译,中国人民大学出版社2016年版,第369页。
④ 《马克思恩格斯文集》第1卷,第232页。

《1844年经济学哲学手稿》中的"资本—劳动"关系探析①

曹嘉辰　吴文新

摘　要：马克思在《1844年经济学哲学手稿》中对"资本—劳动"关系进行了初步的有益探索。第一，马克思考察了"资本—劳动"二元结构的历史性生成，阐明了发达的私有财产的本质是"资本—劳动"关系；第二，马克思运思了资本和劳动从"统一"到"对立"再到"各自同自身对立"的内在逻辑运动；第三，通过"异化劳动"这一核心概念，马克思还原了现实的"资本—劳动"关系；第四，积极扬弃了私有财产的共产主义是对"资本—劳动"矛盾的解决。"资本—劳动"关系依旧是今天社会体系所围绕旋转的轴心，马克思的初步探索对于透视当下的社会现实仍具有重要意义。

关键词：《1844年经济学哲学手稿》；"资本—劳动"关系；私有财产；异化；扬弃

本文引文格式：曹嘉辰、吴文新：《〈1844年经济学哲学手稿〉中的"资本—劳动"关系探析》，见何云峰主编：《劳动哲学研究》第十一辑（2024年第2辑），上海教育出版社2024年版，第105-116页。

恩格斯指出，马克思的一个重要发现是"彻底弄清了资本和劳动的关系"②。"资本—劳动"关系是贯穿马克思政治经济学批判研究的一个重要线索。有学者就指出："马克思'资本—劳动'关系思想是马克思主义政治经济学批判的核心理论，表

---

① 基金项目：国家社会科学基金后期资助项目"公道民本：中华文明与21世纪中国社会主义"（项目编号：21FKSB045）。作者通信地址：曹嘉辰，山东大学马克思主义学院（威海）（山东威海 264209）；吴文新，山东大学马克思主义学院（威海）（山东威海 264209）。

②《马克思恩格斯文集》第3卷，人民出版社2009年版，第460页。

征为对资本主义社会经济生产的彻底审视与批判。"① 国内学界对"资本—劳动"关系的研究主要集中于《资本论》及其手稿,而马克思对这一关系的运思和建构事实上可以追溯至《1844年经济学哲学手稿》(以下简称《手稿》)。《手稿》从哲学视角对"资本—劳动"关系进行了考察,构成了马克思政治经济学批判工作的起点。

一、"资本—劳动"二元结构的历史性生成

"资本—劳动"关系是一个历史性生成的过程。在马克思看来,正是资本主义生产关系战胜了封建宗法关系,亦即发达的私有财产取代了不发达的私有财产,才形成了资本主义社会中的"资本—劳动"关系。资本主义社会中发达的私有财产,在本质上表现为"资本—劳动"二元关系。

(一)私有财产自身运动中的"资本—劳动"关系

《手稿》的写作是以工资、利润和地租这三个国民经济学的核心概念开启的。工资、利润和地租不仅是现实社会的三个收入来源,也是工人、资本家和地主三个阶级主体外化、物化的表现。由此,马克思在写作之初便是以分栏的形式进行的。在写作的过程中,马克思逐渐意识到,国民经济学描绘的资本主义社会"劳动—资本—土地"三元结构本质上只是"资本—劳动"二元结构,因为资本家和土地所有者之间的界限逐渐消融。这种历史的运思是从笔记本Ⅰ的第三栏"地租"开始的,青年马克思第一次从地产这一侧面探讨了资产阶级社会的历史性生成。

《手稿》中,马克思并非将私有财产简单理解为物性存在物,而是赋予其社会关系的重要内涵。在马克思看来,"地产是私有财产的第一个形式"②。作为最初的不动产形式的私有财产,地产内含有地主(或土地所有者)对农奴的物役关系。但是,地产只是最初的、不发达的私有财产,还无法表现为单纯的、直接的资本统治。随着资本与工业逐渐走向历史舞台的中心,以货币形态出现的动产最终必然战胜其他形式的私有财产,封建宗法的社会关系开始走向解体。从马克思思想史的发展来看,马克思此时还未准确破译出劳动者和生产资料的分离是资产阶级社会产生的历史前提,而是将"竞争"作为核心范畴贯穿于分析之中。地产的竞争使得部分土地所有者破产,大地产进一步集中,也会使得部分土地为资本家所有,"最终的结果是资本家和土地所有者之间的差别消失,以致在居民中大体上只剩下两个阶级:工人阶级和资本家阶级"③。随着地产卷入私有财产的运动而成为商品,陷入商业

---

① 王圆圆:《马克思"资本—劳动"关系思想及其时代价值:基于〈资本论〉的文本研究》,《马克思主义与现实》2021第1期,第101-108页。
②《马克思恩格斯文集》第1卷,人民出版社2009年版,第181页。
③《马克思恩格斯文集》第1卷,第150页。

竞争规律,进而服从于工业资本的权力,封建宗法关系最终瓦解。地产蜕变为资本的形式,表现为对工人阶级的统治,所有者和劳动者形成了剥削者和被剥削者的经济关系,由此开启了"资本—劳动"二元关系主导的现代资产阶级社会。

(二)发达的私有财产表现为"资本—劳动"二元关系

地产是私有财产的最初形式,以货币形态出现的动产最终必然战胜其他形式的私有财产,发达的私有财产必然战胜不发达的私有财产,这是资本文明的胜利,也是历史发展的客观趋势。在笔记本Ⅰ的结尾处,马克思认为需要对发达私有财产的普遍本质即"私有财产对真正人的和社会的财产的关系"①进行考察。在笔记本Ⅱ中,马克思明确了潜藏于资本主义社会关系之中的私有财产本质,即"资本—劳动"二元关系。"私有财产的关系潜在地包含着作为劳动的私有财产的关系和作为资本的私有财产的关系,以及这两种表现的相互关系。"②由此,发展至发达阶段的私有财产关系存在着三种表现形式:一是私有财产的主体存在形态——劳动;二是私有财产的客体存在形态——资本;三是劳动与资本之间的关系。

根据《手稿》的写作顺序,我们先考察作为私有财产客体存在的资本以及资本对劳动的关系。一方面,马克思没有停留于国民经济学"资本是积累的劳动"这一认识,而是深刻地指出了内在的权力支配关系,即"资本是对劳动及其产品的支配权力"③,资本家拥有资本权力只是因为他是资本的所有者。资本对劳动的支配权力以作为"资本的牺牲"的工资这一现实形态呈现。与资本家和土地所有者不同,工人赖以生存的条件和唯一的收入来源就是工资。工资使得"资本—劳动"关系呈现出"物化"的现实,工人就如同社会中的其他商品一般,受到供求关系的影响。但是,在"资本—劳动"关系中占绝对统治地位的资本,在马克思看来只是私有财产的客体形态,私有财产的主体本质则是劳动。货币主义与重商主义将财富积累这一目的当作事情本身,因而对人的生产活动漠不关心。重农主义仅仅把农业劳动视为唯一的生产劳动,事实上将劳动看作土地本身的因素。因此,大多数经济学家"对私有财产只是从它的客体方面来考察"④。受恩格斯《国民经济学批判大纲》的启发,马克思重新认识了国民经济学的"路德"——亚当·斯密。当斯密视劳动为国民经济学的本质时,就如同路德将上帝内化于人心之中,把物性的私有财产本质从外在的对象转化为了人的主体本质。现代的私有财产既不是植根于封建土地上的自然物质对象,也不是外在于人的动产,而是作为人的主体活动的现代劳动。⑤但

---

① 《马克思恩格斯文集》第1卷,第167页。
② 《马克思恩格斯文集》第1卷,第172页。
③ 《马克思恩格斯文集》第1卷,第130页。
④ 《马克思恩格斯文集》第1卷,第182页。
⑤ 张一兵:《私有财产的主体本质与劳动异化及其扬弃——马克思〈1844年经济学哲学手稿〉第二、三笔记再研究》,《学术界》2021年第7期,第5-16页。

《1844年经济学哲学手稿》中的"资本—劳动"关系探析   曹嘉辰,吴文新

是,斯密没有意识到物性私有财产正是劳动对象化的产物,因而对劳动主体的确证是"伪善性"的,"表面上承认人,其实是彻底实现对人的否定"[1]。随着机器化大工业的发展,李嘉图等经济学家便将私有财产的劳动主体本质彻底遮蔽了,工人不再是活生生的人,而是物化了的机器零部件。劳动和资本的总体关系是发达私有财产的第三种表现形式,呈现出显著的矛盾状态与异化现实。资本和劳动作为矛盾统一体的双方,各自是由对方所规定的,且各自同自身对立。发展至发达私有财产阶段的"资本—劳动"关系是在资本主义生产关系战胜封建宗法关系的历史进程中产生的,其自身也存在着从"统一"到"对立"再到"各自同自身对立"的内在发展逻辑,构成了劳动和资本双方相互作用的演变进程。

二、"资本—劳动"关系的内在逻辑运动

在现存《手稿》笔记本Ⅱ的结尾处,马克思对资本和劳动相互关系的演变进程作了提纲性的总结,揭示出资本和劳动从最初"二者直接的或间接的统一",到"二者的对立",再到"二者各自同自身对立"这一必定经历的内在逻辑运动。可惜的是,由于笔记本Ⅱ大部分内容的遗失,如今对这一问题较为成形的叙述只有总结性的三百余字,以及笔记本Ⅲ中的两处"增补"。因此,阐明马克思在《手稿》中关于"资本—劳动"关系的逻辑运动构思只能依靠留存下来的部分文字。

(一)资本和劳动直接的或间接的统一

资本和劳动,似乎总是以对立和冲突的状态呈现在人们面前,因而造成了对"资本—劳动"关系最初统一状态的无意识忽视。事实上,作为对笔记本Ⅱ的补入,马克思在笔记本Ⅲ的"增补"部分用七点总结了国民经济学家对劳动和资本相统一的设定。相较于国民经济学家着眼于资本的增殖,抽象地设定劳动与资本的统一,马克思在逻辑与历史的统一中把握了这一关系。"起初,资本和劳动还是统一的……"[2]恩格斯和马克思都曾摘录国民经济学家"资本是积蓄的劳动"这一观点,意识到资本和劳动存在着天然脐带关系,并将最初的统一状态确定为"资本—劳动"关系逻辑运动的起点。马克思不仅看到了劳动和资本的原初统一,更从积极的角度看待资本和劳动的间接统一。随着资本主义生产关系的发展和分工的扩大,资本和劳动原初的统一状态开始分裂。这种分裂最初还不足以引起双方的对立与排斥,而是"作为积极的条件而互相促进和互相推动"[3]。资本所有者战胜土地所有者的历史进程离不开劳动者的助力,现代劳动也在这一进程中逐渐脱离封建宗法关

---

[1]《马克思恩格斯文集》第1卷,第179页。
[2]《马克思恩格斯文集》第1卷,第177页。
[3]《马克思恩格斯文集》第1卷,第177页。

系的束缚而获得了形式上的自由。正如马克思后来在《哲学的贫困》中指出的:"资产阶级从一开始就有一个本身是封建时期无产阶级残存物的无产阶级相伴随。"① 因此,虽然资本和劳动的分离与异化已然产生,但在反对封建生产关系的进程中,二者依旧在积极的意义上间接统一。

(二)资本和劳动的对立

随着资本主义生产方式逐渐确立起来,"资本—劳动"原先在反对封建生产关系时所结成的间接的统一状态开始瓦解,从分离走向了对立。资本家和工人成为社会中界限分明的两大群体,工人以出卖自身的劳动(力)② 为生,资本家作为资本的所有者能够购买工人的劳动(力)进行谋利活动。"资本、地产和劳动的分离,只有对工人来说才是必然的、本质的和有害的分离。"③ 越来越多的人成为除了自身的劳动(力)而一无所有的无产者,被迫向资本家出卖自己的劳动(力),劳动成了为获得生存所需而不得不进行的谋生活动。"工人知道资本家是自己的非存在,反过来也是这样……"④ 资本异化为一种社会权力,获得了对劳动及其产品的支配权,成了生产领域的主导者。对于资本家而言,工资是其不得不支付的劳动(力)成本。因此,故资本家将工人当作自己的非存在,尽可能剥削工人以争取更大的资本收益。在这样的对立运动中,无产阶级越发贫困,资产阶级越加富裕,现实的不公与矛盾必然使得双方呈现出排斥与敌对的状态。

(三)资本和劳动各自同自身对立

"劳动和资本的这种对立一达到极端,就必然是整个关系的顶点、最高阶段和灭亡。"⑤ 这里的极端是相较于对立更进一步的状态,即矛盾。黑格尔在《逻辑学》中对"对立"和"矛盾"进行了区分。对立的双方是通过另一方所规定的,但"彼此漠不相关,互相排斥";在矛盾中,对立的两个方面在"自身中包含其他不同于自己的规定,……并且把对于它是否定的规定从自身排斥出去"。⑥ "资本—劳动"关系发展至矛盾的状态,即马克思所言"二者各自同自身对立"。作为矛盾的统一体,马克

---

① 《马克思恩格斯文集》第1卷,第614页。
② 在《手稿》的语境中,马克思并没有区分劳动和劳动力,但存在"工人成了商品"的表述,并借助国民经济学"劳动商品"的观点批判了资本主义社会的经济现实。随着唯物史观的形成与政治经济学批判工作的深入开展,马克思在《1857—1858年经济学手稿》中较为科学地创立了劳动力商品学说。恩格斯在1891年为《雇佣劳动与资本》单行本所作的导言中针对马克思个别用词前后不一致的状况作出阐释(恩格斯在该"导言"中特别说明了为何将工人出卖的"劳动"修改为"劳动力"):"在40年代,马克思还没有完成他的政治经济学批判工作。这个工作只是到50年代末才告完成。"(《马克思恩格斯文集》第1卷,第701页)。为较为准确地阐释马克思的思想,且不逾越马克思在写作《手稿》时的表述,本文以"劳动(力)"的方式进行表达。
③ 《马克思恩格斯文集》第1卷,第115页。
④ 《马克思恩格斯文集》第1卷,第177页。
⑤ 《马克思恩格斯文集》第1卷,第172页。
⑥ 黑格尔:《逻辑学》下卷,杨一之译,商务印书馆2017年版,第55页。

思将这种关系扼要地表述为:"资本=积累的劳动=劳动。作为这样的东西,资本分解为自身和自己的利息,而利息又分解为利息和利润。"① 利息和利润的直接来源是工人的劳动,因而"劳动是资本的要素,是资本的费用"②。工资则是资本家必须为工人支付的费用,这意味着资本的牺牲,劳动便作为否定性因素存在于资本的自身内部。另外,"劳动分解为自身和工资。工人本身是资本、商品"③。工人的劳动(力)作为一种特殊的商品,在出卖给资本家后便成了资本,与劳动相对立。于是,资本和劳动作为矛盾统一体的双方,各自又同自身相对立。马克思正是从矛盾的能动关系、内在关系角度来理解发展至矛盾形态的"资本—劳动"关系。"作为矛盾来理解的对立"同其他意义上的对立之间的差别在于,前者是对立双方彼此内在的、没有各自独立形态的,只有作为"私有财产的发达的运动"的结果才是可能的。④"资本—劳动"对立一旦达到极端,就意味着"劳动的消灭、资本的消灭,继而劳动和资本对立的消灭,也就是私有财产的消灭"⑤。从简单对立到矛盾的顶点,"资本—劳动"关系的自身运动本身就包含着矛盾扬弃的逻辑路径。

三、"资本—劳动"关系的异化呈现

马克思对"资本—劳动"关系的考察,不但是历史的和逻辑的,而且是从当时的国民经济事实出发,结合对国民经济学的有效批判进行的。在理论上,这不仅归功于费尔巴哈开启的"实证的人道主义的和自然主义的批判",源于黑格尔哲学中内嵌的"真正理论革命",更重要的是马克思逐渐形成了唯物主义的批判立场。"异化劳动"便是这一考察的重要成果体现。通过异化劳动,马克思看到在国民经济学描绘的物的增值的世界外,还存在着一个人的贬值的世界,从而实现了对"资本—劳动"关系的现实透视。

(一)劳动的对象化:"资本—劳动"关系的主体建构之思

在笔记本Ⅰ的结尾处,马克思追问了私有财产的本质和起源,并指出:"我们把私有财产的起源问题变为外化劳动对人类发展进程的关系问题,就已经为解决这一任务得到了许多东西,"⑥ 正是斯密对劳动主体地位的确认,启发了马克思将劳动视为私有财产的主体本质。但以斯密为代表的国民经济学家从私有财产的事实出发,却没有说明这个事实,即现实的私有财产不过是"劳动的对象化"产物。国民

---

① 《马克思恩格斯文集》第1卷,第177页。
② 《马克思恩格斯文集》第1卷,第177页。
③ 《马克思恩格斯文集》第1卷,第177页。
④ 何中华:《重读马克思:一种哲学观的当代诠释》,山东人民出版社2009年版,第401页。
⑤ 刘秀萍:《马克思"巴黎手稿"再研究》,中国人民大学出版社2013年版,第140页。
⑥ 《马克思恩格斯文集》第1卷,第168页。

经济学家虽看到了不同于自然物质的社会财富,但只看到了劳动的对象化现象,无法透析劳动与劳动者主体的本质关系。①归根到底,国民经济学作为理论基础的劳动仅仅以"谋生劳动"的抽象形式出现,而非具有主体创造能力的劳动。

马克思从作为人的主体本质的劳动出发,在更深层次上揭露资产阶级社会的"资本—劳动"关系。"劳动的对象化"这一运思方式实际上源于黑格尔与费尔巴哈,正是黑格尔的主体外化与异化思维以及费尔巴哈的"感性对象性"原则,为马克思提供了方法论启示。黑格尔哲学中绝对精神的探险之旅,将人的主体创造视为一个过程,将对象化看作外化、异化,这促使马克思将"资本—劳动"二元关系深化为劳动自身外化的一元问题。以黑格尔之见,劳动是主体类意识的外化与异化,是人之精神本质实现为物质性和对象性的活动,使得自我意识直接外化于劳动产品之中。②同时,马克思吸收了费尔巴哈的"感性对象性"原则。费尔巴哈将感性存在物与思维进行分离,使得感性存在物成了独立主体。黑格尔把劳动看作人的本质,肯定了劳动在自我意识精神之旅中的推动作用,但"黑格尔唯一知道并承认的劳动是抽象的精神的劳动"③。正是费尔巴哈揭示了思辨哲学的神秘性,而要消除思辨哲学展开的形式,就要从感性确定性的东西出发。于是,马克思创造性地融合了黑格尔的外化思维与费尔巴哈的对象化思路,将感性的人作为劳动对象化的出发点。因此,针对黑格尔认为人的本质的全部异化不过是自我意识的异化,马克思指出自我意识的异化应当是"人的本质的现实异化的表现"④。黑格尔哲学中自我意识的外化由此转变为现实劳动的外化和异化,自我意识外化设定的物性对象不过是劳动外化的、对象性的创造物。但是,因为现实的劳动不是自由自觉的创造性活动,而是国民经济学设定的"谋生活动",所以主体劳动与客体对象便形成了疏离乃至对立的关系。通过异化的、外化的劳动,劳动主体创造出与自身对立的资本和自身与资本的关系,时时受到资本权力的统治,工人的悲剧源于现代劳动本身。

(二)劳动的四重异化:对"资本—劳动"现实关系的揭示

国民经济学从工人的劳动给资本家带来利润出发,看待现实的劳动,由此站在了工人阶级的对立面。狭隘的阶级立场决定了国民经济学注定无法呈现出"资本—劳动"的真实关系。马克思从劳动的主体视角出发,发现在现实的劳动活动中,"对象化表现为对象的丧失和被对象奴役,占有表现为异化、外化"⑤。站在劳动者的立场上,一幅资本主义制度下的现实异化图景呈现在我们面前,在国民经济学

---

① 张一兵:《回到马克思:经济学语境中的哲学话语》(第4版),江苏人民出版社2020年版,第243页。
② 张一兵:《回到马克思:经济学语境中的哲学话语》(第4版),第70—71页。
③《马克思恩格斯文集》第1卷,第205页。
④《马克思恩格斯文集》第1卷,第207页。
⑤《马克思恩格斯文集》第1卷,第157页。

描绘的物的增值的世界外,竟还存在着一个人的贬值的世界。

第一,劳动者同劳动产品相异化。对劳动异化的分析始于劳动的对象化,工人生产的对象越多,能够占有的对象就越少,且越受自己产品的统治。作为物象层面的第一重异化,这种异化的关系在于,作为劳动主体的工人生产的劳动产品成了异己的对象,同主体相对立。

第二,劳动活动本身的异化。首先,劳动对于工人是外在的、强制的东西,因而工人在劳动中"不是肯定自己,而是否定自己"①。其次,外在的、强迫的劳动是自我牺牲、自我折磨的劳动,劳动仅仅被当作谋生的手段。总之,工人的活动不是自主活动,而是自身的丧失,劳动同主体的关系成了一种异己的关系。

第三,人同自己的类本质相异化。此时马克思仍以费尔巴哈"类存在物"的概念来界定人的本质。一方面,人与动物一样依赖自然界而生存,自然界就是人的无机的身体。另一方面,马克思指出了人与动物的区别在于人是"有意识的生命活动"的存在物,人的劳动应当是"自由的有意识的活动"。② 但现实的异化劳动夺走了人的无机的身体,夺走了人的生产对象,夺走了人的类生活,因此"人的类本质,无论是自然界,还是人的精神的类能力,都变成了对人来说是异己的本质"③。

第四,人同人相异化。人同自己的劳动产品、生命活动、类本质相异化,其结果必然是"人同人相异化"。"资本—劳动"的矛盾在现实中表现为具体的人与人之间的关系异化,包括劳动者与资本家的对立、劳动者之间的对立和资本家之间的对立。

剖析了劳动的异化现实后,马克思对私有财产的起源问题下了结论:"私有财产是外化劳动即工人对自然界和对自身的外在关系的产物、结果和必然后果。"④ 当私有财产发展到最后的、最高的阶段,"私有财产一方面是外化劳动的产物,另一方面又是劳动借以外化的手段,是这一外化的实现"⑤,私有财产和异化劳动在现实中便成了相互作用的关系。受到费尔巴哈的影响,此时马克思关于异化劳动的分析留存着抽象人本主义的痕迹,他对劳动本质即"自由的有意识的活动"的设定带有理想化悬设的意味。但应该看到,马克思已经从物质生产活动和社会关系出发,看待现实社会中的工人、资本家,"异化"也绝非抽象的哲学概念,而是现实的生动摹写。对异化劳动这一现实表征的阐发,使"资本—劳动"关系的内在逻辑获得了实证与经验的基础。

---

① 《马克思恩格斯文集》第1卷,第159页。
② 《马克思恩格斯文集》第1卷,第162页。
③ 《马克思恩格斯文集》第1卷,第163页。
④ 《马克思恩格斯文集》第1卷,第166页。
⑤ 《马克思恩格斯文集》第1卷,第166页。

四、"资本—劳动"关系的矛盾扬弃

在笔记本Ⅲ中,马克思第一次站在共产主义的高度对"资本—劳动"矛盾的扬弃提出了解决路径。但是,在以"共产主义"为议题的地方,马克思却用了大量篇幅对黑格尔哲学进行批判,这不得不引起我们关注。对矛盾关系的建构涉及"异化",矛盾的解决则关乎"扬弃",而推动异化和扬弃的是作为《精神现象学》最后成果的"作为推动原则和创造原则的否定性"①的辩证法。事实上,马克思对"资本—劳动"矛盾扬弃的运思正是建立在黑格尔"否定辩证法"理论的基础之上。洞悉精神流变的黑格尔哲学有其重要价值与致命缺陷,只有超越黑格尔哲学才能完成"资本—劳动"矛盾的历史性扬弃。

(一)"资本—劳动"矛盾的逻辑扬弃:对黑格尔辩证法的汲取与超越

马克思在《手稿》的序言中曾删去这样的文句,批判的神学家发现"费尔巴哈对黑格尔辩证法的批判中还缺少黑格尔辩证法的某些要素",但神学家们"并不试图或者也没有能力把这些要素引入正确的关系"。②真正指出费尔巴哈对黑格尔辩证法的认知缺陷,并将辩证法的积极环节应用于唯物主义的是马克思。对黑格尔辩证法中积极的环节即"作为推动原则和创造原则的否定性",马克思给予充分的肯定。黑格尔曾指出,对于意识对象的克服或扬弃,"应当更确切地理解为为对象本身表明了自己对于自我说来是消逝着的东西;还应当理解为:正是自我意识的外在化建立了事物性,并且这种外在化不仅有否定的意义,而且有肯定的意义"③。黑格尔将人的对象化看作异化,异化的扬弃意味着对象的克服和向自我的复归,扬弃即"把外化收回到自身的、对象性的运动"④。异化的扬弃是主体通过"否定的否定"的辩证运动,最终得到了自我肯定与实现。费尔巴哈的认识只限于"感性直观"而无法理解"感性活动",看不到黑格尔否定之否定的抽象思辨运动其实也是主体的自我创造与肯定,进而抛弃了黑格尔辩证法的"合理内核"。因此,《手稿》虽然在总体上借助费尔巴哈哲学去"清算"黑格尔,但在许多方面已经超出了费尔巴哈哲学的樊篱。

但是,马克思对黑格尔的辩证法在根本上持批判态度。黑格尔将人的本质设定为自我意识,通过绝对精神运动演化而来的自然界和人类历史,"只是为历史的

---

① 《马克思恩格斯文集》第1卷,第205页。
② 《马克思恩格斯文集》第1卷,第113页。
③ 黑格尔:《精神现象学》下卷,贺麟、王玖兴译,商务印书馆1979年版,第258页。
④ 《马克思恩格斯文集》第1卷,第216页。

运动找到抽象的、逻辑的、思辨的表达"①。黑格尔不理解人的感性的实践活动,"异化"和"扬弃"只是纯粹思维活动的精神游戏,产生不了实在的客观对象。黑格尔的辩证法"不过是以思维的形式对异化现实的反映"②。马克思从感性的、现实的人的劳动活动出发,认为主体劳动对象化形成了客观存在的私有财产,对私有财产的扬弃意味着人对人的主体本质即劳动的真正占有。由此,马克思抛弃了黑格尔辩证法的"神秘外壳",汲取了其中的"合理内核",在逻辑上运思了"资本—劳动"矛盾关系的扬弃,形成了唯物主义的批判视域。借助黑格尔的"否定辩证法",马克思尝试赋予哲学对政治经济学的绝对权威,建构起"资本—劳动"矛盾的历史扬弃路径,即作为否定之否定的肯定的共产主义。

(二)"资本—劳动"矛盾的历史扬弃:以共产主义为旨归的解放路径

基于对黑格尔辩证法的汲取与超越,马克思着手建构起共产主义理论。相较于黑格尔将异化的扬弃视为思维的过程,马克思的运思方式透露出强烈的历史感和对现实的关注。如同形成绝对精神必要的一系列阶段,人类社会也须在历史的发展中经历一次次的否定与扬弃,就像绝对精神必然会带着自身外化而取得的全部成果回到自身,马克思对于共产主义的期待,亦是基于"历史的全部运动"这一坚实的基础。共产主义是在以往发展的全部劳动成果基础上的复归,以劳动为主体的私有财产的自身运动包含着自我超越的路径。马克思据此将共产主义概括为"对私有财产的最初的积极的扬弃"③。而在现实中,私有财产的积极扬弃只有通过付诸实行的共产主义运动才能完成,即"现实的共产主义行动"④。对马克思来说,共产主义无论是逻辑的完成还是历史的完成,都是通过主体的实践活动来实现的。

共产主义意味着"资本—劳动"矛盾关系的最高阶段和灭亡。在青年马克思看来,人的类本质即"自由的有意识的活动",共产主义思想的价值旨归是使得"自由的有意识的劳动"复归人本身,从而颠覆资本在"资本—劳动"关系中的统治地位。人向自身本质的复归,意味着共产主义实现了对人与物性对象的主客体关系的超越,最终扬弃"异化劳动",形成主客体完全统一的"休闲化劳动"。⑤ 马克思对客体对象的理解不仅仅局限于私有财产客体形态的资本,更是包括整个被资本逻辑统摄了的自然界。在资本主义制度下,整个自然界都是资本的物化对象,认识自然规律的目的是使自然界服从于人的需要。随着"资本—劳动"关系的历史性扬弃,人

---

① 《马克思恩格斯文集》第1卷,第201页。

② 周嘉昕:《青年马克思是如何批判黑格尔的——〈1844年经济学哲学手稿〉笔记本Ⅲ再考察》,《学术月刊》2022年第8期,第16-24页。

③ 《马克思恩格斯文集》第1卷,第185页。

④ 《马克思恩格斯文集》第1卷,第232页。

⑤ 吴文新:《休闲:异化人性的复归之道——马克思〈1844年经济学哲学手稿〉"异化"理论的休闲学读解》,《湖北理工学院学报(人文社会科学版)》2016年第2期,第12-16页。

与自然界之间的主客体关系也将被历史地超越,重新回归于统一。自然界不再是与人类相对而言的客体存在,而是纳入人的实践活动的"人的无机的身体",成为现实社会中人与人联系的纽带。因此,马克思指出,共产主义"作为完成了的自然主义,等于人道主义,而作为完成了的人道主义,等于自然主义"[①]。作为否定之否定的肯定的共产主义完成了从物的世界向人的世界的升华,使得人和自然界、人和人之间的矛盾得到真正的解决,成了人类解放的现实环节与历史合题。

五、《手稿》中"资本—劳动"关系思想的当代启示

《手稿》作为马克思对"资本—劳动"关系研究的萌蘖,在马克思思想发展的理论空间中具有重要的奠基意义。诚然,青年马克思以其人本学逻辑揭示资本主义社会中的异化劳动现象、资本权力统治,建构起的"资本—劳动"的矛盾关系和哲学性质的共产主义还显得较为青涩。但今天,我们依旧对《手稿》保持着热忱的探究精神,期望从中挖掘无穷的宝藏。恩格斯曾指出:"资本和劳动的关系,是我们全部现代社会体系所围绕旋转的轴心……"[②]相较于19世纪的欧洲,当今时代劳动的形态趋于多样化,资本也进行了一次次的更新脱皮,一切似乎都与马克思所处的时代不可同日而语,但这并不意味着马克思对"资本—劳动"关系的分析过时了。回到《手稿》这一马克思哲学思想的诞生地,一探这棵参天大树最初的幼苗形态仍具有理论价值与现实意义。

第一,《手稿》分析了"资本—劳动"二元关系的历史性生成,批判了"资本—劳动"中的权力支配关系。马克思此时的分析并不能说是完全科学、准确的,但却构成了对唯物史观的初步探索。作为私有财产客体形态的资本便是在历史的演进之中形成了对劳动的全面统治。从产业资本到金融资本、数字资本,不管资本以何种形态出现,如何进行粉饰,都无法改变其无限增殖的本性以及占有剩余价值的实质。《手稿》对现代社会"资本—劳动"这一轴心关系的揭露以及对其中权力支配关系的探析,为批判资本逻辑提供了武器。

第二,《手稿》阐明了"资本—劳动"关系的内在逻辑运动,使得"资本—劳动"关系的逻辑发展与历史演进相统一。马克思吸收了黑格尔哲学的积极环节,将哲学思辨与经济学实证进行了有机结合,通过对"资本—劳动"关系内在矛盾运动以及矛盾扬弃的阐发,揭示了资本主义和社会主义(共产主义)作为"资本—劳动"运动的现实环节所具备的不同性质,为在现实中扬弃"资本—劳动"矛盾指明了方向,也为我们思考当下的"资本—劳动"关系问题提供了价值指引。

---

① 《马克思恩格斯文集》第1卷,第185页。
② 《马克思恩格斯文集》第3卷,人民出版社2009年版,第79页。

第三，《手稿》中异化劳动理论的阐发，依旧是我们洞察现实的一把利剑。虽然"异化"一词在马克思之后写作的文本中逐渐隐退，但"异化"现象真实存在于现实之中。当下，异化劳动现象依旧存在，且新形态的劳资关系不断催生着新异化的诞生。随着科学技术的发展，特别是人工智能在劳动过程中的应用，人的主体性受到了前所未有的挑战，活劳动的地位在技术与资本合谋之下越发卑微。马克思的异化劳动理论不仅提供了透视现实的锁钥，更在时刻警醒人们关注劳动者的主体性问题。

第四，《手稿》在对私有财产的积极扬弃中构思了"资本—劳动"矛盾的解决。"积极扬弃"的思路启示我们，在坚持公有制主体地位的基础上，要妥善用好资本，发挥资本的积极作用，在实现经济的高质量发展中寻求"资本—劳动"的矛盾解决。《手稿》也时刻提醒着我们，要把人的问题放在核心位置，经济的发展只是实现人的自由全面发展的手段，倘若将手段当成了目的，未免会陷入发展的陷阱。社会主义制度的优越性可能不在于消灭资本，而是基于人民至上的价值逻辑，拥有驾驭资本的能力，让资本为劳动者的福祉服务。因此，在当下走好中国式现代化道路，应当在经济发展中限制资本的无序扩张，消除资本对劳动的支配权力，凸显劳动者的主体本质，使资本逻辑服从于人本逻辑。

《德意志意识形态》中劳动辩证法的总体性意蕴探究①

程思佳

摘　要：《德意志意识形态》关于劳动辩证法的考察不仅承接了《1844年经济学哲学手稿》对异化劳动问题的关注,还开启了《资本论》及相关手稿对资本主义生产关系的再研究。在考察方法上,《德意志意识形态》创立的社会历史考察法把人们的生产劳动与社会历史生成内在贯通起来,以"真正的实证科学"实现对德国唯思辨论传统与国民经济学实证主义范式的创造性融合。立足这一方法论革新,构成资本主义社会结构特征的"资本—雇佣劳动"这一"具体的总体"已被初步阐明。劳动辩证法作为异化劳动及其扬弃的辩证运动进一步具体化为对资本主义生产关系的超越,现实地导向改变世界的共产主义运动。明确时代坐标和历史任务的无产阶级从自发的劳动主体转向自觉、自为的历史主体,以自身劳动解放推动社会历史发展,开辟历史辩证发展新境界。方法论的前提批判、"资本—雇佣劳动"关系的历史阐明以及历史辩证规律之实践自觉共同构成《德意志意识形态》中揭示的劳动辩证法的总体性意蕴。

关键词：《德意志意识形态》；劳动辩证法；社会历史辩证法；"资本—雇佣劳动关系"；历史辩证法

本文引文格式：程思佳:《〈德意志意识形态〉中劳动辩证法的总体性意蕴探究》,见何云峰主编:《劳动哲学研究》第十一辑(2024年第2辑),上海教育出版社2024年版,第117-129页。

劳动辩证法是马克思辩证法的基础内容,彰显劳动解放的辩证发展逻辑。目前学术界对于马克思劳动辩证法的研究主要集中在《1844年经济学哲学手稿》(以

---
① 基金项目：国家社会科学基金一般项目"全人类共同价值的历史唯物主义基础研究"(项目编号：22BKS097)。作者通信地址：程思佳,西安交通大学马克思主义学院(陕西西安 710049)。

下简称《手稿》)和《资本论》时期。一般认为,马克思在《手稿》中主要以"感性劳动辩证法"对黑格尔"精神劳动辩证法"展开批判,而在《资本论》及相关手稿中则侧重对"资本—雇佣劳动"关系的生产与再生产作进一步考察。然而,人们较少关注和讨论劳动辩证法思想在《手稿》与《资本论》之间的承接和发展问题。本文试图从《德意志意识形态》(以下简称《形态》)创立的社会历史考察法这一方法论前提出发,阐明劳动辩证法具有的双重内涵:一方面,在历史维度上明确"异化劳动"的生成必然和扬弃异化的具体内容,凸显其存在论意义;另一方面,在实践维度上把"自主活动"的愿景达成归为革命的实践,以劳动辩证法的内在超越推动社会历史从自发走向自觉,阐明人的生存论价值。探究劳动辩证法在《形态》中的总体性意蕴有助于把握马克思辩证法的精神内核,理解"异化劳动"和"资本批判"之间的有机联系,为揭露当代资本主义隐秘剥削劳动的实质提供理论支撑。

一、感性活动:《形态》确立的劳动辩证法之考察起点

马克思恩格斯在《形态》中创立的社会历史考察法立足以生产劳动为核心的实践活动,把物质生产活动与社会历史生成内在联系起来,开创了现代科学方法论的经典形态。这一方法论革新延续《手稿》对德国唯思辨论传统与英法实证主义范式的双重批判,开创了把对感性活动的实证考察纳入历史逻辑持续反思的方法论革命,在理解马克思恩格斯劳动辩证法问题上具有根本性、前提性意义。

(一)对仅仅承认精神劳动的唯思辨论哲学的批判

在《形态》中,马克思恩格斯站在方法论原则的高度,把德国唯思辨论传统仅仅承认精神劳动归结为对现实与意识关系的颠倒,以此指明青年黑格尔派与黑格尔哲学之间的内在关联。德国的批判"谈到的全部问题终究是在一定的哲学体系即黑格尔体系的基地上产生的。不仅是它的回答,而且连它所提出的问题本身,都包含着神秘主义"[1]。由于未能明确生产劳动在现实实践中的基础性作用,唯思辨论哲学最终只能寻求在自我意识中获得解放。

早在《手稿》中,马克思便已经意识到黑格尔辩证法与国民经济学之间的联系和局限。黑格尔作为当时唯一对社会生活领域进行详细考察的德国哲学家,在劳动问题上已经达到观念辩证法所能达到的最高水平。然而,无论是《精神现象学》的主奴辩证法,还是在《法哲学原理》中完成的"从'精神现象学'到'劳动现象学'的

---

[1]《马克思恩格斯文集》第1卷,人民出版社2009年版,第514页。

转变"①,"黑格尔唯一知道并承认的劳动是抽象的精神的劳动"②。在黑格尔那里,劳动这一感性对象性活动并非为了确认人的本质,而是为了更好地向绝对精神复归。

马克思恩格斯在《形态》中明确把费尔巴哈的感性原则纳入旧哲学,并对其抽象谈论异化概念展开批判。在《手稿》时期,费尔巴哈以感性原则冲破旧哲学的理论尝试是马克思批判观念论哲学的"他山之石";而在《关于费尔巴哈的提纲》和《形态》中,费尔巴哈感性原则的非彻底性已被指明。费尔巴哈"承认人也是'感性对象'。但是,他把人只看做是'感性对象',而不是'感性活动'"③。因此,费尔巴哈感性原则考察的"人"只是"限于在感情范围内承认'现实的、单个的、肉体的人'"④,并非"现实的历史的人"。在马克思恩格斯看来,感性活动的基础就是人们的物质生产活动,它不仅构成人的本质内涵,还是造成环境变化和人的自我改变的根源。由于未能基于人的物质生产活动理解异化的生成与扬弃,因此在人类解放的路径选择问题上,费尔巴哈只能寻求向人的"类"本质复归。向人的"类"本质复归是停留于观念层面的抽象解放叙事,并非基于人之"本质的现实性"⑤的现实解放运动。理解人的"本质的现实性"就是要理解人的"感性活动",就要立足劳动及其生产出的全部社会关系,现实地扬弃人们在特定历史阶段的关系束缚。

人的感性活动是理解社会历史和考察社会现实的起点,同时也是理解异化劳动根源、推动人类走向解放的基点。《形态》确立了"感性活动"这一本体论根基,从方法论层面对德国唯思辨论哲学颠倒现实与意识关系,忽视物质生产的基础性地位,并最终在社会历史领域陷入唯心主义展开彻底批判。以"劳动"这一感性实践重新定义人的本质,进而重思异化和解放问题,是马克思恩格斯与唯思辨论传统彻底划界的逻辑进路。

(二)对经验科学无法展开关于现代劳动前提性反思的批判

实证主义范式是经验科学在社会历史领域的具体表现。相较于唯思辨论把历史解释为意识的运动,马克思恩格斯在一定程度上肯定英法经验论立足经济生活解释社会历史的考察路径。但是,实证主义范式只能对考察对象作静态的抽象直观,这种经验至上的方法论进路必然导致在社会历史领域陷入独断和非辩证状态。

国民经济学实证主义范式关于人们经济活动的考察是在资本与劳动相互分离的理论预设下展开的,默认私有财产与资本主义社会形态的永恒性。国民经济学

---

① 白刚:《从"劳动现象学"到"劳动辩证法"——马克思对黑格尔劳动观的扬弃》,《南京社会科学》2021年第1期,第34-40+64页。
② 《马克思恩格斯文集》第1卷,第205页。
③ 《马克思恩格斯文集》第1卷,第530页。
④ 《马克思恩格斯文集》第1卷,第530页。
⑤ 汪信砚:《当代视域中的马克思主义哲学》,人民出版社2022年版,第123-127页。

《德意志意识形态》中劳动辩证法的总体性意蕴探究   程思佳

实证主义范式考察的经济活动本质上是受资本剥削的现代劳动,所得出的结论也只是把事实与历史片面联系的"僵死的事实的汇集"①。马克思早在《手稿》中便批判斯密将土地、资本、劳动视为永恒不变的"社会财富三要素",指明土地必将商品化,沦为资本增殖的要素,所有的统治最终也必然"表现为私有财产的、资本的单纯统治"②。可以看到,与国民经济学对经验材料进行抽象演绎不同,马克思否认把资本与现代劳动直接视为天然合理存在,主张在社会历史过程中考察土地、资本、劳动的形态变化。马克思在《手稿》"私有财产的关系"一节,把资本、土地以及工资之间的差别归结为"历史的差别",肯定这种差别"是资本和劳动之间的对立形成和产生的一个固定环节"③。可以看到,《手稿》已经开始重视从资本与现代劳动关系出发,把握资本主义社会的矛盾实质,得出的与国民经济学家不同的结论反映出马克思对实证主义范式的保留态度。

马克思恩格斯在《形态》中承接了对英法实证主义范式的基本判断,指出"从事实出发"的考察路径与资本主义生产方式之间的隐秘勾连。"抽象的经验主义者"无法建立事实与历史之间的本质联系,一方面根源于实证主义范式固有的使用局限,另一方面则源自"非批判的实证主义"内在地迎合资本主义社会生产需要。正如卢卡奇所说,"资本主义的发展本身倾向于产生出一种非常迎合这种看法的社会结构"④,不仅"改变了社会的现象,同时也改变了理解这些现象的方式"⑤。实证主义方法带有意识形态属性。它细分学科和对资本主义社会生活作专门化考察,为实证主义方法的普遍推广开辟道路。然而,并不存在纯粹的客观"事实","从事实出发"本身就具有方法论意义。以"经验事实"取代辩证发展着的"感性现实"是对"事实"历史性质的忽略,更是对人的感性劳动在历史发展过程中生成和扬弃现存感性世界之变革力量的否定。

非辩证性及其意识形态色彩是实证主义范式无法整体反映社会历史发展过程的局限所在。经验至上的实证主义范式阻碍无产阶级完成对时代坐标和历史任务的双重确认,消解其扬弃自我异化、超越资本主义社会形态之革命自觉。以"真正的实证科学"扬弃非批判的实证主义是马克思恩格斯在《形态》中阐明的方法论革新。

(三)开创把感性活动的实证分析纳入历史逻辑的方法论革命

《形态》中阐明的社会历史辩证法开创了现代社会科学方法论的全新形态,彰

---

① 《马克思恩格斯文集》第1卷,第526页。
② 《马克思恩格斯文集》第1卷,第151页。
③ 《马克思恩格斯文集》第1卷,第173页。
④ 卢卡奇:《历史与阶级意识——关于马克思辩证法的研究》,杜章智、任立、燕宏远译,商务印书馆1999年版,第54页。
⑤ 卢卡奇:《历史与阶级意识——关于马克思辩证法的研究》,第54-55页。

显了马克思恩格斯对哲学与经济学的创造性融通。这一融通萌芽于《手稿》时期，并一直延续至《资本论》时期。社会历史辩证法立足人的物质生产活动来理解整个社会存在，开创了把关于感性活动的实证分析纳入历史逻辑持续反思的方法论革命。

"新世界观"是社会历史辩证法创立的理论前提，蕴含对德国唯思辨论传统和英法实证主义范式的双重批判。一方面，"新世界观"阐明"思想观念对于生活实践的有限性，生活实践对于思想观念的优先性和无限性"[1]。颠倒存在与意识关系，使意识的发展史凌驾于人类的历史性实践之上，是唯思辨论传统停留于旧唯物主义和在历史领域陷入唯心主义的原因。唯思辨论本质上只承认精神劳动，由此导致丰富的社会生活被抽象在思维的过度统一中。另一方面，否认辩证法坚持的具体统一性，否认人的革命的实践能够推动自我改变与环境改变相一致，是实证主义范式陷入非历史性、非批判性的根源。实证主义范式重视人们的物质生产与交往活动，但由于经验科学的使用局限和政治意识形态的内在束缚，无法完成对整个社会生活的整体把握，因而也无法站在历史维度对其进行彻底批判。考察范式的总体性过度或不足本质上都是一种非总体性状态，两种考察路径下的研究对象都不是在劳动中确认自我本质的"现实的人"。具体地看，唯思辨传统考察的是纯粹的、从物质劳动中脱离出来的精神活动家；实证主义范式考察的则是仅仅作为"感性对象"的、被客体化了的社会经济活动参与者。前者未能把物质劳动生产出的经济关系总和作为理解其他社会关系的现实前提，后者不明白孤立事实的专门化研究无法构成对全部社会生活的完整映现。通过对以上两种考察路径的双重批判，马克思恩格斯立足"现实的人"的劳动活动来理解整个人类社会历史，并基于这一方法论原则揭示的人类社会历史发展规律，为人们在实践活动中推动合规律性与合目的性的统一提供了理论指引。

社会历史辩证法是关于"唯一的科学"之历史科学的考察方法，经验科学的考察范围从属于历史科学。"我们仅仅知道一门唯一的科学，即历史科学。"[2]这句话揭示了自人类诞生以来，自然史与人类史便不可分割这一事实。从这个意义上看，历史的全部秘密都在于人与外部自然界的物质交换活动，自然科学的勃兴也只是伴随近代生产力提升的历史结果。社会历史辩证法是"真正的实证科学"。一方面，它肯定了由实证方法得到的经验事实在考察事物中的前提意义。另一方面，它强调事物的历史性，坚持把在特定时空下得到的经验事实纳入历史逻辑的整体推进中并持续认识和把握。正如科西克所说，一切事实都无法脱离总体单独存在，

---

[1] 贺来、彭双贞：《如何理解"不再是哲学的世界观"——"理论思维前提批判"与"社会历史前提批判"》，《社会科学战线》2020年第7期，第1—8页。

[2]《马克思恩格斯文集》第1卷，第516页。

"事实只有被当作一个辩证整体中的事实和结构性部分来理解,才构成关于实在的认识"[①]。社会历史辩证法考察的正是以物质生产活动为核心的历史辩证发展过程,其科学性在于并没有局限于认识论层面,而是根据其存在论意义。由实证方法得到的具体经验事实必须置于历史性实践形成的社会—历史总体结构之下才能还原其本真面貌,单独借助经验科学的实证主义范式无法得出和理解这一特定历史逻辑,并极易伴随变化的经验事实动摇甚至推翻之前得出的一般结论。

创立于《形态》的社会历史辩证法确立起物质生产活动与社会历史生成之间的内在联系,把现实的人确立为开展物质生产活动与推动社会历史发展的实践主体和认识主体。基于此,人们遭受的劳动异化既根源于自身的生产实践,也必然在对物质生存条件的整体革新中扬弃自身。社会历史辩证法作为由马克思恩格斯开创的现代社会科学方法论的经典形态,确认了劳动的社会本性及其在社会发展中的基础性作用,为推动劳动解放以及社会形态的整体跃升提供了方法论指引。

二、资本与雇佣劳动关系:劳动辩证法的扬弃实质

在科学方法论的指引下,《形态》详细考察了资本主义生产关系的历史生成、结构特征和历史暂时性。作为剖析资本主义社会结构的"具体的总体",即"资本—雇佣劳动"关系已初步呈现。由此,劳动辩证法蕴含的从异化劳动走向自主活动的解放之路在《形态》中进一步具体化为扬弃资本与雇佣劳动关系的历史实践。

(一)作为历史范畴的资本与雇佣劳动

"分工从最初起就包含着劳动条件——劳动工具和材料——的分配,也包含着积累起来的资本在各个所有者之间的劈分,从而也包含着资本和劳动之间的分裂以及所有制本身的各种不同的形式。"[②]这句话表明资本主义生产关系的形成离不开分工(私有制)这一历史前提,也明确了资本与现代劳动是历史范畴。

"资本""雇佣劳动"是历史范畴,二者从萌芽发展为现代形式,经历了不同的形态转换。"工业资本"是现代意义上的"资本"。《形态》梳理了资本的发展过程并将其概括为三个阶段。第一阶段是以行会为代表的自然形成的等级资本。这种资本并非以货币计算,尚不具备现代资本的基本特征。第二阶段是伴随商人这一特殊阶级的出现形成的活动资本。相较于自然形成的等级资本,"商人的资本一开始就是活动的"[③]。第三阶段是以大工业的出现为代表的工业资本。大工业及其引起的普

[①] 卡莱尔·科西克:《具体的辩证法——关于人与世界问题的研究》,傅小平译,社会科学文献出版社1989年版,第23页。

[②]《马克思恩格斯文集》第1卷,第579页。

[③]《马克思恩格斯文集》第1卷,第561页。

遍竞争控制了商业,取代了工场手工业,"把所有的资本都变为工业资本,从而使流通加速(货币制度得到发展)、资本集中"①。工业资本推动一切社会关系的货币化,并在全球范围内通过消灭各个地域、民族、国家等的特殊性确立其统治,使历史走向世界历史。

城市无产者队伍的壮大推动雇佣劳动体制的普遍确立。《形态》考察了城市无产者形成与发展的几个历史阶段。首先,中世纪逃往城市的自由农奴是城市无产者的最初人口构成。城市自由农奴的"唯一财产,除开他随身带着的几乎全是最必需的手工劳动工具构成的那一点点资本之外,就只有他的特殊的劳动"②。他们中除去一部分接受了行会培训,归属于行会组织,其余主要在城市做短工,作为城市无组织的平民出卖自己的劳动。其次,工场手工业的兴起以及城市新的织工阶级的产生。行会主要以宗法关系沟通帮工、学徒与行会师傅,工场手工业则开始表现为"工人和资本家之间的金钱关系"③。最后,大工业与普遍竞争引起无产阶级在世界范围内广泛形成。此时,无产阶级已经消灭了其民族独特性,成为"一个真正同整个旧世界脱离而同时又与之对立的阶级"④。

分工引起城市与乡村分离,资本的持续积累与雇佣劳动制度的普遍确立是伴随这一历史过程的两个方面。城乡分离促使资本摆脱地产的束缚,成为仅仅以劳动和交换为基础的所有制的开始,"也就是仅仅以劳动和交换为基础的所有制的开始"⑤。正是基于分工这一历史前提,《形态》详细考察了资本和劳动的历史生成,将其归结为人类社会发展的历史产物。

(二)资本与雇佣劳动在资本主义社会结构中互为前提

马克思恩格斯在《形态》之前便意识到从资本与劳动关系角度理解资本主义社会全部矛盾的重要性。《形态》进一步明确资本与雇佣劳动互为前提、相互依赖。资本与雇佣劳动之间的对立统一关系既是资本主义生产方式的内在本质,也是劳动辩证运动在资本主义社会中的扬弃实质。

早在《形态》之前,马克思恩格斯就已经注意到国民经济学忽略私有制前提,把资本与劳动仅仅作为两个生产要素单独考察的理论独断,指出二者之间具有的内在关联。正如恩格斯在《国民经济学批判大纲》中指出,"经济学没有想去过问私有制的合理性的问题"⑥,因而将劳动和资本分离。实际上,"资本是劳动的结果,它在

① 《马克思恩格斯文集》第1卷,第566页。
② 《马克思恩格斯文集》第1卷,第557页。
③ 《马克思恩格斯文集》第1卷,第562页。
④ 《马克思恩格斯文集》第1卷,第567页。
⑤ 《马克思恩格斯文集》第1卷,第557页。
⑥ 《马克思恩格斯文集》第1卷,第57页。

生产过程中立刻又变成了劳动的基质、劳动的材料"①。二者在资本主义生产过程中不可分割。马克思在《手稿》中也指出,国民经济学"没有向我们说明劳动和资本分离以及资本和土地分离的原因"②。在土地、资本、劳动的竞争中,土地所有者与资本家之间的差别日益消失,普通劳动者仍然受到奴役和压迫。

《形态》承接了从私有制和分工这一前提出发考察现代劳动的研究路径,明确资本与雇佣劳动之间互为前提的依赖关系。"在大工业和竞争中,各个人的一切生存条件、一切制约性、一切片面性都融合为两种最简单的形式——私有制和劳动。"③这种与大工业和竞争下的生产力相适应的生产关系,一方面是从私有制的以往形式中发展起来并"越来越接近私有制的现代形式"④——资本,另一方面是只能以出卖和被雇佣的方式存在着的现实的劳动。资本作为积累起来的劳动,以一种外在的物的形式实现对现实的劳动的支配。同时,现代社会的人的劳动也只有纳入整个社会大生产中才能真正地发挥作用。由此,"资本—雇佣劳动"作为资本主义社会占据主导地位的生产关系,成为现代社会一切生产与交往的前提条件,二者缺一不可,共同构成资本主义生产方式内在结构和资本主义社会外在形态的本质规定。

(三)现代劳动的分裂实质与资本剥削劳动的历史限度

资本与雇佣劳动之间互为前提、相互依赖,但二者作为历史范畴同时具有历史暂时性。在《形态》中,异化劳动批判被进一步具体化为对劳动遭受资本剥削之从属关系的指认。劳动者在历史实践中扬弃"物的力量"对于自身的外在强制表明,马克思恩格斯的劳动辩证法已然摆脱伦理色彩和空想性质,要在革命实践中彻底解决资本增殖与人的发展之间的矛盾冲突。

资本与雇佣劳动在发展过程中不可避免地走向分裂,而现代劳动"只能在这种分裂的前提下存在"⑤。现代劳动受资本剥削的从属实质最终导向扬弃异化劳动的历史任务和革命实践。资本主义社会迸发的强大生产力由无产者生产,但并不由其占有,反而成为支配现实劳动的"物的力量"。一方面,生产力成为一种私有制的力量,从个人的力量中独立出来,成为与"作为个人的个人的交往无关紧要的形式"⑥;另一方面,由于生产力与个人力量的分离,个人成为失去一切现实生活内容的抽象个人,这使得"单个无产者的个性和强加于他的生活条件即劳动之间"⑦必

---

① 《马克思恩格斯文集》第1卷,第70页。
② 《马克思恩格斯文集》第1卷,第155页。
③ 《马克思恩格斯文集》第1卷,第579页。
④ 《马克思恩格斯文集》第1卷,第579页。
⑤ 《马克思恩格斯文集》第1卷,第579页。
⑥ 《马克思恩格斯文集》第1卷,第580页。
⑦ 《马克思恩格斯文集》第1卷,第572页。

然发生矛盾。

无产者的个性与其劳动之间的割裂决定了资本剥削现实劳动的历史限度。无产阶级与以往任何时期的任何等级都不相同。在前资本主义社会,人们的个性与其从属的特定劳动部门及相关条件一致。正如从乡村贵族那里逃脱的农奴,其目的只是不受束缚地延续以往的劳动方式。他们"只是形成了一个新的等级"[1],并非要从根本上否定等级,其个性的局限性与其生产条件的局限性相一致。然而,对无产者而言,他们的劳动和一切社会生存条件都只是不受其控制的偶然,这种偶然使得现实的劳动与劳动主体相对立。工人获得的所谓"自由",实际上是供资本家剥削自己的自由,他们"当然更不自由,因为他们更加屈从于物的力量"[2]。受偶然性支配的无产者时刻处于"有个性的个人与阶级的个人"[3]的矛盾之中,而要消除这一矛盾,不是形成新的等级,而是要消灭一切等级,消灭一切使自己劳动和社会生存陷入偶然和分裂的外部条件。

《形态》阐明现代劳动的具体形态是雇佣劳动,雇佣劳动起初便蕴含与资本的分裂。这一分裂既构成劳动现代形态的历史前提,也内含异化劳动最终实现自我超越的实践自觉。立足"资本—雇佣劳动"关系对异化劳动的历史考察和本质把握,马克思恩格斯的劳动辩证法已经与人本主义的劳动异化概念划清界限,现实地导向消灭以资本为核心的私有制现代形式,重新占有生产力总和的无产阶级革命实践。

三、从劳动辩证法到历史辩证法:劳动解放与革命实践内在一致

阐明劳动辩证运动在资本主义社会形态下的扬弃实质之后,劳动辩证法的自我超越便指向现实的共产主义运动。对于明确了时代坐标和历史任务的无产阶级而言,劳动解放运动就是创造历史的自觉实践。也正是在这个意义上,劳动辩证法与历史辩证法具有内在一致性。

(一)扬弃异化劳动是现实的历史运动

劳动辩证法蕴含的异化劳动及其扬弃过程不是观念的运动,而是现实的、历史的运动。《形态》回应了异化劳动缘何而起又如何超越的历史性追问,明确异化劳动既在物质生产活动中生成也必然在历史性实践中扬弃。

揭示劳动辩证运动在资本主义生产方式下的内容实质是扬弃劳动异化的基本前提。恩格斯在《社会主义从空想到科学的发展》中指出,以往一切社会主义"固然

---

[1]《马克思恩格斯文集》第1卷,第572页。
[2]《马克思恩格斯文集》第1卷,第572页。
[3]《马克思恩格斯文集》第1卷,第571页。

批判了现存的资本主义生产方式及其后果,但是,它不能说明这个生产方式,因而也就不能对付这个生产方式;它只能简单地把它当做坏东西抛弃掉"①。以往社会主义者陷入空想的原因在于,他们未能从"资本—雇佣劳动"关系理解整个资本主义生产方式的特殊性,更无法理解资本无限增殖对应的正是工人的普遍贫困。在他们那里,"社会主义"等同于一种绝对真理、绝对正义,仅仅依靠一种认识论自觉便能够实现"社会主义"的大同理想。然而,如果不在历史性实践中彻底扬弃"资本—雇佣劳动"生产关系,打破劳动受资本剥削的从属关系,仅仅试图依靠人为压制资本无限扩张或提升工人待遇来调整和维系资本主义生产方式,终究只能被归结为脱离历史规律之外的"主观臆想"。

扬弃异化劳动必须依靠无产阶级的历史行动。《形态》把无产阶级行动的任务具体化为"推翻一切旧的生产关系和交往关系的基础"②,即消灭劳动、消灭分工、消灭私有制,最终推翻国家,将一切自发形成的前提重新收归于联合起来的个人。一是"消灭劳动"。这并不是要消灭人的物质生产活动本身,而是要消灭处于资本主义私有制剥削下的雇佣劳动。二是"消灭分工"和"消灭私有制"。这就是要消除扬弃资本这一私有制现代形式以一种外在的物的力量对人的支配,使分工真正出于自愿。三是"推翻国家"。其"推翻国家"的目的是变革作为阶级矛盾产物的"虚幻共同体",超越特殊利益与共同利益相互矛盾或彼此脱离的社会状况,反对这种作为阶级统治工具的组织形式。"建立共产主义实质上具有经济的性质。"③这句话指出了共产主义与以往一切社会运动的本质区别,为彻底扬弃异化指明现实道路。共产主义行动就是要消除由前提的自发性导致的对人的束缚,就是要将由劳动者生产出来但不受自己控制的全部前提重新联合起来。

(二)扬弃资本主义占有方式以推动劳动解放的历史进程

生产力是人们感性活动的现实基础。变革与生产力发展要求不相符合的旧的生产关系是为了推动人们摆脱异化劳动,走向自主活动。马克思恩格斯在《形态》中把自主活动的实现具体化为"对生产力总和的占有以及由此而来的才能总和的发挥"④,把革除私有制对生产力的限制与人的劳动解放紧密联系起来。由此,劳动辩证法的扬弃过程便现实地指向以占有全部生产力为实践内容的共产主义运动。

消除"异化"的两个"实际前提"均"以生产力的巨大增长和高度发展为前提"⑤,保存和发展已经由资本主义生产方式创造出的生产力是劳动解放的物质保障。马

---

① 《马克思恩格斯文集》第3卷,第545页。
② 《马克思恩格斯文集》第1卷,第574页。
③ 《马克思恩格斯文集》第1卷,第574页。
④ 《马克思恩格斯文集》第1卷,第581页。
⑤ 《马克思恩格斯文集》第1卷,第538页。

克思恩格斯在《形态》中从生产力与生产关系的辩证运动角度理解一切历史冲突，揭示资本主义社会形态的历史暂时性根源于资本主义生产关系与生产力之间的不相适应。生产与交往的普遍化与私有制之间的矛盾冲突只能有扬弃资本主义私有制才能改变，而扬弃的实践主体只能是生产但不占有自己全部劳动产品的无产阶级。如果采用恩格斯在《社会主义从空想到科学的发展》中更为成熟的表达，那就是摆脱"生产资料和生活资料的资本属性"[①]，恢复"生产力的社会性质"[②]。只有把已经迸发出的不受任何个人或社会组织控制的生产力重新组织起来，才不至于在对立冲突中浪费和毁灭并再次落入贫困与匮乏之中。

劳动辩证法彰显扬弃异化劳动、重新占有自己本质的历史过程，最终指向人的自主活动与物质生产相统一的革命实践。《形态》以人的自主活动与物质活动的分离为标准，规定了广义的异化劳动。在前资本主义社会，自主活动与物质生活分别由不同的人承担。尽管此时二者分离，但物质生活从属于自主活动，即前者向后者转化这一积极趋向仍被肯定。在资本主义社会，劳动一方面只是作为满足物质生活需要的手段，另一方面则作为"自主活动的否定形式"[③]，自主活动与物质生活之间的分离达到顶峰。在彻底革除一切自发形成的对人的感性活动的外部束缚之后，人的物质活动将与自主活动共同作为人的本质力量的全面呈现。

革除资本主义占有方式，"使生产、占有和交换的方式同生产资料的社会性质相适应"[④]，是为了保存和发展已由资本主义生产方式创造出的生产力。解放被资本主义私有制束缚的生产力是通向劳动解放的现实前提，也是现实的共产主义运动的内容实质。发展着的生产力与新的生产关系的统一标志着劳动者的个人力量在新的历史时期获得质性提升，为自由自觉地创造历史开辟道路。

(三)劳动辩证法的实践旨归：自由自觉地创造历史

社会历史发展与人的劳动解放具有内在一致性。通过对造成"异化劳动"的私有制根源与"扬弃异化劳动"之革命实践的双重确认，明确自身阶级地位和历史任务的劳动主体便现实地转变为推动社会历史从自发走向自觉的历史主体。

劳动是人的存在方式，也是创造人类社会历史的现实基础。在马克思恩格斯那里，生产力、生产关系和个人解放程度之间息息相关。生产关系的更替过程"同时也是发展着的、由每一个新的一代承受下来的生产力的历史，从而也是个人本身力量发展的历史"[⑤]。生产力与生产关系的辩证运动与人的实践活动密切相关，二

[①]《马克思恩格斯文集》第3卷，第557页。
[②]《马克思恩格斯文集》第3卷，第566页。
[③]《马克思恩格斯文集》第1卷，第580页。
[④]《马克思恩格斯文集》第3卷，第560页。
[⑤]《马克思恩格斯文集》第1卷，第576页。

者共同构成历史辩证法的主体向度与客体向度。生产力与生产关系的辩证运动侧重从客体向度阐明实践受到人类社会历史发展规律的制约,摆脱异化劳动走向自主活动的劳动解放过程则侧重从主体向度表明自觉的主体在改变世界的革命实践中发挥的积极作用。正如"异化劳动及对异化劳动的扬弃乃是马克思辩证法的核心内容"①,劳动辩证法作为标志劳动解放的现实运动彰显了马克思辩证法的批判性与革命性。

基于对劳动辩证法实质的整体把握,无产阶级得以作为自觉和自为阶级推动历史辩证法走向新境界,使"完全自觉地自己创造自己的历史"② 成为可能。异化劳动在历史性实践中生成,也终将在历史性实践中扬弃。在借助社会历史辩证法揭示出造成异化劳动的历史根源和扬弃异化劳动的现实出路之后,真正的共产主义运动便和其他非彻底的"社会主义"行动区别开来。正如《共产党宣言》中所说:"在资产阶级社会里是过去支配现在,在共产主义社会里是现在支配过去。"③ "现在支配过去"意味着破除一切自发形成的外部条件对人们实践活动的前提性制约,自觉调适与感性对象性活动不相适应的社会关系,标志着"史前时期"的终结和"人类真正历史"的开启。

正如霍耐特所言,劳动问题在当代资本主义社会中面临生活经验与科学研究的分离,即存在"劳动领域从社会理论的焦点中消失"④ 和"劳动尚且没有失去它与社会生活世界的相关性"⑤ 的矛盾。西方理论界对劳动主题保持淡漠,不仅表明资本剥削方式的隐蔽化,也反映出对马克思恩格斯揭示的劳动辩证法之总体性意蕴的忽视。马克思恩格斯的劳动辩证法包括哲学意义上的方法论革命、政治经济学意义上的资本与雇佣劳动对立统一关系以及科学社会主义意义上的无产阶级革命实践,具有多维度的总体性意蕴。探究马克思恩格斯劳动辩证法的思想形成过程,对于我们从根本上理解劳动解放本质、合理应对当代资本主义社会剥削劳动新方式具有重要的思想史价值和现实意义。

马克思恩格斯的劳动辩证法是基于现实性对劳动范畴的再建构,是理解和把握马克思辩证法精髓的核心内容。《形态》作为"新世界观"形成的标志性文本,是探究马克思恩格斯劳动辩证法思想的重要资源。在《形态》中,劳动辩证法的总体性意蕴已初步阐明,主要体现为:其一,从感性活动出发,理解社会存在,由此开创把对感性活动的实证分析纳入历史逻辑持续反思的方法论革命,与颠倒现实和意识

---

① 俞吾金:《被遮蔽的马克思》,人民出版社2012年版,第130页。
② 《马克思恩格斯文集》第3卷,第564页。
③ 《马克思恩格斯文集》第2卷,第46页。
④ 阿克塞尔·霍耐特:《我们中的我:承认理论研究》,张曦、孙逸凡译,译林出版社2021年版,第60页。
⑤ 阿克塞尔·霍耐特:《我们中的我:承认理论研究》,第60页。

关系的唯思辨论和非批判的实证主义范式划清界限;其二,借助社会历史辩证法这一现代科学的经典形态,把"资本—雇佣劳动"关系指认为资本主义社会"具体的总体",从而规定了劳动辩证法的内容实质;其三,在上述两点的基础上,使其劳动辩证法思想摆脱思辨形而上学和抽象人道主义的局限,现实的导向使环境与自我改变相一致的共产主义运动推动社会历史的创造从自发走向自觉。由此,劳动辩证运动得以与社会历史发展内在融通,推动受资本压迫的无产阶级以能动的主体姿态积极参与历史创造,真正实现人作为认识主体、价值主体与实践主体的统一,开辟自由自觉创造历史的理想境界。

恩格斯劳动思想三阶段探析①

刘盼盼　王治东

摘　要：劳动是人类社会生存与进步的重要基石,曾长期遭受剥离、异化与束缚,受制于社会架构与个体自由解放程度。恩格斯在马克思的引导和启发下,丰富和发展了劳动本身和社会发展的关系:劳动推动社会进步,社会发展反作用于劳动内容及劳动形式。恩格斯立足马克思主义劳动观,对劳动思想进行了内容广泛的探究。首先,他提出"劳动创造人本身"的基本观点,揭示了劳动在人类发展中的核心作用以及劳动是推动社会进步的原初力量。其次,他论证了劳动在资本主义制度的桎梏下展现出的裹挟性,发现劳动的本质发生了改变,劳动被扭曲和破坏;最后,他阐述了未来共产主义社会的劳动解放,认为随着物质等生产资料的极大丰富,劳动将挣脱资本主义制度的束缚,变成自由自觉的劳动,促进人与社会的和谐发展。

关键词：恩格斯;劳动思想;资本主义;劳动解放

本文引文格式：刘盼盼、王治东:《恩格斯劳动思想三阶段探析》,见何云峰主编:《劳动哲学研究》第十一辑(2024年第2辑),上海教育出版社2024年版,第130-142页。

在当今时代,科技的发展突飞猛进,尤其是人工智能、机器人等新兴技术的广泛应用,已经极大改变了我们的劳动模式,从过去主要依赖体力劳动转变为现在更多依赖智力和技能。针对当前劳动出现的新形态,深入分析劳动的本质以及发展演进,不仅有助于我们更好地理解当前的劳动实践,而且对于指导未来的劳动发展同样具有应用和实践价值。恩格斯作为马克思主义理论体系的创始人之一,在劳

---

① 作者通信地址:刘盼盼,东华大学马克思主义学院(上海201620);王治东,东华大学马克思主义学院(上海201620)。

动研究领域,不仅深受马克思劳动思想的启发,还在马克思已有研究的基础上进行了深刻的阐释和拓展。他在许多著作以及晚年的书信中都直接或间接地探讨了劳动,构建了丰富而独特的劳动思想。基于时代发展和社会进步的现实,对恩格斯劳动思想的逻辑演进进行剖析,有助于厘清恩格斯劳动思想的内核,更好地指导当今社会劳动过程中出现的新问题。

一、劳动与人的创造阶段

恩格斯提出的"劳动创造了人本身"这一命题,将劳动视为人类存在的基本方式,是人类与自然界相互作用以及实现自我发展的主要手段。这个命题深刻揭示了劳动对于人类自我形成和发展的决定性影响,体现了劳动的本体性。同时,这一表述也"正是人类学意义上对劳动的最经典表达"[①]。

(一)劳动与人类起源紧密关联

恩格斯认为,劳动并非自始存在,而是作为自然与历史发展进程中的一个产物而出现的。这一观点与他对人类起源的理解紧密相连。在探讨人类起源的议题上,神创论和进化论是两种截然不同的理论。神创论主张人类是上帝的创造物;而进化论则认为人类是通过长时间的生物进化和自然选择过程,从其他生物形态演变而来的。尽管进化论为理解人类起源提供了一个自然科学的视角,但是它只是简单认为这是物种生存斗争的自然结果,却忽视了劳动的作用,在某种程度上忽略了人类社会性的独特性和人类与动物之间的根本差异。

恩格斯于其著作《劳动在从猿到人的转变中的作用》里,深刻阐述了"劳动创造了人本身"的命题,细致描绘了从猿类到人类的演进历程,为人类起源与进化提供了一个全面而富有逻辑性的分析。根据进化论的观点,人类的起源可追溯至古猿。针对猿是如何进化成人、实现由猿到人的飞跃这一问题,恩格斯在这篇著作中揭示了其中的奥秘。他认为,在这一漫长的进化历程中,劳动扮演了核心且不可或缺的角色,是推动从猿向人转变的关键因素。他指出,直立行走是劳动成为可能的关键前提,直立行走使得人类的手与脚形成分化,双手得以解放,从而能够进行更为精细和复杂的活动。就猿手的功能而言,主要用来采摘并抓握食物、建造巢穴、持握木棒进行自卫以及投掷果实和石块来抵御敌人等。经过漫长的进化,猿手变为了人手。"手不仅是劳动的器官,它还是劳动的产物。"[②] 恩格斯在这里进一步描述了劳动的演进过程:随着时间的推移,由于在劳动过程中要适应各种各样的劳动动

[①] 李乾坤:《论马克思主义劳动观的三重维度及其"两个结合"实践指向》,《扬州大学学报(人文社会科学版)》2023年第5期,第54—65页。

[②] 《马克思恩格斯文集》第9卷,人民出版社2009年版,第552页。

作,因此手部灵活性和技巧也在不断提高,人类逐渐发展出了高度发达的手工技能,这样人手才达到高度的完善。

劳动的实践推动了工具的使用和制造。"劳动是从制造工具开始的。"[①] 通过对工具的制造,人类得以更高效地进行狩猎、收集食物和建造栖息地,进而增强了生存与繁衍的能力。这种使用工具的能力,标志着人类开始从动物界中分化出来,是人类进化的主要驱动力。制造和使用劳动工具是人类劳动活动中不可或缺且广泛存在的要素。人类通过双手和智慧,不断地改进工具、提高技能、创新方法,推动生产力的发展,不断改造世界,把自然界的材料创造为丰富的物质财富,为社会的存在和发展提供物质基础。

与此同时,人类劳动演进的一个重要组成部分是语言的诞生,"语言是从劳动中并和劳动一起产生出来的"[②]。在原始社会中,劳动往往需要群体合作来完成。在共同劳动的过程中,为了沟通信息与协调行动,人们产生了对语言的需求,这一需求进而推动了语言的诞生与演进。同时,在制作和使用工具的过程中,人们需要沟通、学习和传承知识,这进一步推动了语言的复杂化和系统化。此外,语言的产生和发展不仅与劳动紧密相连,而且对人类的脑髓和感觉器官不断趋向于发达起着关键作用,为创造人和人类社会奠定了基础。随着人类大脑和其他辅助器官的日益完善,人类的意识、抽象思维和推理能力也得到了显著提升。这些能力的增强又反过来作用于劳动和语言,为这两者的进一步发展提供新的推动力。

(二)劳动推动人类社会发展

劳动是人类社会存在和发展的基石。人类社会的发展,如同一部波澜壮阔的史诗,其根基正是劳动。劳动是人类的存在形式,离开劳动,人类就无法存在。恩格斯在《家庭、私有制和国家的起源》的序言里明确提出,依据马克思主义的理论,人类社会的进步本质上是生活资料的生产与再生产所致,而这一生产进程主要是通过劳动来推动的。

在历史长河中,劳动本身也在不断发展变化,并非固定不变。在不同的历史时期,劳动的形式、内容和技术都有所不同。人类劳动的一个普遍且必然的组成部分是制造和使用劳动工具。人们通过双手和智慧不断改进工具、提高技能、创新方法,改善劳动条件,提高生产力和劳动生产率,不断改造世界,把自然界的材料创造为丰富的物质财富,为社会的存在和发展提供物质基础,促进社会的进步与发展。因此,劳动在创造人本身的同时,也创造了人类社会的形态与样貌。

人们在劳动中思考、交流与合作,表达自己的思想、情感和创造力。无论是科学发现、艺术创作还是技术革新,都离不开人们的辛勤劳动。劳动使人们能够深入研究

① 《马克思恩格斯文集》第9卷,第555页。
② 《马克思恩格斯文集》第9卷,第553页。

事物的本质和规律,从而创造出具有深远影响的精神产品。这些精神财富如同璀璨的星辰,不仅满足了人们的精神文化需求,而且点亮了人类社会的文明之路。

恩格斯也强调了劳动的社会关系维度。他认为,劳动不仅是人从自然界获取物质资料的过程,而且是产生社会关系的过程。因为只有在一定的社会联系和社会关系中,劳动才能完成。随着劳动工具和技术的改进,人类的生产能力得到了极大的提高。这种生产力的提升促使社会分工的出现和发展。随着劳动分工的深化和生产方式的变革,人类社会从原始状态逐步走向文明。劳动超越了个体行为的简单累加,成为人与社会的纽带。劳动不仅仅是个体的活动,更是社会性的活动。在劳动过程中,不同的个体根据各自的能力和专长进行分工协作,形成了复杂而有序的分工体系。这种分工不仅极大提高了生产效率,还促进了人与人之间的深入交流与广泛合作。在这一过程中,人们不仅交换物质产品,还交流思想与文化,从而增强了社会的凝聚力和向心力。

更为重要的是,劳动所构建的社会关系是社会结构的基础。这些关系包括人们在生产活动中的地位、角色以及相互之间的依赖和互动模式。随着生产力的提升,它们持续发生变化,陈旧的生产方式被新型的方式取代,不断推动着社会结构的调整和优化。在这个意义上,劳动也是社会关系演进的舞台,更是社会历史发展的动力机制。

因此,劳动是人类社会发展的核心。它不仅创造了物质和精神财富,也是社会结构和文明进步的推动力。

(三)劳动塑造人的本质属性

劳动与人之间存在一种本质关联。劳动不仅创造了人,还塑造了人的本质属性。人的本质属性植根于劳动的社会性和历史性之中,意味着这一特性不仅是在劳动实践中塑造的,而且是随着社会形态的变化而变化的。因此,人的本质属性不是静态的、超越时空的抽象概念,而是动态的、深受历史条件影响的具体现实。

恩格斯认为,劳动是人类从自然中独立出来的重要活动。在这一过程中,人类形成了社会分工,构建了社会组织,劳动活动也相应地变得具有社会性。通过参与劳动,个体学习社会规范、技能和知识,形成社会角色和身份,这非常有助于个体融入社会并发展社会关系。通过劳动,人们形成了共同的利益和目标,增强了社会的凝聚力和向心力。在劳动中,劳动分工的深化促进了社会结构的复杂化和精细化,加强了人与人之间的联系,使其更加紧密和多元。在生产活动中,人们建立了多样的社会关系,如生产关系、分配关系、交换关系等。通过共同劳动,人类建立起合作关系,促进了人与人之间的相互依赖和交往。

劳动是人的本质活动,构成了人生存和进步的根基。劳动并不只是人类为了生存和满足物质需求而不得不进行的活动,也是人类追求精神理想与实现人生价值的关键途径。正如恩格斯所强调的:"人是唯一能够由于劳动而摆脱纯粹的动物状态的动物——他的正常状态是和他的意识相适应的而且是要由他自己创造出来的。"①在劳动过程中,人们得以施展才华与智慧,达成自我价值的实现。通过劳动,个人在面临挑战时不断强化自己的身心素质,培育坚韧的品质,不断成长与进步。与此同时,劳动也为人们提供了学习新知识、掌握新技能的机会,从而提升个人的综合素养,为全面发展奠定了坚实的基础。而且,承载着特定社会职能的个体在劳动中不仅能够创造出有价值的成果,更能从中获得成就感与满足感。这些感受不仅反映了劳动成果对个人乃至社会的积极贡献,也是对个人努力与付出的最好肯定。因此,劳动不只是物质生产的手段,更是个体能力发展、个性塑造和精神追求的重要平台。

伴随着手、说话器官还有大脑的共同发展,劳动经过一代又一代的发展逐渐趋向完善与综合,成了有目的有意识的创造性生产活动。人们在劳动过程中发挥自己的才能和创造力,这种创造性活动是人类独有的,体现了人的本质属性。这无疑是在表明,人作为类存在物,在劳动的实践中,将自然界作为自己的对象,有意识地改造着世界。

在劳动生产活动过程中,劳动者根据自身的需要和社会的需求,表现出意识和判断力,有目的地选择劳动对象、劳动方法和劳动过程,以达到预期的结果。通过劳动,人类不仅能够复制和扩大自然界已有的资源,改变自然界的物质形态,使之转化为对人类有用的形式,而且能够创造出自然界中原本不存在的新产品与新价值,进而生产出满足自身多样化需求的商品和服务。在《劳动在从猿到人的转变中的作用》中,恩格斯指出:"动物仅仅利用外部自然界,简单地通过自身的存在在自然界中引起变化;而人则通过他所作出的改变来使自然界为自己的目的服务,来支配自然界。这便是人同其他动物的最终的本质的差别,而造成这一差别的又是劳动。"② 这表明,正是因为真正意义的劳动是体现了人类具有意识的、自发而自觉的行动,相对于改造的对象来说,人类才真正区别于自然界的其他物质,成为一种类本质。换言之,人之所以与动物相区别,根源在劳动。因为动物的进化历程是它们顺应自然环境变化的结果,而人类的发展历程则是通过劳动和创新活动积极地改变和塑造周围世界的过程。通过劳动,人类不仅改变了自然环境,也改变了自身,实现了从动物到社会性存在物的跨越。

二、劳动与资本宰制阶段

18世纪下半叶,蒸汽机和棉纺机的问世显著加快了产业革命的进程。到19世

---

① 《马克思恩格斯全集》第二十卷,人民出版社1971年版,第535—536页。
② 《马克思恩格斯文集》第9卷,第559页。

纪40年代,产业革命的完成为欧洲资本主义经济的繁荣注入强劲动力。工厂中的大型机器取代了小型手工作坊,实现了生产过程的机械化。人们开始使用机器来制造机器,构建了一个规模宏大、结构复杂的工业制造技术网络。资产阶级登上了历史舞台,建立了资本主义社会制度。尽管资产阶级推动了巨大生产力的发展,但在资本主义私有制的框架内,劳动的本质、劳动者的地位、生产工具的使用、劳动组织的形式以及劳动产品的性质等都发生了显著的变化,这些变化共同塑造了资本主义社会的社会关系和经济模式。

(一)资本主义生产方式下的劳动特征

恩格斯在其年轻时所写的著作《国民经济学批判大纲》里,就已经开始从生产过程的视角探讨资本与劳动的联系。"他不仅在一般生产过程的维度上指出了作为劳动资料及劳动产品的资本与劳动本身的相互统一性,而且指出了私有制条件下生产过程中资本和劳动的分裂。"① 在《1844年经济学哲学手稿》中,马克思以更为精准的方式提出"异化劳动"这一概念,指出劳动这一人的本质被无情地从劳动者本身分离出来,并且被放在与劳动者对立的位置。劳动者因此变成了被单向度剥削和限制的被动实体。恩格斯在马克思思想的基础上,基于社会现实情况的变化,深入剖析了在资本主义社会制度下劳动的裹挟性,阐述了资本主义制度下的劳动特征。

第一,劳动被商品化。在资本主义兴起之前,许多劳动者可能是自给自足的小农或手工艺人,拥有自己的生产工具和生产资料。资本主义的发展导致生产资料的集中,而由于生产资料是私人所有的,因此劳动者被剥夺了直接的生存资料。若想重新获得这些资源,他们必须将自己置于被奴役的状态,成为劳动力的提供者、财富创造的肉体工具。工人通常没有其他生存途径,只能出卖自己的劳动力来换取生存的必需品。"因为在资本主义社会里,生产资料要不先变为资本,变为剥削人的劳动力的工具,就不能发挥作用。生产资料和生活资料的资本属性的必然性,像幽灵一样横在这些资料和工人之间。"② 资本家购买劳动力后,雇佣劳动者没有能力和资格去掌控自己的劳动能力以及劳动时间,甚至没有支配自己劳动的权利,并且生产出的产品归资本家所有,变成与工人相对立的东西,从而造成劳动者与劳动成果分离的现象。劳动力成为商品,被置于市场交换关系中,劳动力的价值取决于市场需求和价格波动。

第二,劳动逐渐工具化。恩格斯在《社会主义从空想到科学的发展》中指出:"雇佣劳动以前是一种例外和辅助办法,现在成了整个生产的通例和基本形式;以

---

① 唐正东:《私有制条件下资本与劳动的分裂及其不合理性——青年恩格斯的劳资关系思想及其评价》,《广西师范大学学报(哲学社会科学版)》2020年第1期,第1-10页。

②《马克思恩格斯文集》第9卷,第293-294页。

前是一种副业,现在成了工人的唯一职业。暂时的雇佣劳动者变成了终身的雇佣劳动者。"① 为了维持生计,人们不得不从事劳动,并接受资本家的雇佣。然而,雇佣劳动者所进行的劳动并非出于自愿和热爱,劳动的目的为物欲所驱动。雇佣劳动者就必须在资本家的监督下进行劳动,变成了简单的生产机器,被迫进行着强制性劳动。这种工具化劳动强调效率和功利,忽视了劳动本身的价值和意义。劳动过程被高度机械化和自动化,劳动者变成了流水线上的一个环节,劳动内容变得单调乏味;劳动者的技能和创造力被忽视,劳动变成了单纯的操作行为。这种工具化的劳动关系不仅剥夺了劳动者对劳动成果的享受,还导致了劳动者的精神贫困和幸福感的下降。

第三,劳动被异化。在资本主义制度下,劳动的本质和目的被扭曲,劳动者与他们的劳动活动、劳动成果、类本质同他人相异化,导致劳动者失去自我价值和尊严。在资本主义社会中,工人创造的产品和财富往往不属于他们自己,而是被资本家拥有和支配。这导致劳动者无法拥有对自己劳动成果的所有权和控制权,导致他们与劳动成果之间的关系也被异化。在劳动过程中,工人还必须接受恶劣的工作条件,如长时间且高强度的工作、具有危险性的工作环境等。这些条件导致工人过度劳累和过早死亡。资本对劳动者进行剥削和压迫,导致劳动者之间的关系也被异化。劳动者之间的竞争和利益冲突使得他们彼此之间产生隔阂和矛盾。1845年,恩格斯在《在爱北斐特的演说》中谈道:"竞争迫使每一个人鼓起全部力量,利用自己的一切可能,以廉价的劳动力来代替高价的劳动力,而文明的日益增进也为此创造了更多的条件,换句话说,每一个人都不得不去抢夺别人的饭碗,用一切办法挤掉别人的工作。"② 激烈的竞争导致许多工人因为失业而感到无助,他们急切希望找到工作机会。为了保住饭碗,工人们不得不在各种情况下坚持工作,哪怕是在生病时或者女性在分娩期间,他们也不敢轻易请假。这种状况迫使他们不得不牺牲自己的健康和福祉,甚至冒着生命的危险。

(二)剩余价值的生成机制与资本主义剥削实质

《资本论》不仅是政治经济学领域的一部重要著作,也是马克思主义理论的核心部分。恩格斯在马克思逝世后承担起了编辑、整理出版《资本论》第二、三卷的任务,并对里面的内容作了增补,深化了马克思关于劳动和剩余价值的理论。

在资本主义体制下,剩余价值的生成机制和资本主义剥削实质是紧密相连的。剩余价值的生成依赖于工人与生产资料的分离以及劳动力价值的低买高卖,而剥削的实质则在于资本家不支付任何代价就占有了工人所创造的额外价值。这种剥削不仅体现在工资形式上,更体现在深层次的社会产品分配问题上。

---

① 《马克思恩格斯文集》第9卷,第288页。
② 《马克思恩格斯全集》第二卷,人民出版社1957年版,第611页。

恩格斯指出,剩余价值的产生基于雇佣工人所进行的超出其工资所对应的劳动之外的额外劳动。在资本主义体系中,为了生计,工人必须将自己的劳动力出售给资本家以换取工资。资本家支付工资购买劳动力,然后让工人进行工作。工人的劳动包括两个部分:一部分是必要劳动,即工人为了维持自己的生存所必须完成的劳动量,这部分劳动创造的价值与工人所得工资相等;另一部分是超出必要劳动的剩余劳动,即工人在完成必要劳动之外的工作时间,这部分劳动是无偿为资本家服务的,它创造的价值超出了工人的工资,从而形成了资本家的剩余价值。恩格斯在《社会主义从空想到科学的发展》中指出:"劳动时间,特别是女工和童工的劳动时间延长到可怕的程度……"①为了获取更多的剩余价值,资本家采取了多种策略:一方面,他们通过增加工作时间、提高工作强度、削减劳动力成本以及引入新技术等手段来增加绝对剩余价值;另一方面,他们通过提升劳动生产率来降低生活必需品的成本,进而减少劳动力的价值,以此实现相对剩余价值的增加。

这一过程建立在两个基本前提之上:首先,生产资料是资本家的私有财产,而工人除了自己的劳动力外没有其他资源,因此他们必须出售自己的劳动力来获取生活必需品;其次,劳动力商品的价值,也就是工资,仅取决于维持工人生活所需的最低限度的生活资料的价值。因此,资本家能够支付低于劳动力实际价值的工资,从而剥削工人的剩余劳动。

资本主义剥削的实质在于,资本家通过控制工人的额外劳动及其创造的额外价值来增加自身的财富。在资本主义制度下,工资问题常常成为工人与资本家之间的主要矛盾点。在《做一天公平的工作,得一天公平的工资》中,恩格斯指出:"除土地以外,劳动是财富的唯一来源,资本本身不过是积累起来的劳动产品而已。所以劳动者的工资是由劳动支付的,工人的报酬是从他自己的产品中支付的。"②恩格斯的这段话深刻揭示了劳动报酬的本质,指出了在资本主义体系中,工人所获得的工资往往并不代表他们劳动创造的全部价值,工人的工资实际上是对他们自身劳动价值的剥削。资本家在市场上购入劳动力,并在生产活动中促使其产生超出其本身价值的价值,从而占有剩余价值。这个过程是隐蔽的,看似是工人自愿出售劳动力,实则掩盖了资本家无偿占有工人劳动成果的事实。

这种占有不仅体现为货币形式上的利润积累,更深刻地影响着社会产品的分配格局。在资本主义社会中,资本家控制了大部分的社会产品,并主导了社会产品的分配。他们通过控制生产、分配、交换和消费等各个环节,确保自身能够获取绝大部分的社会财富。工人尽管是社会财富的创造者,却被排斥在财富分配的核心之外,只能获得维持其劳动力再生产所必需的最小份额。

---

① 《马克思恩格斯文集》第9卷,第392页。
② 《马克思恩格斯全集》第二十五卷,人民出版社2001年版,第490页。

(三)资本积累与扩张中的社会阶级动态

资本积累与扩张是资本主义社会的基本特征。在这一过程中,资本家通过投资和再投资不断积累财富,从而增加生产规模和提升生产效率。这一过程在带来经济增长和技术创新的同时,也导致了社会阶级结构的变化。

资本积累的推动力在于资本家追求剩余价值最大化。剩余价值是资本家在生产过程中投资并期望获得的收益,是资本积累和扩大再生产的基石。资本家通过利用工人的剩余劳动,持续将剩余价值投入生产,以扩大生产规模并追求剩余价值最大化。这一过程不断重复,导致资本的力量不断增强,最终实现资本的积累和扩张。

资本扩张往往伴随着技术革新和生产效率的提升。为了减少成本和增强竞争力,资本家持续引入新技术,这在一定程度上推动了生产力的进步。但技术发展与机械化对劳动者造成很大威胁。"机器上的每一种改进都抢走了工人的饭碗,而且这种改进愈大,工人失业的就愈多。因此,每一种改进都像商业危机一样给某一些工人带来严重的后果,即匮乏、贫穷和犯罪。"① 技术的发展和机械化程度的提高,要求劳动者不断学习新技能以适应新的工作环境,但资本主义体系往往不提供足够的培训资源,这使得工人难以跟上技术的步伐,导致了技能工人的失业。由于劳动者被机器取代的现象越来越普遍,逐渐形成产业后备军,无产阶级的数量和规模也随之扩大,因此更多的劳动力被吸纳进资本主义生产体系,从而加剧了工资的降低。另外,随着资本的扩张,对劳动力的需求增加,劳动力市场也进一步扩大。资本家为了降低成本,会寻求更廉价的劳动力。资本家对工人的剥削变得更加严重,同时劳动环境也进一步恶化。

在资本积累与扩张的过程中,社会阶级动态呈现出明显的分化趋势。恩格斯认为,随着资本的不断积累,资本家阶层内部同样会经历分化。一些大资本家通过垄断和控制市场获取巨额利润,而中小资本家则面临激烈的竞争压力。在资本主义体系下,不同生产领域之间同样存在激烈的竞争。这种竞争不仅塑造了商品的社会价值,也使得不同的利润率趋于平均化。各个领域生产的商品具有不同的社会价值和利润率,这在一定程度上构成了它们之间竞争的基础,同时也加剧了这些领域之间的竞争。与此同时,工人阶级内部也会出现分化,一部分技术工人和管理层可能获得相对较高的收入和社会地位,但大多数工人仍然处于贫困和被剥削的状态,这也使得工人之间的竞争更加白热化。劳动的剥削和压迫性质使得劳动者的劳动无法得到应有的回报,劳动者的劳动积极性和创造力受到压制,劳动者的地位处于边缘化状态,成了资本家的附属品,劳动者的肉体和精神受到双重伤害。这种分化导致社会阶级之间的差距不断扩大。

---

① 《马克思恩格斯全集》第二卷,第421页。

此外,资本积累和扩张也可能导致经济危机,如生产过剩、市场需求不足等。这些危机会进一步暴露资本主义的内在矛盾,劳动者和资本家之间的利益冲突日益显著。为了提升自己的生活和工作环境,劳动者不得不与资本家展开抗争,促使社会阶级动态进一步发展。

三、劳动与人的解放阶段

恩格斯的劳动思想不仅关注当前的社会问题,更指向未来社会的构建。他深刻揭示了资本主义劳动模式的弊端,并在此基础上指明,只有通过彻底改变资本主义的生产方式,才能摒弃劳动的异化状态,进而实现劳动的解放,让劳动转化为真正意义上的自由劳动。这一理念不仅是恩格斯劳动思想的核心所在,更是人类通往未来解放社会的必由之路。

(一)劳动解放的必要性

劳动解放的必要性根植于人类历史和社会发展的本质之中。恩格斯在其著作中多次强调,劳动是人类生存的基石,也是推动社会发展的关键力量。但在资本主义体系中,劳动变成了工人阶级的枷锁,其成果往往被资本家占有。工人的劳动权利和尊严受到严重侵害。工人的劳动被异化为一种外在的、强制性的活动,他们无法从劳动中获得满足感和成就感。这种异化劳动不仅剥夺了工人对劳动成果的享有权,还导致工人的创造力和积极性受到抑制,工人的生活条件和社会地位也受到严重影响。劳动解放就是要消除这种异化,让劳动回归其本质,使劳动重新成为工人自我实现和发展的内在需求,成为人类自由自觉的活动。

从历史唯物主义的角度来看,劳动解放是实现人类解放的关键步骤。劳动解放意味着工人阶级从压迫和剥削中解脱出来,重新掌握自己的劳动成果和命运,充分发挥其主观能动性,推动社会生产力的发展和社会关系的变革。这不仅是对个体尊严的恢复,也是对社会公平正义的重建。"不言而喻,要不是每一个人都得到解放,社会也不能得到解放。"① 因为在资本主义社会里,资本家与工人之间的阶级冲突是无法彻底解决的。通过劳动解放,可以实现生产资料的社会化,从而消除阶级差异,实现社会的和谐发展。因此,劳动解放不仅是工人阶级的诉求,更是整个人类社会进步的必由之路。

(二)劳动解放的目标

恩格斯强调,劳动解放的目标之一是"彻底消灭阶级和阶级对立"②,建立一个无阶级的社会。在这样的社会中,生产资料将实现公有制,由全体人民共同拥有,

---

① 《马克思恩格斯文集》第9卷,第310页。
② 《马克思恩格斯文集》第1卷,人民出版社2009年版,第689页。

劳动者的成果不会被掠夺。这种所有制形式将消除劳动者与生产资料之间的矛盾,消除阶级差异的经济根源,使劳动成为一种自主、自愿、自由的活动,生产关系是基于平等和合作,而不是剥削和竞争。与此同时,每个人都能根据自己的需求获得相应的消费品与服务,消除贫富差距和社会不平等,进而消除阶级差别和阶级对立。因此,共产主义社会将形成一个更高层次的无阶级社会形态。这里没有工人阶级与资本家阶级,更不会有工人阶级与资本家阶级、工人内部、资本家内部等任何阶级的对立和矛盾。

劳动解放的最终目标是实现人的全面解放和发展。一是在劳动解放的过程中,人们将逐步减少对物质条件的依赖,获得精神上的自由和自主。二是在共产主义社会中,劳动将不再是被迫的、仅为了生存的手段,而是人们自由发展其才能和兴趣的方式。在共产主义社会中,人们能够冲破框架,实现自身本质的复归。人们将根据自己的爱好和能力选择工作,而不是出于经济压力。人们不再是被迫为了生存而工作,而是为了创造和享受生活。劳动将成为人们生活的重要组成部分,人们将在劳动中实现自我价值,推动社会进步。正如恩格斯指出:"一方面,任何个人都不能把自己在生产劳动这个人类生存的必要条件中所应承担的部分推给别人;另一方面,生产劳动给每一个人提供全面发展和表现自己的全部能力即体能和智能的机会,这样,生产劳动就不再是奴役人的手段,而成了解放人的手段,因此,生产劳动就从一种负担变成一种快乐。"①

(三)劳动解放的途径

恩格斯在其许多著作中详细论述了很多关于未来共产主义社会劳动的设想,并提出了很多具体的操作办法。

第一,无产阶级革命是实现劳动解放的主要途径。"无产阶级的运动是绝大多数人的,为绝大多数人谋利益的独立的运动。"②无产阶级作为革命的主力军,将通过革命推翻资本主义制度,建立无产阶级专政,为实现劳动解放创造政治前提。

第二,要消灭资本主义私有制,建立公有制,让劳动者成为生产资料的所有者。私有制是导致劳动异化的根本原因,只有消除私有制,才能消除劳动者被剥削和压迫的现象,使劳动成为人类自由自觉的活动。

第三,要大力发展生产力,提高劳动效率,减轻劳动者的劳动强度。为了实现这一目标,"由社会全体成员组成的共同联合体来共同地和有计划地利用生产力"③。全社会的成员团结起来,拧成一股力量,形成共同联合体。共产主义社会将建立在对社会资源的全面、公平、有效的管理和利用之上,通过科学的计划和协调,

---

①《马克思恩格斯文集》第9卷,第310-311页。
②《马克思恩格斯文集》第2卷,人民出版社2009年版,第42页。
③《马克思恩格斯文集》第1卷,第689页。

确保生产的顺利进行和资源的合理分配。在共产主义社会中,预测生产和消费需求将相对容易,社会不仅能够确定每个人平均所需的资源量,还可以轻松地计算出一定规模的人口总量所需的资源总量。通过集体的决策和规划,可以有效地利用资源,共同提高生产力。这表明,劳动将会是一种社会性的活动,它强调集体协作和共同目标的重要性,劳动者在团结互助中共同推动社会的发展。

第四,生产劳动应与教育紧密结合。一方面,恩格斯主张取消童工劳动,从儿童时期就开始培育全面发展的个体,确保儿童在身体、智慧和道德等各方面都能获得平衡的成长。另一方面,恩格斯主张"实行普遍的免费的国民教育"。在他看来,"教育将使年轻人能够很快熟悉整个生产系统,将使他们能够根据社会需要或者他们自己的爱好,轮流从一个生产部门转到另一个生产部门。因此,教育将使他们摆脱现在这种分工给每个人造成的片面性"[1]。恩格斯认为,要加强劳动者的教育和培训,提高他们的文化素质和技能水平,使他们能够更好地适应社会的发展和变化。在未来共产主义社会中,教育将与生产劳动密切结合,这可以帮助人们掌握如何将专业技术投入生产中,使人们从单一行业生产中解放出来,熟悉其他领域的生产状况。人们可以根据自己的兴趣所在,今天干这事,明天干那事,极大发挥自己的潜能。每个人都没有限定的活动领域,并且都可以在任何领域内发展。政府通过变换工种的方式来激发人们的积极性和创造力,使人们可以获取全面的知识和技能,在劳动中不断学习和成长,更好地适应社会的发展和变化。

第五,在未来共产主义社会中,人们应该达到与自然的高度和谐共存。恩格斯认为,劳动是人与自然之间关系的纽带,劳动是人合目的性地改造利用自然的活动。在人与自然的互动中,自然提供了丰富的资源作为劳动的基础。通过人类的智慧和努力,这些资源得以转化为社会发展的物质基础和财富。这与资本主义体制下人与自然的关系形成强烈的反差。在资本主义体制下,追求利润最大化的目标导致人们对自然资源的无节制开发和消耗,忽视了环境保护和生态平衡的重要性。资本主义生产模式往往以牺牲环境为代价,追求短期利益而忽视长期的可持续发展。恩格斯在《劳动在从猿到人的转变中的作用》中为我们敲响了警钟,他指出:"但是我们不要过分陶醉于我们人类对自然界的胜利。对于每一次这样的胜利,自然界都对我们进行报复。"[2] 在未来共产主义社会中,劳动将不再是对自然资源的掠夺性开发,而是采取可持续的方法来利用和保护这些资源,确保人类和自然的长期和谐共存。

第六,在共产主义社会中,劳动与技术的关系也将发生深刻改变,技术将被视为一种解放人类潜能的工具,而不是剥削和压迫的手段。恩格斯在其著作中虽未

---

[1]《马克思恩格斯文集》第1卷,第689页。
[2]《马克思恩格斯文集》第9卷,第559–560页。

直接涉及科技字眼,但是多次谈到在资本主义体系下,机械取代了手工工具,催生了产业工人、矿工等无产阶级群体。新机器的发明使用,引发了产业革命,造成了机器劳动取代人工劳动的现象,引发了社会的巨大变革。虽然机器的发明创造一方面推动了社会的进步,创造出巨大的生产力,但是也将工人推进了无底的深渊,使工人成为机器的附庸。在未来共产主义社会中,随着科技的进步,特别是高度自动化和智能化技术的应用,自动化将主导生产过程,大幅度减轻体力劳动的强度,使得劳动不再是人们生活的重负,而是转变为实现个人价值和创造性发挥的渠道。人们将有更多的时间从事创造性的工作和休闲活动,实现全面发展。同时,技术将不再是人类的主宰,而是成为人类的合作伙伴。在共产主义社会中,技术不再是被少数人独占,而是成了全体社会成员共同拥有的宝贵资源。技术的发展和应用将以满足社会整体需要为导向,而非追求利润最大化。人们能够掌握技术,并将其应用于实现共同利益和个体幸福。技术的发展将促进人类的平等和公正,消除阶级压迫和贫富差距。此外,未来共产主义社会是一个劳动与智慧、技术与艺术、物质与精神高度融合的社会,人们将在劳动中追求更美好的幸福和理想。共产主义社会将摒弃资本主义社会那种对资源的无节制开发和对环境的破坏,技术发展更加注重人与自然的和谐共生,技术将为人提供更加舒适和便利的生活环境,也会促进人类的精神和文化发展。在未来共产主义社会中,人与技术的关系将变得更加和谐,技术将成为实现人类自由和全面发展的有力工具。

总而言之,恩格斯关于劳动的理论见解构成了马克思主义理论体系中不可或缺的关键环节,其内涵之丰富,逻辑之严密,为我们理解劳动的本质、作用及其在不同社会形态下的变迁提供了深刻的洞见。从早期对劳动原初力量的肯定,到对资本主义制度下劳动的扭曲与破坏的批判,再到对未来社会劳动解放的憧憬,恩格斯劳动思想展现了一个从历史到未来、从理论到实践的宏大叙事。在当今时代,随着科技革命和生产方式的深刻变革,劳动的形态和性质正在经历前所未有的变化。体力劳动的机械化和自动化趋势日益明显,而脑力劳动和创造性劳动的重要性日益增加。这一转变要求我们重新思考劳动与人类发展的关系,以及劳动在新的社会经济结构中的地位。恩格斯劳动思想不仅为我们提供了理解劳动历史和社会变迁的理论工具,也为新时代重新审视劳动与人、劳动与资本、劳动与技术、劳动与生态、劳动与教育的关系提供了宝贵的指导。通过深入理解和应用恩格斯劳动思想,我们可以应对现代社会中的劳动挑战,推动实现更加公正、高效、和谐、绿色的生产方式。

劳动幸福实现的动力机制探究
——基于劳动的属人性与非属人性及其矛盾运动①

齐旭旺

摘 要：劳动的属人性与非属人性是指劳动内在地包含着相互冲突、相互削减力量的两极属性。具体来讲，劳动既有促进人以人的方式存在的一面，也有将人变成以非人的方式存在的一面，是属人性与非属人性的并存。这是从存在论角度将劳动看作人的感性的对象性活动，肯定人的本质的活动。在劳动过程中劳动的属人性与非属人性呈现出此消彼长的矛盾运动关系，推动劳动对人的本质的肯定。劳动的属人性与非属人性的矛盾运动产生两种对立的力量，一种是正向推动力量，一种是反向推动力量。提升劳动的属人性，既可以通过提升劳动正向力量来实现，也可以通过消减劳动反向力量来实现。这两种力量会永远不断地确证劳动创造人的可能性和必然性。这就意味着，提升劳动的正向推动力量与消减劳动的反向推动力量都有助于彰显人的存在方式，展现人本质的属人性。然而，劳动幸福在本质上就是讲人通过劳动创造确证为人，人能够以人的方式存在，从而获得属人性幸福。也就是说，如何获得属人性的劳动幸福需要从劳动的属人性与非属人性及其矛盾运动中去分析。基于劳动的属人性与非属人性，探讨推动劳动幸福实现的动力机制，一方面是为弱势群体的幸福方案提供一个新的解释框架，另一方面也为人工智能时代人类劳动权利所面临的挑战提供一个新的解决思路。

关键词：劳动的属人性；劳动的非属人性；劳动幸福；动力机制

本文引文格式：齐旭旺：《劳动幸福实现的动力机制探究——基于劳动的属人性与非属人性及其矛盾运动》，见何云峰主编：《劳动哲学研究》第十一辑（2024年第2辑），上海教育出版社2024年版，第143—151页。

---

① 基金项目：安徽省高等学校科学研究重点项目"劳动二重性及其矛盾运动推动新时代劳动幸福持续提升的路径研究"（项目编号：2024AH053452）。作者通信地址：齐旭旺，上海师范大学哲学与法政学院/知识与价值科学研究所（上海 200234）/皖南医学院马克思主义学院（安徽芜湖 241002）。

从哲学存在论意义上理解劳动是属人性与非属人性的并存，是对劳动主体性价值的评价判断。劳动的属人性，确证人的本质；劳动的非属人性，否定人的本质。劳动人权马克思主义认为，劳动创造人，劳动确证人的本质，劳动与人相互生成，人离开劳动就抛弃了人的属人性。当然，劳动的属人性与非属人性是指劳动既有属人性的一面，也有非属人性的一面，是一体两面的关系。人在劳动中所获得的属人性必须具有多样性、丰富性和全面性，人要丰富而多样化地以人的方式存在，就要全面发展。否则，就会出现单向度发展或反向发展。单向度发展是指劳动没有全面地使人以人的存在方式存在；反向发展是指劳动不仅没有使人获得人的存在方式，反而退回到了动物的或者物的存在方式。其实，无论人在劳动中获得全面发展或单向度发展，还是获得反向发展，都是由劳动自身所包含的二重性之间的矛盾运动推动的。本文拟在对劳动的属人性与非属人性及其矛盾运动的深入分析中，探究劳动属人性幸福的动力机制，以期为弱势群体的幸福以及人工智能对人类劳动的挑战提供解释框架和解决思路。

一、劳动的属人性与非属人性及其矛盾运动

从哲学存在论意义上理解劳动的属人性与非属人性，是指劳动既有促进人以人的方式存在的一面，也有将人变成以非人的方式存在的一面，是属人性与非属人性的并存。也就是说，劳动的属人性与非属人性是劳动内在地包含着相互冲突、相互削减力量的两极属性。马克思指出，黑格尔"把劳动看做人的本质，看做人的自我确证的本质：他只看到劳动的积极的方面，没有看到它的消极方面"①。在这里，马克思承认黑格尔对劳动积极性方面的认识，即赞同劳动确证人的本质。虽然黑格尔认识到劳动确证人本质的一面，但是"黑格尔唯一知道并承认的劳动是抽象的精神的劳动"②。黑格尔所强调的人的本质仅仅是自我意识的本质，劳动也只是自我意识的活动。同时，黑格尔也没有看到劳动的消极性（非属人性）及其本质。马克思在黑格尔哲学的基础上肯定了劳动是人成为人的本质力量，认为劳动既有属人性的一面，也有非属人性的一面。

（一）在哲学存在论意义上，劳动具有属人性与非属人性

劳动的属人性在于劳动能确证人的本质。马克思指出："有意识的生命活动把人同动物的生命活动直接区别开来。"③劳动将人同动物相区别，使人成为人。人

---

① 《马克思恩格斯文集》第1卷，人民出版社2009年版，第205页。
② 《马克思恩格斯文集》第1卷，第205页。
③ 《马克思恩格斯文集》第1卷，第162页。

在劳动中"真正地证明自己是类存在物"①。人在劳动中确证自己的本质,展现自身的属人性。依照劳动人权马克思主义理论的观点,能确证人的本质、展现属人性的劳动是来自人自由自觉的、不被胁迫的全面劳动,是处于永无止境的发展中的劳动。具体来说,当劳动"是内在本质力量的对象化,是自我自由人性的积极确证"②时,才能确保劳动是人自由意志的发挥。也就是说,当人在自由自觉的基础上从事劳动时,劳动不仅不被外在的目的或功利胁迫,而且还能在劳动中全面呈现出人的自由个性,此时劳动的属人性得以展现。这表明,劳动的属人性要通过自由自觉的劳动的全面展开才能得以呈现。同时,"人在劳动中存在,并通过劳动得到自我完善和发展"③,劳动与人的关系永远处于一种未完成的发展状态。所以,劳动的属人性在不断发展中实现多样性、丰富性和全面性,进而使人在这一过程中也实现丰富和多样化地以人的方式存在。

劳动的非属人性在于劳动否认人的本质。劳动的非属人性不是指有的劳动具有属人性,有的劳动具有非属人性。它是指劳动在带给人属人性的同时,也带给人非属人性,将人变为以非人的存在方式存在。劳动创造了人,但人在劳动中又有对人的存在的否定,侵害劳动属人性的情况。具体来说,当劳动"不是自由地发挥自己的体力和智力,而是使自己的肉体受折磨、精神遭摧残"④时,人在劳动中感受到的就只有痛苦和折磨了。此时,劳动展现非属人性。只要从事劳动,就会给人带来心理和生理上的疲惫和痛苦。而且,当这种疲惫和痛苦进一步加强到人不能通过休闲娱乐等方式自然恢复的时候,劳动就会成为折磨人的工具,人也就成了劳动的奴隶。人作为劳动的奴隶,不能真正像人一样有尊严地参与劳动,反而被机械性、单调性、重复性、危险性的劳动束缚。尤其在精细化分工的现代,人非常有可能长期从事同一种劳动,虽然这样可以实现该项劳动技能的最大化发展,但"终生从事同一种简单操作的工人,把自己的整个身体转化为这种操作的自动的片面的器官"⑤。人在劳动中也就成为片面发展的人。当然,当劳动是因谋生而被迫和强制从事的劳动,不是使人成为人的劳动,劳动也展现出非属人性。虽然劳动具有帮助人维持生计的功能,但是人不能为了维持生计而从事被迫、非自愿性的劳动,否则就丢掉了劳动原本使人成为人的目的。当人的劳动不是帮助人以人的方式存在时,人所从事的就是非属人性的劳动。

---

① 《马克思恩格斯文集》第1卷,第163页。
② 陈学明、毛勒堂:《美好生活的核心是劳动的幸福》,《上海师范大学学报(哲学社会科学版)》2018年第6期,第12—17+53页。
③ 何云峰:《劳动幸福论》,上海教育出版社2018年版,第96页。
④ 《马克思恩格斯文集》第1卷,第159页。
⑤ 《马克思恩格斯文集》第5卷,人民出版社2009年版,第393页。

（二）劳动的属人性与非属人性的矛盾运动

劳动的属人性与非属人性是劳动本身包含的两种属性。这两种属性相互冲突、相互消减，处于永不停息的矛盾运动之中。劳动的属人性与非属人性在矛盾运动中会产生两种推动力量：正向推动力量和负向推动力量。正向推动力量增加劳动的属人性元素，使人以人的方式存在；负向推动力量增加劳动的非属人性元素，使人以非人的方式存在。当一种力量在一定程度上增加和提升的时候，另一种力量就必然会在一定程度上消解和降低。也就是说，当正向力量大于负向力量时，劳动的属人性占据主导地位，人在劳动中获得的属人性就超越非人的存在方式，体现人的独特存在方式，表明一个人的存在方式既不同于动物的存在方式也不同于物的存在方式，实现了更加具有对人本质的肯定性、更有属人性和积极性的存在状态。当负向力量大于正向力量时，劳动的非属人性占据主导地位，人在劳动中获得的非属人性就超越属人的存在方式，也就意味着劳动异化的产生，主要表现为劳动产品与劳动者异化、劳动行为与劳动者异化、人类的本质与人相异化、人与人相异化等情况。

按照唯物辩证法的观点，事物发展的根本动力来自事物自身的内部矛盾运动。所以，探究劳动的属人性提升和丰富的动力也必然来自劳动自身的内部矛盾运动。为了提升劳动的属人的程度，既可以通过增加和提升劳动属人性这一正向极去实现，也可以通过消解和降低劳动非属人性这一负向极去实现。虽然最理想的路径是在增加正向极作用力的同时，减少负向极的作用力，但要同时做到两极发力是有很大困难的。所以，最可行的路径是最大限度地减少可感知的负向极的作用力。劳动各种负向的非属人性元素的消减，也就意味着劳动各种正向的属人性元素的增加。人类正是通过各种诚实的创造性劳动的发挥才同时做到了提升劳动的正向力量和降低其负向力量，进而逐步实现劳动的属人性的提升和丰富这一目标，人也才能在劳动中获得全面发展，展现人的类本质。由于劳动的属人性与非属人性处于永无止境的矛盾运动中，因而提升和增加劳动的属人性、消减劳动的非属人性都是没有终点的过程。这就要求人们在劳动中持续通过诚实劳动、辛勤劳动来消解劳动的负向力量，提升劳动的正向力量，并在此过程中永远不断地用劳动来确证人本质的可能性和必然性。

二、劳动幸福是人通过劳动获得的属人性样态

劳动幸福是指："人通过劳动使自己的类本质得到确证进而得到深层次愉悦体验的过程。"[①] 劳动幸福强调的是人通过劳动创造获得人的本质，进而获得的深层

---

① 何云峰：《劳动幸福论》，第19页。

次的幸福。也就是说，人在劳动中确证人的类本质，获得属人性的样态就是幸福的样态。所以，对推动人们获得属人幸福的动力机制，可以基于劳动的属人性与非属人性及其矛盾运动进行探究。

宇宙中自从有了人类存在，就出现了物的存在方式、动物的存在方式和人的存在方式这三种不同的存在方式。人的存在方式是由人类劳动创造出来的，属于人所特有的专门属性。这在宇宙普遍进化意义上是指通过劳动实现的人的存在方式，即劳动赋予人以属人属性。这里的"劳动"是一个本体论概念，不是具体的某一活动。在天赋人权体系中，人是上帝创造的；在劳动人权马克思主义体系中，人是劳动创造的。正如马克思恩格斯所说："把对象性的人，现实的因而是真正的人理解为人自己的劳动的结果。"①恩格斯也明确指出："劳动是整个人类生活的第一个基本条件，而且达到这样的程度，以致我们在某种意义上不得不说：劳动创造了人本身。"②劳动创造人，人通过劳动成为人，获得人的本质，展现属人性。人在劳动中获得与人本质的同一，进而就能得到由劳动创造获得人本质的深层次愉悦体验的幸福，就是劳动幸福。严格来说，"我的劳动是自由的生命表现，因此是生活的乐趣"③。能展现人本质的属人性劳动就是劳动幸福。当然，并不是所有的劳动都能展现人本质，让人获得劳动幸福。当劳动与人本质之间产生异化时，劳动幸福就不存在。马克思对这种异化进行过抨击："异化劳动从人那里夺去了他的生产的对象，也就从人那里夺去了他的类生活，即他的现实的类对象性，把人对动物所具有的优点变成缺点……"④异化劳动不能展现人的类本质，人以非属人性的形式存在。所以，异化劳动带给人的就是不幸福。

劳动幸福是最高形态的幸福，因为世界上不可能有比展现人的本质更幸福的事情。劳动幸福涉及的是人之为人的问题，体现的是人与劳动关系的发展程度。"人在劳动过程中存在，并通过劳动得到自我完善和发展。"⑤这意味着，劳动创造人，并同人永无止境地共同演化发展。人在自身生存、发展的劳动中创造自身。对于个人来讲，人在劳动中获得了类本质，有了自身生命再生产的意义。在这个意义上，劳动不仅让人真正成为人，还帮助人最大程度地提升自己，发展自己。对于整个社会来讲，社会中所有的人都能在劳动中展现自己的价值创造，并具有最大程度和可持续性的发挥。这里需要明确的是，劳动幸福所强调的劳动创造人，并不是劳动如同上帝一样，推动人从无到有地产生，而是在漫长的历史发展中，劳动在从猿

---

① 《马克思恩格斯文集》第1卷，第205页。
② 《马克思恩格斯文集》第9卷，人民出版社2009年版，第550页。
③ 《马克思恩格斯全集》第四十二卷，人民出版社1979年版，第38页。
④ 《马克思恩格斯文集》第1卷，第163页。
⑤ 何云峰：《劳动幸福论》，第97页。

到人的进化过程中起着决定性作用,劳动与人同时得到进化。

然而,人要实现以人的方式存在,获得属人性幸福,就要提高劳动的属人性,避免劳动的非属人性。否则,会出现劳动没有全面地使人以人的存在方式存在的单向度发展,又或者会出现劳动不仅没有使人获得人的存在方式,反而退回到了动物的或者物的存在方式的反方向发展。劳动的属人性和非属人性并存,是劳动本身包含的两种属性,它们的矛盾推动着劳动属人性和非属人性的运动。要提高劳动的属人性,获得劳动幸福,就要消解劳动的属人性与非属人性的矛盾运动所产生的负向力量。然而,要消解劳动非属人性的负向力量,需要有生产力的大幅发展、生产关系的积极调整以及科学技术的广泛运用。科技进步本来就是为了消解劳动的非属人性。尤其是人工智能是人类针对自身劳动能力不足而提出来的。人工智能的大量运用使劳动越来越回归到自由的生命表现上来。真正的人类劳动应该是体现人类快乐和享受,实现人的价值,展现人的本质规定性的过程。随着人工智能的大量使用,劳动生产率得到前所未有的提高,人类不必为了保持自身生命体形式存在而去从事被迫劳动。劳动的被迫性将降到最低限度,劳动的合意愿性真正回到自由的生命表现就越来越成为可能,劳动的非属人性消减,帮助人从简单的单调型劳动和低水平的重复型劳动所带来的枯燥乏味劳动中解放出来。劳动属人性自然会获得提升,劳动幸福也就能够实现。当然,消减劳动的非属人性,不仅要努力增加属人性,不断超越已有的属人程度,累积人性的厚度;还要努力全面地丰富多样化的属人性,避免单向度发展;更要努力保持已经获得的属人性,避免反向发展。

劳动幸福是在劳动创造人的过程中逐渐展现出来的,并不是一瞬间完成的动作,而是一个永续的过程。这是由于劳动的属人性与非属人性的矛盾运动具有永恒性,无论劳动属人性的提升和增加,还是劳动非属人性的消解和降低,都是没有终点的过程。所以,劳动非属人性在某些劳动过程中还需要有显现的时间条件,从而分阶段性地呈现出来。当它没有充分显现的时候,很可能导致人们对劳动的非属人性的负面影响估计不足,从而影响劳动属人性幸福的实现。还由于社会进步和科技发展的历史性和阶段性,劳动在客观上产生的消极影响可能具有隐蔽性和延迟性,会导致只有当条件具备时,劳动的负向力量才会完全显现。人们对于劳动活动规律的认识跟认识其他事物一样,有一个发展的过程,只有在众多的负面的劳动现象显现时,人们才会对其进行归纳总结、实验认证,从而形成科学的劳动规律性认识。所以,消解劳动的属人性与非属人性矛盾运动所产生的负向力量,获得属人性劳动幸福,也是一个永续的过程。

三、探究推动劳动幸福实现的动力机制的意义

基于劳动的属人性与非属人性探讨推动劳动幸福实现的动力机制，既可以为弱势群体的幸福方案提供一个新的解释框架，也可以为人工智能时代人类劳动权利所面临的挑战提供新的解决思路。

（一）为弱势群体的幸福方案提供一个新的解释框架

现代文明的理性特征之一就是可解释性，要保护弱势群体的幸福，需要一个理论框架说明其合法性理据。那么，探讨劳动属人性与非属人性及其矛盾运动将是一个全新的视角。

劳动的属人性与非属人性的矛盾运动所产生的力量具有一定的不确定性，这也就意味着任何一个有完全劳动能力的人或者所谓的社会强势人群成员都有可能因为劳动的不确定性而随时成为弱势群体的一员，变为需要保护和保障的人。为劳动能力不足的人提供保护，要通过合理的制度设计实现属人性幸福。然而，有人会误以为这是在养懒人，或者认为这是一种怜悯和同情他人的表现。其实，这不是成就不劳而获者的好逸恶劳欲望，也不是出自人们的怜悯和同情，更不是养懒人，而是超越人道主义的怜悯之爱，为自己实现属人性幸福提供确定性，增加我们自己实现属人性幸福的保险系数。

对弱势群体的关爱，其实正是个体生存社会化的体现。人是社会的人，每个人都是与社会中的其他人的生存发展紧密联系在一起的。也就是说，个人的生存不能像动物一样各凭本事地活着，弱肉强食。社会的人是一个彼此关联的集合体，每一个人都必须以社会性作为根本属性，在劳动中共同生存和发展。劳动是人的本质，要在认识劳动的属人性与非属人性及其矛盾运动规律的基础上制定动力机制，帮助强者有更好的发展机会，保护弱者而使其也拥有生存和发展的机会，这也就让所有人都可以在制度的保障下通过劳动获得属人性，展现人的本质。

从幸福的角度来说，不确定性、忧虑是最大的不幸福，我们每个人都要设法给自己的未来提供确定性的保障。基于劳动的属人性与非属人性探讨推动劳动幸福实现的动力机制，建立弱势群体的制度性保障方案，就是给每个人的未来增加确定性，在给弱者提供保护的同时，也意味着我们自己在未来受同样的保护。一个好的社会化生存制度，就是要在良善的、符合人性的制度中呵护弱者，为弱者提供帮助，进而获得劳动幸福。这是站在劳动人权的角度来论证需要为我们社会中的每一个人的未来提供确定性保障。

（二）为人工智能时代人类劳动权利所面临的挑战提供新的解决思路

人工智能本质上是人类针对自身劳动能力不足而提出来的一种解决方案。随

着人工智能的发展,人类智能弥补型、人类智能代替型、人类智慧继承性、人类智能优化型等形式的人工智能对人类劳动的神圣地位提出了挑战。其实,从劳动层面深入分析,与其说人工智能可能会剥夺人类劳动的权利,挑战人类劳动的主宰地位,倒不如说人工智能带给人类的是便捷和高人性化物理世界的涌现,帮助人类消解劳动的非属人性,提高劳动的属人性,为促进人自由而全面发展提供了可能。

  人工智能的飞速发展和广泛应用,挑战了人的自我优越性。人工智能的大量使用,使单个人自身的劳动能力显得越来越渺小,甚至微不足道。① 如果人类发现自己创造出来的东西比自己强大无数倍,就会越来越感受到自己的劳动能力在人工智能面前是不值一提的,人类的劳动局限性和低位感会越来越突出。这一挑战让人类劳动付出所带来的工作机会被人工智能抢走,大量的工作岗位被智能机器人取代。智能化机器人的大量使用,虽然能够在一定程度上填补劳动力缺口,但过度取代也会严重破坏人类选择职业的多样性。

  其实,人类应该冷静对待人工智能带来的挑战。从劳动的属人性与非属人性角度看,真正的人类劳动是体现人类快乐和享受、实现人的价值、展示人的本质规定性、获得属人性的过程。但现实中劳动对人的脑力和体力会产生消耗,超强度劳动会对人本身产生不必要的摧残。尤其是在那些繁重的体力劳动和危险性大的劳动中,人感受到的只有非属人性。在这种情况下,将大量人工智能机器人引入劳动,人类可以得到很大程度的解放,从不必要的奴役劳动中摆脱出来。"人工智能的大量运用更多的是人类解放的实现,是人类彻底摆脱奴役劳动的标志。"② 当然,人工智能不仅能帮人摆脱繁重的体力劳动和危险劳动,也可以帮助人们从简单的单调型劳动和低水平的重复型劳动等枯燥乏味的劳动中解放出来。如此,随着人工智能的大量使用,机器代替人类从事那些不能带给人幸福和快乐的劳动,劳动就能越来越回归到展现人本质上来,促使人在劳动中肯定自己的个人生命,帮助人在劳动中获得属人性幸福,真正实现"我的劳动是自由的生命表现,因此是生活的乐趣"③。人们从厌恶劳动的情绪中逐渐解放出来,从事的劳动越来越充满快乐性,劳动的属人性占主导地位,人在劳动中获得属人性。

  同时,人工智能被大量用于人的劳动,有助于克服劳动的非属人性,从而最大限度地消除各种不利于提升劳动的属人性、促进人的全面发展的因素。当人们从繁重的劳动中解放出来时,就会获得大量的自由支配时间。人们需要将这些时间用于自我发展、完善和提高,特别是用于劳动技能的再培训。因为想通过人工智能的发展,一劳永逸地解决人的自我发展问题是不可能的。虽然许多单调、枯燥的劳

---

① 何云峰:《劳动幸福论》,第182页。
② 何云峰:《劳动幸福论》,第185页。
③ 《马克思恩格斯全集》第四十二卷,第38页。

动岗位会被智能机器人取代,但人们仍然要在重新学习中适应新的劳动要求。此时,人的发展变成了终身发展,人类学习变成了终身学习的过程。这恰恰与劳动的属人性与非属人性及其矛盾运动具有永恒性相一致。即无论劳动属人性的提升和增加,还是劳动非属人性的消解和降低,都是没有终点的过程。所以,这就意味着,在人工智能时代,人的闲暇时间越多,人的自我发展时间也就越多。"所有的人都将有可以自由支配的时间,发展自己的自由时间"①,从而为人全面发展提供了可能性。

人工智能介入人类劳动之后,人们有更多的时间和机会自由而全面地发展自己,人更加像人一样生活,获得属人性的提高,这正是人工智能带来的巨大社会变化。所以,我们没有理由在人工智能面前胆战心惊,应该张开双臂热情地拥抱它。人工智能发展到今天,要求人们在面对自己被替代时不悲观,而是重新审视自己的劳动价值,找到自己的潜能,主动研判劳动趋势,持续学习新知识,不断用新的劳动知识和劳动技能充实自己,提高自己的劳动创造力。

---

① 《马克思恩格斯全集》第三十五卷,人民出版社2013年版,第229页。

劳动幸福观视域下高校教师外在激励−关系绩效模型构建①

郝丹娜

摘 要：本研究基于劳动幸福观理论框架，探讨了高校教师组织氛围环境、薪酬福利保障及个人晋升发展对组织奉献和周围关系的影响。研究发现，优化组织氛围环境、完善薪酬福利体系、构建清晰职业发展路径是提升教师劳动幸福感的核心要素。公平和谐的组织氛围通过制度正义与文化认同增强教师归属感，科学合理的薪酬福利体系以物质保障与人文关怀彰显劳动价值，多元化职业发展通道则助力教师实现自我价值与社会价值的统一。三者协同发力，激发教师的工作热情与奉献精神，推动教师个人成长与高校整体发展形成良性循环，最终实现劳动幸福观所倡导的个人幸福与社会发展相统一的目标，为高等教育高质量发展提供理论支撑与实践路径。

关键词：劳动幸福观；高校教师激励；绩效考核

本文引用格式：郝丹娜：《劳动幸福观视域下高校教师外在激励−关系绩效模型构建》，见何云峰主编：《劳动哲学研究》第十一辑（2024年第2辑），上海教育出版社2024年版，第152−171页。

近年来，教师的绩效问题备受社会关注，教师因不合理的激励方式和绩效考核

---

① 基金项目：陕西省教育厅人文社科一般项目"新时期西部地区高校青年教师激励因素及绩效关系研究"（项目编号：22JK0068），渭南师范学院高教改革研究项目"高校教师激励关键影响因素的识别与影响机制研究"（项目编号：GJ202310），渭南师范学院人才项目"地方高校教师激励模式与绩效评价体系关系重构研究"（项目编号：2022RC06），渭南师范学院哲学社会科学研究项目"激励机制背景下陕西高校产教融合建设绩效评价体系研究"（项目编号：2024ZS08），陕西省体育局项目"关于陕西竞技体育人才队伍体系建设的研究"（项目编号：20240893）。作者通信地址：郝丹娜，渭南师范学院教育科学学院（陕西渭南714099）/上海师范大学知识与价值科学研究所/哲学与法政学院（上海200234）。

制度而高呼"劳动不幸福"。习近平总书记多次在不同场合谈及幸福,强调"劳动创造幸福",幸福是奋斗出来的,人生的意义在于奋斗,形成了内涵丰富、科学完善的劳动幸福观。习近平总书记强调,"人世间的一切成就、一切幸福都源于劳动和创造"。劳动能够为人类带来愉悦,能够体现作为人的价值导向,而教师承担着教书育人的重任,对于教师的激励政策以及合理的绩效考核要求会帮助教师更好地投身于工作,帮助教师树立积极的职业观,以劳动幸福观为指引,不断提高感知幸福、体验幸福、把握幸福、创造幸福的能力。现阶段,由于科研考量在教师绩效考核中的比重不断加大,而教学成果较难度量,对于教师评价存在重科研、轻教学等现象。为不断完善教师评价体系,《关于深化职称制度改革的意见》[①]、《深化新时代教育评价改革总体方案》[②]、《关于深化高等学校教师职称制度改革的指导意见》[③]等政策相继出台。2018年中共中央国务院发布《关于全面深化新时代教师队伍建设改革的意见》,明确提出:2035年让教师职业成为具有幸福感、成就感和荣誉感的职业。高校作为集教育教学、科学研究、社会服务、创新等职能于一体的事业单位,优质的师资力量是高校发展的核心力量。而绩效考量是教师劳动的具体展现,改善相关激励策略和绩效考核制度,是引进人才、留住人才、激发教师工作积极性和提升教师劳动幸福感的有力杠杆。本研究以劳动幸福观为指导,为学校制定相关激励政策和绩效考量提供建议,以期完善目前尚缺乏科学考量的教师评价体系,帮助教师更好地实现劳动幸福。

一、研究问题及概念界定

（一）研究问题

本研究以劳动幸福观为指导,立足教师成长激励因与绩效考量角度,分析探讨以下问题:(1)影响教师劳动幸福观的外在激励因素有哪些;(2)教师的关系绩效维度的分类和指标的论述;(3)探索外在激励因素对关系绩效的影响。

（二）高校教师外在激励因素分析

程文、张国梁、董玲玲研究发现,高校教师从事教学等活动的动因可分为两个因素,分别是内在激励因素与外在激励因素,外在激励是传媒类教师在承担完成工

[①]《中共中央办公厅 国务院办公厅印发〈关于深化职称制度改革的意见〉》,https://www.gov.cn/zhengce/2017-01/08/content_5157911.htm#1,2024年10月22日检索。

[②]《中共中央 国务院印发〈深化新时代教育评价改革总体方案〉》,http://www.gov.cn/zhengce/2020-10/13/content_5551032.htm,2024年10月22日检索。

[③]《人力资源社会保障部 教育部关于深化高等学校教师职称制度改革的指导意见》,http://www.gov.cn/zhengce/zhengceku/2021-01/27/content_5583094.htm,2024年10月22日检索。

作的过程中,因外部环境或制度所产生的影响。①成琼文、曹兴认为薪酬福利是通过向教师提供工资、奖金、保险等直接或间接酬劳,提供较高的经济报酬以减少人才流失。②陈丹认为组织环境是宏观层面上对工作绩效产生影响的外部环境,包括组织文化、工作环境及工作条件、对员工的管理方式等。③高校的文化是校园文化,如校训、学校精神、办学理念等都会潜移默化地对教师和学生的态度和行为产生影响。工作环境及工作条件是与工作性质紧密相关的硬件及软件设施。高校的工作环境及工作条件是指学校对科研、对教学设施等的投入。对员工的管理方式根据组织特性而定。④晋升机会对员工的积极性有直接影响,同时直接影响组织绩效,因此在此过程中管理者对于公平的把控尤为重要。⑤强明隆研究发现对教师提供更良好的发展空间和工作环境以达到晋升的实质,这是个人发展中的重要部分,从而激发教师对工作的更大热情。⑥时念秋等人认为通过薪酬激励、职位晋升激励、年度考核激励为主要的激励方式可以对教师的工作进行有效考量。⑦陆慧将教师激励分为物质需求、精神需求和发展需求三方面,侧重于自我效能感的发挥,包括教师希望得到报酬公平、社会认可尊重、自我成就等需求。⑧张仁俊认为学校管理者应该从物质、精神、发展、职位选择等方面促进教师发展。⑨左鹏、王楚凡研究发现有效的教师激励机制应包括:晋升机制、荣誉机制、生活保障、成果奖励等。⑩基于以上学者的论述,本研究将教师外在激励归纳为薪酬福利保障、个人晋升发展、组织氛围环境三个维度。

(三)高校教师关系绩效维度

组织整体绩效的程度容易受个人主观情感和人情关系影响,因此,关系绩效在

---

① 程文、张国梁、董玲玲:《大学高级研究人员激励因素模型实证研究》,《科技与管理》2010年第2期,第133-136页。

② 成琼文、曹兴:《研究型大学教师全面薪酬激励效应的实证研究》,《系统工程》2009年第11期,第96-102页。

③ 陈丹:《天津市普通本科高校教师激励因素与绩效相关性研究》,天津理工大学2018年硕士学位论文,第54页。

④ 徐谡:《高校人力资源管理》,清华大学出版社2016年版,第9页。

⑤ 钱振波:《人力资源管理:理论·政策·实践》,清华大学出版社2004年版,第46-53页。

⑥ 强明隆:《高校教师薪酬激励模型设计》,《中国人力资源开发》2011年第7期,第95-98页。

⑦ 时念秋、张秀荣、冯波:《高校教师激励机制的透视及完善策略》,《中国成人教育》2017年第1期,第42-45页。

⑧ 陆慧:《经济发达地区高等学校教师的需求研究》,《大学教育科学》2010年第3期,第61-66页。

⑨ 张仁俊:《激励机制在高校青年教师管理中的运用》,《贵州广播电视大学学报》2021年第3期,第63-67页。

⑩ 左鹏、王楚凡:《期望理论下的高校青年科技人才激励现状与对策探析——基于D大学的个案研究》,《经济师》2022年第1期,第191-193页。

组织绩效的考量中占有重要地位。① 胡坚等人指出,教师作为学生在校的第一接触者,对学生具有潜移默化的影响,高校教师对于工作的奉献精神、对于教育教学的责任心及其帮助他人助人为乐等行为方式更重要。② J.R.Van Scotter & S.J.Motowidlo(1994)对任务绩效与关系绩效进行了细分,认为关系绩效应分为人际促进与工作奉献两个维度,该研究受到学术界高度认可,成为这一领域的主要贡献。③ 综上所述,本研究将关系绩效氛围周围关系与组织奉献,其中周围关系表现为教师与周围同事、领导、学生等的关系考量,组织奉献包括在完成本职教学任务的同时,主动自愿帮助同事或学生,主动承担自己工作量之外的任务,积极参加各项会议或活动等。

(四)研究假设

陈晶瑛通过实证研究发现教师对薪酬满意度与工作绩效存在正相关关系。④ 周治金等通过实证研究发现教师个人之间的人际关系的好坏会影响教师的工作绩效,组织环境、组织中的人际关系与工作绩效在性别条件下会有较大差异性,因此可见组织环境因素对关系绩效有着较为显著的影响。⑤ 曹中秋研究发现通过职位晋升、职称晋升、参加培训等与同事、学生关系相联系,通过同事互评、学生评教等方式进行考量,可以促进教师工作积极性,从而提升其工作绩效。⑥ 杜治平,郑曼研究发现公正的薪酬福利对调动教师工作积极性、提高工作绩效有显著影响。⑦ 李涛研究了薪酬公平与教师绩效之间的关系,发现薪酬公平正向影响教师绩效,两者呈正相关。⑧ 周文波在研究中发现组织的工作氛围与教师的绩效有一定相关性。⑨ 教师的工作绩效与组织的环境、组织承诺等存在相关关系,组织承诺和组织

---

① 罗正学、朱霞:《任务绩效、关系绩效与工作绩效的关系研究》,《中国行为医学科学》2006年第5期,第451—452页。

② 胡坚、傅昌盛、莫燕:《高校教师关系绩效在工作考核中的意义评述》,《理论导报》2009年第3期,第46—47页。

③ S. J. Motowidlo, J. R. Van & Scotter, Evidence that Task Performance Should be Distinguished from Contextual Performance, *Journal of Applied Psychology*, Vol. 46, No. 79, 1994, pp.475—480.

④ 陈晶瑛:《高校教师薪酬满意度对工作绩效和积极性的影响》,《中国人力资源开发》2009年第8期,第101—104页。

⑤ 周治金、朱新秤、王伊兰等:《高校教师工作绩效及其影响因素的调查与分析》,《高等工程教育研究》2009年第2期,第111—115页。

⑥ 曹中秋:《高校教师需要的特点及其激励策略探讨》,《教育与职业》2009年第8期,第56—57页。

⑦ 杜治平、郑曼:《浅议高校教师的教学绩效激励》,《陕西科技大学学报(自然科学版)》2011年第6期,第185—188页。

⑧ 李涛:《高校教师薪酬公平与工作绩效相关性研究》,《教育与职业》2011年第27期,第166—168页。

⑨ 周文波:《民办高校组织承诺、组织气氛与教师绩效的关系研究》,《国家教育行政学院学报》2010年第12期,第23—27页。

环境影响人际关系和任务绩效,组织奉献的影响主要来自感情承诺方面。①让每位教师有明确的职业发展规划、均等的发展机会,从而最大程度上发掘教师的积极性与内在潜力,激发其组织奉献精神,最大程度地提高教师的工作绩效②。宋晓霞,刘金培研究发现,外倾性能够显著影响高校教师的敬业度和工作绩效,外倾性与关系绩效也存在显著的正相关关系。③马占杰通过研究发现工作环境会影响关系绩效。④郝丹娜研究发现有效的激励措施可以激发教师更好地在自己工作岗位不断奉献,在工作中更容易找到组织归属感。⑤

通过以上论述,本研究提出以下假设:

H1:组织氛围环境对周围关系存在正向影响,两者呈正相关关系;

H2:薪酬福利保障对周围关系存在正向影响,两者呈正相关关系;

H3:个人晋升发展对周围关系存在正向影响,两者呈正相关关系;

H4:组织氛围环境对组织奉献存在正向影响,两者呈正相关关系;

H5:薪酬福利保障对组织奉献存在正向影响,两者呈正相关关系;

H6:个人晋升发展对组织奉献存在正向影响,两者呈正相关关系。

研究假设如图1:

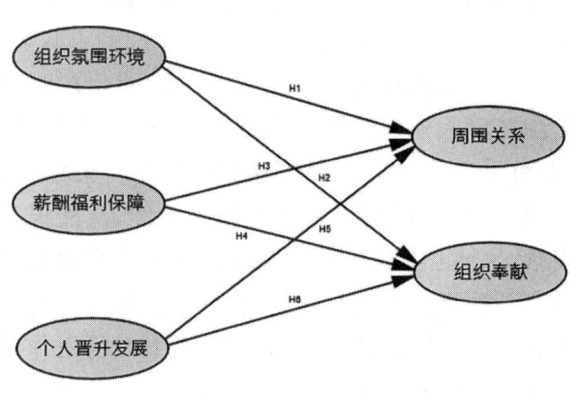

图1 研究假设模型图

---

① 许绍康、卢光莉:《高校教师组织承诺与工作绩效的关系研究》,《心理科学》2008年第4期,第987-988+991页。

② 吴湘萍、徐福缘、周勇:《高校教师工作绩效的影响因素分析》,《华东师范大学学报(教育科学版)》2006年第1期,第30-37页。

③ 宋晓霞、刘金培、方琼红等:《基于敬业度的外倾性与开放性对高校教师工作绩效的影响机制》,《齐齐哈尔大学学报(哲学社会科学版)》2017年第11期,第19-23页。

④ 马占杰:《工作不安全氛围对员工关系绩效的影响机制》,《华东经济管理》2019年第11期,第178-184页。

⑤ 郝丹娜:《高校教师内在激励因素与任务绩效关系实证研究》,《渭南师范学院学报》2021年第5期,第22-29页。

二、研究方法

（一）研究对象

随机选取普通本科院校的高校教师作为样本来源,共发放问卷245份,回收问卷230份,其中有效问卷206份,涵盖文科、理科、工科专业,教师从教年限为1-30年。

（二）研究工具

通过文献检索、访谈、参考目前成型量表、专家团队意见提炼的方式,形成外在激励和关系绩效量表,为进行数据分析的便利性,将薪酬福利保障命名为XCFL、组织氛围环境命名为ZZHJ、将个人晋升发展命名为GRFZ,具体内容如表1:

表1 外在激励、关系绩效问卷题项及其来源

激励分类	维度	序号	题项	来源
外在激励	薪酬福利保障	XCFL1	我的工作积极性会因收入的波动而受影响	俞文钊:《中国的激励理论及其模式》,华东师范大学出版社1993年版,第18-36页; 张金:《高校薪酬、教师组织承诺与工作绩效的关系及管理机制研究》,河北工业大学2014年博士学位论文,第33-36页; 虞华君:《基于群体特征的高校教师激励因素及其绩效影响研究》,华东师范大学2016年博士学位论文,第77页。
		XCFL2	我的工作热情会因与他人收入的差距而受影响	
		XCFL3	薪资会影响我的工作积极性	
		XCFL4	我会努力争取更多的收入	
		XCFL5	良好的福利待遇会影响我对工作的热情程度	
	组织氛围环境	ZZHJ1	我能够接受学校的各种规章制度	张金2014
		ZZHJ2	我有机会参与学校的决策与管理	
		ZZHJ3	目前我对学校的教学设施、条件等较为满意	
		ZZHJ4	学校管理层能够倾听教师的心声	
		ZZHJ5	我非常认同学校的办学理念	
		ZZHJ6	学校为我创造了良好的进修、学习条件	

关系绩效	个人晋升发展	GRFZ1	我比较满意目前的晋升制度	程文、张国梁、董玲玲 2010
		GRFZ2	我非常重视职位、职称的晋升	
		GRFZ3	晋升、培训等能激发我的工作积极性	
		GRFZ4	通过努力就能够有晋升机会	
		GRFZ5	晋升就是个人发展的体现	
	周围关系	ZBGX1	周围人对我都很友好、信任	邹循豪：《高校体育教师心理契约与工作状态关系》，福建师范大学2011年博士学位论文，第46-48页； 郭涛：《高校教师敬业度影响因素及其与工作绩效的关系研究》，天津大学2012年博士学位论文，第66-67页； 石建忠：《知识型员工非经济性激励因素敏感性分析及过度激励问题探讨》，《科技管理研究》2011年第24期，第108-111页。
		ZBGX2	我经常与同事交流，互相学习	
		ZBGX3	我经常帮助同事处理人际关系中遇到的问题	
		ZBGX4	我得到周围人的尊重与理解	
		ZBGX5	团队协作气氛很和谐	
		ZBGX6	我擅长人际关系的处理	
	组织奉献	ZZFX1	在必要情况下我会帮助同事完成工作	张金 2014 王东山 2012
		ZZFX2	我非常关心学校未来的发展	
		ZZFX3	我为本职工作外的学校事务付出很多心血	
		ZZFX4	我会在完成分内工作的情况下加班完成学校其他事务	
		ZZFX5	我愿意承担本职工作外的其他工作	

进一步通过分析发现，外在激励问卷各题项的信度 Cronbach's alpha 系数为 0.795，关系绩效问卷各题项的信度 Cronbach's alpha 系数为 0.894，说明问卷总体具有较好的信度。分别对外在激励的薪酬福利下设题项、个人发展下设题项、组织环

境下设题项进行可靠性分析,得到 Cronbach's alpha 系数分别为 0.858、0.701、0.777;对关系绩效各分项问卷的信度进行测量,分别对关系绩效的周围关系维度、组织奉献维度下设题项进行可靠性分析,得到 Cronbach's alpha 系数分别为 0.888、0.849。所有分量表的信度系数均达到标准,说明具有较高的信度,测量结果比较可靠。

紧接着对外在激励各维度题项进行 KMO 和 Bartlett 球形检验,发现 KMO 测度指数为 0.797,Bartlett 球形检验显著性概率 0.000,关系绩效各维度题项 KMO 测度指数为 0.884,Bartlett 球形检验显著性概率 0.000,说明外在激励和关系绩效各维度中的题项间有显著差异,故适合进行因子分析。

三、研究结果

(一)描述性统计指标

通过对薪酬福利保障保障模型测量,发现拟合度 CMIN/df=6.849,未满足 CMIN/df<3 的判别指数,说明该模型拟合指数没有达到可以接受的范围与程度;近似误差均方根 RMSEA=0.169,没有满足上限 RMSEA<0.08 的标准,拟合优度指数 GFI=0.943;修正拟合优度指数 AGFI=0.829,规范拟合指数 NFI=0.936,递增拟合指数 IFI=0.945,比较拟合指数 CFI=0.944,均满足大于 0.85 指标,综合各项指标,薪酬福利保障初始模型拟合度尚有提升空间。根据模型修正指标,对模型进行修正,删除薪酬福利保障题项 5,对模型进行修正后,拟合度指标均达理想,见表2、图2:

表2 薪酬福利保障模型拟合度

模型	NC(CMIN/df)	GFI	AGFI	RMSEA	CFI	IFI	NFI
薪酬福利保障	6.849	0.943	0.829	0.169	0.944	0.945	0.936
薪酬福利保障(修正)	1.567	0.992	0.961	0.053	0.997	0.997	0.992

通过对组织氛围环境模型测量,发现拟合度 CMIN/df=2.147,满足 CMIN/df<3 的判别指数,说明该模型拟合指数达到可以接受的范围与程度;近似误差均方根

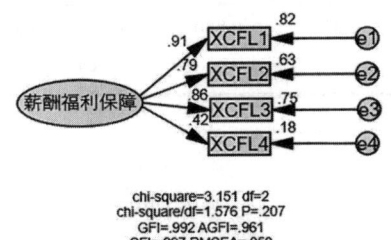

图2 薪酬福利保障模型检验

RMSEA=0.075,满足上限 RMSEA<0.08 的标准,拟合优度指数 GFI=0.971;修正拟合优度指数 AGFI=0.931,规范拟合指数 NFI=0.944,递增拟合指数 IFI=0969,比较拟合指数 CFI=0.969,均满足大于0.85指标,综合各项指标,组织氛围环境初始模型拟合度良好,无需进行题项删除,见表3、如图3:

表3 组织氛围环境模型拟合度

模型	NC(CMIN/df)	GFI	AGFI	RMSEA	CFI	IFI	NFI
组织氛围环境	2.147	0.971	0.931	0.075	0.969	0.969	0.944

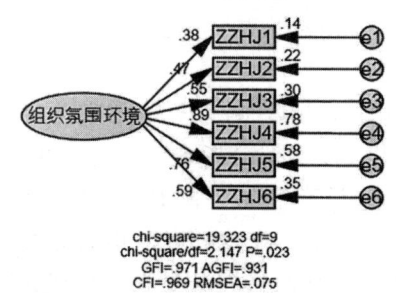

图3 组织氛围环境模型检验

通过对个人晋升发展模型测量,发现拟合度 CMIN/df=13.576,未满足 CMIN/df<3 的判别指数,说明该模型拟合指数没有达到可以接受的范围与程度;近似误差均方根 RMSEA=0.248,没有满足上限 RMSEA<0.08 的标准,拟合优度指数 GFI=0.880;修正拟合优度指数 AGFI=0.641,规范拟合指数 NFI=0.725,递增拟合指数 IFI=0.740,比较拟合指数 CFI=0.735,均未满足大于0.85指标,综合各项指标,个人发展初始模型拟合度尚有提升空间。根据模型修正指标,对模型进行修正,删除个人晋升发展题项1和4,对模型进行修正后,模型刚好满足基本要求,见表4、图4:

表4 个人晋升发展模型拟合度

模型	NC(CMIN/df)	GFI	AGFI	RMSEA	CFI	IFI	NFI
个人晋升发展	13.576	0.880	0.641	0.248	0.735	0.740	0.725
个人晋升发展(修正)	符合基本标准						

图4 个人晋升发展模型检验

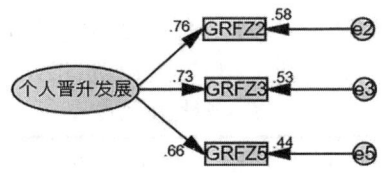

通过对周围关系模型测量,发现拟合度CMIN/df=2.395,满足CMIN/df<3的判别指数,说明该模型拟合指数达到可以接受的范围与程度;近似误差均方根RMSEA=0.082,未满足上限RMSEA<0.08的标准,拟合优度指数GFI=0.968;修正拟合优度指数AGFI=0.925,规范拟合指数NFI=0.968,递增拟合指数IFI=0.981,比较拟合指数CFI=0.981,均满足大于0.85指标,综合各项指标,周边关系初始模型拟合度尚有提升空间。根据模型修正指标,对模型进行修正,删除周边关系题项6,对模型进行修正后,拟合度指标均达理想,见表5、如图5:

表5 周围关系模型拟合度

模型	NC(CMIN/df)	GFI	AGFI	RMSEA	CFI	IFI	NFI
周围关系	2.395	0.968	0.925	0.082	0.981	0.981	0.968
周围关系(修正)	0.625	0.994	0.982	0.000	1.000	0.992	0.995

图5 周围关系模型检验

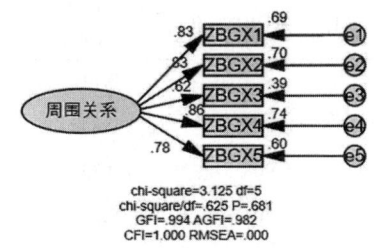

通过对组织奉献模型测量,发现拟合度CMIN/df=4.302,未满足CMIN/df<3的判别指数,说明该模型拟合指数没有达到可以接受的范围与程度;近似误差均方根RMSEA=0.127,没有满足上限RMSEA<0.08的标准,拟合优度指数GFI=0.958;修正拟合优度指数AGFI=0.873,规范拟合指数NFI=0.949,递增拟合指数IFI=0.960,比

较拟合指数CFI=0.960，均满足大于0.85指标，综合各项指标，组织奉献初始模型拟合度尚有提升空间。根据模型修正指标，对模型进行修正，删除组织奉献题项2，对模型进行修正后，拟合度指标均达理想，见表6、如图6：

表6 组织奉献模型拟合度

模型	NC(CMIN/df)	GFI	AGFI	RMSEA	CFI	IFI	NFI
组织奉献	4.302	0.958	0.873	0.127	0.960	0.960	0.949
组织奉献（修正）	1.638	0.992	0.961	0.056	0.995	0.996	0.989

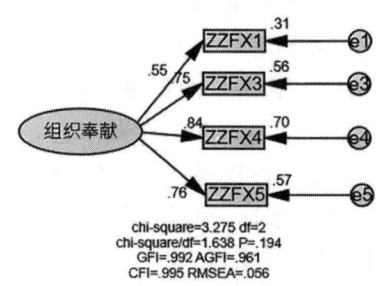

图6 组织奉献模型检验

通过对组织奉献、周围关系、个人晋升发展、薪酬福利保障、组织氛围环境五个维度的平均方差变异数抽取量和信度组合的分析，五个维度的组合信度均达到0.75以上，五个维度的AVE值也均达标，因此说明外在激励各问卷题项和关系绩效各问卷题项具有良好的收敛效度。

表7 各维度收敛效度

维度	题项	参数显著性估计				因素负荷量	题目信度	组成信度	收敛效度
		Unstandardized estimates	S.E.	t-value	P	Standardized estimates	SMC	CR	AVE
组织奉献	ZZFX3	1.000				0.746	0.557	0.819	0.536
	ZZFX4	1.024	0.098	10.423	***	0.839	0.704		
	ZZFX5	0.947	0.096	9.908	***	0.758	0.575		
	ZZFX1	0.570	0.078	7.301	***	0.553	0.306		
周围关系	ZBGX1	1.000				0.832	0.692	0.891	0.623
	ZBGX2	1.030	0.074	13.922	***	0.835	0.697		
	ZBGX3	0.891	0.094	9.433	***	0.622	0.387		
	ZBGX4	1.008	0.070	14.475	***	0.859	0.738		

（续表）

维度	题项	参数显著性估计				因素负荷量	题目信度	组成信度	收敛效度
		Unstandardized estimates	S.E.	t-value	P	Standardized estimates	SMC	CR	AVE
个人晋升发展	ZBGX5	1.001	0.080	12.582	***	0.776	0.602		
	GRFZ2	1.000				0.762	0.581	0.761	0.516
	GRFZ3	0.931	0.125	7.465	***	0.726	0.527		
	GRFZ5	0.991	0.135	7.362	***	0.664	0.441		
薪酬福利保障	XCFL1	1.000				0.905	0.819	0.846	0.594
	XCFL2	0.861	0.062	13.955	***	0.795	0.632		
	XCFL3	0.937	0.060	15.553	***	0.864	0.746		
	XCFL4	0.341	0.056	6.121	***	0.422	0.178		
组织氛围环境	ZZHJ1	1.000				0.377	0.142	0.784	0.396
	ZZHJ2	1.602	0.374	4.287	***	0.471	0.222		
	ZZHJ3	1.461	0.319	4.579	***	0.549	0.301		
	ZZHJ4	2.759	0.534	5.169	***	0.886	0.785		
	ZZHJ5	2.030	0.400	5.071	***	0.761	0.579		
	ZZHJ6	1.764	0.376	4.698	***	0.588	0.346		

运用区别效度来检验外在激励和关系绩效各维度之间的区别效度，通过检验发现AVE的平方根数值大于各维度之间的相关系数，说明外在激励结构维度和关系绩效结构维度之间具有良好的区别效度。具体可见表8：

表8 各维度区别效度

	AVE	周围关系	组织奉献	组织氛围环境	薪酬福利保障	个人晋升发展
周围关系	0.623	0.789				
组织奉献	0.536	0.493	0.732			
组织氛围环境	0.396	0.403	0.386	0.629		
薪酬福利保障	0.594	0.022	−0.067	−0.127	0.771	
个人晋升发展	0.516	0.430	0.524	0.341	0.321	0.718

(二)结构方程模型

针对外在激励的各个维度与关系绩效各维度假设进行验证,为下一步提出更有针对性的管理建议或措施提供依据。

1.外在激励对周围关系的模型分析

通过构建外在激励各维度对周边关系的标准化路径模型,分析薪酬福利保障、组织氛围环境、个人晋升发展与周围关系的相关性,分析外在激励的影响路径。通过AMOS22.软件对模型拟合指数的分析,发现拟合度CMIN/df=1.698,满足CMIN/df<3的判别指数,说明该模型拟合指数达到可以接受的范围与程度;近似误差均方根RMSEA=0.058,满足上限RMSEA<0.08的标准,说明模型拟合度良好;拟合优度指数GFI=0.902;修正拟合优度指数AGFI=0.870,满足大于0.85的临界值;规范拟合指数NFI=0.944,递增拟合指数IFI=0.875,比较拟合指数CFI=0.943,均满足大于0.85指标,进一步说明模型拟合度良好,模型通过检验。见图7及表9:

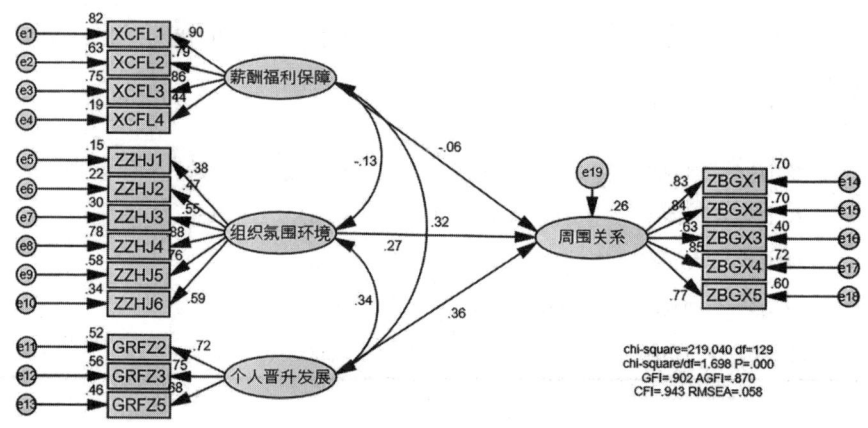

图7 外在激励对周围关系假设验证

表9 外在激励对周围关系假设拟合度

模型	NC(CMIN/df)	GFI	AGFI	RMSEA	CFI	IFI	NFI
模型拟合度检验	1.698	0.902	0.870	0.058	0.943	0.875	0.944

通过对路径回归系数分析,组织氛围环境对关系绩效中的周围关系维度影响的标准化路径系数为0.378,其对应P值为0.002,小于0.05显著性水平,本研究认为原假设H1成立;薪酬福利保障对关系绩效中的周围关系维度影响的标准化路径系数为-0.40,其对应P值为0.471,大于0.05显著性水平,本研究认为原假设H2不成

立;个人晋升发展对关系绩效中的周围关系维度影响的标准化路径系数为 0.341,其对应 P 值为 0.000,本研究认为原假设 H3 成立。

表 10 外在激励对周围关系假设检验路径

			Estimate	S.E.	C.R.	P
周围关系	<---	薪酬福利保障	0.040	0.055	0.721	0.471
周围关系	<---	组织氛围环境	0.378	0.124	3.053	0.002
周围关系	<---	个人晋升发展	0.341	0.094	3.617	***

通过最终模型路径分析,组织氛围环境、个人晋升发展分别对周围关系产生显著正向影响,薪酬福利保障与周围关系之间影响不显著,故:

H1 组织氛围环境对周围关系有正向影响,两者呈正相关。H1 成立。
H2 薪酬福利保障对周围关系有正向影响,两者呈正相关。H2 不成立。
H3 个人晋升发展对周围关系有正向影响,两者呈正相关。H3 成立。

2.外在激励对组织奉献的模型分析

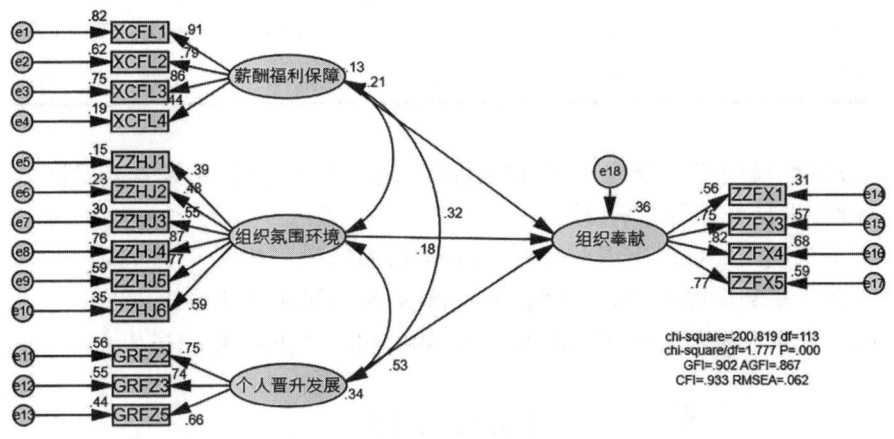

图 8 外在激励对周围关系假设验证

表 11 外在激励对组织奉献假设模型拟合度

模型	NC(CMIN/df)	GFI	AGFI	RMSEA	CFI	IFI	NFI
模型拟合度检验	1.777	0.902	0.867	0.062	0.933	0.935	0.862

根据图 8 可知,通过构建外在激励各维度对组织奉献的标准化路径模型,分析薪酬福利保障、组织氛围环境、个人晋升发展与组织奉献的相关性,分析外在激励

的影响路径。通过对模型拟合指数的分析，发现拟合度CMIN/df=1.777，满足CMIN/df<3的判别指数，说明该模型拟合指数达到可以接受的范围与程度；近似误差均方根RMSEA=0.062，满足上限RMSEA<0.08的标准，说明模型拟合度良好；拟合优度指数GFI=0.902；修正拟合优度指数AGFI=0.867，满足大于0.85的临界值；规范拟合指数NFI=0.862，递增拟合指数IFI=0.935，比较拟合指数CFI=0.933，均满足大于0.85指标，进一步说明模型拟合度良好，模型通过检验。同时，通过对路径回归系数分析，组织氛围环境对组织奉献维度影响的标准化路径系数为0.260，其对应P值为0.039，小于0.05显著性水平，本研究认为原假设H4成立；薪酬福利保障对组织奉献维度影响的标准化路径系数为−0.155，其对应P值为0.009，小于0.05显著性水平，本研究认为原假设H5成立；个人晋升发展对组织奉献维度影响的标准化路径系数为0.536，其对应P值为0.000，本研究认为原假设H6成立。具体见表12：

表12 外在激励对组织奉献假设检验路径

			Estimate	S.E.	C.R.	P
组织奉献	<---	薪酬福利保障	0.155	0.060	2.595	0.009
组织奉献	<---	组织氛围环境	0.260	0.126	2.060	0.039
组织奉献	<---	个人晋升发展	0.536	0.112	4.808	***

通过最终模型路径分析，薪酬福利保障、组织氛围环境、个人晋升发展分别对组织奉献产生显著正向影响，故：

H4 组织氛围环境对组织奉献有正向影响，两者呈正相关。H4成立。
H5 薪酬福利保障对组织奉献有正向影响，两者呈正相关。H5成立。
H6 个人晋升发展对组织奉献有正向影响，两者呈正相关。H6成立。

四、分析与讨论

通过外在激励与周边关系的模型优化可见，研究结果支持了研究假设中提出的部分假设。

第一，劳动幸福观视域下，组织氛围环境对周围关系有正向影响。良好的组织环境能够培育教师积极的职业情感体验，具体表现为：公正的考评制度营造公平感，融洽的同事互动建立信任感，向上的学术文化激发使命感，以及完善的工作条件提供舒适感。这些要素共同作用，有效提升了教师的职业幸福指数和组织认同度，进而转化为更充沛的教学热情和科研动力。这种正向的职业心理不仅为师生互动注入更多情感温度，也促使教师团队形成更紧密的学术共同体，建立起教学相长、科研互助的良性循环机制。在这种氛围中,教师的专业成就与院校发展形成共振效应,既实现了教育工作者的个人价值,也提升了高等学府的社会美誉度。可见,营造优质的组织环境是实现教师职业幸福与人际和谐的关键路径。在薪酬福利维度上,其人际关系促进效应同样值得关注。基于劳动幸福观,当教师获得具有市场竞争力的薪酬待遇和人性化的福利保障时,更能感受到组织对其劳动价值的充分认可。这种认可转化为深层次的心理满足,促使教师以更积极友善的态度处理各类工作关系,从而在校园内形成良性互动的情感场域。

第二,劳动幸福观视域下,薪酬福利保障对周围关系不存在正向影响。劳动幸福观强调,真正意义上的职业幸福感源于劳动价值认同、组织归属感等精神层面的满足,而薪酬福利主要满足的是物质层面的基本需求。事实上,若薪酬分配机制存在公平性缺失或透明度不足等问题,反而可能诱发教师群体的相对剥夺感,加剧同事间的资源竞争,进而对团队协作氛围产生负面影响。劳动幸福观启示我们,健康人际关系的构建更依赖于组织内部的情感联结、学术共同体的价值共识以及制度环境的程序正义。单纯的物质激励难以直接促进师生良性互动或深化同事间的专业合作,唯有将其融入支持性的组织文化之中,与民主管理、学术自由等非物质要素形成协同效应,方能真正助力高校教师实现从"谋生"到"乐业"的精神跨越,最终达成个人发展与人际和谐的统一。

第三,劳动幸福观视域下,高校教师的个人晋升发展对周围关系具有显著的正向影响。当教师在职称评定、学术研究和专业成长等方面取得突破时,不仅实现了马斯洛需求层次理论中的自我实现需求,更在劳动过程中获得了深层次的幸福体验。这种源自职业成就的内在满足感会转化为三个方面的人际效益。首先,在教学互动维度,获得职业发展的教师往往展现出更饱满的教学热情和更专业的育人能力,这为构建"教学相长"的师生关系提供了情感基础;其次,在学术共同体内部,教师的晋升成就会产生示范效应,既避免了零和博弈带来的关系紧张,又营造出"共生共荣"的团队氛围;最后,从组织生态角度看,教师个体发展与院校声誉提升形成了价值循环,教师的学术成就增强学校的社会影响力,而学校声望的提高又为教师创造更优质的发展平台。劳动幸福观特别强调,当劳动不再是异化的谋生手段,而成为自我价值实现的途径时,劳动者自然会以建设性的态度处理各类社会关系。因此,高校建立科学的职业发展支持体系,本质上是在培育一种既能促进个人成长又能优化组织关系的制度环境,这正是高等教育管理应当追求的理想状态。

第四,劳动幸福观视域下,高校教师的组织氛围环境对组织奉献具有显著的正向影响。良好的组织环境能够通过以下机制激发教师的奉献精神:首先,公平透明的制度安排使教师感受到程序正义,这种制度信任感构成了组织奉献的认知基础;其次,和谐互助的人际关系满足了教师的情感归属需求,为奉献行为提供了情感动力;再次,积极进取的文化氛围塑造了共同价值追求,使个体奉献与组织目标形成内在统一;最后,完善的工作条件解除了教师的后顾之忧,使其能够全身心投入教育事业。劳动幸福观特别指出,当教师在组织中同时获得制度保障、情感支持和价值认同时,其劳动就从谋生手段升华为自我实现的途径。这种升华促使教师自发产生组织公民行为,具体表现为:主动承担额外教学任务、积极开展创新性研究、热心参与学校公共事务等。这些奉献行为不仅推动组织目标实现,更使教师在奉献过程中获得更高层次的职业幸福感,形成"奉献-幸福"的良性循环。因此,高校管理者应当着力构建既能满足教师物质需求又能实现精神追求的组织生态系统,通过优化制度环境、人际关系和文化氛围等要素,培育教师的组织认同感和奉献精神,最终实现教师发展与学校进步的双赢格局。

第五,劳动幸福观视域下,高校教师的薪酬福利保障对组织奉献存在正向影响。首先,从劳动价值认可维度来看,具有市场竞争力的薪酬体系不仅满足教师的基本生活保障,更是对其专业能力和劳动贡献的物质化肯定。这种肯定能够有效提升教师的职业尊严感,进而转化为对组织的忠诚与奉献。其次,在心理契约层面,完善的福利保障(如住房补贴、子女教育支持等)使教师感受到学校的人文关怀,这种情感联结会激发教师"投桃报李"的心理机制,表现为主动承担额外工作职责、积极参与学校建设等奉献行为。最后,从需求层次理论看,当物质需求得到充分满足后,教师更容易追求更高层次的价值实现。优渥的薪酬福利解除了教师的经济焦虑,使其能够全身心投入教学创新和学术研究,这种专注状态本身就是一种专业奉献的体现。劳动幸福观特别强调,合理的物质回报是劳动幸福的基础要件。当薪酬福利制度体现"按劳分配、优劳优酬"的原则时,就能建立起"贡献-回报-奉献"的良性循环。因此,高校应当构建既具有外部竞争力又体现内部公平性的薪酬体系,将物质激励与精神激励有机结合,从而最大限度地激发教师的组织奉献精神。

第六,劳动幸福观视域下,高校教师的个人晋升发展对组织奉献具有显著的正向影响。首先,从自我实现维度看,职称晋升和学术成就的获得使教师体验到专业成长的满足感,这种基于能力发展的幸福感会转化为对教育事业的深层承诺。当教师在教学科研中实现自我价值时,会自然产生对组织的反哺意愿。其次,在组织认同层面,学校提供的职业发展支持传递出对教师价值的肯定,这种肯定强化了教师的组织归属意识。具有强烈归属感的教师往往表现出更高水平的组织公民行为,包括自愿承担额外工作、主动分享学术资源等奉献行为。

第七,从社会学习视角看,获得晋升的教师会成为组织内的示范者,其成功经验既验证了学校发展通道的有效性,也激励其他教师通过提升专业能力来回报组织。这种"榜样-追随"的互动模式形成了个人与组织共同成长的良性生态。劳动幸福观特别指出,当职业发展制度能够保障"能者有位、优者有奖"时,教师的劳动就实现了工具理性与价值理性的统一。这种统一状态下的组织奉献不再是外部强制的行为,而是源于内在动力的自发选择。因此,高校应当构建科学的职业发展体系,通过清晰的晋升标准、多元的发展路径和公正的评审程序,使教师的专业成长与组织发展同频共振,最终实现个人价值与组织目标的双向成就。

五、结论与建议

（一）结论

在劳动幸福观的价值导向下,高校教师职业发展的多维生态要素——组织氛围环境、薪酬福利保障体系、个人晋升发展通道,均深度影响着教师群体的组织奉献意识与社会关系构建。马克思主义劳动幸福观强调劳动不仅是谋生手段,更是实现自我价值、创造社会福祉的核心路径,而高校教师群体的职业实践正是这一理论的生动注脚。

优质的组织氛围作为滋养教师职业幸福感的"软环境",通过制度公平性、文化包容性与人际和谐性的协同作用,塑造教师的归属感与价值认同。当学校建立起透明公正的学术评价机制、倡导开放包容的学术争鸣文化、营造互助互信的人际网络时,教师能在工作场域中获得情感共鸣与精神支撑,将劳动转化为愉悦的价值创造过程。这种内生的幸福感促使教师以更饱满的热情投入教学科研,在师生互动中传递积极情感,在团队协作中凝聚集体智慧,形成良性的校园生态循环。

科学的薪酬福利保障体系作为职业发展的"物质根基",不仅满足教师的基本生活需求,更通过差异化激励机制彰显劳动价值。劳动幸福观倡导"劳有所得、多劳多得"的分配原则,当高校建立与教学质量、科研成果、社会服务相匹配的薪酬体系,提供完善的健康保障、子女教育支持等福利时,教师能够切实感受到组织对其劳动价值的尊重。这种物质保障与精神激励的双重赋能,激发教师将个人发展与学校使命深度融合,在无私奉献中实现劳动的社会价值。

畅通的个人晋升发展通道则是实现教师自我价值的"成长阶梯",契合劳动幸福观中"自由全面发展"的核心诉求。通过构建多元化的晋升标准、开放的学术资源共享平台、系统的职业培训体系,高校为教师提供实现专业突破、攀登学术高峰的机会。当教师在职称晋升、项目申报、学术交流中获得成长空间,其成就感与自我实现需求得到满足,进而转化为对组织的深层忠诚。这种忠诚不仅体现在对学校发展战略的坚定支持,更外化为对同事的协作帮扶、对学生的悉心指导,形成组织与个体共同发展的命运共同体。

上述要素的协同发力,推动高校形成"个人价值实现–组织效能提升–社会价值创造"的良性循环。从劳动幸福观视角审视高校激励机制构建,薪酬福利保障对周围关系影响不显著,折射出当前激励制度设计的深层矛盾。马克思主义劳动幸福观强调劳动的社会性,认为劳动者在物质满足与精神价值的统一中实现幸福,而高校薪酬福利体系若仅停留在物质激励层面,将难以触及教师职业幸福感的核心构成要素。研究表明,单纯依靠薪酬福利提升来改善教师与同事、学生、管理者间的关系收效甚微。这一现象背后,既反映出教师群体在职业发展中对精神需求的高度重视,也暴露出当前激励机制与劳动幸福观契合度的不足。教师作为知识型劳动者,其劳动幸福更多来源于学术价值的实现、专业能力的成长以及和谐人际关系的滋养,而标准化的薪酬福利难以满足个体差异化的精神诉求。加之教师群体受教育背景、个性特质及职业理想的多样性影响,使得物质激励对人际关系的促进作用呈现显著的边际效应递减。

这一现状迫切要求高校重构激励机制设计逻辑。首先,应遵循劳动幸福观中"环境育人"的理念,将组织氛围营造作为关系优化的突破口。通过建立公平透明的学术评价制度、开放包容的学术交流平台以及互助共生的团队协作机制,打造有利于教师价值实现的生态环境。这种环境不仅能减少人际冲突,更能激发教师间知识共享与情感共鸣,使劳动过程成为创造幸福的集体实践。其次,需强化个人发展激励在关系构建中的核心作用。劳动幸福观强调人的自由全面发展,当教师在教学创新、科研突破中实现自我价值时,其积极的职业状态会自然辐射至师生互动、同事协作与管理沟通场景,形成良性的关系网络。此外,高校还应注重将情感关怀融入激励机制。通过建立常态化的沟通反馈机制、个性化的心理支持体系以及人文关怀制度,使教师在职业发展中感受到组织的尊重与理解。这种情感层面的满足,能够有效弥补物质激励的局限性,推动教师从"被动接受激励"转向"主动创造价值",最终实现个人发展、关系和谐与组织进步的协同共生。

综上所述,高校激励机制的革新需突破单纯物质驱动的思维定式,以劳动幸福观为指引,构建物质保障、环境优化与个人发展三位一体的综合激励体系。唯有如此,方能真正实现教师劳动幸福的全面提升,推动高等教育事业高质量发展。

（二）建议

在劳动幸福观的理论框架下,高校教师的职业幸福感与劳动价值实现,本质上是个体发展与组织进步协同共生的过程。马克思主义劳动幸福观强调,劳动不仅是物质财富的创造活动,更是实现人的自由全面发展、构建和谐社会关系的核心路径。高校作为知识生产与人才培养的重要场域,需以劳动幸福观为指导,系统性构建支持教师职业发展的生态体系,推动教师在创造性劳动中实现个人价值与社会价值的统一。

首先,优化组织氛围环境是培育教师劳动幸福感的基础土壤。高校应着力构建公平正义的制度环境,通过建立透明化的学术评价机制、民主化的决策参与渠道,确保教师在资源分配、职称评审等关键环节中感受到程序正义与机会平等。同时,注重营造和谐包容的人际氛围,鼓励跨学科合作与知识共享,通过学术沙龙、教学研讨等常态化交流活动,促进教师之间形成互助共生的关系网络。此外,积极向上的文化建设不可或缺,可通过树立教学科研典范、弘扬师德师风等方式,培育尊重劳动、崇尚创造的校园文化,使教师在价值认同中获得精神滋养。

其次,完善薪酬福利体系是尊重教师劳动价值的直接体现。劳动幸福观强调"各尽所能,按劳分配"的基本原则,高校需建立与教师劳动强度、专业贡献相匹配的薪酬制度,确保物质回报能够充分反映其知识创新与人才培养的社会价值。在基础薪资之外,可探索多元化的激励模式。同时,强化福利保障的人文关怀属性,完善健康管理、子女教育、学术休假等配套政策,解决教师的后顾之忧,使其能够全身心投入教学科研工作。

再者,构建清晰的职业发展路径是实现教师自我价值的关键支撑。劳动幸福观认为,人的全面发展需要通过不断突破自我、实现潜能来达成。高校应打破传统的单一晋升通道,建立教学型、科研型、社会服务型等多元化发展轨道,为不同专长的教师提供差异化成长路径。通过设立青年教师培育计划、学术带头人培养项目等,为教师定制个性化发展方案,并配套资源支持与专业指导。此外,注重将职业发展与组织目标有机结合,通过重大科研项目、重点学科建设等平台,让教师在服务学校战略发展的过程中实现个人价值的升华。

这种多维度的改革举措,本质上是将劳动幸福观的核心要义转化为具体实践。当教师在公平的制度环境中感受到尊重,在合理的薪酬体系中获得认可,在清晰的发展路径中实现成长时,其劳动将从谋生手段升华为实现幸福的创造性活动。这种内生的幸福感不仅能够激发教师的工作热情与奉献精神,更会通过高质量的教学科研成果、和谐的师生关系、紧密的团队协作等形式,反哺学校的整体发展,最终形成教师个人成长与高校事业进步的良性循环,实现劳动幸福观所倡导的"个人幸福与社会发展相统一"的理想图景。

总的来说,劳动幸福观指引下的高校发展实践,本质上是对教师劳动价值的深刻尊重与创造性激发。当高校以公平的制度保障权益、以合理的回报彰显价值、以清晰的路径助力成长,教师便能在教书育人与学术探索中,实现物质需求与精神追求的统一、个人发展与集体进步的共振。这种将劳动幸福理念融入办学治校全过程的实践,不仅是提升教师职业幸福感的关键,更是推动高等教育高质量发展、构建和谐校园生态的必由之路。唯有让每位教师在劳动中收获幸福,才能真正实现教育事业的可持续发展与社会价值的持续创造。

论以人民为中心的中国式现代化与美好生活的实现①

孙 辉

摘 要：中国式现代化是中国共产党领导的社会主义现代化，坚持将以人民为中心作为自身的发展原则、价值追求和内生动力。中国式现代化坚持以人民为中心的发展原则，批判地超越了以资本增殖为发展原则的西方现代化，推动了人类现代化事业的进步，开启了人类文明新形态。中国式现代化坚持以人的自由全面发展为价值追求，持续推动实现人民对美好生活的向往，为人民能够通过自己的劳动创造美好生活提供了基础保障。中国式现代化坚持以人民群众的创造力量作为推动社会发展的内生动力，不断深化社会主义市场经济的发展，克服了以资本增殖为社会发展动力的弊端。

关键词：中国式现代化；以人民为中心；劳动原则；美好生活

本文引文格式：孙辉：《论以人民为中心的中国式现代化与美好生活的实现》，见何云峰主编：《劳动哲学研究》第十一辑（2024年第2辑），上海教育出版社2024年版，第172—182页。

中国式现代化是中国共产党领导的社会主义现代化，通过坚持以人民为中心的发展原则，始终在理论和实践层面坚持人的现代化是现代化的本质规定。现代形而上学和古典政治经济学虽然都强调人的发展，强调劳动生成人的重要作用，但都将"人的现代化"局限于抽象的领域，抽象理论与具体现实之间存在着无法弥合的鸿沟。马克思从现实的人出发，在科学揭示资本主义必然发展趋势的同时，指出人类社会朝着"人的自由而全面的发展"的方向前进。然而，存在主义的马克思主义和结构主义的马克思主义虽然都称自己为"马克思主义"，却经常停留在"解释世

---

① 基金项目：安徽省哲学社会科学规划项目"马克思《巴黎手稿》中的资本行为规律研究"（项目批准号：AHSKQ2022D195）。作者通信地址：孙辉，安徽师范大学马克思主义学院（安徽芜湖241002）。

界"层面而止步于"改变世界"。他们所探讨的问题,"恩格斯可能称之为小资产阶级的问题:马克思主义何以是可能的?"① 因此,对以人民为中心的中国式现代化的研究,不仅要解释中国式现代化何以可能,更要把握中国式现代化如何实行。这就要求深入探讨中国式现代化如何将以人民为中心一以贯之于实际的现代化进程。本文立足唯物史观和当代中国现实,主要探讨三个方面的问题:(1)中国式现代化将以人民为中心作为自身的发展原则,是对以资本为原则的西方现代化的根本超越,符合现代化发展的必然趋势;② (2)中国式现代化将以人民为中心作为自身的价值追求,坚持实现人的自由而全面发展,并且为人民通过自身劳动创造美好生活提供了坚实保障;(3)中国式现代化将以人民为中心作为自身的内生动力,人自身的发展追求代替物的增殖追求成为社会发展的推动力量。

一、以人民为中心是中国式现代化的发展原则

现代世界,在唯物史观的语境中,意味着资本主义生产方式占据支配地位的世界,意味着一切民族都被卷入其中。对被卷入的民族来说,实现现代化,进入现代世界之中就成为一项无法避免的历史任务。但这并不意味着人类社会发展终结于现代化之中,也不意味着现代化的道路只有一条。中国式现代化坚持以人民为中心,首先就是将以人民为中心作为自身的发展原则,在发展原则上批判地超越了西方现代化,开启了人类文明新形态。

现代化是人类历史发展到一定阶段的产物。目前学界一般将现代化理解为"人类社会从传统的农业社会向现代工业社会转变的历史过程"③。也有学者从现代化的综合影响角度来理解现代化,将其视为"一个变革性过程"④。这些理解推进了人们对现代化的认知,但对"现代工业社会"和"变革性过程"的性质阐释得还不是特别清楚。马克思恩格斯在其著作中也经常使用"现代""现代工业""现代资本主义生产"等概念。马克思在谈及"现代资本主义生产"时说:"现代工业的技术基础是革命的,而所有以往的生产方式的技术基础本质上是保守的。"⑤ 这一表述不仅指出资本主义生产方式的革命性或变革性,而且指出"现代"与"资本主义"之间的内在关联。正是资本主义的生产方式,使人类在很短的时间内创造了史无前例的生产力,使人类历史成为世界历史,使农村从属于城市,使非资产阶级的文明从

---

① 雷蒙·阿隆:《想象的马克思主义:从一个神圣家族到另一个神圣家族》,姜志辉译,上海译文出版社2007年版,第98页。
② 陈立新:《世界变局与历史观的复兴》,《中国社会科学》2021年第4期,第24-43页。
③ 罗荣渠:《现代化新论——世界与中国的现代化进程》(增订版),商务印书馆2004年版,第12页。
④ 赵义良:《中国式现代化与中国道路的现代性特征》,《中国社会科学》2023年第3期,第47-59页。
⑤《马克思恩格斯文集》第5卷,人民出版社2009年版,第560页。

属于资产阶级的文明。因此，现代化首先表述的正是资本主义的生产方式逐渐成为占支配地位的生产方式并逐渐完善的过程，这个过程也可以称作"自发的现代化"。然后，现代化被用来表述一切生产方式相对落后的民族，以"自发的现代化"为参照物，根据自身实际情况努力实现现代化的过程，这个过程也可以称作"后发的现代化"。

摆在"后发的现代化"民族面前的道路有两条，要么按照"自发的现代化"的面貌重塑自身，要么根据自身实际探索批判地超越"自发的现代化"的现代化道路。在资本主义生产方式发展的强制之下，任何故步自封的企图或尝试都会而且已经遭到了发展的惩罚。第一条道路不需要选择，因为这是资本主义的生产方式为其他一切民族做出的选择。资本主义由于自身无限增殖——扩张的本性，会迫使其他一切民族采用资本主义的生产方式，发展资本主义文明。"一句话，它按照自己的面貌为自己创造出一个世界。"① 第二条道路历史性地与马克思主义建立起内在关联。哈维认为，"马克思提供了有关资本主义现代化最早的和最完整的描述之一"②。作为在批判旧世界中开辟新世界的革命性理论，马克思主义不仅揭示出人类社会发展的规律和资本主义社会发展的规律，还指明了资本主义文明形态会被一种更高级的文明形态代替的历史必然性。马克思主义并没有提供一条实现更高级文明形态的一般历史道路，这样的道路只有在深刻挖掘特定民族自身的历史状况中才能发现。

肇始于资本主义生产方式的现代世界和现代（资本主义）文明，内在地包含着超越其自身的必然力量，将现代文明划分为资本主义文明和超越资本主义文明的共产主义文明。这种划分和超越的根据是社会基本矛盾的运动，具体表现为资本主义社会的基本矛盾运动及其必然性趋势的逐步实现。随着资本主义的产生，超越资本主义的力量和使用这种力量的主体也产生了。这种超越的力量主要是资本主义所创造出的先进的科学技术和生产力。但随着资本主义生产方式成为占据支配地位的生产方式，生产力与生产关系的冲突愈加显示出资本主义无法驾驭的特征，周期性的经济——社会危机就是这种特征的外在标志。使用这种超越力量的主体就是"现代的工人"，即无产者。在同资产阶级的持续斗争中，无产者越来越"感觉到自己的力量"，开始组织成为一个集体、一个阶级、一个政党。简言之，现代无产阶级开始逐渐走向成熟，越来越能够运用生产力的力量来实现自身的解放，这也是整个人类的解放。

资本主义文明是以资本为发展原则的文明，而共产主义文明则是以劳动为发展原则的文明。"资本和劳动的关系，是我们全部现代社会体系所围绕旋转的轴心

---

① 《马克思恩格斯文集》第2卷，人民出版社2009年版，第36页。
② 戴维·哈维：《后现代的状况：对文化变迁之缘起的探究》，阎嘉译，商务印书馆2013年版，第133页。

……"①资本主义文明和共产主义文明都属于现代文明,前者以资本主义生产方式为基础,后者以社会主义生产方式为基础。但共产主义文明是对资本主义文明的批判性超越。其批判性在于,共产主义在科学地指出资本主义生产方式具有不可克服的内在矛盾的同时,创造性地吸收了"资本的文明面",即"三个有利于":"有利于生产力的发展,有利于社会关系的发展,有利于更高级的新形态的各种要素的创造。"② 其超越性在于,共产主义文明克服了资本主义文明"内在的三重矛盾":资本主义生产关系发展到一定阶段就不能再适应生产力的发展要求,从而成为生产力发展的障碍;资本主义的生产方式以物的增殖为根本目的,将人的发展仅仅视为增殖物的工具;资本主义文明的发展只是发展了物的文明,而且不能使发达的物的文明成为人的自由全面发展的中介。因此,共产主义文明的实现方式虽然也属于"后发的现代化",但相对于资本主义文明来说,它是一种"有原则高度的实践",即"人的高度"的实践。③这就是说,共产主义的现代化以劳动为发展原则,也就是以实现人的自由全面发展为其发展原则的现代化。

中国式现代化以坚持有原则高度的劳动原则作为自身的发展原则,创造了史无前例的发展成就,开启了人类文明新形态。正是由于发展原则的超越性,中国式现代化才没有陷入片面追求物的力量增长的窠臼,而是坚持以生产力的发展推进人的自由全面发展。从实现总体小康到全面建成小康社会,再到全面推进社会主义现代化国家建设,实现人的自由全面发展是贯穿始终的中心线索。所以,中国式现代化内在蕴含着一种有别于现代资本主义文明的新文明形态,这个新文明形态正是在中国式现代化的实践中逐渐取得自身的现实性的。习近平总书记指出:"中国式现代化作为人类文明新形态,与全球其他文明相互借鉴,必将极大丰富世界文明百花园。"④ 中国式现代化与人类文明新形态具有内在统一性,人类文明新形态是中国式现代化逐渐展开的结果,中国式现代化是人类文明新形态逐步展开的过程。中国式现代化—人类文明新形态与西方现代化—资本主义文明形态存在着本质差异。这种本质差异使中国式现代化及其所展开的人类文明新形态具有世界历史意义。这种世界历史意义,在中国式现代化坚持以劳动为发展原则,亦即坚持以人民为中心作为发展原则,在批判吸收一切优秀文明成果的同时,又超越现有现代化道路和现有文明形态的过程中,才开始积极地展现出来。

---

① 《马克思恩格斯文集》第3卷,人民出版社2009年版,第79页。
② 《马克思恩格斯文集》第7卷,人民出版社2009年版,第927-928页。
③ 《马克思恩格斯文集》第1卷,人民出版社2009年版,第11页。
④ 习近平:《携手同行现代化之路——在中国共产党与世界政党高层对话会上的主旨讲话》,人民出版社2023年版,第7页。

二、以人民为中心是中国式现代化的价值追求

西方现代化以资本为原则,以实现物或资本的不断增殖作为实现现代化的价值追求,虽然其现代化理论中也有人的位置,但人只是处于从属于物的位置。中国式现代化以劳动为原则,以确证和实现人的本质力量、推动人的自由全面发展为价值追求,以生产力的发展作为实现这一追求的中介。中国式现代化坚持以人民为中心,其实就是将实现人的自由全面发展作为自身的价值追求,在现代化的过程中不断提高人民群众共享发展成果的水平和质量,不断完善人民群众通过自身劳动创造美好生活的基础保障。

第一,西方现代化及其文明形态表面上强调人的发展,但实际上重视物的增殖。现代文明是在西方现代化进程中不断展开的、较封建文明更高级的文明形态。国民经济学或政治经济学是这种以资本主义生产方式为主导和基础的现代文明的理论表达。政治经济学非常突出的一个贡献在于,将历来被社会贬低的劳动提到原则的高度,认为劳动是私有财产的主体本质,资本只不过是积累下来的劳动。这种抬高劳动的观点带给劳动者的意义在于,好像劳动者的价值和地位也随之提高了。然而,这不过是一种假象罢了。被政治经济学抬高的只是抽象劳动或劳动的抽象方面,而具体形式的劳动之间所具有的那种质的差异,连同具体劳动对美的追求,都逐渐被可以量化的、一般的、片面的、抽象的劳动抑制。作为劳动者的个人,也逐渐在日益片面化的劳动中丧失同劳动的自然的统一性。人在自然和社会中通过劳动来维持生计、创造生活,劳动与人具有自然的统一性。就此而言,每个人都是自然的劳动者,同时也就是自然的社会的劳动者。

于是,当政治经济学将劳动(只是抽象劳动)提高为原则时,资本主义生产关系中就更加明显地产生如下三种结果:(1)劳动在理论上和实践中存在着具体劳动与抽象劳动之间的对立,具体劳动日益依赖于抽象劳动;(2)具体劳动不再具有原来那种与劳动者的自然统一性,劳动力同时成为有待出售的商品;(3)具有个性的、追求美的具体劳动常常成为简约的抽象劳动的阻碍,人的劳动逐渐被机器的劳动取代。因此,马克思曾经科学地指出,"以劳动为原则的国民经济学表面上承认人,其实是彻底实现对人的否定"[1]。政治经济学内在蕴含的理论与实践的对立,恰好反映了资本主义生产方式中实际存在的物的日益增殖与人的日益贬值之间的矛盾。

资本与现代形而上学是现代世界的两个内在关联着的本质根据。[2] 如果资本主义的政治经济学理论强调的是资本对人的优越性,那么现代形而上学强调的就

---

[1]《马克思恩格斯文集》第1卷,第179页。
[2] 吴晓明:《马克思哲学与当代世界》,《世界哲学》2018年第1期,第5—16页。

是普遍精神对人的优越性。现代形而上学在黑格尔哲学中获得了自己的完成形式和基本性质。其一,在劳动的观点上,黑格尔与政治经济学持同一立场,他唯一知道和承认的劳动是"抽象的精神的劳动"。他只看到劳动生成人的积极的方面,而没有看到劳动敌视人的消极的方面。① 其二,在黑格尔那里,国家是家庭和市民社会的"真实基础",是"立于世上的精神"②。由此可知,普遍的精神在黑格尔的法哲学体系中具有基础性的决定地位。其三,黑格尔的普遍精神理念在政治经济学理论中表现为现实的资本。正如精神在黑格尔法哲学中是作为最高的原则起作用的,资本在整个资本主义政治经济学理论体系中也是最高的原则。在黑格尔的法哲学中,精神构成抽象法、道德法和伦理法的基础和真理;在政治经济学中,资本构成整个资本主义生产体系和社会各领域的基础和真理。在黑格尔的现代形而上学体系和与其相呼应的政治经济学体系中,重要的是普遍的精神和同样具有普遍性的资本,现实的人则在这些理论体系考察的范围外。资本和现代形而上学共同构成了现代世界的本质根据,意味着现代文明及其现实化,从本质上亦即从其必然性上看,表面上重视人的发展,实际上却是把资本的增殖作为发展的根本目的。

第二,中国式现代化及其文明形态,始终坚持将实现人的自由全面发展作为自身的价值追求。中国式现代化作为人类文明新形态,本身就意味着对现有文明形态的批判性超越,而这种超越体现在两个方面:一方面是对现有文明形态内在矛盾的克服,另一方面是对诞生于现有文明形态中的新文明形态之发展原则的实现。就第一个方面来说,现代文明及其展开方式(西方现代化)的实质是蔑视人而崇尚物,使人的发展从属于物的增殖,由此产生的结果必然是物质文明的极大提高和与之相反的人的精神文明的极大滞后,现代文明逐渐丧失了对人的生活意义的关注。胡塞尔恰当地指出,现代科学的"危机"就表现为科学逐渐丧失了生活的意义,"现代人让自己的整个世界观受实证科学支配,并迷惑于实证科学所造就的'繁荣'。这种独特现象意味着,现代人漫不经心地抹去了那些对于真正的人来说至关重要的问题。只见事实的科学造成了只见事实的人"③。科学技术对现代文明的重要推动作用显而易见,但这种显而易见的效果主要集中于物质文明的"繁荣",对人的生活却关注较少,甚至在一定程度上使人放弃了对存在之意义的追寻,成为"只见事实的人"。生产关系不再适应生产力发展要求的矛盾,以及物质文明与精神文明发展严重失衡的矛盾,都在推动现代文明做出根本性的变革。尽管新的文明形态的发展原则只能产生于现代资本文明之中,但是这种变革在现代资本文明之内是无法实现的。这种新的发展原则就是劳动原则,同时也就是以人民为中心的原则。

---

① 《马克思恩格斯文集》第1卷,第205页。
② 黑格尔:《法哲学原理》,邓安庆译,人民出版社2017年版,第381-388页。
③ 埃德蒙德·胡塞尔:《欧洲科学危机和超验现象学》,张庆熊译,上海译文出版社2005年版,第7页。

论以人民为中心的中国式现代化与美好生活的实现 ······ 孙 辉

就第二个方面来说,劳动原则或以人民为中心的发展原则在当代中国取得了具体化、现实化的形态。当代中国历史性地采取了新民主主义—社会主义的革命道路,使得中国的现代化与马克思主义建立起内在关联,从而也就使得超越资本原则的劳动原则成为中国现代化进程的发展原则。劳动原则作为现代化的发展原则主要有三层含义:(1)以生命健康和劳动发展为基础的以人为本,也就是坚持以人民为中心,推动实现人的自由全面发展;(2)以自由个性为旨向的共同体建设,这是实现人的自由全面发展的前提条件;(3)以消除自然分工为目标的生产力发展,即生产力的发展是为了消除自然分工,让分工成为自愿。① 简言之,中国式现代化以劳动为发展原则,内在要求坚持以人民为中心的发展,并且以此根本目的为准则来塑造共同体和生产方式。除此理论的内在要求以外,当代中国的具体实际和中华优秀传统文化也在客观上要求劳动原则的具体实行。当代中国只有充分发挥人民群众的历史创造作用,才能够提供持久的强大的发展动力。"天下为公""民为邦本""天下大同"等观点是贯穿中华优秀传统文化的重要思想,在社会主义中国焕发出新的生机活力,赋予中国式现代化以深厚的民族特色。

第三,中国共产党领导的社会主义现代化,为人民通过自身劳动创造美好生活提供了坚实保障。每个人自己创造自己的历史,同样地,每个人也自己创造自己的美好生活,自己实现自己的自由全面发展。现代文明的特点在于建立在物的依赖性基础上的人的独立性。人的独立性是现代文明发展的结果,尽管是以对物的依赖性为基础的。超越现代文明的新文明形态,其特点在于人的"自由个性"②。实现人的自由个性是一个较为漫长的过程,但它的出发点就是人的独立性。对无产阶级来说,这种独立性首先表现为,"无产阶级能够而且必须自己解放自己"③。无产阶级不再是等待或者依赖其他阶级获得自身解放的阶级。这种独立性还表现为,无产阶级能够通过自己的劳动满足自己对美好生活的需要。简言之,无产阶级的存在特征在于,"依靠自己而存在"④。因此,对于新文明形态的创造主体来说,依靠自己的劳动创造自己的历史,从而也创造自己的美好生活,是摆脱依赖而独立自主的必然要求。但是,正如每个人创造自己的历史都要以一定的客观条件为前提,每个人通过自身劳动创造美好生活也需要一定的客观条件。

中国共产党领导的社会主义现代化,是中国人民通过自身劳动创造美好生活,实现自由而全面发展的根本保障。中国人民能够通过自己的劳动不断改善自己的

---

① 孙辉、陈立新:《马克思劳动原则的存在论变革》,《华侨大学学报(哲学社会科学版)》2021年第1期,第10—12页。
② 《马克思恩格斯文集》第8卷,人民出版社2009年版,第52页。
③ 《马克思恩格斯文集》第1卷,第262页。
④ 《马克思恩格斯文集》第1卷,第195页。

生活,其基础和关键在于生产资料的公有制。现代文明所具有的"异己的所有制",只有将其改造为"非孤立的单个人的所有制""联合起来的、社会的个人的所有制",① 才可能被消灭。历史地看,中国共产党带领人民群众,在中国建立起社会主义基本制度,探索出中国特色社会主义。中共二十大报告指出,"中国特色社会主义最本质的特征是中国共产党领导,中国特色社会主义制度的最大优势是中国共产党领导"②。从过程的角度来看,中国是后发的社会主义现代化国家,中国共产党领导的社会主义现代化为坚持公有制为主体作出了科学的制度安排和坚强的力量保障。就依靠自身劳动创造美好生活而言,中国共产党领导的社会主义现代化的根本保障主要体现在三个方面:(1)坚持生产资料公有制和按劳分配的根本保障;(2)坚持生产力发展以人民为中心的根本保障;(3)始终保持改革活力,释放人民创造伟力的根本保障。正是在中国共产党领导的社会主义现代化之中,中国人民依靠自己,通过自己的劳动来不断满足自身对美好生活的需要,不断实现自身的全面发展才有可能。

三、以人民为中心是中国式现代化的内生动力

社会基本矛盾的运动是推动社会发展的根本动力。现代文明以资本为原则,以物的增殖为核心的生产关系成为推动生产力发展的内生动力,生产关系与生产力的相互作用围绕着物的增殖旋转。中国式现代化是社会主义现代化,以人的发展为核心的生产关系成为推动生产力发展的内生动力,生产关系与生产力的相互作用不断推动人的自由全面发展。中国式现代化坚持将实现人的自由而全面发展作为自身的内生动力,使人们在积极实现自由而全面发展的过程中不断释放新的更大的创造活力。

首先,西方现代化及其文明形态发展的内生动力是资本的无限增殖。资本主义能够在比较短的时间里创造出异常巨大的生产力,根本推动力在于其生产关系极大地适应了生产力的发展。以资本主义生产方式为基础的现代文明中,资本是占支配地位的生产关系,从而使得物的无限增殖成为生产关系的主要特征。"资本不是物,而是一定的、社会的、属于一定历史社会形态的生产关系,后者体现在一个物上,并赋予这个物以独特的社会性质。"③ 资本不仅是一定社会的生产关系,而且还赋予这个生产关系中的各种物以增殖的性质。资本的本性就在于自身的无限增

---

① 《马克思恩格斯文集》第8卷,第386页。
② 习近平:《高举中国特色社会主义伟大旗帜 为全面建设社会主义现代化国家而团结奋斗——在中国共产党第二十次全国代表大会上的报告》,人民出版社2022年版,第6页。
③ 《马克思恩格斯文集》第7卷,第922页。

殖,就像资本主义生产同时也就是扩大再生产一样,这种增殖的性质给人与人的关系盖上了物与物的关系的外衣,仿佛人的社会关系不再是本质性的,反倒是物的社会关系成为本质性的了。资本这种生产关系产生了两个方面的主要后果:一方面是生产力的快速发展和物质文明的快速提高,其表现是"庞大的商品堆积",进而表现为商品种类的纷繁复杂和更新换代的加速推进;另一方面是适应或者说积极推进这种生产力发展的生产关系,日益渗透到社会发展的各领域,在一定程度上消除物质饥饿的同时,也导致了新的饥饿,即"精神饥饿",精神文明的发展较多滞后于物质文明的进步。这两个方面的后果表明,人在现代文明中逐渐丧失了对存在意义的追问,逐渐迷失于愈益精致的商品消费中,逐渐消失于资本增殖的无限欲望中。

推动现代文明发展的内生动力具有不可持续性。这种不可持续性首先表现为,即使仅就物的增殖而言,这种内生动力也会受限于人与自然的矛盾、商品与货币的矛盾。人与自然的矛盾不仅表现为资本增殖的无限需求与有限的自然资源之间的矛盾,而且表现为无节制地提升产量、拓宽商品种类等行为所导致的生态环境危机。资源能源危机、生态环境危机对人类生存和发展具有的消极后果,已经而且日益明显地呈现在人类面前。这种不可持续性同时还表现为人自身在这种物的增殖过程中表现出来的"自我丧失"状态,也就是马克思所说的"丧失自身"。[①] 人的这种生存状态是一种异化状态,或者说是"此在之沉沦",它是这样一种生存状态:"共处是靠闲言,好奇与两可来引导的,而沉沦于'世界'就意指消散在这种共处之中。"[②] 就其现实生活而言,此处的"共处"主要集中表现为生产关系中的共处,在此共处中,人自身是不在场的。日常语言所说的"人在,而心不在"对此描述得就很恰当。《礼记·大学》也讲:"心不在焉,视而不见,听而不闻,食而不知其味。"如此一来,"心不在焉"的此在,在面临愈加丰硕的物质文明时,是否还会追问且又该如何追问存在的意义呢?这是现代文明为人类生存和发展制造的尖锐的文明难题。

其次,中国式现代化及其文明形态发展的内生动力是实现人的自由而全面发展。超越现代文明的新文明形态必然要对此文明难题作出科学回答。既然物质生产力的发展是通向新文明形态的必要条件之一,那么包括占主导地位的生产关系在内的全部社会关系以及立于其上的整个上层建筑就要能够成为人向自身复归的保障。中国共产党领导的社会主义现代化即中国式现代化及其所展开的人类文明新形态,坚持以实现人的自由而全面发展为内生动力,从根本上不同于现代文明以实现资本的增殖为内生动力的状况。

以中国式现代化的制度保障为基础的人对实现自由而全面发展的追求,构成

---

① 《马克思恩格斯文集》第1卷,第3页。
② 海德格尔:《存在与时间》(中文修订第二版),陈嘉映、王庆节译,商务印书馆2016年版,第248页。

了人类文明新形态不断现实化的内生动力。中国式现代化发展的根本动力依然是社会基本矛盾的运动,但生产关系的主体不再是现代文明中的资本,而是人自身。因此,生产力与生产关系之间的相互作用表现为生产力的发展与人的需要之间的相互作用,而不再是生产力的发展与物的增殖之间的相互作用。与此同时,经济基础与上层建筑之间相互作用所围绕旋转的轴心,也不再是资本的增殖,而是人的全面发展。坚持以人民为中心的中国式现代化道路,依靠人民自身的创造力量,在不断解决人民现实需要的过程中,持续推进社会发展。这表现出中国式现代化在人民问题上的三层立场:其一,坚持人民群众在社会历史发展中的主体地位;其二,尊重人民群众依靠自身力量实现自身发展的权利和能力;其三,坚持以解决人民群众的现实需要作为推动社会发展的着力点和落脚点以及评价社会进步的立足点。

实现人的自由而全面发展作为中国式现代化的内生动力,是通过社会主要矛盾的辩证运动来实现的。一方面,人民的需要在社会主要矛盾中始终在场。从满足"人民日益增长的物质文化需要"到满足"人民日益增长的美好生活需要",都清晰地体现出人民主体立场。另一方面,人民是推动社会主要矛盾不断获得解决的最深厚力量。"人民是历史的创造者,是推进现代化最坚实的根基、最深厚的力量。现代化的最终目标是实现人自由而全面的发展。"① 实现人自由而全面的发展是现代化的共同目标,中国式现代化始终坚持人民是推进现代化的"最深厚的力量",坚持依靠人民的力量来实现这一根本目标。

最后,中国式现代化及其文明形态在坚持依靠人民来推进社会发展的同时,积极探索在社会主义现代化基础上有效发挥资本正面作用的有效途径。如果说资本的正面作用在于以物的增殖为原则的生产方式的革新,那么资本的负面作用就在于以物与物的关系掩盖人与人的关系,使物的增殖与人的贬值成正比。那种试图保留资本的正面作用、限制资本的负面作用的简单要求,忽视了对资本来说的关键要素,即资本如果不以物为中心,就不能够推动生产方式的发展。换句话说,资本只有作为生产关系,才能够具有这种推动作用,仅仅作为生产要素的资本只不过是众多生产资料中的一种而已。所以,必须站在新的更高的原则立场上来看待资本,来看待物与人之间的关系。

资本只是在一定的历史阶段才成为占据主导地位的生产关系,超过这个阶段,资本在以劳动为原则的历史阶段就只表现为生产资料。如何更为充分地发挥资本这种生产资料的社会推动作用,是社会主义现代化面临的一个重要课题。要言之,作为生产关系的资本,能够起社会推动作用的关键在于使自身增殖的强烈需要,正是在这种强烈需要的驱使下,现代文明才呈现出"加速度"的特征。在中国特色社

---

① 习近平:《携手同行现代化之路——在中国共产党与世界政党高层对话会上的主旨讲话》,人民出版社2023年版,第2页。

会主义中,实现人的自由而全面发展成为历史性的社会需要,人民始终在场是这一根本目标的具体表现。中国共产党坚持将满足人民的需要作为社会发展的根本要求,这是调动一切能够调动的积极因素,发挥一切推动社会发展的创造力量的关键。人的需要的满足和新需要的产生,本身就是人类历史发展的前提。① 社会需要起推动作用的理论和中国特色社会主义的伟大实践充分证实,只要坚持贯彻以人民为中心的发展理念,就能够很好地推动社会发展。

---

① 《马克思恩格斯文集》第1卷,第531–532页。

美好生活何以可能：基于劳动权益保障的视角

季 婕　汪盛玉

摘　要：党的十八大以来，我国在劳动权益保障领域取得了显著成就，为人民群众美好生活的实现奠定了坚实基础。在以习近平同志为核心的党中央领导下，国家深化收入分配制度改革，提高劳动报酬，健全劳动关系协调机制，构建和发展和谐劳动关系。这一系列举措不仅有效维护了劳动者的合法权益，更彰显了以人民为中心的发展思想。然而，面对新时代的新要求，我们仍须清醒认识到劳动权益保障工作存在的不足。当前，劳动合同签订不规范、劳动报酬拖欠、劳动安全卫生条件不达标等问题依然存在，影响了劳动者的获得感和幸福感。因此，进一步优化社会保障体系，健全法律法规，强化执法力度，构建更加和谐的劳动关系，以及持续优化工作环境，成为我们面临的重要任务。我们可以通过更好地保障劳动者的合法权益，激发其创造力和积极性。这不仅是对劳动者个体权益的尊重和保护，更是对社会稳定和经济发展的有力支撑。

关键词：劳动权益保障；美好生活；实现路径

本文引文格式：季婕、汪盛玉：《美好生活何以可能：基于劳动权益保障的视角》，见何云峰主编：《劳动哲学研究》第十一辑（2024年第2辑），上海教育出版社2024年版，第183—195页。

在当今全球化浪潮席卷、科技进步日新月异、经济结构深刻调整的时代背景下，劳动者的权益与利益问题不仅关乎个人的生计与福祉，更是国家发展、社会稳定与公平正义的基石。习近平总书记多次强调："人民对美好生活的向往就是我们

---

① 基金项目：2023年度安徽省研究生教育质量工程项目"《习近平著作选读》系列文本研读研究生国际学术论坛"（项目编号：2023gjxslt003）。作者通信地址：季婕，安徽师范大学马克思主义学院（安徽芜湖241002）；汪盛玉，安徽师范大学马克思主义学院（安徽芜湖241002）。

的奋斗目标。"① 这一重要论述深刻揭示了劳动者权益保障的核心要义,即一切工作都要以人民为中心,切实保障劳动者在劳动过程中的各项权益。

面对全球化的机遇与挑战,劳动者面临的竞争压力日益增大,工作环境快速变化,也对他们的技能与素质提出了更高要求。随着科技的飞速发展,特别是人工智能、大数据等新兴技术的广泛应用,劳动者权益保护面临着新的挑战和机遇。在现代社会中,劳动者的权益与利益问题日益凸显,成为社会各界广泛关注的焦点。我们应以习近平总书记的重要论述为指导,不断完善劳动权益保护体系,推动形成全社会共同关心、支持劳动者权益的良好风尚,为构建和谐劳动关系、促进经济社会可持续发展贡献力量。

一、问题的提出

在人类社会的发展历程中,劳动始终是推动社会进步的重要力量。习近平总书记多次强调劳动者权益保障的重要性:"无论时代条件如何变化,我们始终都要崇尚劳动、尊重劳动者,始终重视发挥工人阶级和广大劳动群众的主力军作用。"② 劳动权益保障作为维护劳动者合法权益、促进劳动关系和谐稳定的重要制度,与美好生活的实现之间存在着密切的联系。

劳动权益保障是指国家通过立法和行政措施,确保劳动者在劳动过程中享有的各项权益得到充分保护。这些权益涵盖了合理的劳动报酬、安全卫生的工作环境、法定的休息和休假时间、社会保险和福利等方面。这一制度旨在构建公平、公正、有保障的劳动环境,让劳动者在付出劳动的同时,能够获得应有的回报和尊重。"美好生活"则是一个更为宽泛且富有内涵的概念,它不仅包括物质层面的丰富和满足,更包括精神层面的愉悦和充实,以及社会关系的和谐与生态环境的优美。美好生活是每个人内心深处的向往和追求,它代表着一种全面、协调、可持续的发展状态。

劳动权益保障作为美好生活实现的基石,其重要性不容忽视。"劳动创造世界"是马克思主义哲学的一个核心观点。这一观点在马克思和恩格斯的多部著作中得到了阐述,特别是在恩格斯的《劳动在从猿到人的转变中的作用》一文中得到了详细的论证,而劳动者的权益保障则是这一创造过程得以持续和优化的前提。从基础层面来看,劳动权益的充分保障为劳动者提供了一个公平、公正且有安全感的工作环境。在这样的环境中,劳动者能够获得合理的劳动报酬、必要的休息和休假,从而满足基本生活需求,并为追求更高层次的精神生活奠定物质基础。同时,劳动

---

① 习近平:《习近平谈治国理政》,外文出版社2014年版,第101页。

② 习近平:《在庆祝"五一"国际劳动节暨表彰全国劳动模范和先进工作者大会上的讲话》,人民出版社2015年版,第2–3页。

权益保障在推动社会公平正义方面发挥着关键作用,为美好生活的实现创造了有利的社会环境。正如马克思所说,"生产关系的总和构成社会的经济结构"[①]。劳动权益保障作为生产关系中的重要一环,能够减少社会不公和矛盾,促进社会的和谐稳定。当每个劳动者都能在平等、尊重的环境中工作时,他们追求美好生活的机会和条件也就更加均等。这种公平正义的社会环境,是美好生活不可或缺的外部条件。除此之外,劳动权益保障还能有效激发劳动者的积极性和创造力,为社会经济的持续发展注入强大动力。当劳动者的权益得到充分保障时,他们的积极性和创造力将被极大地激发出来,从而推动生产效率的提升、技术的进步和产业的升级。这种持续的经济增长和社会进步,为美好生活的实现提供了坚实的物质基础。正如恩格斯所描述的那样,共产主义社会将是"这样一个联合体,在那里,每个人的自由发展是一切人的自由发展的条件"[②]。而劳动权益保障正是实现这一理想社会状态的重要步骤。

二、美好生活对劳动权益保障的要求

美好生活不仅是劳动保障制度发展的根本动力和目标导向,还对劳动保障提出了具体的要求。一个追求实现美好生活的社会,必然注重构建和完善社会保障体系,以保障劳动者的基本权益,提升劳动条件,促进就业与创业,进而实现社会经济的可持续发展与全体人民共同富裕。通过加强劳动保障,能够激发劳动者的积极性和创造性,为创造更加美好的生活奠定坚实的基础。

(一)经济层面的要求

1.促进高质量就业

高质量就业是经济层面劳动保障不可或缺的要素,它关乎国家的发展动力、社会稳定与人民福祉。在当前社会背景下,高质量就业不仅意味着稳定的收入来源,更是劳动者实现个人价值、追求职业发展的广阔舞台。因此,促进高质量就业成为保障劳动者权益、促进人的全面发展的重要途径。当前,我国就业工作已取得显著成效,但仍需进一步优化。为实现高质量就业,产业结构优化与升级是关键。通过鼓励企业创新、支持新兴产业发展,可以创造更多高质量的就业岗位。同时,职业教育与技能培训的加强也至关重要。随着科技的不断进步和产业结构的升级,劳动者的技能和素质成为影响就业质量的关键因素。因此,应加大对职业教育的投入,完善职业技能培训体系,帮助劳动者提升技能水平,以更好地适应市场需求。此外,完善就业服务体系也是实现高质量就业的重要环节。通过建立健全就业信息服务平台、提供精准

---

① 《马克思恩格斯文集》第2卷,人民出版社2009年版,第591页。
② 《马克思恩格斯文集》第2卷,第53页。

的就业指导和帮扶,可以有效地促进劳动者顺利就业与再就业。

2.完善社会保障体系

社会保障体系作为劳动保障体系中不可或缺的重要支撑,为每一个社会成员提供了经济层面的坚实保障。在当前全面深化改革、推动高质量发展的背景下,构建覆盖全民、统筹城乡、公平统一、可持续的社会保障体系已成为新的时代使命。我国社会保障体系虽然已取得长足发展,但仍需不断完善。为实现社会保障的全面覆盖和公平高效,应继续扩大社会保险的覆盖面,特别关注农村地区、偏远地区居民及弱势群体,确保他们也能享受到与城市居民同等的社会保险待遇。同时,提高社会保险的待遇水平也是重要一环,它可以使人民群众在面对疾病、养老等问题时拥有更加充足的物质保障。此外,完善社会救助制度也是构建完善的社会保障体系的重要组成部分。通过建立健全社会救助体系、完善救助标准和程序,可以确保困难群众在遭遇生活困境时能够及时得到救助和帮扶。

3.缩小收入差距

缩小收入差距是实现美好生活愿景下劳动权益保障的重要要求之一。在经济发展过程中,注重公平与效率的平衡至关重要,它关乎劳动者能否公平分享经济发展的成果。为实现缩小收入差距的目标,完善收入分配制度是关键。对此,可以通过提高劳动报酬在初次分配中的比重,确保劳动者的工资水平随着经济的发展而逐步提高。同时,税收调节也是重要手段之一,通过完善个人所得税制度、加强对高收入者的税收征管,可以有效缓解收入差距的扩大。此外,鼓励企业和个人进行慈善捐赠等公益活动也是促进社会财富合理分配的有效途径。社会保障制度的完善则能够为低收入群体提供基本的生活保障,进一步减轻他们的生活压力,从而有助于缩小收入差距,实现社会公平。

(二)社会层面的要求

1.加强劳动法律法规建设

在追求美好生活的征途中,劳动权益的坚实保障是不可或缺的基石。劳动关系作为社会关系的核心组成部分,其和谐稳定直接关系到社会的公平正义与经济的健康发展。马克思在《资本论》中深刻指出:"资本是死劳动,它像吸血鬼一样,只有吮吸活劳动才有生命,吮吸的活劳动越多,它的生命就越旺盛。"[①]这里提到的现象在当今社会仍然存在。因此,加强劳动法律法规建设,成为确保劳动者在劳动过程中获得公正待遇、实现其价值追求的关键所在。

完善劳动法律法规体系是首要任务。随着经济社会的发展,新型劳动关系和劳动形态不断涌现,对法律法规的适应性提出了更高要求。我们应在立法过程中广泛听取劳动者与用人单位的意见,确保法律法规既具有前瞻性,又具备可操作

---

① 《马克思恩格斯文集》第5卷,人民出版社2009年版,第269页。

性,从而全面覆盖各类劳动关系,为劳动者提供坚实的法律支撑。同时,强化劳动监察执法力度,确保法律法规落地生根。劳动监察部门应建立健全监管机制,加大对用人单位的监督检查力度,及时发现并纠正侵害劳动者权益的违法行为。同时,通过提高违法成本,形成有效的法律震慑力,让违法者付出应有的代价,从而维护法律的权威性和公正性。此外,应深化普法宣传教育,提升劳动者的法律意识和维权能力。我们应通过多种形式、多种渠道广泛宣传普及劳动法律知识,让劳动者充分了解自己的权利和义务,懂得如何运用法律武器维护自身权益。同时,应加强对用人单位的法治宣传和培训,引导其自觉遵守劳动法律法规,共同营造尊法、学法、守法、用法的良好氛围。我们也应清醒地认识到,我国劳动法律法规建设在取得显著成效的同时,仍存在一些不足,面临一些挑战。我们必须以习近平法治思想为指引,持续加强劳动法律法规建设,不断提升劳动者的法律保障水平,为构建和谐社会、实现美好生活奠定坚实的法治基石。

2.构建和谐劳动关系

构建和谐劳动关系,是保障劳动者合法权益、实现人民美好生活愿景的重要途径。在党的多次重要会议和习近平总书记的系列重要讲话中,这一理念被赋予前所未有的高度和深度。它不仅是社会层面劳动保障的重要内容,更是推动经济社会持续健康发展的关键所在。构建和谐劳动关系,关键在于加强劳动关系协调机制建设。我们应建立健全政府、企业和劳动者三方参与的劳动关系协调机制,通过对话、谈判等方式,解决劳动关系中的矛盾和纠纷,实现双方利益的平衡和共赢。这一机制的建设,有助于促进企业与劳动者之间的沟通与理解,增强双方的互信与合作,从而为劳动关系的和谐稳定奠定坚实基础。同时,推动企业社会责任建设是构建和谐劳动关系的重要途径。企业应积极承担起社会责任,尊重劳动者,关爱劳动者,为劳动者提供安全健康的工作环境、合理的劳动报酬和福利待遇、公平的晋升机会等。通过加强企业社会责任建设,可以推动企业与劳动者之间的和谐共处和共同发展,实现经济效益与社会效益的双赢。此外,加强工会组织建设是保障劳动者权益的重要手段。工会作为劳动者的代表组织,在维护劳动者权益方面发挥着不可替代的作用。我们应加强工会组织建设,提高其组织力、凝聚力和战斗力,使其成为劳动者信赖的坚强后盾。同时,支持工会依法独立自主地开展工作,保障其参与劳动关系协调、维护劳动者权益的权利和地位。在构建和谐劳动关系的过程中,我们还应注重营造尊重劳动、崇尚奋斗的社会氛围。应通过加强宣传教育、完善相关法律法规、改善工作环境和条件等措施,让劳动者在社会中得到应有的尊重和认可。只有这样,才能真正激发劳动者的积极性和创造力,推动社会的和谐稳定与繁荣发展。

3.营造尊重劳动的社会氛围

营造尊重劳动的社会氛围,是实现美好生活对劳动权益保障的重要要求之一。

这种氛围的营造,不仅关乎劳动者的尊严和价值体现,更是推动社会进步、促进经济发展的重要力量。马克思恩格斯曾明确指出:"无产阶级的运动是绝大多数人为绝大多数人谋利益的独立的运动。"①这揭示了无产阶级运动的本质和目的,也为我们营造尊重劳动的社会氛围提供了理论指引。我们应充分认识到劳动的重要性,尊重劳动者的辛勤付出和创造价值,让劳动成为社会的崇高追求和共同信仰。为了营造尊重劳动的社会氛围,我们需要加强宣传教育,提高社会对劳动的认识和理解。我们可以通过媒体、学校、社区等多种渠道和方式,宣传劳动的重要性和劳动者的光辉事迹,让更多人意识到劳动的价值和意义。我们还应完善相关法律法规,保障劳动者的合法权益,让劳动者在劳动过程中得到应有的尊重和保护。营造良好的工作环境和条件也是营造尊重劳动的社会氛围的重要环节。企业应致力于工作场所的安全与健康优化,这包括应用现代化的安全设施,确保作业环境符合国家安全标准,以及采用人性化的设计原则,如调整照明、通风系统,以全方位保障劳动者的生理与心理健康。企业也可以推行灵活多样的工作制度,如弹性工作时间安排与远程工作模式。这不仅能够缓解员工的工作压力,促进工作与生活的和谐共生,还能够进一步激发其内在的工作动力与创新潜能。企业应构建一套公正透明的职业发展体系,以体现对劳动者主体地位及其创新精神的尊重。这要求企业建立基于能力与贡献的晋升机制,确保每个员工的努力都能获得公正评价与合理回报,从而增强其对组织的认同感和归属感。在社会层面,政府及相关机构亦需发挥作用,通过立法保护劳动者权益,举办劳动模范表彰大会及职业技能竞赛。这不仅能够提升劳动者的社会地位,也能够强化全社会对劳动价值的认知与尊重,共同营造一个以劳动为荣、以奋斗为美的社会生态。

(三)精神层面的要求

1.关注劳动者的心理健康

劳动者的心理健康是衡量社会文明进步与个体生活质量的重要指标,其重要性不容忽视。个人的全面发展包括他们的体力、智力、道德精神和审美情趣的充分发展。然而,在快节奏与高压力的现代社会,劳动者面临着前所未有的心理健康挑战,长时间加班、复杂职场关系等成为心理负担的源头。为应对这一挑战,企业与社会需共同发力,构建全方位的心理健康支持体系。企业应建立健全心理咨询服务机制,配备专业心理咨询师,为劳动者提供及时有效的心理援助。同时,可以通过定期举办心理健康讲座与培训,提升劳动者的心理调适能力与自我认知。此外,企业应营造开放包容的工作环境,鼓励员工间正向沟通,形成良好的团队氛围,这对于缓解职场压力、提升工作效率具有显著效果。企业还应合理设定工作目标,灵活安排工作时间,并提供充足的休假,以切实减轻劳动者的心理负担。这些措施的实施,不仅体现了对劳动者个

---

①《马克思恩格斯全集》第四卷,人民出版社1958年版,第477页。

体的深切关怀,更是筑牢社会和谐稳定根基的重要举措。

2. 丰富劳动者的精神文化生活

美好生活的实现离不开丰富的精神文化生活。劳动者在繁忙的工作之余,需要有丰富的精神文化活动来提升自我、陶冶情操。精神文化生活不仅是个人素养的体现,也是社会文明程度的重要标志。可以通过组织多样的文体活动、促进文艺创作、提供学习和发展的机会等方式,让劳动者能够在文化活动中找到乐趣和满足感。"满足人民过上美好生活的新期待,必须提供丰富的精神食粮。"[1] 精神文化活动不仅能增强劳动者的归属感和认同感,还能激发他们的创造力和积极性,使他们在工作中更加投入。通过丰富的精神文化生活,劳动者能够感受到生活的多样性和美好,从而提高对工作的热情和对生活的满意度。精神文化活动还可以促进家庭和谐,增强社会凝聚力。当劳动者在精神文化活动中建立起深厚的友谊和情感联系时,他们不仅是在享受个人的精神文化生活,也是在为构建和谐社会贡献力量。因此,企业和社会应积极创造条件,鼓励劳动者参与丰富多彩的精神文化生活,让每一个劳动者都能在平凡的工作中找到生活的乐趣与意义。

3. 加强思想道德建设

思想道德建设作为提升劳动者精神面貌、塑造良好社会风尚的重要途径,对于实现美好生活具有深远意义。马克思指出,"道德的基础是人类精神的自律"[2]。在追求物质财富的同时,我们不能忽视对劳动者思想道德的培育与引导。企业与社会应加强对劳动者的思想引导与道德教育,通过开展思想政治教育、道德讲堂等活动,引导劳动者树立正确的价值观、人生观与世界观。特别是要弘扬社会主义核心价值观,增强劳动者的社会责任感与使命感。

三、当前劳动权益保障美好生活存在的问题

在当前劳动保障体系的持续优化与建设中,我们已取得显著成就,但同时也面临着四个值得深入思考与改进的关键问题。这些问题的解决,不仅是提升劳动者合法权益的重要保障,也是推动劳动力市场更加健康、更有活力发展的关键所在,将有力促成民众对美好生活向往的实现,并为社会的和谐稳定与经济的持续繁荣奠定坚实基础。

(一)社会保障体系尚不健全,覆盖面有待扩大

近年来,我国社会保障体系在经济发展与社会进步的推动下,取得了显著成就,逐步构建起涵盖养老、医疗、失业、工伤、生育等多领域的保障体系。然而,面对

---

[1] 习近平:《习近平谈治国理政》第三卷,人民出版社2020年版,第34页。
[2]《马克思恩格斯全集》第一卷,人民出版社1958年版,第15页。

日益多元化的社会需求和复杂多变的社会环境,社会保障体系的不健全与覆盖面有限的问题依然凸显,成为制约劳动者权益保障美好生活的重要因素。当前,我国社会保障体系的碎片化问题不容忽视。地区、行业、群体间的保障待遇差异,会引发劳动者的不公平感。对此,我们应通过优化制度设计,促进各领域社会保障的有机衔接,确保劳动者能够公平享受社会保障带来的福祉。在覆盖面方面,尽管我国社会保障体系不断扩容,但仍有一部分劳动者,特别是非正规就业者、小微企业员工及农村居民,难以获得与城市职工同等的保障待遇。这不仅损害了劳动者的合法权益,也阻碍了社会公平的实现。"工人的解放应当是工人自己的事情,"[①]同样的道理,这些劳动者也应该关注自己的合法权益保障问题。与此同时,我们应积极推动社会保障体系的全面覆盖,特别是针对上述弱势群体,通过政策倾斜与制度创新,确保他们也能享受到应有的保障。为提高社会保障水平,我们需进一步加大投入,提升保障标准,确保劳动者在面临风险时能够得到及时有效的帮助。同时,还应加强社会保障基金的管理与运营,确保其安全与增值,为社会保障体系的长期可持续发展奠定坚实基础。

(二)法律法规体系尚有提升空间,执行力度有待加强

在当前社会经济快速发展的背景下,劳动保障法律法规的完善与执行对于构建和谐社会、保障劳动者美好生活具有至关重要的意义。习近平总书记提出的"全面依法治国"理念,为劳动者权益保障提供了坚实的法治基石。我国劳动者权益保护在实践探索中取得了显著成就。一系列劳动保障法律法规的出台和实施,有效维护了劳动者的合法权益,提升了劳动者的生活质量和幸福感。然而,随着新经济形态的不断涌现和劳动关系的日益复杂化,劳动保障法律法规体系也面临着一些新的挑战和问题。以共享经济为例,这一新兴业态的兴起带来了劳动关系的深刻变革,但传统雇佣关系下的社会保障体系难以完全适应这一变化。共享经济中的劳动者往往面临着劳动关系界定模糊的问题,这使得他们在社会保障待遇上与传统雇佣关系下的劳动者存在差距。这一现状不仅影响了劳动者的权益保护,也可能对社会公平和稳定产生不利影响。同时,我们也应注意到,部分劳动者群体如农民工、灵活就业人员等,在劳动权益保障方面仍面临一些困难。由于工作性质的特殊性和流动性大,这些群体往往难以获得充分的法律保障,容易在工资支付、工作条件、职业健康等方面遭遇问题。这些问题的存在,不仅损害了劳动者的合法权益,也影响了社会的和谐与发展。"法律作为社会关系的调节器,可以发挥有效的作用。"[②]在当前劳动权益保障领域,我们也需要通过不断完善法律法规体系来更好地调节劳动关系,保障劳动者的合法权益。然而,面对新经济形态的挑战和部分劳动者群体的保护不足问题,我们仍需进一步思

---

① 《列宁选集》第四卷,人民出版社2012年版,第48页。
② 江必新:《新时代公民法治素养》,人民出版社2019年版,第12页。

考和探索如何更好地完善劳动保障法律法规体系,以确保每一位劳动者都能在法治的庇护下享受美好生活。只有不断完善法律法规体系,才能更好地保障劳动者的合法权益,促进社会的和谐与稳定。

(三)劳动关系存在不平衡现象,劳动者权益保护需进一步优化

作为社会进步与公平正义的坚实基石,劳动关系的和谐稳定一直是社会各界共同努力的方向。近年来,我国劳动合同签订率逐步提升,工资支付保障机制不断完善,劳动者权益保护力度持续加强,企业与劳动者之间建立了相对稳定的合作桥梁。然而,当前劳动关系中也存在失衡现象,这些现象在一定程度上影响了劳动者的合法权益与和谐劳动关系的深入发展。在劳动合同签订与履行方面,虽然整体情况有所改善,但仍存在部分领域签订率较低下以及履行不规范的问题。特别是在新兴就业形态下,劳动关系的多元化与模糊化给劳动合同的认定与保障带来了新的挑战。这要求我们在肯定现有进步的同时,进一步加强对劳动合同签订的监管与指导,细化合同条款,确保劳动合同的法律效力与履行质量,为劳动者提供更加坚实的权益保障。在工资支付保障方面,虽然国家已出台一系列政策保障劳动者工资权益,但仍有部分企业存在拖欠工资、克扣工资等行为,影响了劳动者的基本生活,削弱了其工作积极性。应加强监管与处罚力度,确保劳动者能够按时足额获得劳动报酬。同时,推动建立更加完善的工资集体协商制度,增强劳动者在工资决定中的话语权与谈判力,也是促进劳动关系和谐稳定的重要途径。此外,虽然加班在一定程度上是市场经济下企业应对市场变化的一种手段,但过度加班无疑损害了劳动者的身心健康与休息权益。我们应关注劳动者的合法权益,加强对企业加班行为的监管与规范,确保加班是基于双方自愿与公平补偿的原则。同时,应鼓励企业加强文化建设,倡导工作与生活的平衡,为劳动者创造更加健康、和谐的工作环境。

此外,劳动者参与企业管理与决策的机会有限,也是当前劳动关系失衡的一个重要方面。虽然我国已推动企业民主管理制度建设,但仍有部分企业未能充分落实劳动者的参与权与知情权。应积极推动企业进一步完善民主管理机制,为劳动者提供更多参与企业决策与管理的渠道与平台。增强劳动者的参与感与归属感,不仅有助于提升企业的凝聚力与向心力,更能促进劳动关系的和谐与稳定。当前劳动关系在取得显著成就的同时,仍面临着一些不容忽视的失衡现象。我们应继续深化对劳动关系的认识与研究,积极探索构建和谐劳动关系的有效途径与方法,为劳动者的美好生活提供更加坚实的保障。

(四)劳动环境与安全条件亟待改善

近年来,我国在改善劳动环境、提升劳动安全方面取得了显著成就,为构建和谐社会、促进经济发展奠定了坚实基础。然而,我们也应意识到当前劳动环境与安全条件中存在的不足,以期在持续探索中不断完善,为劳动者创造更加优越的工作

条件。

劳动环境的优化,是保障劳动者身心健康、提升工作效率的关键所在。近年来,我国政府高度重视劳动环境改善工作,通过加强法律法规建设、加大资金投入、推广先进技术等措施,显著提升了劳动环境的整体质量。许多企业积极响应政府号召,致力于打造安全、健康、舒适的工作环境,有效降低了职业病发生率,提高了劳动者的生活品质。然而,我们也应看到,部分企业或行业在劳动环境方面仍存在提升空间。例如,某些特定岗位仍存在噪音、粉尘等职业危害因素,影响了劳动者的身体健康;部分工作场所的通风、照明等条件有待进一步改善,以更好地满足劳动者的生理需求。这些细微之处虽不至于颠覆整体向好的态势,但仍是我们在追求更美好生活过程中需要关注并努力改进的地方。劳动安全作为劳动者权益的底线保障,其重要性不言而喻。近年来,我国在劳动安全方面取得了长足进步,安全生产法律法规体系不断完善,安全监管力度持续加强,企业安全意识显著提升。这些努力共同织就了一张严密的安全网,为劳动者提供了有力的保护。然而,安全生产事故仍时有发生,暴露出部分企业在安全管理、安全设施、安全培训等方面存在的薄弱环节。这些事故的发生,不仅给受害者及其家庭带来了无法挽回的损失,也对企业和社会造成了不良影响。深入剖析事故原因,查找安全隐患,通过加强安全管理、完善安全设施、提升安全培训等措施,进一步巩固劳动安全防线,是我们迫切需要完成的任务。我们要正视存在的不足,以更加严谨的态度、更加务实的举措,持续推进劳动环境与安全条件的改善工作。只有这样,我们才能为劳动者创造一个更加安全、健康、和谐的工作环境,让他们在劳动中享受幸福、实现价值,共同迈向更加美好的未来。

四、完善劳动权益保障以促进美好生活的实现

"劳动保障直接影响劳动者的收入获取和权益维护,劳动保障是否完善健全与共同富裕能否实现密切关联。"[①] 劳动保障除了对共同富裕产生影响,还关乎很多方面。构建公平正义和谐的劳动关系,为劳动者创造更加安全、稳定、有尊严的工作环境,对实现全体人民对美好生活的向往有重要作用。

（一）推动社会保障体系的全面升级

在追求美好生活的道路上,社会保障体系的全面升级是不可或缺的一环。社会保障作为民生之基,对维护社会稳定、促进经济发展具有举足轻重的作用。近年来,我国社会保障体系的覆盖面不断扩大,待遇水平稳步提高,为人民群众提供了

---

① 徐政、郑霖豪、丁守海:《新质生产力促进共同富裕的内在机理与策略选择》,《改革》2024年第4期,第41-49页。

基本的生活保障。然而,面对新时代的新要求,我们仍需正视社会保障体系存在的不足之处,并致力于其全面升级,以更好地满足人民群众对美好生活的向往。

加大财政投入,正是社会保障体系全面升级的物质基础。政府应持续增加对社会保障事业的投入,提高各项社会保障项目的待遇标准,确保低收入群体和特殊困难群体的基本生活得到有效保障。这不仅是对马克思社会保障思想的实践,也是对我国社会保障体系完善的必然要求。同时,推动城乡社会保障制度的一体化进程是实现社会公平正义的关键。长期以来,城乡社会保障制度的不平衡制约了农村居民的生活质量和幸福感。恩格斯强调:"一切人,或至少是一个国家的一切公民,或一个社会的一切成员,都应当有平等的政治地位和社会地位。"① 这为我们推动城乡社会保障一体化提供了理论支撑。我们应加快城乡社会保障制度的整合,消除制度差异和壁垒,确保城乡居民在社会保障方面享有平等权利,从而促进城乡经济社会的协调发展。在社会保障政策宣传普及方面,我们也需下足功夫。通过多种形式、多种渠道向广大群众普及社会保障知识和政策法规,提高他们的认知度和参与度,是增强社会保障制度吸引力和可持续性的有效途径。这不仅有助于提升群众对社会保障制度的信任和支持,还能形成全社会共同关注和支持社会保障事业的良好氛围,为社会保障体系的全面升级奠定坚实的群众基础。

(二)推动法律法规的完善与强化执行

在劳动领域法治化建设的深入探索中,构建并完善法律法规体系,以及强化其执行力度,成为捍卫劳动者权益、确保劳动市场公平正义的核心环节。随着劳动关系的日益复杂化以及新兴劳动问题的不断涌现,对法律法规体系的持续优化与执行效能的提升提出了更高要求。

首要任务在于加速立法进程,确保劳动法律法规能够与时俱进,紧密贴合时代发展的脉搏。在这一过程中,深入学习与贯彻习近平法治思想显得尤为关键,将为我们提供科学的理论指导与实践方向。我们应秉持问题导向,针对劳动领域出现的新情况、新问题,及时且精准地制定或修订相关法律法规,以法律法规的刚性力量为劳动者权益筑起坚实的防线。同时,积极借鉴国际先进立法经验,促进我国劳动法律法规与国际标准接轨,不仅有助于提升我国劳动法治的国际影响力,也是融入全球经济一体化进程的必然要求。然而,立法仅是法治建设的第一步,强化执法力度,确保法律法规条文转化为实际效力,才是实现法治目标的关键所在。当前,劳动领域执法不严、违法成本低等问题依然存在,削弱了法律法规的威慑力与公信力。必须加大执法力度,对各类劳动违法行为实施严格监管与严厉处罚,形成"不敢违、不能违、不想违"的法治氛围。同时,加强执法队伍建设,提升执法人员的专业素养与职业道德水平,确保执法过程既公正又透明,让每一份法律判决都能成为维护正义的坚实基石。

---

① 《马克思恩格斯文集》第9卷,人民出版社2009年版,第109页。

在此基础上,普法教育作为提升全民法治意识、增强劳动者自我保护能力的重要途径,其重要性不言而喻。我们应通过多元化、全方位的宣传教育手段,如线上线下的法律讲座、案例分析、互动问答等,使劳动者深入了解并掌握相关法律法规知识,培养他们的法律思维与维权技能。当劳动者的合法权益遭受侵害时,他们能够自觉运用法律武器捍卫自身权益,这不仅促进了劳动市场的公平正义,也为社会的和谐稳定奠定了坚实基础。

劳动领域法治化建设是一项系统工程,需要立法、执法与普法教育三管齐下,形成合力。我们需要以更加完善的法律法规体系、更加有力的执法行动、更加深入的普法教育,共同推动劳动领域法治化建设迈向新高度,为构建和谐社会、实现中华民族伟大复兴的中国梦贡献力量。

(三)推动和谐劳动关系的构建和劳动者权益的全方位保障

推动和谐劳动关系的构建和劳动者权益的全方位保障,需要全社会的共同努力与持续推动。我们要坚持以人民为中心的发展思想,把促进就业放在经济社会发展的优先位置,健全劳动关系协调机制,完善劳动者权益保障制度。

加强劳动法律法规的宣传教育,是构建和谐劳动关系、保障劳动者权益的基石。我们要充分利用各种媒体平台,广泛宣传《劳动法》《劳动合同法》等法律法规,让企业和劳动者都能深刻认识到自己的权利和义务。通过举办法律知识讲座、培训班,以及利用网络平台进行在线普法教育,我们可以有效提升社会各界的法律素养,为劳动关系的和谐稳定奠定坚实的基础。在宣传教育的过程中,我们要注重引导企业和劳动者树立法治观念,引导他们依法签订劳动合同,履行劳动义务。劳动合同是明确双方权利义务、保护劳动者合法权益的重要依据。要加强对劳动合同的规范管理和监督检查,确保劳动合同的签订和履行符合法律法规的要求。同时,还要加强对企业用工行为的监管,防止企业利用法律漏洞侵犯劳动者的合法权益。建立健全集体协商体制,是构建和谐劳动关系、保障劳动者权益的重要途径。集体协商是实现劳动者与企业平等对话、共同决定劳动关系事项的有效机制。要鼓励和支持企业与劳动者就劳动报酬、工作时间、休息休假等事项进行平等协商,达成双方都能接受的协议。这不仅有助于维护劳动者的合法权益,也有助于增强企业的凝聚力和向心力,促进企业的长远发展。同时,还要加强对集体协商的监督检查,确保制度的有效执行。我们在采取实际行动时必须抓住重点,要充分认识到构建和谐劳动关系、保障劳动者权益是一项长期而艰巨的任务,需要政府、企业、劳动者以及社会各界的共同努力和持续推动。要坚持以人民为中心的发展思想,始终把保障劳动者权益放在心上、抓在手上、落实在行动上。只有这样,我们才能推动劳动关系朝更加和谐稳定的方向发展,为实现中华民族伟大复兴的中国梦贡献力量。

(四)推动工作环境优化,守护劳动者心灵健康

劳动者作为推动社会经济进步的直接力量,其工作环境与生活质量的优劣直接关乎社会的整体福祉与长远发展。马克思曾深刻指出:"劳动首先是人和自然之间的过程,是人以自身的活动来中介、调整和控制人和自然之间的物质变换的过程。"[①] 然而,在资本逻辑下,劳动者的劳动过程往往被异化为一种外在的、强制性的活动,情绪劳动和情感劳动的概念更是凸显了劳动者在非认知层面遭受的控制与剥夺。为了扭转这一局面,必须从最基本的工作条件入手,为劳动者创造一个安全、卫生的工作环境。当前,虽然我国在劳动保护方面取得了显著成就,但仍需正视部分行业和工作环境中存在的安全隐患与环境污染问题。企业应积极响应国家号召,加大环保设施投入,减少有害物质排放。同时,政府也应强化监管力度,确保环保法律法规得到有效执行,对违法企业实施严格处罚,从而切实保障劳动者的身体健康与生命安全。

在关注物质环境的同时,劳动者的心理健康同样不容忽视。人的全面发展是社会进步的最终目标,而心理健康则是人的全面发展的重要组成部分。面对现代社会快节奏的生活与工作压力,劳动者极易产生焦虑、抑郁等心理问题。企业应建立完善的心理健康支持体系,包括设立心理咨询室、开展心理健康讲座与团队建设活动等,以帮助劳动者有效应对压力,增强心理韧性。此外,构建公平的薪酬体系与晋升机制,让劳动者在物质与精神层面均得到应有的回报与尊重,是激发其工作热情与创造力的关键所在。进一步地,满足劳动者的精神文化需求,促进其全面发展,是构建和谐劳动关系的深层次要求。恩格斯强调:"人们首先必须吃、喝、住、穿,然后才能从事政治、科学、艺术、宗教等等……"[②] 这意味着,人的需要是多层次的,既有物质需要,也有精神需要。企业可以通过组织丰富多彩的文体活动、庆祝员工生日等方式,增强员工的归属感与团队凝聚力;也可以建立有效的沟通机制,及时了解并回应员工的需求与期望,从而不断完善企业管理与服务,促进劳动关系的和谐稳定。

政府应持续完善劳动法律法规,出台更多有利于劳动者的政策措施,如提高最低工资标准、加强劳动监察等,以保障劳动者权益。企业应积极履行社会责任,将员工福祉纳入企业发展战略,实现经济效益与社会效益的双赢。社会各界应加强对劳动者权益的关注与保护,形成尊重劳动、关爱劳动者的良好社会氛围。这是一项长期而艰巨的任务,需要我们持之以恒、久久为功,以实际行动为劳动者创造一个更加安全、健康、和谐的工作环境与生活环境,从而推动社会的和谐稳定与可持续发展。

---

① 《马克思恩格斯文集》第5卷,第207页。
② 《马克思恩格斯文集》第3卷,人民出版社2009年版,第601页。

新时代美好生活观及其对青年的影响探究①

邓会敏

摘　要： 新时代美好生活观是以"我"是美好生活的创造主体，充足的物质生活和丰盈的精神生活是美好生活的基本内容，积极的创造性劳动是美好生活的实现路径等为基本意涵的科学美好生活观。新时代青年虽然大部分对美好生活充满向往，但是仍有部分青年由于对于感官享受的重视以及生活态度消极，进而产生"摆烂""躺平"等心态，从而无助于美好生活的创造和实现。结合新时代青年的生活样态，应该着重以新时代美好生活观为指导，从唤醒新时代青年的美好生活主体意识、激发新时代青年的劳动热情、引导新时代青年追寻意义生活等方面进行美好生活观的培育。

关键词： 新时代美好生活观；青年；培育

本文引文格式： 邓会敏：《新时代美好生活观及其对青年的影响探究》，见何云峰主编：《劳动哲学研究》第十一辑（2024年第2辑），上海教育出版社2024年版，第196-203页。

对美好生活的向往和追求是人类世代相继的永恒话题。正是基于人类对美好生活的向往和追求，人类社会才能接续前进，因为历史总是伴随着人们追求美好生活的脚步向前发展的。随着进入中国特色社会主义新时代，我国社会主要矛盾由人民日益增长的物质文化需要同落后的社会生产之间的矛盾转化为人民日益增长的美好生活需要和不平衡不充分的发展之间的矛盾。"美好生活"不仅成为党和政

---

① 基金项目：安徽省高等学校科学研究重点项目"劳动二重性及其矛盾运动推动新时代劳动幸福持续提升的路径研究"（项目编号：2024AH053452）。作者通信地址：邓会敏，苏州城市学院马克思主义学院（江苏苏州215104）。

府的高频词汇,更成为普通民众的热议之词。人民的美好生活需要在新时代被充分激发出来,人们在社会中不仅感悟着现实的美好生活而且憧憬着未来的美好生活。新时代的青年群体是实现中华民族伟大复兴中国梦的生力军和中坚力量,更是引风气之先的社会主力,其价值取向决定着社会未来的价值取向。"青年一代的理想信念、精神状态、综合素质,是一个国家发展活力的重要体现,也是一个国家核心竞争力的重要因素。"[1] 作为中华民族伟大复兴中国梦生力军和中坚力量的青年群体坚持以习近平美好生活观为实践指南,不仅关系到自身美好生活的实现,也影响着中华民族伟大复兴的历史进程。基于此,本文对新时代美好生活观的核心意涵进行梳理,并对新时代青年的美好生活观进行透视,以期为新时代青年美好生活观的培育提供具有可行性的路径。

一、新时代美好生活观的意涵

美好生活观是指人们在生活实践中形成的对于"谁的美好生活""什么是美好生活""怎样实现美好生活"等问题的根本观点和看法,是人们世界观、人生观、价值观在美好生活问题上的集中展现。习近平总书记在党的十九大报告中指出,"我国社会主要矛盾已经转化为人民日益增长的美好生活需要和不平衡不充分的发展之间的矛盾"[2],明确把人民对美好生活的向往作为党的奋斗目标。在新时代这一历史方位,立足于我国社会主要矛盾转变的客观现实、顺应社会发展趋势并以马克思主义科学理论为指引的美好生活观,其意涵主要包括:"我"是美好生活的创造主体,适当的物质生活和丰盈的精神生活是美好生活的主要内容,积极的创造性劳动是美好生活的实现路径。

(一)"我"是美好生活的创造主体

人和动物的本质不同之处就在于,动物是被动地存在于自然界,而人则是按照自己的愿望去创造美好生活。正如马克思所指出的:"动物只是按照它所属的那个种的尺度和需要来构造,而人却懂得按照任何一个种的尺度来进行生产,并且懂得处处都把固有的尺度运用于对象;因此,人也按照美的规律来构造。"[3] 生活世界趋于美化正是"现实的个人"遵循自身感性的"美好"认知并通过实践活动得以实现的。

中国共产党坚守初心、牢记使命,通过百年奋斗,从根本上改变了中国人民的前途命运,使美好生活的图景一幅幅变为现实。正如习近平总书记所指出的,"人

---

[1] 中共中央文献研究室:《习近平关于青少年和共青团工作论述摘编》,中央文献出版社2017年版,第9页。
[2] 习近平:《习近平谈治国理政》第三卷,外文出版社2020年版,第9页。
[3] 《马克思恩格斯文集》第1卷,人民出版社2009年版,第163页。

民对美好生活的向往是我们的奋斗目标"①。在这一过程中,党和国家是美好生活的设计者、引领者、保障者,作为个体的"我"不仅是新时代美好生活的享受者,更是美好生活的创造者。马克思恩格斯指出:"历史不过是追求着自己目的的人的活动而已。"② 在中国特色社会主义新时代,面对不平衡不充分的发展这一社会现实以及投射在个体身上的各种境遇,人的自喜"躺赢"而无所作为、悲愤"躺平"而消极逃避都将导致创造美好生活的主体缺位。我们期盼更好的教育、更稳定的工作、更满意的收入、更可靠的社会保障、更高水平的医疗卫生服务、更舒适的居住条件、更优美的环境,期盼孩子们能成长得更好、工作得更好、生活得更好,期盼民主、法治、公平、正义、安全、环境等达到更高水平,这一切的一切归根结底还是要靠社会个体的创造。如果没有社会个体的积极创造,美好生活只能沦为空想。尤其对于新时代青年,更应牢记习近平总书记所嘱托的:"每一代青年都有自己的际遇和机缘,都要在自己所处的时代条件下谋划人生、创造历史。青年是标志时代的最灵敏的晴雨表,时代的责任赋予青年,时代的光荣属于青年。"③

(二)高质量的物质生活和丰盈的精神生活是美好生活的主要内容

习近平总书记在党的二十大报告中13次提及"高质量发展",他强调高质量发展是全面建设社会主义现代化国家的首要任务。这凸显了高质量发展在习近平美好生活观中的重要地位。生活实际上就是现实的个人在维持生存状态基础上所展开的一切感性活动,这种感性活动的现实起点则是基于人的物质需要。人不是空灵性的存在,而是有着血肉之躯的实实在在的存在物,所以美好生活必然首先是物质需要的满足。物质需要的满足是人存活于世的必要条件,是人追求美好生活的原动力。如果物质方面的合理正当需要得不到满足,那么人们必然无法感知生活的美好。古往今来,人们渴望的美好生活都必然包括要摆脱物质匮乏。低欲望躺平主义者主张放弃追求物质财富,降低个人欲望,采取不工作、不购物、不生育等消极方式对待世俗生活。这看似岁月静好,但实际上偏离了美好生活。他们的消极避世恰恰是物质生活需要没有得到满足后的无奈之举。虽然满足人的物质需要是人实现美好生活的必要条件,但并不是满足人的一切物质需要就是幸福、美好的实现。物质需要有真实需要和虚假需要之分,真实需要是人生存和发展所不可或缺的条件,虚假需要则是人放纵欲望的呈现。在资本操纵下的消费主义、物质主义、享乐主义所激发的物质欲望就是虚假需求。人们一旦执着于这种物欲的满足,陷入物质陷阱,这种虚荣的享受最多获得的是感官短暂的快乐,而无法在深层意义上体悟生活的幸福美好。波德里亚将现代人的这种在广告和信息指引下进行的宣泄

---

① 习近平:《习近平谈治国理政》第三卷,第234页。
② 《马克思恩格斯文集》第1卷,第295页。
③ 中共中央文献研究室:《习近平关于青少年和共青团工作论述摘编》,中央文献出版社2017年版,第4页。

欲望的消费称为"虚荣的享受",它把人的幸福生活指向市场,进而让人陷入欲壑难填的境地。"剁手党""精致穷"等现象正是人们处于对物质极端无序的追求中,沉溺于物欲横流的虚无世界中迷失自我的结果。所以,美好生活中的物质生活不是短缺,不是过度,而应是适当的、高质量的,是人的物质需要被适当满足的生活。

马克思恩格斯指出:"人们为了能够'创造历史',必须能够生活。但是为了生活,首先就需要吃喝住穿以及其他一些东西。因此第一个历史活动就是生产满足这些需要的资料,即生产物质生活本身。"① 虽然进行物质生活,满足人的物质需要是人得以生活的首要条件,但是作为灵肉的结合体,人的需要绝不是像动物一样只止步于"吃喝住穿"层面的物质需求。如果把感官需要的满足作为人的唯一终极目的,那这只是动物式的存在。当人们的基本生存需要得到满足后,必然产生精神生活的需要。这和马斯洛的需要层次理论也是一致的。在人的生理需求之上,必然有社交需要(归属与爱的需要)、尊重需要和自我实现需要。当这种高层次的精神生活需要得到满足后,人才能体会到更深层更持久的幸福和美好,找到人生的价值和意义。高层次的精神生活需要的满足离不开个体不断超越自我的理想的追求,离不开对责任、奉献、诚信等美德的坚守。个体唯有走向精神的充盈,才能避免成为物的奴隶。习近平总书记认为,实现人民美好生活,要创造更多物质财富和精神财富以满足人民日益增长的美好生活需要。他强调:"物质需求是第一位的。……但是,这并不是说人民对精神文化生活的需求就是可有可无的,人类社会与动物界的最大区别就是人是有精神需求的,人民对精神文化生活的需求时时刻刻都存在。"② 可见,精神生活的丰盈是人民美好生活的重要组成部分。

(三)积极的创造性劳动是美好生活的实现路径

习近平总书记强调:"幸福不会从天降,美好生活靠劳动创造。"③ 在新时代美好生活的建设过程中,人们要尊重劳动、热爱劳动、积极劳动,用积极的创造性劳动架起通往幸福美好生活的桥梁。劳动是人所独有的主体性外在化和对象化的实践活动,是人的类本质和存在方式。正是通过劳动,人们创造出自身生存和发展所需的生产生活资料等物质财富。"任何一个民族如果停止劳动,不用说一年,就是几个星期,也要灭亡。"④ 美好生活的物质基础不会从天而降,只能在人的劳动创造中实现。劳动不仅能满足人的物质生产需要,还能满足人的精神需要。人们正是在劳动中实现人生价值,获得社会尊重,找到人生意义,美好精神生活才能真正实现。诚如马克思在其中学毕业论文《青年在选择职业时的考虑》中写道的:"人只有为同

---

① 《马克思恩格斯文集》第1卷,第531页。
② 习近平:《习近平谈治国理政》第二卷,外文出版社2017年版,第315页。
③ 习近平:《在知识分子、劳动模范、青年代表座谈会上的讲话》,人民出版社2016年版,第7-8页。
④ 《马克思恩格斯文集》第10卷,人民出版社2009年版,第289页。

时代人的完美、为他们的幸福而工作,自己才能达到完美。"①此外,劳动还丰富着美好生活的内容,只有随着劳动能力的提升、物质财富的丰富,人们才会拥有更多的闲暇时间参加艺术、科研、休闲、社交等活动。人们在参加多种形式的社会活动中,不仅能力、才华得到拓展,也实现了多重幸福的确证。可以说,没有劳动也就谈不上幸福,人世间的一切幸福、美好生活都需要靠辛勤的劳动来创造。

积极的创造性劳动是实践主体理解和实现美好生活的关键。人们如果只注重物质享受而鄙视、厌恶劳动,又或者用"摆烂""躺平"等生活态度消极对待劳动,必将阻碍美好生活和人生价值的实现,让人生陷入无意义感的空虚中。

二、新时代青年的美好生活观透视

青年群体是社会中最富朝气、最具创造性的群体,对美好生活充满着热切的向往。但如果青年群体一味地聚焦于感官的品质生活,消极地对待生活,则是无助于美好生活的创造和实现的。新时代青年群体的生活观主要呈现以下几个方面的特征。

（一）对美好生活的渴求

人作为有意识的存在,其人生就是在有限的生命中为了满足自身需要而有目的地适应以及创造生活的能动过程,这个过程就是对美好生活的追求过程。青年是社会中最有活力和创造力的群体,他们对美好生活更加充满希望和渴求。2022年,中国青年报社社会调查中心联合问卷网进行的有3210名青年参与的"青春之力调查"中,"对美好生活的向往"的结果从各方面体现了青年对美好生活的向往：排在第一位的是健康平安、家庭幸福,获选率为60.2%;其次是有份满意的工作,获选率为56.7%;再次是父母安享晚年,获选率为54.6%;然后是有房有车、生活富足,获选率为54.2%;随后是自由自在、不受拘束,获选率为47.6%;最后是不用拼命"卷"、过慢生活,获选率为46%。②

（二）对生活品质的重视

在消费主义、物质主义、享乐主义等思潮的影响下,青年群体的生活消费更加重视自身感官的享受,他们追求高品质的生活,重视高品质生活带给自己的心理满足感。他们的日常消费不仅有物质产品的消费,还包括文化、娱乐、休闲等方面的消费。近年来在青年群体中出现的"精致穷"现象正是这种生活观的典型呈现,他们即使经济上并不富裕,仍追求高品质、有格调的生活方式,为此成为月光族,甚至不惜借贷消费而陷入债务危机。他们把生活的意义过多地聚焦于感官的享受,而

---

① 《马克思恩格斯全集》第一卷,人民出版社1995年版,第459页。
② 王志伟、张家悦:《什么是青年眼中的美好生活 健康平安、家庭幸福排在首位》,《中国青年报》2022年11月17日第10版。

忽视了精神世界的充实。

（三）对颓废型生活态度的追捧

相对于祖父辈来说，新时代青年群体成长于比较充足的物质环境中，大多数青年是独生子女，从小备受宠溺，也没有经受过太多的生活磨炼。在走上社会后，一方面是青年们对就业、住房、休闲等美好生活的迫切需要，另一方面是社会不平衡不充分发展对自身的影响，贫富差距的现实、内卷的白热化等都使得青年群体承受着巨大的心理压力。一些青年在眼羡朋辈"躺赢"中开始丧失信心、失去理想，进而选择逃避，面对社会竞争与人生挫折，采取不主动、不对抗的人生态度，退而转向"低欲望躺平"状态，表现出"摆烂""躺平"的颓废心态，以错误的价值观进行自我麻痹与欺骗。加上网络不良资讯的推波助澜，"低欲望躺平主义"成为一些年轻人的"避世宣言"。

三、新时代青年美好生活观的培育路径

新时代青年美好生活的创造和实现需要以新时代美好生活观为指引与规约。新时代美好生活观符合人类社会发展规律，契合时代发展潮流，是助推美好生活实现的思想武器。非科学的、错误的"美好生活观"则背离历史发展规律和时代发展趋势，成为美好生活实现的思想阻碍。新时代青年只有在新时代美好生活观的指引下才能感悟、创造和实现自己的美好生活，中华民族伟大复兴的中国梦才能梦想成真。结合青年群体的生活样态，新时代青年美好生活观的培育要从唤醒新时代青年的美好生活主体意识、激发新时代青年的劳动热情、引导新时代青年追寻意义生活等方面进行探索。

（一）唤醒新时代青年的美好生活主体意识

我们所追求的美好生活是目标和过程的统一，既是设在远方的具有未来指向性的奋斗目标，更是立足当下"现实的人"的社会实践过程。马克思恩格斯指出："整个所谓世界历史不外是人通过人的劳动而诞生的过程。"[1] 美好生活的实现过程就是"现实的人"不断确证社会历史主体地位，在社会生活中不断彰显自身本质力量，在自为自觉的劳动实践中不断自我满足的社会的、历史的实践过程。青年是社会中最有活力的群体，具备强烈的创新意识和创新能力，敢于尝试、敢于挑战，不满足于现状，追求更高的目标和更好的未来，所以青年理应是美好生活的创造主体。新时代青年不仅应是"我"美好生活的创造主体，更应是"我们"美好生活的创造主体。

作为"我"美好生活的创造主体，新时代青年必须抵制"躺平"等颓废型文化的侵蚀。"躺平"看似拥有了远离世俗的宁静洒脱，实则是对命运消极悲观的屈从，是

---

[1]《马克思恩格斯文集》第1卷，第196页。

宿命论和虚无主义的表征。这种消极避世的生活态度必定割裂个体与社会、物质与精神的联系，成为新时代青年追寻幸福道路上的拦路虎。作为"我们"美好生活的创造主体，新时代青年必须抵制极端个人主义、享乐主义等资本主义腐朽社会思潮的侵蚀。人的社会性决定了个体的生活是立足于社会的，所以个体美好生活的实现还依赖于社会群体美好生活的实现。个人主义、享乐主义追求的是自我利益、自我享乐，在现实中或者罔顾道德、法律侵犯他人的美好生活，或者只顾个人潇洒而无视社会利益。今天我国社会的主要矛盾是人民对美好生活的需要同不平衡不充分的发展之间的矛盾，新时代青年唯有激发"我们"美好生活的主体意识，才能担当起实现人民美好生活的时代大任，让"独乐乐"转化为"众乐乐"。

（二）激发新时代青年的劳动热情

美好生活的根本就在于劳动的美好以及劳动带来的价值感。人们通过劳动创造了自身生存发展所需的物质财富和精神财富，劳动被赋予价值内涵，即按照自己的价值理想去塑造美好生活。人的自我价值、本质力量在劳动中得到确证，并从中感悟到生命的意义和生活的乐趣。然而，一些出生、成长于物质相对富足年代的新时代青年因为从小生活条件比较优越，就认为美好生活是自然存在的，因此并没有深刻认识到劳动的价值。当基本需要得到保障后，一旦在生活、工作中遇到挫折、困难时，他们便会选择逃避，没有认识到新时代发展不平衡不充分的现实问题只有依靠劳动才能化解。他们或者用"躺平"自我安慰，与社会妥协；又或者选择清闲、省力、"无脑"的工作混日子，只将工作视为谋生糊口的手段。他们在否定劳动创造美好生活的过程中也消解了自身作为劳动主体的主观能动性。因此，亟须加强对新时代青年的劳动教育，帮助其树立正确的劳动观，提升其劳动的积极性、主动性和创造性。

对新时代青年进行积极的劳动教育，激发其劳动热情，需要大力弘扬劳动精神、工匠精神、劳模精神。用劳动精神引领新时代青年崇尚劳动、热爱劳动、辛勤劳动；用工匠精神引导新时代青年在自己的工作岗位上精益求精、专注如一、追求卓越，用劳模精神引领新时代青年养成艰苦奋斗、甘于奉献的伟大劳动品格。我们要"让劳动最光荣、劳动最崇高、劳动最伟大、劳动最美丽蔚然成风"[1]。

（三）引导新时代青年追寻意义生活

要引导青年群体认识到人和动物的不同之处在于，动物只是在本能的驱使下存活着，人却是在意识、精神的指引下有意义地生活着。动物和人的生命存在都需要感官的满足，动物的生存止步于此，而人在感官需要获得满足后还有一个怎么办的问题，蕴含着对人生价值和终极意义的不懈探求，要过有意义的生活。"意义是对

---

[1] 习近平：《在庆祝"五一"国际劳动节暨表彰全国劳动模范和先进工作者大会上的讲话》，人民出版社2015年版，第5页。

现世的超越,是一种价值导向,是对象性创造、现实存在的'超凡脱俗'的精神价值。"① "人的生活的超越性指向的就是那个价值与情感相统一的意义世界。人的存在从来就不是纯粹的存在,它总是牵涉到意义。意义的向度是做人所固有的……"② 意义可谓是人存活的独特表征,一旦缺失生活意义,将意味着人生存的虚妄、"为人"的消亡。然而,在市场经济占主导的现代社会,消费主义、物质主义大行其道,人们往往过于专注人存在的世俗性即人生存的物化性,无视人的灵魂和生存意义的追寻。一些人在生活沦为无意义的物质化生活后,要么沉湎于肉体的、物质的快乐,无缘于精神的美好,要么陷入物欲无法及时满足所带来的痛苦、焦虑。今天青年群体的生存困境不是单纯因为物质匮乏,更多是由于精神危机和生活的无意义。"现代人面临的问题,从根本上说是人的生活方式、心灵的深度异化问题,即'人的奴役性处境问题'。"③ 可见,意义才是人存在的理由和根基,只有在意义和价值的追求中,人的存在本质才能真正地得到确证。因此,新时代青年对美好生活的追求不能脱离意义这一精神向度,知晓美好生活的实现不只是物化的世俗维度,更应具有意义的精神支撑。超越物役化生活的有意义的美好生活,才是人的自由自觉的美好生存。

意义生活如何构建?"如果我们的人生有意义,这个意义也是我们努力倾注进去的,而不是与生俱来的。"④ 人是一种思想、精神存在物,在生活实践中不断赋予着生活意义。新时代青年唯有胸怀理想信念,才能体悟生活意义之所在。同时,生活意义的实现也离不开他者。"人的本质不是单个人所固有的抽象物,在其现实性上,它是一切社会关系的总和。"⑤ 也就是说,人必须生活在社会共同体中,脱离了社会、他者,无法独自满足自我所有需求,也无法找寻到生活意义。因此,新时代青年要实现意义生活,必须积极融入社会,寻求我与他、我与社会的和谐,积极承担家庭、社会责任。

新时代,习近平总书记带领全国各族人民将对美好生活的向往作为奋斗目标,这为每个人美好生活的创造和实现奠定了坚实的基础。但是,解决新时代发展不平衡不充分的现实问题,让美好生活来到身边,归根结底还是要靠每个人的努力奋斗。新时代的青年唯有确立科学的美好生活观,才能形成对美好生活的正确理解、深刻感悟,进而激发创造美好生活的精神力量。

---

① 陈忠:《规则论——研究视阈与核心问题》,人民出版社2008年版,第345页。
② A. J. 赫舍尔:《人是谁》,隗仁莲、安希孟译,贵州人民出版社1994年版,第46—47页。
③ 崔希福、刘慧:《马克思存在论视域下美好生活的意义向度》,《当代中国价值观研究》2021年第5期,第49—57页。
④ 特里·伊格尔顿:《人生的意义》,朱新伟译,译林出版社2011年版,第29页。
⑤《马克思恩格斯文集》第1卷,第505页。

共同富裕对"均贫富"的创造性转化、创新性发展

陈 浩

摘 要：共同富裕是对"均贫富"的创造性转化、创新性发展。"均贫富"与共同富裕都表达了对美好生活的向往，但对两者的理论内涵绝不能混淆。共同富裕是社会主义的本质要求，是全体人民共建共享的富裕，是物质生活与精神生活的双重富裕，是理想目标与实践探索相统一的富裕过程的有机结合。"均贫富"是统治者为维护社会制度稳定，对已有物质财富进行调节以达到社会成员都可以接受的社会状态，使财富占有平衡。本文通过对两者的意涵澄明，揭示共同富裕在继承"均贫富"追求社会公平与财富均衡的同时，明确共同富裕从"全体人民"的富裕主体、"物质与精神财富"的双重理想追求、"自上而下"与"自下而上"相融通的实践改革逻辑对中国古代"均贫富"思想的创造性转化、创新性发展。这里的"转化与发展"不仅体现了中国特色社会主义制度的优越性，也为新时代推动全体人民共同富裕提供了理论支撑和实践路径。这里的"转化与发展"也深刻表明，只有体现社会主义本质要求的"共同富裕"才能支撑和推动人民对美好生活向往目标的实现。

关键词：共同富裕；"均贫富"；时代契合性；创造性转化；创新性发展

本文引文格式：陈浩：《共同富裕对"均贫富"的创造性转化、创新性发展》，见何云峰主编：《劳动哲学研究》第十一辑（2024年第2辑），上海教育出版社2024年版，第204—214页。

实现全体人民共同富裕，既是中国式现代化道路的本质特征，也是中国共产党不懈奋斗的崇高目标。习近平总书记在党的二十大报告中共计8次直接提及"共

---

① 基金项目：教育部专项项目"全国高校思政课手拉手集体备课中心（安徽师范大学-安徽省）"（项目编号：21SZJS34037012）。作者通信地址：陈浩，安徽师范大学马克思主义学院（安徽芜湖 241002）。

同富裕",指出:"十年来,……人民群众获得感、幸福感、安全感更加充实、更有保障、更可持续,共同富裕取得新成效,"[①] 这是共同富裕在新时代伟大实践中取得的新成效。这一成就彰显了中国共产党致力于让人民生活更加富裕、更加美好、更有保障的坚定决心。在探寻共同富裕背后的深层逻辑时,习近平总书记在文化传承发展座谈会上给出明确答案:"如果不从源远流长的历史连续性来认识中国,就不可能理解古代中国,也不可能理解现代中国,更不可能理解未来中国。"[②] 这就启示我们,正确认识把握共同富裕需要从中华优秀传统文化中汲取智慧和营养。"均贫富"作为中华优秀传统文化中的一个重要理念,具有深厚的历史文化底蕴,针对社会财富分配不均、贫富差距悬殊的问题提出了一种理想化的解决方案。因此,对不同时代所产生的时代话语"均贫富"与"共同富裕"进行意涵澄明,寻找两者之间的时代契合点,探究共同富裕对"均贫富"如何创造性转化、创新性发展,对于新时代扎实推动共同富裕取得更为明显的实质性进展具有重要意义。

一、共同富裕的理论内涵

共同富裕是我们对社会主义发展的正确认识与规律总结。中国共产党人在理论与实践探索中深化社会主义本质的认识,形成中国特色社会主义共同富裕观。党的十八大以来,习近平总书记对共同富裕进行了多次重点论述,指出:"共同富裕是全体人民共同富裕,是人民群众物质生活和精神生活都富裕,不是少数人的富裕,也不是整齐划一的平均主义。"[③] 习近平总书记这一重要论述以社会主要矛盾为导向,把人民对美好生活的向往作为党的奋斗目标,从富裕主体、富裕内容、富裕路径三个维度深刻阐明了共同富裕的理论内涵,强调富裕主体是"全体人民",但共同富裕并不意味"全体人民"的"整齐划一",对美好生活的向往也不可能一蹴而就,而要"分阶段"达到物质生活与精神生活共同富裕。因此,把握共同富裕的理论内涵需要从以下三个方面深入理解。

(一)全体人民共建共享的富裕

共同富裕是全体人民共建共享的富裕是社会主义的本质要求。"全体人民"涵盖时间与空间双重指向,即"包括社会弱势、贫困和边缘人群在内"[④] 的所有人民群众。习近平总书记对于富裕的全民性也作出深刻论述,指出:"全面建成小康社会,

---

① 习近平:《习近平著作选读》第一卷,人民出版社2023年版,第9页。
② 习近平:《在文化传承发展座谈会上的讲话》,人民出版社2023年版,第3页。
③ 习近平:《习近平著作选读》第二卷,人民出版社2023年版,第501页。
④ 刘化军:《马克思主义公平正义理论的整体性研究》,人民出版社2022年版,第140页。

一个也不能少;共同富裕路上,一个也不能掉队。"①习近平总书记的"一个也不能少""一个也不能掉队"的坚定承诺,覆盖了社会的每一个角落,深刻体现了中国共产党执政为民的核心理念,彰显了富裕之路上的全民性、包容性和公正性。共同富裕的主体指向全体人民,既尊重了社会多样性的现实,又充分发挥了人民的主观能动性,超越以往指向"少数人"的藩篱。其一,人民群众是推动社会进步的主体力量,内在蕴含积极性、主动性、创造性。我们在共同富裕的征程中,始终坚持人民主体地位,尊重社会多样性,充分发挥人民的主观能动性。我们既关注整体社会的全面发展与进步,又重视个人自由全面发展,致力于让所有人都能平等地享有参与社会建设的机会和发展潜力。全体人民享有平等的参与机会和发展潜力,对于社会弱势群体,更是给予特别的关注与支持,积极提供各种机会,调动其主动性,实现个人价值并给予政策保障,以确保他们能够共享社会发展的成果。其二,"全体人民"使社会主义的优越性得到更加充分的展现。与资本主义社会仅追求表面平等、实则加剧社会分化的现象不同,社会主义制度下的共同富裕,是在生产资料公有制基础之上的全民共建共享。中国共产党作为领导核心,与人民同呼吸、共命运,团结带领全体人民携手并进,"依靠辛勤劳动、诚实劳动、创造性劳动"②创造社会财富,强调构建富裕之路的全民性;同时确保每个人都能公平地共享这些成果,强调富裕目标的公平性。这种制度设计,不仅从根本上克服了资本主义私有制与利己主义的局限,还极大地激发了人民群众的积极性和创造力,为共同富裕的实现注入不竭的动力。因此,共同富裕是全体人民共同参与、共同创造、共同享有的富裕。

(二)物质生活与精神生活的双重富裕

共同富裕是物质生活与精神生活的双重富裕。共同富裕作为社会主义本质之一,其内涵不仅仅是简单的物质财富积累,更涵盖了精神世界的丰富与满足。没有物质生活的富足,精神生活将失去依托;而缺乏精神生活的丰盈,共同富裕也将失去灵魂支撑。习近平总书记指出,"共同富裕是全体人民共同富裕,是人民群众物质生活和精神生活都富裕"③。习近平总书记这一论述中,"物质生活和精神生活都富裕"点明衡量富裕的指标不仅仅是人民群众的物质生活,也需要把精神生活纳入考量范围,揭示了衡量社会进步与人民福祉的双重标尺。这也意味着我们党对共同富裕有了更深刻的认识,也为我们指明了实现社会主义的路径。其一,物质生活的富足是共同富裕不可或缺的基石。正如恩格斯所言,"人们首先必须吃、喝、住、穿,然后才能从事政治、科学、艺术、宗教等等"④。满足基本生存需求是人类社会发

---

① 习近平:《习近平谈治国理政》第三卷,人民出版社2020年版,第66页。
② 习近平:《习近平著作选读》第一卷,第116页。
③ 习近平:《习近平著作选读》第二卷,第501页。
④《马克思恩格斯文集》第3卷,人民出版社2009年版,第601页。

展的先决条件,只有生产力得到不断解放和发展,人民的基本生活需求得到切实保障,才能为追求更高层次的精神生活奠定坚实的物质基础。党的十八大以来,随着社会主要矛盾的转化,人民对美好生活的向往在物质层面不仅仅是吃饱穿暖,更是在此基础上要有质的提升。我们党带领全国人民,通过打赢脱贫攻坚战、全面建成小康社会,实现了物质生活的显著提升,使人民有坚实的物质基础,达到物质富裕的目标。其二,精神生活的丰盈是共同富裕不可或缺的灵魂。在物质需求得到满足的基础上,人民开始追求更加充实、更高质量的精神生活。这包括形成正确的世界观、人生观、价值观,拥有坚定的信仰和理想,以及开展丰富多彩的文化娱乐活动。习近平总书记指出,"先进的思想文化一旦被群众掌握,就会转化为强大的物质力量"[1]。强化精神生活需求,从而激发人民群众的创造力和凝聚力。提升人民的精神生活质量,能够满足其日益增长的精神文化需求,更好地形成价值认同,澄清各种模糊认知,从而促进物质生活的高质量提升,赋予共同富裕新的时代理论内涵,形成富裕之路的双重合力,最后实现各方面富裕。因此,共同富裕是物质生活与精神生活的双重富裕。

(三)理想目标与实践探索相统一的富裕过程

共同富裕是理想目标与实践探索相统一的富裕过程。邓小平在阐述社会主义本质时,强调了最终达到共同富裕的美好目标。[2] 习近平总书记在论述共同富裕时进一步指出,实现这一目标需要分阶段推进。这里的"最终达到"与"分阶段"深刻体现了社会主义在追求共同富裕这一理想目标与实践探索之间的辩证统一。共同富裕作为社会主义的一个本质特征,其核心在于回答两大时代课题:一是"我们要达到什么样的理想生活状态",二是"我们怎样达到理想生活状态"。其一,关于理想生活状态,马克思在《共产党宣言》中描绘了未来社会每个人自由全面发展的美好图景。中国共产党人在实践中,将这一美好图景在社会主义社会具体化为"最终达到共同富裕"。这两者之间存在时代契合性,即"最终达到共同富裕"不仅有财富的不断充实扩大,更内在蕴含着个人全面发展的深切期望。我们追求的共同富裕,是全体人民的共同富裕,是物质与精神的双重富足,是口袋与脑袋的双重富裕。在这个过程中,人的自由程度将不断提升,进而加速共同富裕的实现进程。其二,关于实现方式,即"要怎样达到理想生活状态",习近平总书记已给出答案,即通过分阶段、有步骤地推进共同富裕。我国国情决定了共同富裕的实现不可能一蹴而就,而是需要允许合理差别的存在,鼓励一部分人先富起来,再带动其他人共同富裕。中国共产党的百年奋斗史就是一部团结带领中国人民为最终实现共同富裕而持续奋斗的历史。在新民主主义革命时期,中国共产党团结带领中国人民以消灭

---

[1] 习近平:《习近平著作选读》第二卷,第164页。
[2] 邓小平:《邓小平文选》第三卷,人民出版社1993年版,第373页。

阶级剥削为目的进行革命，推翻三座大山，为共同富裕创造根本社会前提；在社会主义革命与建设时期，完成三大改造，推进社会主义建设，为共同富裕奠定制度基础；在改革开放和社会主义现代化建设新时期，我们党把工作重心转移到经济建设上来，建立社会主义市场经济，激发市场活力，为共同富裕提供物质基础；党的十八大以来，以习近平同志为核心的党中央团结带领中国人民实现第一个百年奋斗目标，扎实推进全体人民共同富裕并取得更为明显的实质性进展。党的百年奋斗史说明共同富裕不仅仅是一个口号，既有目标的指引又有实践的不断探索，是中国共产党人始终不渝的奋斗目标。通过分阶段、有步骤地推进，我们正逐步将这一理想转化为现实，让全体人民共享改革发展的成果，共同迈向更加美好生活。因此，共同富裕是理想目标与实践探索相统一的富裕。

总之，共同富裕是渐进性的富裕。我们所追求的共同富裕并不是"乌托邦"式的空想，也不是中国古代统治者所倡导的"均贫富"幻想，而是全体人民共建共享的富裕。

二、"均贫富"的意涵澄明

"均贫富"与"共同富裕"中都包含对贫富观的见解，但是我们不能将两者理论内涵简单等同化。我们应根据时代条件、话语体系的不同，澄清模糊认知，深刻理解两者不同的理论内涵。"均贫富"是统治者为维护社会制度稳定，对已有物质财富调节以达到社会成员都可以接受的社会状态，使财富占有平衡，"其本质上是一种通过调节均衡以达到人们按其身份享受应有的相对公平待遇的中正和谐的思想"[①]。"权有无，均贫富"（《晏子春秋·内篇·问上》），这是历史上首次明确提出"均贫富"，随后逐渐成为中国古代统治者实施经济改革的重要指导思想。澄明"均贫富"模糊认知应从其价值导向、分配内容、实践改革逻辑来把握。

(一) 始终坚持统治者利益至上

"均贫富"这一思想在中国古代社会虽常被提及并作为改革或政策调整的出发点，但它始终围绕着统治者利益的维护展开。其一，"均贫富"并非字面意义上的平均分配财富，而是统治者在面临社会矛盾激化、底层民众不满情绪上升时所采取的一种权宜之计。其目的在于，通过调整财富分配方式，缓和阶级矛盾，巩固自身统治地位。因此，"均贫富"实施过程中，往往伴随着对统治者利益的优先考虑和保障，确保其在财富再分配中不会受到实质性损害，在此基础上使社会成员获得与自身地位相匹配的社会财富，力求"中道"。但这一调节本质上仍是统治者维护自身利益，难以真正惠及底层民众，使得"均贫富"成为一种政治工具，而非真正要实现社会公平。叶坦也强

[①] 李宗桂：《从"调均"看中国文化的优秀传统》，《哲学研究》2016年第8期，第34—40页。

调"均贫富"旨在保障统治者的赋税与兵源,而非实现全民共富。①其二,"均贫富"的实践往往受限于统治者的视野与立场。中国古代社会的等级制度根深蒂固,这种等级属性不仅塑造了社会的结构,更深刻地影响了财富分配的价值取向。从宗法制的血缘等级到以"礼"为基石的社会等级,无不体现着对上层阶级利益的绝对维护。这种保护机制构建了一个相对封闭的利益循环体系,使得社会阶层固化,流动性减弱。他们更多地从维护自身统治的角度出发,考虑如何通过经济手段来安抚民心、稳定社会。因此,在"均贫富"的具体实施中,往往会出现对底层民众利益的忽视或牺牲,以满足统治者的短期利益或长远规划,这也从侧面反映出"均贫富"主体不会也不可能是"全体人民"。这种统治者利益至上的分配原则,使得"均贫富"难以真正实现社会财富的公平分配。因此,"均贫富"只是维护统治者利益的一种经济手段,无论形式发生何种转化,其统治者利益至上的本质均未改变。

(二)注重物质财富的调节

"均贫富"思想在中国古代社会中,不仅是一个政治口号,更是一种经济实践的指导原则,它深刻地体现了对物质财富分配的关注和调节。其一,社会物质条件决定了"均贫富"只能对物质财富进行调节。中国古代社会以小农经济为主,生产力水平低下,物质财富稀缺,不足以分配给每一个社会成员。统治者在此背景下就会倾向于推崇精神需求,以缓解物质财富分配的压力。然而,这种精神推崇缺乏坚实的物质基础,难以持久,最终仍会回归到对物质财富的争夺。其二,"均贫富"主要针对社会财富分配不均的问题。在古代社会,土地是获得社会财富的主要来源以及反映社会财富状况的依据。②由于土地的集中与垄断,社会财富分配不公加剧了社会矛盾,底层人民因缺乏土地而依附于地主阶级,承受沉重的经济负担,最终可能引发反抗与斗争。统治者为改变这种状况,在经济改革中频繁践行"均贫富"思想,通过税收调整、土地制度改革等手段,对底层民众的物质财富进行再分配,使财富差距保持在合理范围内。管仲的"相地而衰征"、商鞅的"废井田,开阡陌"等举措,均旨在减轻底层人民负担,促进私有财富的合理增长,从而维护社会稳定。这些改革虽在一定程度上缓解了社会矛盾,但其根本目的仍在于巩固统治者的统治地位,而非实现社会整体的公平正义。

(三)崇尚"自上而下"的实践逻辑

在中国古代特定的历史条件下,"均贫富"思想作为调节社会财富的重要经济手段,其推行往往遵循"自上而下"的实践路径,这一模式深刻反映了当时统治者的治理逻辑与权力意志。其一,这一实践路径的根源在于统治者与被统治者之间固有的利益冲突与对立。统治者拥有占据绝对优势的政治权力与经济资源,其目标

---

① 叶坦:《"均贫富"思想的历史演变》,《中州学刊》1991年第6期,第117-120页。
② 杨华星:《宋代的贫富分化与朝廷控制》,《广西社会科学》2008年第1期,第110-115页。

在于巩固并扩大既得利益;而作为社会财富的创造者,被统治者辛勤劳动却常常面临劳动成果被占有、生活日益贫困的困境,他们的诉求在于改善生存条件,实现劳有所得、公平分配。两者均主张推行"均贫富"。然而,在私有制占主导的社会结构中,两者的根本利益难以调和,导致"均贫富"的实践往往停留在表面,成为统治者维护自身权力和财富的手段。统治者通过"自上而下"的改革,虽看似在调节贫富差距,实则是在确保社会财富与权力始终牢牢掌握在自己手中,这一过程深刻体现了权力意志的集中。其二,"自上而下"的实践逻辑导致统治者在制定惠民政策时的选择性偏向。诚然,这种"自上而下"的实践过程能在一定程度上促进社会问题的解决,提升社会效率,推动整体发展。但是,这一实践过程缺乏对底层民众真实需求与期望的深入洞察与有效回应。"均贫富"的实践过程并没有真正"想群众之所想,盼群众之所盼",而是更多地表现为一种调和矛盾的被动策略。统治者表面上看似是以底层人民需求为政策导向,在经济领域推行相关举措,但是在实际过程中政策的制定往往受限于统治者自身阶级的视角,常常以满足其阶级利益为隐性导向,在保障自身利益不受损的前提下,对社会财富进行合理但存在阶级差别的分配。尽管这样的做法短期内可能有助于维护社会稳定,但这种形式化、短期性的惠民政策在长期执行过程中难免会被底层民众看透,其效果也将大打折扣,内在蕴含的选择性偏向性却难以赢得底层民众的内心价值认同与长期支持。对此,统治者应深知"知屋漏者在宇下,知政失者在草野"的重要性,即真正的问题与缺失往往隐藏在民间,需要深入基层,"察民生之疾苦",寻求真正能够赢得民心治理之道,而非仅仅站在自身阶级的立场,打着"切实发展民生"的虚假口号将个人意志强加于底层人民。唯有如此,才能实现政策与民众需求的真正对接。

因此,从"均贫富"思想始终坚持统治者利益至上、注重物质财富的调节、崇尚"自上而下"的实践逻辑三个层面可以明确它只能在一定程度上、一定范围内维持社会稳定,无法从根本上解决社会财富分配的问题,但是其对于我们今天实现共同富裕奋斗目标具有一定的启发。例如,我们要始终聚焦人民需求,把人民对美好生活的向往作为奋斗目标,始终践行"以人民为中心"的问题导向,在对物质生活与精神生活的高品质追求中走好中国特色共同富裕道路。

三、"共同富裕"对"均贫富"实现创造性转化、创新性发展

共同富裕作为新时代中国特色社会主义的重要发展理念,不仅继承了"均贫富"思想中对于社会公平与财富均衡的追求,更在此基础上实现了创造性转化、创新性发展。它摒弃了简单平均主义的分配方式,倡导在保持社会活力的前提下,通过合理的机制和政策,促进全体人民共享发展成果,实现更高水平、更广泛范围的

富裕。这种转化与发展,不仅体现了对社会公平正义的深刻理解,也展现了中国特色社会主义制度的优越性,为全面建成社会主义现代化强国提供了有力支撑。

(一)富裕主体:由"少数人"转向"全体人民"

"共同富裕"对"均贫富"的富裕主体实现创造性转化、创新性发展,即由"少数人"转向"全体人民"。这一转变不仅是从被动到主动的深刻变革,更是对社会公平与正义的深刻诠释。"均贫富"思想引领下,富裕主体是统治者,是少数人的富裕。统治者仅仅是借助"均贫富"的口号进行社会财富有利于自身的再次分配,使民众减少仇富心理。马克思在《雇佣劳动与资本》中指出:"一座房子不管怎样小,在周围的房屋都是这样小的时候,它是能满足社会对住房的一切要求的。"[1]"均贫富"这种价值导向导致底层人民共同贫穷,底层人民只是实现表面上的生活水平趋同以维持社会的相对稳定,并未能真正获得实质性的利益提升。但是,在这过程中也蕴含着"为民"思想萌芽的视角,统治者开始关注底层人民的利益。尽管底层人民并不是统治者主动首选的价值主体,而是防止两极分化、稳定封建制度的被动之举,但相比于仅仅重视统治者利益而完全忽略底层人民所需所求无疑具有进步之处。

共同富裕是全体人民的共同富裕,富裕主体由占统治地位的少数人向全体人民转化。其一,深刻认识到人民群众的历史主动性。是历史活动的主体,人民群众是社会中物质财富与精神财富的创造者,也是社会变革的决定性力量。在共同富裕的征程中,全体人民的积极参与和共同建设是不可或缺的,因为正是他们的辛勤劳动和共同奋斗,构成了实现共同富裕的坚实物质基础。正是由于共同参与、共同建设,全体人民才能够共同享受劳动成果。列宁指出:"共同劳动的成果不应该归一小撮富人享受,应该归全体劳动者享受。"[2]这一论述也凸显出富裕主体指向全体人民的正义性。其二,领导阶级(中国共产党)与人民群众实现了利益统一。人民离不开党,党也离不开人民。共同富裕是中国共产党坚持以人民为中心的问题导向提出来的富裕目标,这一目标引领下的生产"将以所有的人富裕为目的"。[3]这与中国共产党百年来的初心使命相一致,坚持以人民为中心的问题导向,实现真正的"为民"。在中国共产党的坚强领导下,中国人民一改被剥削压迫的局面,由原来吃不饱穿不暖到满足基本生活需求,并在此基础上对各个方面提出新的需求,生活水平大幅提高。习近平总书记在党的二十大报告中指出:"中国式现代化是全体人民共同富裕的现代化。"[4]习近平总书记的这一论述也指明富裕主体囊括了能够

---

[1]《马克思恩格斯文集》第1卷,人民出版社2009年版,第729页。
[2]《列宁全集》第七卷,人民出版社2013年版,第112页。
[3]《马克思恩格斯文集》第8卷,人民出版社2009年版,第200页。
[4] 习近平:《习近平著作选读》第一卷,第19页。

促进社会主义向前发展的全体人民,并且在富裕道路上"一个都不能掉队",强调要把人民对美好生活的向往变成现实。这既彰显了对中华优秀传统文化能够穿越历史时空进行创造性转化、创新性发展的道路自信,又强调了全面建成社会主义现代化强国目标的经济正义。共同富裕实现的不仅仅是结果共同,在过程中也有共同性的体现,人民处于主动地位,全体人民共同参与、共同享有发展成果。在富裕之路上,既有先富又有后富,是一个动态的、在总的量变过程中不断积累质的向前发展过程。

(二)理想追求:由单纯追求"物质财富"转向"物质与精神财富"的双重追求

"共同富裕"对"均贫富"的富裕内容实现创造性转化、创新性发展,即由单纯重视追求"物质财富"转向"物质与精神财富"的双重追求。"均贫富"思想所要实现的是物质财富的富裕,而共同富裕目标则是要实现物质财富与精神财富的富裕。虽然在中国古代曾推崇"均贫富"的精神追求,但仅仅是由于物质财富的贫乏性,通过推崇精神追求的重要性而转移底层民众对物质财富的注意。没有丰富的物质财富作为精神追求的基础支撑,"均贫富"很难变为现实。因此,"均贫富"在这样的社会背景下追求的是物质财富的分配,统治者只是从结果上确保每个人都享有基本生活条件,通过各种经济政治手段协调不同阶层的贫富关系,形式上的"为民"主张并没有也不会深究过程中是否公平以及能否真正实现社会稳定发展。而在共同富裕目标引领之下,则是要实现物质财富与精神财富的双重富裕,呈现出社会主义全面发展的规律性要求。其一,经济基础决定上层建筑,人民群众对精神生活富有的诉求是建立在一定的经济基础之上的。人民对于共同富裕的追求不是停留在分配领域,而是既要重视分配的公平又要坚持发展生产力,不断创造更多的社会财富。与过去相比,现在生产力发展迅速,社会物质财富的蛋糕不断做大,人民物质生活水平不断提高,这些物质基础为推动精神生活富有提供了巨大保障。其二,人民群众对于精神生活的追求更加积极主动。未来社会的三大特征之一就是人民精神境界极大提高,如此才会实现人的自由而全面的发展。主体的精神需求应该是独立的、自由的、多样的、充盈的,这种精神需求虽然具有个体差异性,但是整体而言就是人民的精神需求具有内在一致性,凸显了人民群众对美好生活的需要并不以剥夺他人的精神需求为前提。中国共产党将"精神生活富有"纳入共同富裕体系,始终牢记满足人民精神文化需求。诚如马克思指出的:"文化上的每一个进步,都是迈向自由的一步。"[①] 文化不断发展,人民自由空间不断扩大,全体人民共建共享精神文化产品,丰富精神世界,提高思想道德修养,不断提升精神境界。这既彰显了对中华优秀传统文化能够穿越历史时空进行创造性转化、创新性发展的文化自信,又强调了全面建成社会主义现代化强国目标的文化正义。因此,共同富裕的"精神生活

---

① 《马克思恩格斯文集》第9卷,人民出版社2009年版,第120页。

富有"不可或缺,我们必须以中国特色社会主义文化滋养人民,推进人民物质生活与精神生活不断跃上新台阶,培育新时代"四有"公民,为实现共同富裕目标提供智力支持与精神支撑。

(三)实践改革逻辑:由"自上而下"转向"自上而下"与"自下而上"相融通

"共同富裕"对"均贫富"的改革逻辑实现创造性转化、创新性发展,即由"自上而下"转向"自上而下"与"自下而上"相融通。古代经济改革虽常以"均贫富"为指引,崇尚"自上而下"的逻辑,但往往未能达成预期成效,其根由在于未能深刻洞察社会矛盾的实质。多数改革者囿于统治者的立场,与底层民众的诉求相悖,其目标多聚焦于巩固统治者权益,而非真正意图改变社会财富分配不均的状况。这种视角导致改革难以触及社会深层次的症结所在,仅停留于表面现象的调整。因此,"均贫富"这一理想在古代社会难以真正落地生根,不仅因为改革措施未能精准对接民众的真实需求,更在于统治者本质上缺乏推动根本性变革的动力。共同富裕的出场逻辑则贯彻"自上而下"与"自下而上"相融通。其一,以目标为着眼点,在统筹谋划、顶层设计上下功夫。党的十八大以来,以习近平同志为核心的党中央致力于实现全体人民的共同富裕,将其置于至关重要的战略地位,明确实现共同富裕的紧迫性和重要性。共同富裕在顶层设计上始终以全体人民的共同富裕这一目标为着眼点,始终坚守并不断深化中国特色社会主义三大规律,抓住国家与人民的根本利益需求,既有远景目标又有阶段性目标,制定行动纲要与切实可行的指标体系和评估方法。这进一步体现出"自下而上"的抓手作用。坚守基本经济制度不动摇,明确富裕坚决不能"等靠要",而是要鼓励勤劳创新致富,坚持人人参与、共建共享,把"富裕蛋糕"做大做好,从而为公平分配奠定物质基础。这既彰显了对中华优秀传统文化能够穿越历史时空进行创造性转化、创新性发展的制度自信,又强调全面建成社会主义现代化强国目标的制度正义。其二,以问题为着力点,在补短板、强弱项上持续用力。在共同富裕之路上,我们也必须坚持问题导向,明确我们的真正短板。习近平总书记指出,"必须把促进全体人民共同富裕作为为人民谋幸福的着力点"①。这就要求我们必须抓住人民群众急难愁盼的问题,坚持以人民为中心的问题导向。习近平总书记指出:"民之所忧,我必念之;民之所盼,我必行之。"② 这一论述强调"底层设计"的重要作用,必须聚集"民生七有"重点领域,持续发力,用好调查研究这一传家宝。毛泽东强调,"在我党的一切实际工作中,凡属正确的领导,必须是从群众中来,到群众中去"③,我们的理论政策"一次比一次地更正确、更

---

① 习近平:《习近平著作选读》第三卷,第500页。
② 习近平:《习近平谈治国理政》第四卷,人民出版社2022年版,第65页。
③ 毛泽东:《毛泽东选集》第三卷,人民出版社1991年版,第899页。

生动、更丰富"①。这一原则指引我们深入基层调研,使政策更加贴近民生,更加精准地解决群众急难愁盼的问题,推动人民成长得更好、工作得更好、生活得更好,夯实共同富裕的主体之基,扎实推动全体人民共同富裕取得更具明显实质性的进展。其三,"自上而下"与"自下而上"相融通从宏观层面设定了共同富裕的阶段目标和整体原则,而且在微观层面坚持"以人民为中心"的发展思想,确保共同富裕的目标与全体人民对美好生活的向往相契合。经过"自上而下"与"自下而上"几个回合,共同富裕既有目标引领又有问题导向,既能够立足高远,全面布局,又可以深入实际,用好调查研究这一传家宝。

虽然"均贫富"与共同富裕的时代跨度大,但是两者共同聚焦于一个核心议题,即如何有效缩减贫富差距,达到理想状态。对于中国古代的"均贫富"思想,我们应秉持辩证视角,既肯定它在经济实践中对调节社会财富分配、缓解贫富差距的积极作用,又清醒认识到它在特定历史背景下更多服务于巩固统治而非直接促进生产力发展或深切回应民众需求。新时代"共同富裕"实现了对"均贫富"思想的创造性转化、创新性发展。一方面,"转化与发展"深刻体现了中国特色社会主义制度的优越性,也为新时代推动全体人民共同富裕提供了理论支撑和实践路径。它不仅凝聚了全体人民对美好生活的共同向往,更在坚持中国共产党领导核心与人民群众主体地位的同时,彰显了中国特色社会主义制度的独特优势。共同富裕不是空洞的口号,而是根植于深厚历史土壤、契合中国国情的宏伟目标,需要全体人民辛勤劳动、共同奋斗,先富带后富,分阶段实现。另一方面,"转化与发展"深刻表明,只有体现社会主义本质要求的"共同富裕"才能支撑和推动人民对美好生活向往目标的实现。共同富裕作为社会主义的本质要求,是我们对社会主义发展的正确认识与规律总结。在中国特色社会主义的伟大实践中,中国共产党始终不忘初心、牢记使命,不断深化对共同富裕的认识与实践,逐步将其从理想变为现实。这一过程不仅关乎物质生活的富足,更强调精神生活的充实,与人民对美好生活的全面追求高度契合。实现共同富裕的首要任务是不断提高生活水平,使人民有坚实的物质基础,达到物质富裕的目标,然后在此基础上坚持人民至上,持续将满足人民日益增长的美好生活需要作为奋斗目标,最终实现各方面富裕。

---

① 毛泽东:《毛泽东选集》第三卷,第899页。

"德智体美劳全面发展"的历史溯源与现实意蕴①

贾 蕾

摘 要："德智体美劳全面发展"作为一种思想形式与概念表达,在古代中国孕育,在近代中国开启,并得到马克思主义经典作家的推进与发展,但有机整合与最终确立是在新时代。它经历了从"德智体全面发展"到"德智体美全面发展",再到"德智体美劳全面发展"的现实流变。当前广泛使用的"德智体美劳全面发展"作为我们党和国家对历史上不同时期教育思想继承、超越和发展的结果,具有鲜明的中国风格与时代特色,也推动着社会主义建设者和接班人的培养与立德树人根本任务的实现。

关键词：德智体美劳；全面发展；社会主义

本文引文格式：贾蕾：《"德智体美劳全面发展"的历史溯源与现实意蕴》,见何云峰主编：《劳动哲学研究》第十一辑（2024年第2辑）,上海教育出版社2024年版,第215—223页。

"德智体美劳全面发展"涵盖中国共产党人才培养的基础内容,指明了新时代中国特色社会主义人才培养的基本路向。每一个时代都有"在个体或一代人的思想中起作用的或多或少未意识到的思想习惯"②。我们在惯常性地使用"德智体美劳全面发展"这一表述时,并未就其发生文脉和形成历程进行深入考究。事实上,它并非凭空而来,而是融通中西方思想文化,接受马克思主义科学指导,并立足新中国实际,与时俱进的结果。拉长历史视线考察"德智体美劳全面发展"的演进脉

---

① 基金项目：山西省高等学校教学改革创新项目"历史主动精神融入高校'思想道德与法治'课教学路径研究"（项目编号：2023JGSZ016）；山西师范大学2024年专项课题"党的二十届三中全会精神融入高校思政课教学研究"。作者通信地址：贾蕾,山西师范大学马克思主义学院（山西太原 030031）。

② 诺夫乔伊：《存在巨链——对一个观念的历史的研究》,张传有、高秉江译,江西教育出版社2002年版,第5页。

络,梳理其确立过程,对我们更好地理解"德智体美劳全面发展"和推进新时代育人工作具有促进作用。

一、"德智体美劳全面发展"的历史溯源

"德育""智育""体育""美育""劳动教育"等概念在我国的运用,开启于近代有识之士的救国探讨。马克思、恩格斯和列宁对"德智体美劳全面发展"的阐发,对新中国成立后的教育事业产生重大影响。

(一)"德智体美劳全面发展"蕴于中华优秀传统文化之中

"德智体美劳全面发展"最初作为隐性思想而存在,并主要通过书、数、礼、乐、射、御等形式表现出来。就"德"而言,古籍记载尧舜实行"德教",《礼记》认为"大学之道,在明明德","修齐治平"和"孝悌忠信"是圣人君子的道德追求与精神操守。就"智"而言,古人为传递生产生活经验,创造出文字、天文和历法等,并集中于"书""数"之上。古者八岁入小学,"教之六书"(《汉书》);"六年教之数与方名,九年教之数日"(《礼记》)。就"体"而言,它与军事和战争有关。"序者,射也。"(《孟子》)"御"指驾车。就"美"而言,古人发明琴瑟等乐器,"昔葛天氏之乐,三人操牛尾,投足以歌八阕"(《吕氏春秋》),舞蹈、绘画和雕刻也颇为丰富。就"劳"而言,神农"制耒耜,教民耕作"(《白虎通》),"后稷教民稼穑,树艺五谷"(《孟子》)。墨家将生产技术作为教育内容,后世发展出"黎明即起,洒扫庭除"《朱子家训》和"耕读传家"《训俗遗规》的优良传统。"才德全尽"《资治通鉴》和"君子不器"《论语》,更表达了全面发展的思想。

然而,阶级社会的等级秩序阻碍了教育的平等推进,"德智体美劳全面发展"未能得到良好传承。儒家删订"六经"以突出人文教育,却将道德践履置于社会实践之上,"劳"的地位相应低落。汉代设博士,舍礼乐射御而重经籍,教育开始出现无"体"的局面。"礼乐"虽然始终存在并发展,但多服务于封建教化,其重心养性的取向也与社会现实相左。明清八股取士对科举制的僵化,更使社会落入片面重"智"的窠臼。清初教育家颜元对此提出严厉批评,指出增添农、谷等实用内容,却不足以抵御数千年来形成的"劳心劳力"传统和消解"上品下品"观念带来的负面影响,也未能从根本上扭转部分人死守道学、体质羸弱、鄙视劳动等状况。旧中国在保守、封闭和僵化中陷入衰落、危机与困局。

(二)"德智体美劳全面发展"在近代教育探讨中初步呈现

近代西方列强入侵的态势迫使有识之士向西方学习以谋求教育变革,"德智体美劳全面发展"中的相关概念开始得到运用。面对民众羸弱、国将不国的刺激,社会各阶级纷纷在向外审视的同时向内探求,新名词、新术语随着译书的增多在社会

上流行。严复1895年在《原强》中介绍达尔文和斯宾塞的理论,并提出"鼓民力"(体)、"开民智"(智)和"新民德"(德)的观点。[1]康有为"为教也,德育居十之七,智育居十之三,而体育亦特重焉"[2]。张之洞1904年编的《学堂歌》首段即为:"教体育 第一桩 卫生先使民强壮;教德育 先蒙养 人人爱国民善良;教智育 开民愚 普通知识破天荒。"[3]孙中山在1923年指出,青年会的宗旨,注重体育、智育、德育三项,改良人类来救国,是全国所欢迎的。[4]可见,"德智体"率先受到关注,并被寄予"强国保种"和"救亡图存"的希望。"美育"方面的倡导则主要归功于受康德、席勒等影响的王国维和蔡元培。王国维在1906年《论教育之宗旨》中指出,教育之事分"智育""德育""美育"三部,三者加以身体训练,则可为"完全之人物"。[5]蔡元培指出,"健全的人格"内分体育、智育、德育和美育,四育同等重要。[6]这些论述虽然在次序上与"德智体美"存在差异,但促进了"德智体美"内容的明确。"完全之人物"和"健全的人格",不失为"全面发展"的先期表述。更重要的是,此时的"德"不再是封建道德,而倾向于唤起民众爱国之情;"智"不再是四书五经、经史子集,而加入现代科学技术等内容;"体"中渗入体操和演练;"美"的形式也更为丰富。此外,蔡元培还重视劳动教育,强调劳动大学"不论何院、何科,都须劳动"[7]。

张伯苓和梅贻琦等人在这一时期对教育问题亦有思考,社会上出现诸育争锋的局面。张伯苓1914年指出:"要在造成完全人格,三育并进而不可偏废。"[8]他特别强调体育的重要性,认为读书佳者与道德高者"宜有健全身体"。[9]梅贻琦指出:"从前教育注重智育、德育、体育三者,后又并重群育……体育主旨,不在练成粗腕壮腿,重在团体道德的培养。"[10]这表明此时还存在"群育"的探讨,但"德智体"始终是社会共识,"体"尤其受到推崇。陈望道在1924年指出:"中国人素讲德、智、体三育;近人更倡群育、美育,而并称为五育。"[11]他相对重视美育,后著《美学概论》。关于"劳动教育",陶行知在1928年提出《减少校工以实现劳动教育案》。这些探讨虽然由于近代中国特殊的国情未能充分实现,且此时的"五育"并非指德智体美劳,但

---

[1] 牛仰山选注:《严复文选》,百花文艺出版社2006年版,第25页。
[2] 梁启超:《梁启超评历史人物合集·明清卷 李鸿章传 康有为传 袁崇焕传》,华中科技大学出版社2018年版,第103页。
[3] 石鸥等:《百年中国教科书忆》,知识产权出版社2015年版,第6页。
[4] 孟庆鹏:《孙中山文集》下,团结出版社2016年版,第608页。
[5] 舒新城:《中国近代教育史资料》下,人民教育出版社1981年版,第997-999页。
[6] 高平叔:《蔡元培教育论著选》,人民教育出版社2017年版,第330页。
[7] 高平叔:《蔡元培教育论著选》,第595页。
[8] 王文俊、杨珣、郑致光等:《张伯苓教育言论选集》,南开大学出版社1984年版,第1页。
[9] 王文俊、杨珣、郑致光等:《张伯苓教育言论选集》,第17页。
[10] 梅贻琦:《梅贻琦谈教育》,辽宁人民出版社2015年版,第27页。
[11] 复旦大学语言研究室:《陈望道文集》第一卷,上海人民出版社1979年版,第455页。

"德智体美劳全面发展"的思考触及国人灵魂并渗入人们头脑,为新中国成立后的继承发展提供了心理支撑与认识底基。

(三)"德智体美劳全面发展"经马克思主义阐发走向融合

马克思恩格斯对"德智体美劳全面发展"的认识既立足于大工业生产现实,又与未来人的发展相衔接。他们在批评资本主义制度造成异化的基础上,针对儿童境况提出将教育同物质生产结合起来、变片面发展为全面发展的思想。马克思指出,可以把教育理解为"智育""体育""技术培训"三件事,"对未成年劳动者应按不同类别循序渐进地施以智力、体育和技术方面的培训"。[①]他在《资本论》中指出,"从工厂制度中萌发出了未来教育的幼芽,未来教育对所有已满一定年龄的儿童来说,就是生产劳动同智育和体育相结合",它是"造就全面发展的人的唯一方法"。[②]可见,"智""体""劳"在马克思的认知与话语体系中有着突出位置。但这并不意味着他对"德"和"美"的忽视。马克思和恩格斯大力提倡共产主义道德,认为艺术对大众审美具有塑造作用,并致力于人的才能和个性的自由全面发展等。

列宁继承马克思和恩格斯的思想,立足苏联实际,发展了"德智体美劳全面发展"。他曾就德育指出:"为巩固和完成共产主义事业而斗争,这就是共产主义道德的基础。"[③]他就智育指出,要用人类创造的一切知识充实头脑;就劳动教育指出,要把教学工作和儿童的社会生产劳动紧密结合起来;等等。这些看法和主张都有别于资产阶级教育的片面性,促进了"五育"的有效融合。马克思主义经典作家对人的全面发展的强调,特别是对"劳"的重视,对我们党和国家的教育实践产生了深远影响。

二、"德智体美劳全面发展"的现实演进

接受马克思列宁主义指导的中国共产党早在新民主主义革命时期便重视"德智体美劳全面发展",不过执政之后才真正具备确立条件。"德智体美劳全面发展"的整体概念也不是自新中国成立之日起便得到确认的,而是经历了"德智体全面发展"和"德智体美全面发展"的现实流变。

(一)"德智体全面发展"表述的运用

"德智体美劳全面发展"中的"德智体全面发展"率先得到认可,并在改革开放前实现概念聚合。新中国的成立作为中国和世界历史上的大事件,意味着长期以来饱受歧视和压迫的劳苦大众翻身成为主人。为满足人民学习文化知识的需求,党和国家大力发展教育事业,但国家成立之初薄弱的经济基础与劳动群众较大的

[①]《马克思恩格斯全集》第二十一卷,人民出版社2003年版,第270页。
[②]《马克思恩格斯文集》第9卷,人民出版社2009年版,第339–340页。
[③]《列宁选集》第四卷,人民出版社2012年版,第292页。

受教育需求之间很快出现矛盾。面对日益凸显的升学问题,1954年公布《中央人民政府政务院关于改进和发展中学教育的指示》中明确提出"劳动教育"概念。1957年,毛泽东结合早年认知经历与国家现实需要提出:"我们的教育方针,应该使受教育者在德育、智育、体育几方面都得到发展,成为有社会主义觉悟的有文化的劳动者。"① 这一表述为之后的教育方针定下基调,并在1978年以《宪法》形式确定下来。邓小平在全国教育工作会议上指出:今后,大中学校招生和各部门招工用人都要实行"德智体全面考核"的办法,这就是将毛主席提出的"德智体全面发展"的方针贯彻到底。② 在此,德育、智育和体育首次实现概念聚合。

历史省思与改革深入共同推进"德智体全面发展"向"德智体等全面发展"转变,"等"字折射出教育领域的争论与思考。1982年《宪法》和1986年《义务教育法》均提出"品德、智力、体质等方面全面发展",发"德智体等全面发展"之先声。1993年《中国教育改革和发展纲要》强调,要"培养德、智、体全面发展的建设者和接班人"③。1994年,江泽民在全国教育工作会议上也使用"德智体全面发展"④的表述。"等"字出现又消失,原因在于中央考虑到"德、智、体全面发展的方针是属于我们党的重大方针,已坚持多年,在实践中证明是正确的,行之有效的,已为教育界,甚至全党全民普遍熟悉和认同,应该一以贯之"⑤。不过,1995年《教育法》基于部分代表在审议草案时加入"美"和"劳"的提议,确定为"德、智、体等方面全面发展"⑥。1997年,党的十五大报告将其表述为"德智体等全面发展"。⑦ 可见,"德智体全面发展"得到较长时间的运用,"德智体等全面发展"在改革开放后与之呈现此消彼长的状态。这些都既巩固了"德智体全面发展",又为"美"和"劳"的加入留有余地。

(二)"德智体美全面发展"话语的发展

"德智体美劳全面发展"中的"德智体美全面发展"在新中国成立之初便曾出现,不过在特定时期暂时走向隐匿。1951年,第一次全国中等教育会议指出,"普通中学的宗旨和培养目标是使青年一代在智育、德育、体育、美育各方面获得全面发展"⑧。1952年《小学暂行规程(草案)》和《中学暂行规程(草案)》也指出,对中小

---

① 毛泽东:《毛泽东文集》第七卷,人民出版社1999年版,第226页。
② 邓小平:《邓小平文选》第二卷,人民出版社1994年版,第106-107页。
③ 中共中央、国务院:《中国教育改革和发展纲要》,《中国高等教育》1993年第4期,第8-17页。
④ 江泽民:《江泽民文选》第一卷,人民出版社2006年版,第371页。
⑤ 何东昌:《中华人民共和国重要教育文献(1949年~1997年)》,海南出版社1998年版,第3629页。
⑥ 国家教委政策法规司法规处:《中华人民共和国教育法适用大全》,广东教育出版社1995年版,第25页。
⑦ 江泽民:《江泽民文选》第2卷,人民出版社2006年版,第34页。
⑧《中国教育年鉴》编辑部:《中国教育年鉴1949~1981》,中国大百科全书出版社1984年版,第147页。

学生"实施智育、德育、体育、美育全面发展的教育"①。可以看出,美育在新中国成立初期就已经被提及。但由于1957年教育方针未将美育纳入等原因,美育在一段时间内相对沉寂。

改革开放特别是进入新世纪之后,"德智体美全面发展"得到恢复和确立,"德智体美等全面发展"与之伴随。为更好遵循教育规律、紧跟时代步伐、促进学生发展,1988年政府工作报告指出,"各级各类学校要努力使学生在德、智、体、美各方面得到发展"②。其后,随着国家对素质教育的推进,1999年政府工作报告强调要"使学生在德、智、体、美等方面全面发展"③。《中共中央国务院关于深化教育改革全面推进素质教育的决定》和《国务院关于基础教育改革和发展的决定》也使用了"德智体美等全面发展"的表述。不过,2002年党的十六大报告和2007年党的十七大报告未使用"等"字,2012年党的十八大报告和2017年党的十九大报告沿袭"德智体美全面发展"的用法。可见,"德智体美全面发展"与"德智体美等全面发展"也经历了交叠使用的过程,既巩固了"德智体美",又为"劳"的融入谋得空间。

(三)"德智体美劳全面发展"地位的确立

"德智体美劳全面发展"虽然在新时代才正式确立,但已见诸改革开放以来的一些教育文件和讲话中。1986年《义务教育全日制小学、初级中学教学计划(初稿)》指出,全日制中小学教育"必须贯彻德、智、体、美、劳全面发展的方针"④。江泽民1990年在中国少年先锋队全国代表大会上指出,要促进少年儿童"德、智、体、美、劳诸方面全面发展"⑤。温家宝2008年在致培黎职业学院同学们的信中希望同学们"成为德、智、体、美、劳全面发展的人才"⑥。

进入新时代,随着党和国家对劳动教育的持续关注,"德智体美劳全面发展"最终被确定下来。党的十八大以来,习近平总书记立足国家发展需求和时代形势变化,高度重视青少年的道德养成,强调要加强道德修养;重视知识学习,强调要更好适应新兴技术背景下的能力需求;重视身体健康,强调要强化体育锻炼;重视审美修养,强调要以美育人。同时,他还特别重视劳动之于个体成长、社会发展与民族复兴的价值,在多个场合强调要进行劳动教育,引导学生树立劳动最光荣、最崇高、最伟大、最美丽的意识。

---

① 北京师范大学教育科学研究所:《中小学教育政策法令选编(1949-1966)》上册,北京师范大学教育科学研究所1979年版,第32-46页。
② 《十三大以来重要文献选编》上,中央文献出版社2011年版,第131页。
③ 《十五大以来重要文献选编》上,中央文献出版社2011年版,第788页。
④ 《义务教育全日制小学初级中学教学计划(初稿)》,《人民教育》1986年第12期,第12页。
⑤ 中共中央文献研究室:《江泽民思想年编(一九八九—二〇〇八)》,中央文献出版社2010年版,第45页。
⑥ 《温家宝谈教育》编辑组:《温家宝谈教育》,人民出版社2014年版,第284页。

三、"德智体美劳全面发展"的时代意蕴

回顾和审视"德智体美劳全面发展"的演进脉络,在交融中丰富、在传承中发展,在新时代呈现出鲜明的内涵、特点与价值。它服务于立德树人根本任务,推进社会主义建设者和接班人的培养,更助力我国实现强国目标和复兴梦想。

(一)"德智体美劳全面发展"的新内涵

不同于古代道德和近代道德,新时代的"德"强调社会主义道德和共产主义道德。新时代的"德"批判继承传统道德要素与近代道德因子,涉及人的思想水平、政治觉悟和道德品质,倡导"明大德"[1]。它要求坚定理想信念,树立共产主义远大理想和中国特色社会主义共同理想;要求厚植爱国情怀,扎根人民,为党成才,为国奉献;要求提升品德修养,在守公德与严私德中培育和践行社会主义核心价值观。

新时代的"智"不仅着眼于借鉴人类文明的优秀成果,而且呼吁在新的时代条件下开阔思路、创新创造。它要求拓展知识宽度和学习深度,在博古通今中增长见识、丰富学识;要求学思结合、知行合一,既通过思考"掌握事物发展规律,通晓天下道理"[2],又立足实践进行转化,努力做到学有所成、学有所用;要求在科技迅猛发展的态势下培养前瞻思维和创新能力,既广纳前沿又守正创新,争取为我国高水平科技自立自强作出贡献。

新时代的"体"不仅重视基本的体育知识和技能,而且强调强身健体、锤炼意志。身体好才能学习好、工作好,更好地为国家献计出力。特别是在"小胖墩""小眼镜""小豆芽""脆皮大学生"越来越多的状况下,体育锻炼是增强体质最有效的手段。它要求教育者树立健康第一的教育理念,将体育摆在重要位置;要求青少年"在体育锻炼中享受乐趣、增强体质、健全人格、锻炼意志"[3],不断成长为建设祖国的栋梁之才。

新时代的"美"不仅注重提高人的审美素养,而且强调服务人民群众的精神需求。美既可以纯洁道德,又可以陶冶情操。人的精神世界中有童话、歌谣、云彩和花草,心灵世界中有音符、色彩、友善和微笑,才能使灵魂得到滋养、境界得到升华。新时代的"美"重视艺术美、自然美和社会美,但并不为"美"而"美",而要求以美为媒,发挥美术在服务经济社会发展中的重要作用,服务于人民群众的高品质生活需求。

新时代的"劳"不仅进一步肯定了劳动的价值,而且将劳动与国家进步联系起来。人世间的一切成就和幸福都源于劳动,社会主义的建设和发展同样离不开劳

---

[1] 习近平:《在北京大学师生座谈会上的讲话》,人民出版社2018年版,第7页。
[2] 习近平:《在北京大学师生座谈会上的讲话》,第13页。
[3] 习近平:《在教育文化卫生体育领域专家代表座谈会上的讲话》,人民出版社2020年版,第12页。

动。它要求弘扬劳动精神,在思想上尊重劳动、崇尚劳动,在行动中辛勤劳动、诚实劳动、创造性劳动;要求深化对劳动价值的体认,踏实做人、扎实干事,推进中国式现代化行稳致远;要求尊重劳动人民,同群众一道齐心劳动、协力奋斗,促使中国特色社会主义事业愈发繁荣。

五个方面各有侧重、相互融通,既构成"全面发展"的基本要素,又推进个体"全面发展"的实现。其中,"德"引领方向,是"全面发展"的核心;"智"增长才干,是"全面发展"的前提;"体"强健身躯,是"全面发展"的基础;"美"塑造心灵,是"全面发展"的关键;"劳"成就梦想,是"全面发展"的保障。

(二)"德智体美劳全面发展"的新特点

"德智体美劳全面发展"肩负培养"社会主义建设者和接班人"的神圣使命,回答了"培养什么人"的问题。教育工作必须着力培养"社会主义建设者和接班人",这作为"对教育所要培养人才的总体规格和政治属性的明确表述,确定了人才培养的根本价值方向"[①]。"德智体美劳全面发展"作为"对教育所要培养人才的素质结构的一般表述和普遍性要求",涉及"人才培养的具体目标领域"[②]。在此,"德智体美劳全面发展"被寄予使社会主义事业后继有人、生生不息的殷切期望。

"德智体美劳全面发展"服务于"立德树人"的根本任务,回答了"怎样培养人"的问题。在明确"培养什么人"后,还需要考虑"怎样培养人"的问题,它要求厘清具体实践和做法。古今中外在此问题上虽然采取了不同方法和策略,但都格外重视学校教育,强调道德品质和知识文化等方面的熏陶。我们党提出"立德树人"的根本任务,习近平总书记强调要"以树人为核心 以立德为根本"[③],并将此作为检验学校教育工作的标准。"德智体美劳全面发展"不仅将"德"置于首要位置,与"立德"相契合,而且积极推进人的思想道德、智力水平、强健体魄、审美素养和劳动能力的综合提升,既明确了"育人"路径,又满足了"育人"要求。

"德智体美劳全面发展"以"为党育人、为国育才"为根本目标,回答了"为谁培养人"的问题。"为谁培养人"与"培养什么人""怎样培养人"密切相关。不同历史时期的教育发展程度虽然不同,但统治阶级都通过教育来培植自身发展所需人才。当前世界各国虽然在教育内容和形式方面存在差异,但都坚持为本阶级、本政党、本国家服务。习近平总书记明确指出:"教育是国之大计、党之大计。"[④] 要旗帜鲜明地推进教育为人民服务、为党治国理政服务、为国家现代化建设服务。"德智体美

---

① 石中英:《努力培养德智体美劳全面发展的社会主义建设者和接班人》,《中国高校社会科学》2018年第6期,第9—15页。

② 石中英:《努力培养德智体美劳全面发展的社会主义建设者和接班人》,《中国高校社会科学》2018年第6期,第9—15页。

③ 习近平:《在北京大学师生座谈会上的讲话》,第7页。

④ 习近平:《在教育文化卫生体育领域专家代表座谈会上的讲话》,第2页。

劳全面发展"在这一要求下被赋予高度的政治性和人民性,也担负起为中国共产党育人和为中华人民共和国育才的艰巨职责。

(三)"德智体美劳全面发展"的新价值

"德智体美劳全面发展"明确了"五育并举"的话语表述,构建起"全面发展"的中国范式。文化在观念的流通中维系,观念在人与人、境遇与境遇、时代与时代之间"旅行"。它需要一个源点或类似源点的东西,穿越横向距离,运用一系列条件,在新时空里发生改变。[①]"德智体美劳全面发展"作为思想,不仅批判继承了古代和近代思想家观点,而且发展了马克思主义经典作家理念;作为概念,不仅整合了历史上的各育表述,而且完善了新中国成立以来的"德智体全面发展"和"德智体美全面发展"等表达。因此,新时代的"德智体美劳全面发展"可被视为一个集大成的思想与概念。它既是我们党基于时代需求提炼出的中国话语,又为全面发展的人才培养建构起独特体系。

"德智体美劳全面发展"促进人的综合素质提升,助力堪当民族复兴大任的时代新人的培养。全面发展是人类社会演进过程中的不懈追求。"德智体美劳全面发展"贯彻落实党的教育方针,注重全方位开发人的潜能和提高人的素养,既促进了素质教育的落地、"双减"政策的落实,又提高了个体的机能、才干和素质。特别是在人的全面发展问题上,五育相互作用、共促共融。在全面建设社会主义现代化强国的征程中,"德智体美劳全面发展"可以促使个体由"小我"走向"大我",通过持续热爱祖国和人民、热爱学习和创造、热爱体育和运动、热爱自然和社会、热爱劳动和奋斗,成长为中国特色社会主义可堪大用、能担重任的合格建设者和可靠接班人,最终同全党全国各族人民一道实现中国梦。

[①] 爱德华·W.萨义德:《世界·文本·批评家》,李自修译,生活·读书·新知三联书店2009年版,第400-401页。

新时代高校劳动教育融入专业课程教育的困境与出路①

马建珠

摘　要：进入新时代以来,高校劳动教育对于传承优秀传统文化中的劳动价值观、落实立德树人根本任务、深化教育改革等具有重要价值与意义。然而,劳动教育融入专业课程教育过程中却面临不同的问题与挑战,劳动教育与专业课程的差异性让两者难以有效融合,专业教师育人意识的薄弱导致难以挖掘出专业课程中的育人元素,教学评价机制的不完善又使得劳动教育融入专业课程教育难以取得实效。因此,加强顶层设计与师资建设,以及完善教学督导与评价机制,成了劳动教育有效融入专业课程教育的重要途径。

关键词：劳动教育；专业课程；协同育人

本文引文格式：马建珠：《新时代高校劳动教育融入专业课程教育的困境与出路》,见何云峰主编：《劳动哲学研究》第十一辑(2024年第2辑),上海教育出版社2024年版,第224—232页。

进入新时代以来,党和政府日益重视劳动的育人作用,并从实现中华民族伟大复兴的高度将劳动教育与立德树人等联系起来。习近平总书记多次强调要尊重劳动、崇尚劳动、弘扬劳动精神,要求努力构建德智体美劳全面培养的教育体系,形成更高水平的人才培养体系。《中共中央　国务院关于全面加强新时代大中小学劳动教育的意见》《大中小学劳动教育指导纲要(试行)》等文件相继颁布,从顶层设计的层面为学校劳动教育提供政策支持。新时代背景下,将劳动纳入人才培养全过程,构建德智体美劳全面发展的人才培养体系,充分体现了党和政府对劳动教育的新期待与新要求。

---

① 作者通信地址：马建珠,井冈山大学人文学院(江西吉安　343009)。

一、高校开展劳动教育的价值与意义

习近平总书记关于劳动教育的一系列论述,以及党和政府部门为大中小学开展劳动教育提出的具体意见和建议,为新时代高校劳动教育提供了正确的指导思想。各高校明确将劳动教育纳入人才培养体系,并通过优化课程设置、加强师资队伍建设、构建评价与激励机制等新举措,加大劳动教育融入专业课程教育的力度,确保劳动教育的有效实施,促进大学生的全面发展,彰显出劳动教育的重要价值与意义。

（一）传承优秀传统文化中劳动价值观的内在要求

中华民族历来崇尚勤劳,认为勤劳是立身之本,是实现个人价值和社会进步的重要途径。习近平总书记曾总结道:"中华民族是勤于劳动、善于创造的民族。"[1]中华民族正是通过辛勤劳动创造了灿烂的华夏文明,也正是在劳动实践中铸就了勤劳勇敢、不畏艰难、勇于磨炼的劳动品质与精神,并形成了具有中华民族特色的劳动文化。《易经》里面说"劳谦君子,有终吉",认为勤劳是一种优秀的品德;《尚书·周官》中说"功崇惟志,业广惟勤",告诉人们立志是前提,勤勉则是保障;《左传·宣公十二年》中则说"民生在勤,勤则不匮",提醒人们只要勤劳节约,就不会缺乏财物。其他诸如"天道酬勤""业精于勤,荒于嬉""一分耕耘一分收获"等,从不同维度告诫人们勤劳的重要性,这些不仅是历代家训家风着重强调和传承的内容,也是中华民族几千年贯彻始终的道德倡导,在家国同构的文化传统中已成为中华民族优秀的文化基因。

2018年8月,习近平总书记在全国宣传思想工作会议上指出:"中华优秀传统文化是中华民族的文化根脉,其蕴含的思想观念、人文精神、道德规范,不仅是我们中国人思想和精神的内核,对解决人类问题也有重要价值。要把优秀传统文化的精神标识提炼出来、展示出来,把优秀传统文化中具有当代价值、世界意义的文化精髓提炼出来、展示出来。"[2]劳动是中华民族优秀传统文化的重要组成部分,它与中华民族的价值观、社会习俗和历史发展紧密相连。作为新时代的大学生,不仅要通过劳动锻造全面发展,还要通过劳动学习与劳动实践弘扬劳动精神,领悟中华优秀传统文化精髓,挖掘中华民族优秀传统文化的精神内核,激活中华民族最基本的文化基因,推动中华文明创造性转化、创新性发展,为人类提供正确精神指引,这是新时代赋予大学生的崇高使命。

---

[1] 习近平:《在庆祝"五一"国际劳动节暨表彰全国劳动模范和先进工作者大会上的讲话》,人民出版社2015年版,第4页。

[2] 习近平:《习近平谈治国理政》第三卷,外文出版社2020年版,第314页。

(二)落实立德树人根本任务的客观要求

在实现中华民族伟大复兴的进程中,国家急需大量德才兼备的高素质人才。党中央日益重视对高校人才培养的程度,并明确提出高校应该贯彻落实立德树人根本任务,为国家培养德智体美劳全面发展的社会主义建设者和接班人。这就要求学校以学生的全面发展为根本,坚持以人为本,德育优先,在实践中着力培养学生勇于担当的社会责任感与创新精神。新时代背景下,结合中国式现代化建设和国际化发展的需要,高校应积极将劳动教育纳入人才培养体系,突出劳动育人、实践育人的积极效用。

在德智体美劳全面发展的教育体系中,德育是先导,劳动教育是德智体美教育的基础与支撑,也是促进学生全面发展的重要保障。这主要是基于"以劳育德、以劳增智、以劳健体、以劳益美"的内在逻辑关系。首先,劳动教育能够提升道德修养。苏联教育家凯洛夫认为,教育起源于劳动,劳动能提高人的道德水平。高校大学生在劳动实践过程中,为了完成既定的目标,需要通过克服困难、分工合作才能逐步完成,这就激发了学生的使命担当意识、团队合作意识,锤炼了他们坚持不懈的毅力。同时,这也能让学生更加珍惜劳动成果,遵守劳动规则,培养爱岗敬业的责任意识。学生在相互协作中完成既定目标,得到自我价值认同,从而促使其身心人格健全发展。其次,劳动教育能够提高智力水平。学生通过劳动实践,能够获取知识、积累知识、内化知识,然后思考应用这些知识,从而提升自我的思维能力与应用实践能力,进而提高智力水平。再次,劳动教育能够提高身体素质。高校组织大学生参加劳动实践活动,学生不仅在劳动中锻炼了身体肌肉,增强了身体协调应变能力与体能体质,还在劳动中改变了学习环境,释放了学习压力,增加了与人交流的机会,提升交际沟通能力,树立了正确劳动观,促进了身心健康发展。最后,劳动教育能够培养审美情趣。马克思在《1844年经济学哲学手稿》中提出,"劳动创造了美"[①]。大学通过开展劳动教育,引导学生在劳动实践中认识美、感悟美、挖掘美,从而树立正确的审美观。

因此,高校将劳动教育作为人才培养体系里的重要一环,是基于劳动教育对学生全面发展的重要作用,这为高校落实立德树人根本任务提供了重要支撑。

(三)深化高校教育改革的现实需要

劳动教育是中国特色社会主义教育制度的重要内容。各高校坚持教育与生产劳动相结合,在实践育人方面取得了一定成效,但也面临一些挑战和问题。"近年来一些青少年中出现了不珍惜劳动成果、不想劳动、不会劳动的现象,劳动的独特育

---

① 《马克思恩格斯全集》第四十二卷,人民出版社1979年版,第93页。

人价值在一定程度上被忽视,劳动教育正被淡化、弱化。"① 这些问题如果不及时处理,将会在青少年中形成坐享其成、缺乏责任担当意识的不良风气。同时,部分高校对于劳动教育的重要性也存在认识不足的问题,存在重"德智"轻"美劳"的育人现象,因而导致对劳动教育的开展往往流于形式,缺乏真抓实干。此外,在应试教育模式的影响下,一些学校仍然存在着重理论轻实践的教育理念,所以高校中也往往也存在课程设置不合理、劳动教育课时不充裕、专业师资配备不足等各种问题。一些学生过于注重考试分数与就业问题,导致他们不想也不愿真正投入学校开展的劳动实践,对劳动的理解不深、热情不高,难以树立正确的劳动价值观。

教育部印发的《大中小学劳动教育指导纲要(试行)》明确指出:"普通高等学校要将劳动教育有机纳入专业教育、创新创业教育,不断深化产教融合,强化劳动锻炼要求,加强高等学校与行业骨干企业、高新企业、中小微企业紧密协同,推动人才培养模式改革。"②

综合以上各种因素,高校急需深化教育改革,以学生全面发展为核心,真正全面推动劳动教育。劳动教育是深化教育改革的重要内容和推动力量,要通过培养学生的劳动素养,树立正确的劳动价值观,促进学生全面发展,为国家培养合格的社会主义建设者和接班人。

二、高校劳动教育融入专业课程教育的现状与反思

习近平总书记强调:"要用好课堂教学这个主渠道,提升思想政治教育亲和力和针对性,满足学生成长发展需求和期待,其他各门课都要守好一段渠、种好责任田,使各类课程与思想政治理论课同向同行,形成协同效应。"③ 因此,高校开展劳动教育不是简单地增设一门课程,而是需要形成全员、全过程、全方位的协同育人格局。同样,高校劳动教育融入专业课程教育也不是一个简单的叠加过程,它不仅涉及教学内容与教学方式的改革,还涉及教育理念与课程设置的创新。在当前高校劳动教育融入专业课程教育的实践中,仍然存在一些问题和挑战需要加以重视。

(一)劳动教育与专业课程教育未能充分有效融合

现阶段,高校中普遍存在重视知识传授与技能培训的倾向,对劳动精神与劳动素养的培养则趋于淡化,这就导致了劳动教育在高校的实施难以全方位落实。进

---

① 《中共中央 国务院关于全面加强新时代大中小学劳动教育的意见》,https://www.gov.cn/zhengce/2020-03/26/content_5495977.htm,2024年5月20日检索。

② 《教育部关于印发〈大中小学劳动教育指导纲要(试行)〉的通知》,http://www.gov.cn/zhengce/zhengceku/2020-07/15/content_5526949.htm,2024年5月20日检索。

③ 习近平:《习近平谈治国理政》第二卷,外文出版社2017年版,第378页。

入新时代以来,党和政府明确要求"把劳动教育纳入人才培养全过程,贯通大中小学各学段和家庭、学校、社会各方面"①,并与德育、智育、体育、美育相融合。高校也在人才培养方案中增加实践环节,明确实践内容,在课程设置中增加实践学分与课时,从而确保劳动教育的真正落实。但是,在具体的实施过程中,劳动教育难以成为独立的、系统的教育体系,也未能与专业课程充分有效融合,劳动教育与专业课程教育存在"两张皮"的问题。以江西J大学的汉语言文学师范类专业为例,实践环节中包括军事技能、教育见习、教育研习、教育实习、大学生创新创业训练、第二课堂实践育人活动(含劳动教育实践)、专业技能综合考核、毕业论文设计等课程,其中"第二课堂实践育人活动"是包含劳动教育实践的一个环节,但没有明确具体内容与要求,跟其他课程也没有明显的内在联系,这就导致对劳动教育实践的实施效果难以进行合理的科学评估。在各专业课程大纲的课程目标中,也没有将劳动素养与劳动精神明确化,导致教师难以从专业课程中挖掘出劳动元素,教师从专业课程的角度对学生进行劳动价值引导也就难以实施,从而使劳动育人的目标难以实现。

(二)专业课程未能充分挖掘劳育元素

进入新时代以来,党和政府大力倡导"课程思政"建设,要求将马克思主义的理论观点与价值要求内化于专业课程设置、课堂讲授与教学评价等方面。这就要求专业课程教师充分挖掘专业课程中的育人元素,将立德树人的理念贯穿专业课程的教学当中。在德智体美劳全面育人的教学体系中,更是要求教师充分发挥各种育人元素,构建协同育人的格局。但是,在当前的专业课程教学当中存在一些问题,导致难以充分挖掘出专业课程中的劳育元素。一是教师以劳育人的意识与能力不足。部分专业课教师没有更新教学理念,仍然偏向于专业知识与技能的传授,缺乏足够的以劳育人意识,导致他们未能主动从专业课程中挖掘隐性的劳育元素。二是缺乏有效的教学方法。有些教师没有掌握将劳动育人元素有效融入专业课程的教学方法,导致专业课程的内容与劳动育人的内容相脱节,难以将劳动价值与精神内化于心,影响教学效果。三是缺乏协同育人机制。学校没有建立有效的协同育人机制,导致专业课与思政课和劳动教育课之间缺乏有效的沟通和协作,难以形成育人合力。四是缺乏顶层设计。部分高校在开展劳动教育时,没有完整系统的顶层设计与指导方针,导致专业课教师在教学实践中难以把握具体要求和方法。这些都是专业课程未能充分挖掘劳育元素的重要原因。

(三)劳动教育融入专业课程的教学评价机制不够完善

教学评价机制是对教师教学水平与学生学习效果的综合评定,是教学质量的重要保障。建立科学系统的劳动教育融入专业课程的教学评价机制,对于推动高

---

① 习近平:《在全国劳动模范和先进工作者表彰大会上的讲话》,人民出版社2020年版,第5—6页。

校开展劳动教育具有重要的意义。但是,目前有部分高校对劳动教育存在"重实施轻考核"或"重结果轻过程"的问题,在劳动教育融入专业课程的教学中更是存在评价机制不够完善的情况。具体表现为:一是评价标准比较单一。传统的劳动教学评价往往侧重于劳动学科的分数和知识掌握程度,忽视了学生在教学中对劳动态度、劳动价值认识、劳动能力、劳动情感体验等的评价,而且考核方式也依赖于传统的笔试或面试,因而难以把握劳动教育融入专业课程的教学效果。二是缺乏过程性评价。很多评价体系只关注结果,而且往往是在教学结束之后再进行总体性的、印象性的考核评价,忽略了对教学过程中的学生参与度、师生互动和教师的教学方法进行评价,对教师有没有将劳动教育融入专业课程以及如何将劳动教育融入专业课程难以做出定量与定性的评价。三是未能形成协同育人的效果评价。当前很多高校对专业教学已构建了教学督导评价、专业教师互评与学生评价等多元化评价主体的教学评价机制,但却没有将劳动教育融入专业课程作为评价指标纳入评价体系。如学生对老师的评价往往主要是从教学方法与师德师风两方面进行的。这样,就难以对劳动教育有机融入专业教育进行科学评价。四是缺乏有效的持续性改进机制。有效的持续性改进机制是教学效果不断得到完善的有力保障。当前很多高校对专业课程建立了课程目标达成评价分析及持续改进报告制度,在学期结束时,专业教师要依据课程考核平均成绩、期末考试成绩分析、课程目标达成度评价与课程目标达成情况分析等,对专业课程提出持续性改进措施。但一些高校将劳动教育纳入专业课程,却没有作为其中的考核指标,这就很难对劳动教育效果进行有效评价,更难以进行持续性改进。

三、高校劳动教育融入专业课程教育的路径策略

新时代高校劳动教育应紧密结合经济社会发展变化和学生生活实际,积极探索具有中国特色的劳动教育模式,最大限度地发挥专业课程的育人主渠道作用,深入挖掘专业课程所蕴含的劳育元素,提升学生的劳动素养,帮助学生树立正确的劳动价值观。在劳动教育有效融入专业课程教育的教学设计中,在明确立德树人根本任务的基础上,应主要从顶层设计、师资队伍建设、教学督导与评价机制维度进行构建。

(一)加强顶层设计,构建协同育人新格局

进入新时代以来,"课程思政"建设已明确要求将思想政治教育融入所有的课程中,其他课程与思想政治理论课同向同行、协同发力,所有任课教师都要承担育人责任,构建起全员、全过程、全方位的一体化育人格局。然而,在劳动教育的具体实施中,由于教育理念、管理体制、师资素养与专业课程等方面的差异,劳动教育与

其他专业课程难以有效融合而形成协同育人格局。这就要求学校加强顶层设计，突破不同管理部门与不同专业之间的壁垒，构建协同育人新格局。

第一要加强组织领导，明确各方育人职责。学校管理层面要构建党委领导、部门协调、院系主导、党支部推动、教师参与的全员、全过程、全方位育人体系。学校党委是学校劳动教育工作的领导核心，要发挥领导作用，不仅要确保劳动教育与国家教育方针和政策保持高度一致，还要确保劳动教育的贯彻执行。同时，还要与行政机构建立协调运行机制，确保不同管理主体及管理层级之间对劳动教育既科学分工、各负其责，又有机统一、协同育人。学校行政部门在劳动教育中要发挥统筹协调作用，搭建劳动教育的协同育人工作平台，拓展校外劳动教育空间，利用社会劳动育人资源，建立社会实践教育基地，联合开发社会实践课程。学校各院系是劳动教育开展的主导者，负责制定和实施人才培养方案、组织教学活动、建设师资队伍、指导学生发展、建立评价与反馈机制等。因此，学校院系在劳动教育中扮演着核心角色。党支部在劳动教育中发挥着政治核心作用，确保劳动教育的正确方向和有效实施，通过组织生活会、主题党日活动等形式，引导党员学生树立正确的劳动观念，培养劳动精神；通过党员学生加强对其他学生的思想政治价值引领，督促落实立德树人根本任务。教师在协同育人中扮演着至关重要的角色，他们不仅是知识传授者，也是思想启迪者、价值观引导者，还是情感关怀者、榜样示范者与评价反馈者。只有明确各方育人职责，才能打破不同部门之间的管理壁垒，真正做到全员、全过程、全方位的协同育人格局。

第二要挖掘劳育元素，强化劳动教育与专业课程教育的有效融合。各专业课程中都蕴含劳育元素，关键是如何充分挖掘，这就要求专业教师深入理解劳动教育的内涵，并以此对教学资料进行整合，对教学内容进行筛选。如在汉语言文学专业的文学史课程中，教师通过讲授中国古代文学史、中国现当代文学史、外国文学史，形成一个以劳动为主题的专题讲座。教师可以引导学生关注文学作品中的劳动主题和劳动人物形象，分析作品中的劳动精神如何通过文学表现手法体现出来，最后要让学生理解劳动在人类文化历史发展中的重要作用。在诗歌作品的讲解中，教师可以选择具有深厚劳动创作背景、饱含劳动精神、传达美好劳动情感的诗歌作品。如闻捷的诗歌作品，通过对劳动场景的细腻描绘，展现劳动人民的辛勤与欢乐，表现他们积极向上的力量和对未来美好憧憬的乐观精神。专业教师可以以此引导学生了解新中国成立后人们投入社会主义建设的精神面貌，感悟当时人们通过积极劳动表达出的爱国之情。

总之，劳动教育要更好地融入专业课程教育，就要认真挖掘专业课程知识的劳动源头，把握学生的发展需求，形成情感层面的共鸣以及认知层面的互补，实现劳动教育与专业教育的深度融合，这样才能形成协同育人新格局，从而更好地提升学生的劳动素养与专业素养,增强他们的实践能力与职业能力,树立正确的劳动价值观。

(二)加强师资队伍建设,提升教师以劳育人的教学意识

教师是教育过程的具体实施者,所以劳动教育融入专业课程教育的关键在教师。有学者指出:"在劳动教育师资配备上存在教师专业性不够、技能不足等问题,削弱了劳动教育的育人效果,难以有效调动学生的劳动内驱力,急需建立一支高素质的教师队伍。"[①] 因此,学校要加强师资队伍建设,提升教师以劳育人的专业技能。

首先,要加强劳动理论的学习。通过定期或不定期的方式,学习马克思主义劳动价值观,掌握劳动在不同领域和不同社会阶段的发展变化,领悟习近平总书记关于劳动教育的讲话精神。加强对"四史"的学习教育,深刻理解中国人民艰苦奋斗的革命历程,增进教师对中国共产党和中国特色社会主义的政治认同、思想认同、理论认同、情感认同,引导学生树立正确的世界观与劳动价值观。其次,要开展专业发展培训。充分利用线下线上资源,对教师开展劳动专题培训。邀请劳动教育专家,对劳动教育课程建设、教学设计、教学方法、教学评估等进行专题指导,对专业课程中的劳育元素进行论证,并形成知识图谱,使其成为劳动教育融入专业课程教育的具体内容与要求,从而做到有章可循。再次,要发挥榜样激励作用。在劳动教育融入专业课程教育的教学中,要及时发现教学方法创新、教学效果突出的教师,并将这些表现突出的教师作为学习榜样,再由这些教师作经验推广报告,通过榜样的力量激励更多教师积极参与劳动教育,形成良好的劳动教育融入专业课程教育的教学氛围。最后,要给予充分的政策支持与保障。要将劳动教育融入专业课程教育的教学效果,纳入对教师教学能力与教学业绩的考核中。对表现优秀的教师,要给予职称评定、教学评价与绩效考核等方面的政策倾斜,从而确保专业课程教师不断增强以劳育人的教学意识。

总之,加强师资队伍建设,可以提升教师以劳育人的教学意识,增强教师在劳动教育中的主动性和创造性,为培养德智体美劳全面发展的社会主义建设者和接班人作出应有的贡献。

(三)完善教学督导与评价机制,确保劳动教育融入专业课程的教学效果

教学督导与评价机制是教育质量保障体系的重要组成部分,对提升教育质量、促进学生全面发展、实现教育目标具有重要作用。落实立德树人根本任务,确保劳动教育有效融入专业课程教育,必须构建完善的教学督导与评价机制。

首先,要设置多元化的评价标准。教育部印发的《大中小学劳动教育指导纲要

---

① 何云峰、齐旭旺:《新时代如何在大学生中有效培育劳动精神》,《教育文化论坛》2024年第1期,第24—32页。

(试行)》明确指出:"将劳动素养纳入学生综合素质评价体系。"① 这为劳动教育的评价指明了方向。因此,高校要改变以往"重德智,轻劳育""重结果,轻过程"的评价体系,结合专业课程的学科特点,以劳动教育目标、内容要求为依据,将过程性评价和结果性评价结合起来,设置健全、完善和多元的学生劳动素养评价标准,对学生劳动观念、劳动能力、劳动精神、劳动习惯和品质等劳动素养进行综合评定。其次,要完善持续性改进机制。评价机制具有动态性和发展性的特征。因此,科学完善的评价机制应根据教育实践的反馈和社会发展的需要不断进行完善和调整。劳动教育融入专业课程教育的评价机制也应因劳动教育目标、学科性质、专业课程阶段等差异而持续性改进。再次,要合理应用评价结果。在确保劳动教育融入专业课程教育的评价结果科学合理的前提下,将评价结果作为劳动教育决策、劳动教学改进与劳动资源配置的依据。同时,还要将这些结果作为专业课程教师职称评定、评优评先等重要依据,提升教师将劳动教育融入专业课程教育工作的积极性。最后,要完善学校教学督导机制。学校督导组应通过实地考察、听课、查看教学资料等方式,了解劳动教育融入专业课程教育的实施情况,包括专业课程中的劳育元素、融入方式以及学生的参与度与认可度。同时,教学督导要根据督查情况,对劳动教育融入专业课程教育的实施效果进行评价,并将评价结果反馈给相关部门和教师,督促教师对教学内容或教学方式进行改进。

总之,劳动教育融入专业课程教育不仅拓宽了劳动教育的发展空间,也拓宽了专业课程的文化视野。在高校专业课程中融入劳动育人元素是"课程思政"建设的重要内容。通过这一方式,教师能够在学生心灵深处埋下劳动的种子,引导他们在学习好专业知识与技能的同时,更好地理解、尊重和参与劳动,从而树立正确的劳动价值观,为社会主义现代化建设贡献自己的力量。

---

① 《教育部关于印发〈大中小学劳动教育指导纲要(试行)〉的通知》,http://www.gov.cn/zhengce/zhengceku/2020—07/15/content_5526949.htm,2024年5月20日检索。

文化传承视角下高校党建引领劳动育人探究①

安慧芳　李建蕊

摘　要：文化传承作为高校的重要使命之一，与劳动育人在价值目标、实践主体和实践内容三个维度相互契合。本文以文化传承作为高校党建引领劳动育人的核心逻辑，从政治性、实践性、指导性三个层面分析了文化传承视角下高校党建引领劳动育人的要求，探讨了高校党建引领劳动育人过程中传承文化的三个重点，即中华优秀传统文化、革命文化和社会主义先进文化。同时，文化传承视角下高校党建引领劳动育人应当遵循理论阐释与实践锻炼、显性传承与隐性教育、外部输入与自我教育有机统一等原则。通过构建"三个有机融入"，推动党的创新理论、主题党日活动、劳动考核结果有机融入劳动教学、劳动实践和劳动测评等环节，为丰富高校劳动育人的内涵提供了一种新的实践进路。

关键词：文化传承；高校党建；劳动教育；劳动育人

本文引文格式：安慧芳、李建蕊：《文化传承视角下高校党建引领劳动育人探究》，见何云峰主编：《劳动哲学研究》第十一辑（2024年第2辑），上海教育出版社2024年版，第233—243页。

党的二十大报告指出："全面贯彻党的教育方针，落实立德树人根本任务，培养

---

① 基金项目：教育部人文社会科学青年基金项目"新时代马克思主义与中华优秀传统文化的融合发展研究"（项目编号：18YJC710058）；山西社会主义学院2024年智库课题"'大思政课'视域下山西红色革命文物的历史挖掘与宣传阐释"（项目编号：sxsyzbkt052）；2023年度山西师范大学"学习贯彻习近平文化思想"专项课题"中华优秀传统文化在高校党建'双创'工作中的传承与创新研究"（项目编号：2023DBF39P01）。作者通信地址：安慧芳，山西师范大学马克思主义学院（山西太原　030031）；李建蕊，山西师范大学马克思主义学院（山西太原　030031）。

德智体美劳全面发展的社会主义建设者和接班人。"① 随着我国经济社会的快速发展和教育改革的不断深化,劳动群体、劳动形态、劳动关系、劳动工具、劳动技术、劳动环境等诸多方面都出现了前所未有的新变化,意味着对劳动"立德树人"提出了新要求、新期望,需要更加清醒地认识到劳动"立德树人"在推动新时代中国特色社会主义事业中的重要地位。② 新时代高校党建工作必须适应新形势、新任务、新要求,创新形式与方法,引领带动广大青年树立正确的劳动价值观,在劳动实践中深刻领会党的宗旨和使命,增强对党的认同感和归属感。思政课是立德树人的关键课程,习近平总书记对学校思政课建设作出重要指示:"要始终坚持马克思主义指导地位,以中国特色社会主义取得的举世瞩目成就为内容支撑,以中华优秀传统文化、革命文化和社会主义先进文化为力量根基,把道理讲深讲透讲活……"③ 在劳动教育中,要引导学生既学习劳动知识和技能,涵养劳动精神,又提升劳动创造性,增强独立思考能力。基于此,在高校党建引领作用下,要深入践行习近平文化思想,让劳动教育"开花结果",为强国建设、民族复兴培育更多栋梁之才。

一、文化传承视角下高校党建引领劳动育人的价值意蕴

文化传承与劳动教育具有内在耦合关系,可作为高校党建引领劳动育人的核心逻辑。高校党建从政治性、实践性和指导性三个层面为学生的全面发展提供了有力保障。通过传承中华优秀传统文化、革命文化和社会主义先进文化,将其内化于心、外化于行,在劳动育人过程中躬体力行、潜移默化、融会贯通,从而实现"以劳树德、以劳增智、以劳强体、以劳育美、以劳创新"。

(一)核心逻辑:文化传承视角下高校党建引领劳动育人的三个维度

文化传承作为高校的重要使命之一,与劳动育人在价值目标、实践主体和实践内容三个维度相互契合。劳动教育必须把劳动精神作为美好生活的一个重要方面,一方面是因为劳动的创造性作用,劳动促进人成为人,确证人的类本质;另一方面是因为劳动精神还能帮助人消解劳动的消极性。④ 在价值目标上,以文化人与

---

① 习近平:《高举中国特色社会主义伟大旗帜 为全面建设社会主义现代化国家而团结奋斗——在中国共产党第二十次全国代表大会上的报告》,人民出版社2022年版,第34页。

② 许慎:《新时代劳动教育融入大中小学思政课一体化建设论析》,《高校马克思主义理论教育研究》2023年第4期,第94-103页。

③《习近平对学校思政课建设作出重要指示强调 不断开创新时代思政教育新局面 努力培养更多让党放心爱国奉献担当民族复兴重任的时代新人 丁薛祥出席新时代学校思政课建设推进会并讲话》,《思想政治工作研究》2024年第6期,第4页。

④ 何云峰、齐旭旺:《论劳动教育的本质——基于劳动的属人性与非属人性及其关系的视角》,《南京社会科学》2023年第7期,第125-132页。

劳动育人均以培养堪当民族复兴重任的时代新人、确保党的事业后继有人为导向。以文化人思想为劳动教育提供了深厚的文化底蕴。将中华优秀传统文化、革命文化和社会主义先进文化融入劳动教育中，可以赋予劳动教育新的文化内涵和价值内容。在党建工作的引领带动下，高校劳动教育为了实现以劳塑人的目标，也通过践行和弘扬中华优秀传统文化、革命文化和社会主义先进文化，不断淬炼育人高尚品格。在实践主体上，高校师生既是传承文化的重要主体，亦是提升劳动教育成果的责任主体。高校师生传承文化的过程，也就是以中华优秀传统文化、革命文化和社会主义先进文化塑造劳动初心、铸牢劳动品质、汲取劳动力量、激发劳动创造的过程，并在这一过程中将劳动育人提升至新的高度。在实践内容上，文化传承与劳动育人相通互融。一方面，高校传承文化，就是要在专业知识、专业能力、专业精神、专业追求等方面，以工匠精神形塑广大师生的价值观念。另一方面，劳动教育也是一种重要的劳动文化实践，①蕴藏着成长为一名专业文化传承人的宝贵经验和如何培养新时代好青年的工作方法，对"为谁培养人、培养什么人、怎样培养人"具有重要的指导意义。新时代大学生劳动教育要在继承中华优秀传统文化、红色革命文化和社会主义先进文化中劳动思想的基础上，对优秀传统劳动思想进行创造性转化和创新性发展。

正是文化传承与劳动育人之间的内在耦合性，使得文化传承作为高校劳动育人的核心逻辑具有高度适切性。基于此，文化传承融入高校党建引领下的劳动育人之价值意蕴的有效实现，具体体现为：文化传承内在于师生的心灵世界，进而助力劳动育人，点明劳动育人的理想样态与价值追求；外在于师生的行为责任，进而弘扬中华优秀传统文化、革命文化和社会主义先进文化，以文化传承推动劳动育人。这也就是人们常说的"内化于心，外化于行""知行合一"。

（二）内化于心：文化传承视角下高校党建引领劳动育人的三个层面

中国共产党的文化基因是其历经百年而始终保持蓬勃生机的内在密码，深深融入党的血脉，从政治性、实践性和指导性三个层面引领高校劳动育人发展。政治性上，坚持党建三维导向，保障劳动教育过程中实现以文化人目标的方向性正确。一是突出政治建设。劳动育人应坚持马克思主义劳动观，扎实推动师生深入学习贯彻习近平新时代中国特色社会主义思想，引导其站稳政治立场，坚定不移听党话、跟党走。②二是突出时代使命。习近平总书记对青年寄予厚望，他要求广大青年肩负历史使命，坚定前进信心，立大志、明大德、成大才、担大任。高校劳动教育要引导广大青年大学生学思想、强党性、重实践、建新功，立足新时代，担当新使命。

---

① 陶日升：《坚持以文化人做好新时代高校劳动教育工作》，《中国文化报》2023年8月10日第7版。
② 习近平：《习近平在清华大学考察时强调 坚持中国特色世界一流大学建设目标方向 为服务国家富强民族复兴人民幸福贡献力量》，《人民日报》2021年4月20日第1版。

尤其是青年党员,要成为"爱国、励志、求真、力行"的先锋带头模范。三是突出示范引领。深入挖掘、总结凝练高校党建引领劳动育人的成熟机制、创新举措、先进经验,弘扬主旋律,传播正能量,充分发挥引领示范、辐射带动作用,有效促进高校劳动育人质量全方位提质增效。实践性上,规范党建"双创"体系建设,将中国共产党精神谱系中孕育的文化基因融入高校劳动育人全过程。党建"双创"工作作为一项由教育部学位中心主办的创建培育活动,涉及范围较为广泛,其中"教育党员有力"的要求与劳动育人的目标高度契合。高校需建立起示范高校党委—党建标杆院系—基层样板支部的联动体系,着力发挥传帮带作用,通过劳动教育引导广大青年始终坚守和践行伟大建党精神,从中国共产党人精神谱系汲取中华优秀传统文化的精华,在推进中国式现代化的伟大进程中挺膺担当、奋楫笃行。指导性上,促进劳动育人成果转化,坚持在实践中淬炼青年大学生的使命担当。党的十八大以来,一些大学生主动投身到传承与弘扬中华优秀传统文化、革命文化和社会主义先进文化的行列中:有的成立汉服社团,通过举办传统节日庆典、文化讲座和礼仪展示等活动推广传统服饰文化;有的投身非遗技艺传承,如学习剪纸、陶瓷制作等传统工艺并创新设计,在校园开设工作坊和培训班;热爱传统武术的大学生成立武术社团,举办表演和比赛,将传统武术与现代健身理念结合开发课程⋯⋯高校党建引领劳动育人应整合高校学科优势、导师科研项目、社会实践课题等资源,积极倡导,创设条件,引导青年大学生筑牢劳动教育的信仰之本,激发劳动教育的动力之源,夯实劳动教育的品格之基,把稳劳动教育的情怀之舵。

文化传承视角下高校党建引领劳动育人应该超越一般意义上的劳动教育,体现出更强的政治性,表现出强烈的使命感和责任感。因此,高校劳动育人应更加突出党建的引领地位,以更为深刻的文化底蕴和精神特质,为新时代大学生全面发展提供价值追求、动力源泉与精神支柱。

(三)外化于行:高校党建引领劳动育人过程中传承文化的三个重点

劳动教育的根本目标之一,就是要引导学生自觉地把劳动精神融入美好生活的方方面面。① 高校在劳动育人的实践过程中传承文化,是将劳动教育外化于行的重要表征。广大党员、干部要坚持传承弘扬中华优秀传统文化,继承革命文化,发展社会主义先进文化,从中汲取文化智慧和力量,不断夯实文化底气,厚植文化自信,强大文化本领,以磅礴的文化伟力加快推动强国复兴进程。高校作为社会进步和国家经济发展所需要的思想、知识和人才的培育和创造基地,通过劳动教育培养的优秀青年亦应如此。一是习中华传统文化之"书",汲取根脉力量。中华优秀传统文化源远流长、博大精深,涵盖了诗词歌赋、书法绘画、传统技艺等诸多领域,

---

① 何云峰、齐旭旺:《论劳动教育的本质——基于劳动的属人性与非属人性及其关系的视角》,《南京社会科学》2023年第7期,第125-132页。

强调仁爱、诚信、礼义等价值观,凝聚着中华民族的智慧和精神追求,是民族的根脉与瑰宝。高校党建引领劳动育人,要注重融入中华优秀传统文化的精髓,让青年大学生在劳动实践中锤炼意志品质,培育家国情怀。这不仅能增强大学生文化自信与民族自豪感,还可以激发其创新创造活力。二是习革命文化之"书",汲取信仰力量。党的历史是中国近现代以来最可歌可泣的篇章。百余年来,千千万万共产党人在血与火的生死考验和"开天辟地、改天换地、翻天覆地、惊天动地"的伟大革命实践中,形成了以伟大建党精神为源头的中国共产党人的精神谱系。高校党建引领劳动育人,要依托"历史教科书",用好红色文化资源,引导青年大学生深入了解党的光辉历程和革命先烈的英勇事迹,感受革命精神的伟大力量,走好新时代的长征路。三是习社会主义先进文化之"书",汲取时代力量。社会主义先进文化是以马克思主义为指导,坚持以人民为中心,面向现代化、世界、未来,具有民族性、科学性、大众性特点的文化,代表时代进步潮流和历史发展要求,其先进性就在于科学的理论基础和坚定的人民立场。当代社会主义先进文化集中体现为社会主义核心价值观。高校党建引领劳动育人,要将社会主义核心价值观贯穿其中,激发青年大学生爱国情怀,使其敬业于劳动任务,诚信对待劳动成果,友善互助完成劳动过程,实现"以劳树德、以劳增智、以劳强体、以劳育美、以劳创新"。

在文化传承方向的引领下,高校劳动教育引导青年大学生以传统技艺为载体培育匠心,以红色文化为基石锻造品格,以民族精神为引领激发担当。在这一过程中,他们也在进一步地践行文化传承取向,丰富文化传承内涵,由此形成良性循环。

二、文化传承视角下高校党建引领劳动育人的内在机理

以高校党建引领劳动育人,推动其有效融入文化传承过程,应当遵循理论阐释与实践锻炼、显性传承与隐性教育、外部输入与自我教育有机统一等原则。

(一)坚持理论阐释与实践锻炼有机统一

劳动育人,既是理论问题,又是实践问题。"人在劳动过程中存在,并通过劳动得到自我完善和发展;劳动在人的完善和发展过程中不断进化和衍生新的形式和内容。"[①]从理论依据来看,文化传承是民族发展的根基,高校作为文化传承的重要阵地,党建工作为劳动育人提供正确方向和组织保障,引导青年大学生形成正确劳动态度和价值观。中国传统文化中的劳动思想如"民生在勤,勤则不匮"等,为劳动育人提供深厚文化底蕴,激发青年大学生的劳动热情和责任感。理论阐释为劳动育人奠定坚实基础,实践锻炼则是关键环节,通过多种形式的实践活动,学生能将理论知识转化为实际行动,提高劳动技能和实践能力。只有将理论阐释与实践锻

---

① 何云峰:《劳动幸福论》,上海教育出版社2018年版,第97页。

炼有机统一，高校才能在党建引领下实现劳动育人目标，培养出具有高尚品德、扎实知识、创新能力和实践能力的社会主义建设者和接班人，为中华民族伟大复兴贡献力量。

文化传承视角下高校党建引领劳动育人应以理论阐释为基础，引导青年大学生深刻领悟中华优秀传统文化、革命文化和社会主义先进文化的核心要义与丰富内涵，促成精神内化。同时，应以实践锻炼为中介，促成精神内化基础上的行为外化，切实将精神力量转化为现实行动。传承与弘扬中华优秀传统文化、革命文化和社会主义先进文化，使之成为引领学生发展的重要力量，应通过透彻的理论分析和科学的实践养成使其实质与内涵为学生所掌握。

(二)坚持显性传承与隐性教育有机统一

坚持显性教育与隐性教育相统一，是教育的重要原则。这既为新时代劳动育人改革创新指明方向，又为新时代文化的传承弘扬提供镜鉴。显性传承为劳动育人提供了明确的理论指导和规范的教学内容。依据马克思主义人的全面发展理论，劳动是实现全面发展的关键途径。[①]中国传统文化中诸如"耕读传家"等理念，也能够强化学生对劳动的尊崇。因此，显性传承文化过程中的劳动使学生能够系统地学习劳动知识和技能，树立正确的劳动价值观。隐性教育则通过潜移默化的方式，影响学生的思想和行为。社会学习理论认为，人的行为是通过观察和模仿他人的行为而习得的；认知发展理论强调，个体在与环境的相互作用中不断发展自己的认知结构；情境认知理论认为，学习是在特定的情境中进行的，知识和技能的掌握与应用离不开具体的情境。所以校园环境中的劳动文化元素、教师的敬业精神等都能在无形中传递劳动观念，使劳动自觉深入人心。

中华优秀传统文化、革命文化和社会主义先进作为彰显中国文化价值的精神风貌为党和国家所倡导学习，高校应当坚持显性传承，通过融入系统的劳动课程等方式讲清楚、讲明白其科学内涵。同时，应当将中华优秀传统文化、革命文化和社会主义先进文化融入劳动育人的实训实践活动等，助推其入脑入心。在显性传承与隐性教育的有机统一中，高校党建推动劳动育人从精神力量到现实行动的转化。

(三)坚持外部输入与自我教育有机统一

马克思主义哲学强调人的主观能动性与客观规律性的辩证统一。[②]一方面，外部输入是对客观规律的认识和传递，教育者通过外部输入将人类劳动积累的知识、价值观和技能传授给受教育者，这是遵循客观规律的体现。高校劳动育人过程中，通过党建引领，可以有计划地为学生提供丰富的劳动教育内容。一方面，讲解劳动在人类社会发展进程中的重要地位，使学生深刻认识劳动的创造性，理解劳动

[①]《马克思恩格斯文集》第8卷，人民出版社2009年版，第69页。
[②]本书编写组：《马克思主义基本原理(2023年版)》，高等教育出版社2023年版，第35页。

所创造的物质财富和精神财富是人类生存和发展的基础。另一方面，传承中华民族勤劳勇敢、艰苦奋斗等优秀劳动文化。然而，仅有外部输入是不够的，自我教育在劳动育人中同样起着至关重要的作用，它更为强调人的主观能动性。学生在接受外部输入后，能够根据自身的情况进行反思、调整和提升，主动地将所学知识内化为自己的行为准则和价值观念，进而成为终身的行为习惯。

总之，学校应当在开展劳动教育的过程中积极发挥作用，以课程、活动为载体，从外部着手，引导青年大学生传承与弘扬各类优秀文化。同时，应尊重青年大学生的主体性，充分调动其积极性、主动性、创造性，不断引导其从自身视角与实践感悟出发进行自我教育、朋辈教育，实现文化传承视角下劳动育人的内外统一。

三、文化传承视角下高校党建引领劳动育人的实践进路

以高校党建引领劳动育人，传承与弘扬中华优秀传统文化、革命文化和社会主义先进文化，是时代所需、发展所求。可以通过构建"三个有机融入"，推动党的创新理论、主题党日活动、劳动考核结果有机融入劳动教学、劳动实践和劳动测评等环节，为丰富高校劳动育人的内涵提供一种新的实践进路。

（一）以课程为载体：推动党的创新理论有机融入劳动课程教学

文化传承视角下高校党建引领劳动育人，推动党的创新理论有机融入劳动课程教学，有利于引导学生形成对中华优秀传统文化、革命文化和社会主义先进文化丰富内涵与实践要求的科学理解，为其传承、弘扬与践行奠定理论基础。

第一，精准融入理念，推动"第二个结合"融入专业劳动教育课程。"第二个结合"即把马克思主义基本原理同中华优秀传统文化相结合。如前所述，"第二个结合"为劳动育人注入了深厚的文化底蕴和价值内涵，将其融入专业劳动教育课程，要深入研究专业劳动教育课程的特点和需求，找准"第二个结合"的切入点和着力点。不同专业的劳动教育课程具有不同的目标和内容，需要根据专业特点，优化课程设置与教学设计，明确课程目标，挖掘中华优秀传统文化中与之相关的元素，丰富课程资源，更新课程形式，进行有针对性的融入。例如，在工程类专业的劳动教育课程中，可以结合古代建筑工艺中的榫卯结构等传统文化元素，培养学生的创新思维和实践能力；在农业类专业的劳动教育课程中，可以引入传统农耕文化中的生态理念，增强学生的环保意识和可持续发展观念……将中华优秀传统文化中的勤劳、智慧、创新等元素与专业劳动教育相结合，将为培养具有中国特色、中国风格、中国气派的高素质人才奠定坚实的基础。

第二，运用课程思政，推动中国共产党精神谱系有机融入各类课程教学过程。中国共产党精神谱系是党在百年奋斗历程中形成的宝贵精神财富，它蕴含着坚定

的理想信念、顽强的奋斗意志、无私的奉献精神和崇高的价值追求。"爱岗敬业、争创一流、艰苦奋斗、勇于创新、淡泊名利、甘于奉献"的劳模精神,"崇尚劳动、热爱劳动、辛勤劳动、诚实劳动"的劳动精神,"执着专注、精益求精、一丝不苟、追求卓越"的工匠精神是中国共产党精神谱系的重要组成部分。不管是解决中国人温饱问题的"杂交水稻之父"袁隆平,还是"宁肯一人脏,换来万人净"的掏粪工人时传祥,又或是助力中国高铁占领世界级技术"制高点"的张雪松等,在各个历史时期,无数劳动模范奋勇争先,砥砺前行。习近平总书记指出:"要在学生中弘扬劳动精神,教育引导学生崇尚劳动、尊重劳动,懂得劳动最光荣、劳动最崇高、劳动最伟大、劳动最美丽的道理,长大后能够辛勤劳动、诚实劳动、创造性劳动。"[1]要运用课程思政,大力弘扬劳模精神、劳动精神、工匠精神,把劳动教育纳入人才培养全过程,让学生近距离接触社会主义先进人物,聆听劳模故事,感悟劳动精神,坚持在劳动创造幸福中更好实现人生价值、升华人生境界,形成弘扬社会主义先进文化的有利局面。[2]

　　第三,上好文化大思政课,推动形成特色劳动育人新格局。文化大思政课是党领导下的一种具有深厚内涵和广泛影响力的教育形式,将中华优秀传统文化、革命文化、社会主义先进文化与思想政治教育有机融合,通过丰富多彩的教学内容和生动多样的教学方法,引导学生树立正确的劳动价值观。从形式上看,一方面,要上好行走的大思政课。比如,山西师范大学"非遗大思政课"实践教学模式打通了实践调研、学术研究、创新创业、理论宣讲、传播传承等实践环节,形成了"行—研—创—说—传"全过程、全方位、全链条的青年非遗传承创新实践机制,推动当代青年与非遗文化的"深度对话",践行新时代青年文化传承的责任和使命,入选全国首届非遗传播活动创新案例,被《中国文化报》《中国教育报》等权威媒体集中报道近百次。另一方面,要上好场馆里的思政课。由南开大学红色记忆宣讲团、山西师范大学马克思主义学院以及山西财经大学马克思主义学院师生共同组成的"重走红军东征之路—红色革命文物实践团",用脚步丈量三晋大地上的红色地标,将思政课堂搬至晋绥边区革命纪念馆、红军东征纪念馆、红军东征总指挥部旧址等红色遗迹与红色场馆中,以研学感受革命先烈精神,用镜头记录革命老区发展成就,通过宣讲传播红色革命文化,在"大思政课"建设理论与实践的高度统一中推进全员全程全方位育人。

　　(二)以平台为依托:推动主题党日活动有机融入劳动育人实践

　　文化传承视角下高校党建引领劳动育人,内化思想自觉,外化行动自觉,不仅要依靠系统课程的理论讲解,更要依托丰富活动的实践养成。

---

[1] 习近平:《习近平著作选读》第二卷,人民出版社2023年版,第202页。
[2] 李珂:《劳模精神、劳动精神、工匠精神:中国亿万劳动者的光荣传承与矢志追求》,《党建》2024年第5期,第36-38页。

第一,注重"顶层设计",用心谋划主题,提升劳动育人"高度"。严肃认真的主题党日活动的"党味"要足。在主题谋划上,党支部要突出政治引领。一方面,党中央与教育相关的最新文件反映了当前国家教育发展形势,为劳动育人提供了宏观政策导向和行动指南,要加强理论学习和深入研讨交流,在准确把握核心要义的基础上,将其纳入选题行列。另一方面,习近平总书记关于劳动育人的系列重要论述①,更是为劳动育人工作注入强大的思想动力,也是重要的教育资源。同时,深入挖掘和提炼蕴含其中的劳动文化元素,结合传统节日、纪念日等时机,确定一个特色鲜明、提纲挈领、画龙点睛的主题。在此基础上,做好环境布置,装饰活动场地,悬挂横幅等装饰品,摆放劳动工具展示架,设置劳动成果展示区,制作主题鲜明的宣传海报并张贴在显眼位置,利用线上平台发布通知,线上线下齐发力,营造"劳动—文化"育人的良好活动氛围。

第二,注重"创新求变",丰富形式内容,体现劳动育人"亮度"。主题党日活动也要契合时代发展的潮流,既有思想"纯味",又有实践"趣味"。一方面,坚持劳动力行原则,推动劳动实践基地建设是重点。要树立"大党建"视野,结合地方文化特色,逐步建立起"军队—机关—企业—乡村—社区—学校—家庭"多维度密切参与的劳动实践育人体系,扩展劳动育人基地,将大学生实习、见习纳入其中,进一步助推学校劳动育人走深走实。另一方面,要根据主题党日活动目标,准确选择中华优秀传统文化、革命文化和社会主义先进文化中与劳动文化的相关内容,引导学生在亲身体验和经历中培养敢于开拓、永不懈怠的劳动情怀。此外,还要进一步强化"数字化"思维,运用"互联网+"技术精心组织和科学设计主题党日活动,建构科学化、系统化的网络教学新模式;还要依托学校融媒体矩阵,开设劳动文化、劳动育人等专栏,辅以人民网、学习强国、中国教育报等权威平台作为信息传播渠道,随时随地共享学习资源,及时传播理论思想、发布活动动态和宣传活动成效,让劳动育人从"面对面"延伸到"屏对屏"。

第三,注重"活动实效",扎实为民服务,传递劳动育人"温度"。高质量的主题党日活动必定是能够将相关劳动成果服务于人民的。习近平总书记勉励青年大学生"未来做传播中华优秀传统文化的好老师"②。结合高校学生党员和入党积极分子实际,一方面,要发挥党员的先锋模范作用,设置党员先锋岗,基于党员承诺践诺清单,带头坚定文化自信,讲好中国故事,向全国人民乃至世界阐释推介更多具有中国特色、体现中国精神、蕴藏中国智慧的优秀文化。比如,山西师范大学大学生

---

① 求是网:《习近平总书记谈劳动》,http://www.qstheory.cn/zhuanqu/2022-05/01/c_1128613817.htm,2024年9月4日检索。
② 共产党员网:《习书记勉励我们"未来做传播中华优秀传统文化的好老师"——习近平与大学生朋友们(三十七)》,https://www.12371.cn/2022/04/11/ARTI1649659532270293.shtml,2024年9月4日检索。

理论宣讲团党支部的学生党员们开展"从历史深处走来的三晋文化"系列主题宣讲活动,为其他师生树立了良好的示范。另一方面,主题党日活动要与结对帮扶、志愿服务等各项工作有机结合,依托高校教工党员联系学生制度以及学生党员联系社团、团支部、宿舍制度,创新网格化育人路径,建立师生和朋辈纽带,为劳动育人提供新的"营养通道",成为推动各项工作、解决实际问题的有效平台。山西师范大学236党支部星火科普实践队自成立以来,充分发扬"坚守信仰、关注公益、传播爱心、倾情奉献、矢志成才"的精神,结合实践学习与互动体验,坚持开展文艺汇演与理论宣讲,为儿童、老年人、残障人士等社会群体提供科普服务十余年,并积极走进学校、社区、村庄,将先进文化知识和爱心送到每一个需要的人手中,赢得广大基层群众一致好评。

(三)以制度为抓手:推动劳动考核结果有机融入综合素质测评

高校党建引领劳动育人,应以制度为有力抓手。在现行标准与考核制度中,有机融入文化传承的科学内涵与实践要求,将劳动文化贯穿学生培养、考察考核全过程。

第一,完善评价内容,构建全面科学的评价体系。要深入挖掘中华优秀传统文化、革命文化和社会主义先进文化的丰富内涵和时代价值,善于从其中发掘定量与定性相结合的高质量劳动评价要素,并将之与高校劳动育人目标深度融合。要坚持以学生为中心,构建结合中华优秀传统文化、革命文化和社会主义先进文化相关内容的学生劳动教育评价新体系。

第二,优化评价标准,确保评价结果客观公正。中华优秀传统文化能够为劳动育人评价提供价值根基。在高校劳动育人评价体系中,应注重查学生是否具备认真负责、积极主动的劳动态度,是否能传承中华优秀传统文化中吃苦耐劳、坚持不懈的劳动精神。同时,关注学生在劳动过程中是否表现出团结协作、互助友爱的品德,这与传统文化中"和为贵""君子贵人而贱己,先人而后己"等理念相契合。例如,在团队合作的劳动项目中,评价学生是否能发挥各自优势,共同完成任务,体现出传统文化所倡导的和谐共生、共同发展的价值观。革命文化能够为劳动育人评价注入精神动力。在高校劳动育人评价体系中,应融入革命文化的精神内涵,评价学生是否具有坚定的理想信念和勇于担当的责任意识,能否在劳动中不畏艰难、勇往直前,像革命先辈们一样为了实现目标而不懈努力。例如,在参与社会实践、志愿服务等劳动活动中,评价学生是否能以革命先辈为榜样,积极为社会作出贡献,展现出无私奉献、艰苦奋斗的革命精神。社会主义先进文化能够为劳动育人评价指引方向。社会主义先进文化以马克思主义为指导,以社会主义核心价值观为引领,强调创新、协调、绿色、开放、共享的发展理念。在高校劳动育人评价体系中,要体现社会主义先进文化的时代要求。一方面,评价学生在劳动中的创新能力和实践能力,鼓励学生运用所学知识,积极探索新的劳动方式和技术,提高劳动效率和质量。例如,在科技创新类劳动项目中,评价学生是否能发挥创新思维,提出具有可行性的创新方案,并将其付诸实践。另一方面,关注学生在劳动中的环保意识和可持续发展观念,评价学生是否能在劳动中践行绿色发展理念。

第三,强化评价结果运用,发挥常态激励的导向作用。一是,传承中华优秀传统文化中的劳动价值观。首先,当学生在劳动中表现出色时,可以引用传统文化中的名言警句进行表扬,如"功崇惟志,业广惟勤",让学生感受到劳动的价值和意义。同时,对于在劳动中存在不足的学生,可以用"知不足,然后能自反也;知困,然后能自强也"等话语激励他们反思和进步。其次,组织以"劳动最光荣"为主题的诗词朗诵比赛、书法绘画作品展览等活动,让学生在参与中进一步领悟劳动的价值。对于在劳动育人中表现突出的学生,可以给予在这些活动中展示的机会,增强他们的荣誉感和自豪感。二是,传承革命文化中的强大精神力量。一方面,设立以革命英雄、劳动模范命名的奖项,如"雷锋劳动标兵奖""王进喜创新劳动奖"等,激励学生以革命先辈和劳动模范为榜样,积极投身劳动实践。同时,组织学生参观革命遗址、纪念馆等,让他们在实地感受革命文化的同时,深刻理解劳动在革命胜利中的重要作用。另一方面,以革命文化为主题,开展劳动实践活动。例如,组织学生参与红色文化基地的义务劳动,如清扫革命遗址、整理文物资料等,让学生在劳动中传承革命精神,同时也使他们的劳动成果得到更有意义的体现。三是,传承与发展社会主义先进文化。其一,以社会主义核心价值观中的"敬业""友善"等为标准,评价学生的劳动表现。对于在劳动中敬业奉献、团结协作的学生进行表彰和宣传,树立榜样,引导更多学生践行社会主义核心价值观。同时,将劳动育人评价结果与学生的综合素质评价、评优评先等挂钩,激励学生积极参与劳动教育。其二,结合"创新""绿色"等发展理念,开展劳动教育活动。例如,鼓励学生在科技创新、环保劳动等方面发挥积极作用。对于在这些领域有突出表现的学生,给予重点奖励和支持,推动学生将劳动与创新、环保等相结合,为建设创新型国家和美丽中国贡献力量。

总而言之,从文化传承的视角诠释高校党建引领劳动育人是有必要的。高校党建引领劳动育人要融入中华优秀传统文化、革命文化和社会主义先进文化的价值内涵和精神实质,激发学生劳动内生动力,从而引导其实现自由而全面的发展。

三全育人视域下高校劳动教育路径研究①

陈德洋

摘 要：劳动教育是德智体美劳全面培养体系的重要组成部分，对于学生增强劳动技能，弘扬劳动精神，树立马克思主义劳动观具有重要作用。为促进学生树立马克思主义劳动观，高校需要以"三全育人"理念为指导，打破劳动教育在观念认识、主体协同、时空构建上的种种限制，实现统筹推进、协同育人。也就是说，从全员育人来看，育人主体需要增强育人意识，提升育人能力，实现协同育人；从全程育人来看，劳动教育需要坚持系统观念，实现持续推进与重点突破；从全方位育人来看，劳动教育需要不断拓展空间，实现育人方位联动。

关键词：三全育人；劳动教育；马克思主义劳动观

本文引文格式：陈德洋：《三全育人视域下高校劳动教育路径研究》，见何云峰主编：《劳动哲学研究》第十一辑（2024年第2辑），上海教育出版社2024年版，第244—252页。

党的二十届三中全会审议通过的《中共中央关于进一步全面深化改革推进中国式现代化的决定》强调，要深化教育综合改革，健全德智体美劳全面培养体系，完善学生实习实践制度等。②其中，劳动教育是重要一环。高校要开展体系化的劳动教育，"要在学生中弘扬劳动精神，教育引导学生崇尚劳动、尊重劳动"③，实现树德、增智、强体、育美的综合育人目标。当前，学生"不爱劳动、不会劳动、不珍惜劳动成果"的现象依然存在，西方享乐主义、不劳而获、一夜暴富、轻视一线劳动等不良价值观影响仍未

---

① 基金项目：安徽省哲学社会科学规划青年项目"高校全员育人机制研究"（项目编号：AHSKQ2020D90）。作者通信地址：陈德洋，安徽师范大学马克思主义学院（安徽芜湖 241002）。

② 《中共中央关于进一步全面深化改革 推进中国式现代化的决定》，https://www.gov.cn/zhengce/202407/content_6963770.htm，2024年10月20日检索。

③ 习近平：《习近平著作选读》第二卷，人民出版社2023年版，第202页。

消除。① 因此,帮助学生树立马克思主义劳动观,打破劳动教育在时空上的限制,实现统筹推进、协同育人,以"三全育人"理念构建主体、时间、空间相统一的立体化的劳动教育体系是提升高校劳动教育有效性的重要路径。

一、统筹与协调:构建主体协同的劳动教育机制

"三全育人"是对准育人目标、凝聚育人共识、治理育人要素、遵循育人规律、解决育人问题的科学理念和先进模式。② "三全育人"强调高校劳动教育的系统性,在育人主体层面表现为全员性、协同性。也就是说,育人主体以立德树人为根本任务,以育人目标为导向,凝聚育人共识,协同育人行为。但当前劳动教育在育人主体方面依然存在参与主体单一、劳动教育意识不强、情感缺失、劳动育人机制不健全等诸多问题。③ 其原因主要在于协同育人机制不够完善,进而弱化了育人主体的主导性与学生接受教育的自主性。为此,育人主体需要增强劳动教育意识,提升劳动教育能力,实现劳动教育协同。

(一)增强劳动教育意识

高校劳动教育主体主要是高校教师,他们承担了劳动教育育人责任,运用劳动教育方式方法,实施劳动教育行为,开展劳动教育活动。劳动教育意识直接决定了高校教师的劳动教育观,从而决定了劳动教育活动的成效。当前,部分高校教师存在重视专业知识教育而轻视劳动教育的认知偏差,对劳动教育本质认识模糊的现象。为此,需要纠正他们的认知偏差,使其正确认识劳动教育的本质,从而增强劳动教育意识。

1.纠正对劳动教育认知偏差

育人主体对劳动教育的认知存在偏差的成因,既有育人主体主观上的认识不足,也有客观环境的负面影响。育人主体只有具备正确的劳动教育认知,才能在思想上重视劳动,在情感上热爱劳动,在行动上实现劳动与教育的结合。首先,育人主体要能识别对劳动观的认识偏差。在历史发展过程中,人们长期以体力劳动为主,加之"重脑轻体"的传统劳动理念以及现实社会中"过劳"现象的存在,让一些人对劳动尤其是体力劳动产生偏见。在高校,党政管理干部、教师、辅导员的工作压力大、负担重,一定程度的"过劳"现象造成了他们在认知上对劳动教育的偏见。为

---

① 孙华峰:《新时代高校劳动教育的历史演变、现实困境及实践进路》,《中国高教研究》2023年第8期,第88—93页。
② 冯刚:《新时代高校"三全育人"的理论蕴含与深化路径》,《厦门大学学报(哲学社会科学版)》2023年第1期,第1—8页。
③ 孙华峰:《新时代高校劳动教育的历史演变、现实困境及实践进路》,《中国高教研究》2023年第8期,第88—93页。

此,首先,育人主体要正确认识劳动对于人自身以及人类社会发展的重要作用,自觉识别不当劳动的负面影响,以正确的态度对待劳动及劳动教育。其次,育人主体要重视劳动价值观教育的重要性。"从管理者、教师到学生普遍认为劳动教育只是劳动实践和劳动技术教育"①,这种理念忽视了劳动价值观教育的重要性。劳动教育的重点不仅在于劳动技能的习惯,还在于劳动精神的培养,劳动精神能有效促进学生形成正确的劳动价值观。育人主体只有深入全面地认识劳动教育对于学生成长的重要意义,才能自觉纠正重智育、轻劳育的认知偏差。

2. 正确认识劳动教育的本质

育人主体需要正确认识劳动的重要性。"劳动首先是人和自然之间的过程,是人以自身的活动来中介、调整和控制人和自然之间的物质变换的过程。"② 劳动创造了物质社会以及物质社会中人与人的关系。劳动是实现人的本质力量对象化的实践活动,创造了人本身。"人和其他动物的最大区别是因为人有独特的创造性",③ 人的独特创造性根源于劳动实践。人在劳动实践中不断促进认识发展,发现自我、发展自我。

育人主体需要正确把握劳动教育规律。劳动教育是中国特色社会主义教育制度的重要内容,是立德树人的重要环节。劳动教育培养学生的创新意识和创造能力,在本质上引导学生发挥独立思考能力,从而提高劳动的创造性,增强属人性,消解非属人性。④ 也就是说,劳动教育促进学生在劳动中追求属人幸福,秉持劳动精神,确证自身本质。育人主体在认识劳动教育本质及其作用的同时,更重要的是要把握劳动教育及学生成长规律,统筹劳动教育,着力构建育人时空,实现全程全方位育人。

(二)提升劳动教育能力

劳动教育要实现育人目标,育人主体的劳动教育能力是关键。当前,多数高校缺少专任的劳动教育师资,担任劳动教育教师的多是思政课教师、专业课教师、辅导员、党政干部以及后勤服务人员。为更好地完成劳动教育任务,育人主体要提升劳动教育能力,将劳动教育与德、智、体、美等教育有机结合,将劳动教育与学生日常学习生活有机结合。第一,育人主体需要认真学习2020年发布的《中共中央国务院关于全面加强新时代大中小学劳动教育的意见》(以下简称《意见》)、《大中小学劳动教育指导纲要(试行)》(以下简称《纲要》)等文件精神,明确高校劳动教育的

---

① 郭云珠、薛伟:《新时代大学生劳动教育存在的问题及对策》,《学校党建与思想教育》2023年第16期,第48-50页。
② 《马克思恩格斯文集》第5卷,人民出版社2009年版,第207-208页。
③ 何云峰:《劳动教育推动学校转型为"成功学校"》,《上海教育》2022年第21期,第46页。
④ 何云峰、齐旭旺:《论劳动教育的本质——基于劳动的属人性与非属人性及其关系的视角》,《南京社会科学》2023年第7期,第125-132页。

基本要求,对标劳动教育能力标准,提升自我劳动教育能力。第二,高校需要出台劳动教育方案,对劳动教育主体明确权责,定期进行劳动教育评价,考核劳动教育成效。第三,高校需要组织教职员工参加劳动教育专题培训,提升劳动教育理论素养,学习劳模、工匠精神,增强育人自觉。第四,高校需要开展劳动教育的多方联动,将劳动教育与思政课、专业课程教学以及日常思想政治教育管理等相结合,将劳动教育与育人主体的专业所长、工作所长结合起来。

(三)实现劳动教育协同

劳动教育特性决定了劳动教育不可能只依托学校某个部门或单个育人主体来完成。为此,高校需要做好劳动教育的统筹与协调,着力构建全员育人的协同育人机制。协同育人机制构建需要从学校层面做好顶层设计,合理利用社会资源,有效调动育人主体力量,形成育人合力。

其一,高校需要统筹劳动教育。一方面,高校需要从学校层面设计总体劳动教育实施方案,各学院、专业可以根据学院实际情况、专业背景与知识要求细化劳动教育方案。方案要明确劳动教育的主体,各主体在劳动教育上要相互配合、互相补充,既要防止出现劳动教育在时空上的缺失,也要防止出现低质量的重复。另一方面,高校要加强与地方政府、企事业单位进行劳动教育合作。为更好地为社会培养人才,高校需要加强与地方政府、企业的合作,为学生提供劳动教育平台与资源。正如《纲要》指出:"普通高等学校要建立学校负责规划设计,行业企业社会机构主要负责业务指导,双方共同管理的劳动教育实施机制。"[①] 高校需要构建与企业共同管理的劳动教育机制,聘请业界精英担任劳动教育导师,与校内劳动教育教师共同构成学生劳动教育的"双导师"制。

其二,高校需要构建劳动教育的协同育人机制。"许多力量融合为一个总的力量,……这种力量和它的单个力量的总和有本质的差别。"[②] 高校的管理主体、教学主体与服务主体在劳动教育上实现协同育人,凝聚育人合力,这样能更好地解决"谁来育人""怎么育人"的问题。同时,协同育人机制也涉及家庭、学校、社会三方面的主体在劳动教育中的育人主导作用。正如《意见》所强调:"家庭劳动教育要日常化,学校劳动教育要规范化,社会劳动教育要多样化,形成协同育人格局。"[③] 协同教育机制通过育人主体协同、育人过程衔接、育人效果检测,构建劳动教育中师生关系的"强关系",提升育人效果。

[①]《教育部关于印发〈大中小学劳动教育指导纲要(试行)〉的通知》,http://www.gov.cn/zhengce/zhengceku/2020-07/15/content_5526949.htm,2024年5月20日检索。

[②]《马克思恩格斯文集》第9卷,人民出版社2009版,第133-134页。

[③]《中共中央 国务院关于全面加强新时代大中小学劳动教育的意见》,https://www.gov.cn/zhengce/2020-03/26/content_5495977.htm,2024年5月20日检索。

二、持续与凸显：劳动教育的持续推进与重点突破

马克思认为："时间实际上是人的积极存在，它不仅是人的生命的尺度，而且是人的发展的空间。"① 时间是人发展的空间，学生的成人成长需要经过时间的锤炼。学生的马克思主义劳动观的树立与巩固是一个长期过程。因为人的思想观念系统是非线性的动态开放系统，人的观念形成既在时间中沉淀，也在时间中耗散。这就决定了把握正确的节律，把劳动教育贯穿到教育教学的各个时段与环节，以解决劳动教育过程中教育的正面作用与环境的不良影响之间的矛盾。

（一）劳动教育需要坚持系统观念

党的二十大报告强调："必须坚持系统观念。"② 系统观念强调，只有坚持普遍联系、全面系统、发展变化的观念认识事物，才能全局性、整体性把握事物变化发展的规律。劳动教育属于德智体美劳全面培养体系这一系统，同时其本身也是一个系统。劳动教育在处理自身内部要素之间关系的同时，也要处理好与德育、智育、体育、美育之间的关系。《意见》强调："全面构建体现时代特征的劳动教育体系。"③ 构建劳动教育体系，需要坚持系统观念，注重时间层面上的过程性。

劳动教育贯穿高校教育全过程。一是高校劳动教育起到承前启后的重要作用。《意见》指出，要"把劳动教育纳入人才培养全过程，贯通大中小学各学段，贯通家庭、学校、社会各方面"④ 高校劳动教育要与中小学劳动教育需要有效承接，推进大中小学劳动教育一体化。彼此的衔接要层层递进，从培养劳动乐趣到劳动习惯，从养成尊重劳动到热爱劳动，从学习劳动精神到甘于奉献，不断提升学生的劳动素养。二是高校劳动教育需要贯穿人才培养全过程。劳动教育需要被纳入高校人才培养方案。高校人才培养方案是对学生大学期间接受教育的整体性设计，劳动教育需要结合人才培养方案的过程性特点，突出融合与创新。一方面，劳动教育需要跟进大学期间课程设置、实习实训、创新创业、社会实践等环节的时段设计，有针对性地设计劳动教育内容，融入劳动教育环节。另一方面，需要结合人才培养方案的过程性，强调劳动育人的持续性。这种持续性可以避免劳动教育的碎片化、形式化，让学生更好地获得劳动锻炼，抵制社会不良思想的负面影响，形成正确的价值观。

---

① 《马克思恩格斯全集》第三十七卷，人民出版社2019年版，第161页。

② 习近平：《高举中国特色社会主义伟大旗帜 为全面建设社会主义现代化国家而团结奋斗——在中国共产党第二十次全国代表大会上的报告》，人民出版社2022年版，第20页。

③ 《中共中央 国务院关于全面加强新时代大中小学劳动教育的意见》，https://www.gov.cn/zhengce/2020-03/26/content_5495977.htm，2024年5月20日检索。

④ 《中共中央 国务院关于全面加强新时代大中小学劳动教育的意见》，https://www.gov.cn/zhengce/2020-03/26/content_5495977.htm，2024年5月20日检索。

(二)劳动教育需要突破重点

《纲要》指出:"要基于学生的年段特征、阶段性教育要求,研究制定'学校学年(或学期)劳动教育计划',对学年、学期劳动教育实践活动作出具体安排,特别是规划好劳动周等集中劳动,细化有关要求。"① 为此,高校劳动教育需要注重年龄特征、阶段性教育要求,结合重要节日、热点事件、国家战略,开展分阶段、有重点、多特色的劳动教育。

高校基于学生认知规律与年龄特点,合理规划整个在校期间的劳动教育制度。一年级进行适应教育与劳动的专业认知教育,凸显劳动教育的重要性,纠正在中小学阶段"一好遮百丑"的考核体制中形成的对劳动的错误认识。二、三年级重点突出劳动过程中的劳动技能,学习工匠精神、劳模精神等,在具体的劳动实践中提升操作能力、协调能力,消解在劳动教育过程中容易产生的厌倦、挫折的消极心理。② 毕业班学生重点培养正确的就业观、择业观,以积极的心态迎接求职以及即将工作的挑战。高校分阶段、持续性的劳动教育可以有效减少外部环境对学生劳动观念的负面影响,通过常态化劳动教育强化教育效果。

高校劳动教育需要把握好时机与时点。高校劳动教育要解决形式较单一、缺少新鲜感、有意义的劳动实践机会偏少等现实问题,③ 需要着重从以下几个方面入手。一是高校各学院、各专业需要根据学生特点,规划好劳动周,切不可千篇一律。有些高校的劳动教育主要是打扫卫生、维护校园环境等,流于形式且缺乏专业性。高校劳动教育要尽可能地渗透到学科之中,让学生学以致用。为此,高校可以根据学生专业特点,进行针对性的劳动周设计,注重形式的多样化,激发学生劳动兴趣。二是劳动教育要把握学生的毕业设计、实习实训、社会实践的时间节奏。在时间节点上,劳动教育要与学生的专业学习实践相契合,二者相互呼应。三是利用好五一劳动节、植树节等特定节日,结合劳模典型、身边的榜样,开展相应的劳动教育活动。正如苏霍姆林斯基所说,劳动教育应当使用自我服务、树立榜样、集体劳动等方法。高校劳动教育需要合理利用榜样教育、集体劳动等方法,突破重点,把握育人时机。

三、拓展与整合:劳动教育的空间拓展与方位联动

马克思认为,空间是即时的连续性,是物质的存在方式。人类的实践活动需要依托一定的空间。"三全育人"理念表现在空间领域就是要实现育人联动。也就是

---

① 《教育部关于印发〈大中小学劳动教育指导纲要(试行)〉的通知》,http://www.gov.cn/zhengce/zhengceku/2020—07/15/content_5526949.htm,2024年5月20日检索。

② 张敏:《协同视域下高校劳动教育思政功能的实践方略》,《高校教育管理》2023年第2期,第47页。

③ 张晶、姚婷、吴淇:《新时代高校劳动教育体系构建:现状、困境与对策——基于全国105所高校的实证调查》,《浙江师范大学学报(社会科学版)》2023年第3期,第104-111页。

说,高校劳动教育需要在育人方位上彼此联动、各有侧重、相互配合。今天,随着人工智能、互联网的发展,"由传统劳动教育向数字劳动教育转型是社会发展趋势"①,这种转型导致劳动形态呈多元化。劳动形态表现出体力劳动与智力劳动、现实劳动与数字虚拟劳动并存。劳动形态的变化以及高校存在的学科或专业本位的思维定式,导致劳动与教育存在"间隙",压缩了劳动教育的存在空间,②给劳动教育带来了挑战,如数字虚拟劳动存在对劳动教育价值感的消解,知识空间中"有教育无劳动",实践空间中"有劳动无教育"。③为此,高校劳动教育需要打破育人空间阻碍,通过空间重塑让学生确立如何发展的理念,以解决社会发展需要与个体发展需求之间的矛盾。

(一)劳动教育需要实现劳动与教育的结合

教育要与物质生产实践相结合,脱离物质生产实践、脱离劳动的教育容易导致理论与实践的脱节,导致教育的空洞化。教育与生产劳动相结合是社会主义教育的根本原则。这一原则要求育人主体不能跳出"劳动"讲教育,而是要置身于劳动之中谈教育。从高校劳动教育的全方位育人层面来看,就是要实现劳动与教育两个方位的结合。说到底,劳动与教育的结合重在让学生在劳动中接受教育,让学生明白"人人都有通过勤奋劳动实现自身发展的机会"④,明白劳动创造了人本身并促进人的生存发展。

高校劳动教育需要多层面实现劳动与教育的结合。学生的劳动主要可以分为生产劳动、服务性劳动和日常生活劳动。生产劳动、服务性劳动可以通过专业实习、实训、创新创业等实践环节完成。实习、实训、创新创业等一方面培养学生的劳动技能,提升将理论转化成实践以及手脑并用的能力;另一方面培养学生的职业素养,在劳动实践中锤炼意志、弘扬劳动精神。日常生活劳动可以通过学生管理服务完成。高校可以利用现有的勤工助学岗位和"一站式"社区等场所,为学生提供劳动岗位。此外,高校可以在各部门、各学院设置助管,给授课老师配备助教、助研等,让学生参与到学校教育教学的日常事务中来。再者,劳动教育要与智育、体育、美育相结合,与社会实践、志愿服务、校园文化建设等相结合,实现多层面的劳动与教育结合。

(二)劳动教育需要不断拓展空间

"人在劳动中存在,并通过劳动得到自我完善和发展。"⑤劳动是人的对象性活动,确证人的本质。劳动为人的完善与发展提供空间。当前,人类劳动空间的现代

---

① 刘泰洪:《数字劳动背景下的劳动教育:议题、挑战与应对》,《中国大学教学》2023年第11期,第59-64+90页。
② 吴玉剑、王习胜:《新时代高校劳动教育的困境与出路》,《广西社会科学》2021年第9期,第183-188页。
③ 姜大源:《当议新时代劳动教育的时空构建》,《国家教育行政学院学报》2020年第6期,第43-50+57页。
④ 习近平:《习近平著作选读》第一卷,人民出版社2023年版,第39页。
⑤ 何云峰:《劳动幸福论》,上海教育出版社2018年版,第96页。

化转型,尤其是数字化的发展,让数字劳动的作用日益凸显。数字劳动的"时空重构"开启了劳动教育的多元实践。① 数字劳动条件下,劳动成果不仅可以以物质成果的形式呈现,也可以以数据介质的形式存在。劳动形态的多元化在对个体发展提出新要求的同时,客观上要求劳动教育实现传统与现代的结合,推进劳动教育数字化。

高校需要拓展劳动教育空间,促进学生的全面发展。一是打造劳动幸福的生活空间。"教育不应只是生活的准备,而是人的一种生活方式。"② 今天数字化生活已经成为学生生活的一部分。劳动教育要与时俱进,融入学生的日常生活。高校在学生的日常生活尤其是数字化生活中实现劳动与教育的结合。这样,一方面,可以让学生更好地适应现代化转型带来的生活方式、工作方式的转变;另一方面,可以培养学生的创造性,增强数字劳动意识和数字劳动能力。二是拓展劳动教育的虚拟空间。高校"可以有效搭建集视觉、听觉、触觉等于一体的劳动教育智能应用场景,将劳动教育实施场域从传统的物理空间拓展到虚拟空间"③。数字化促进高校劳动教育空间由现实走向虚实结合,为高校劳动教育提供了更加智能、更加便捷的资源与平台。高校可以建立"农业+""工业+""科技+""生态+"等各行业劳动教育实践基地,④ 延展教育存在空间。但在肯定科技带来的教育空间延展的同时,不能忽视虚拟空间带来的育人主体育人主导性与学生主体性的消解。为此,在劳动教育中需要更加重视育人主体在劳动教育中的主导性以及学生在劳动教育中的主体性,防止由于"技术升级"而导致"主体降级"。⑤

(三)劳动教育需要实现全方位联动

劳动教育本身并不是一个独立的系统,而是和德育、智育、体育、美育共同构成一个以立德树人为根本任务的育人体系。劳动教育的全方位联动,目的在于实现劳动教育的空间联动,防止出现知识空间、实践空间无教育以及劳动教育"间隙"。为此,高校劳动教育需要实现课上课下、校内校外、线上线下劳动教育联动,突出校内外教育载体的全方位、多层次及交叉融合。

一是高校劳动教育需要实现课上课下联动。《纲要》要求,"在学科专业中有机渗透劳动教育"⑥。劳动教育既要有针对性的课程,也要在其他学科专业中进行融

---

① 刘泰洪:《数字劳动背景下的劳动教育:议题、挑战与应对》,《中国大学教学》2023年第11期,第60页。
② 朱小蔓:《教育的问题与挑战——思想的回应》,南京师范大学出版社2000年版,第18页。
③ 郝天聪:《数字技术破解劳动教育实施难题》,《中国教育报》,2022年11月25日第9版。
④ 孙华峰:《新时代高校劳动教育的历史演变、现实困境及实践进路》,《中国高教研究》2023年第8期,第88-93页。
⑤ 王治东、张荆京、苏长恒等:《智能化社会劳动教育的演进理路》,《现代基础教育研究》2021年第3期,第87页。
⑥ 《教育部关于印发〈大中小学劳动教育指导纲要(试行)〉的通知》,http://www.gov.cn/zhengce/zhengceku/2020—07/15/content_5526949.htm,2024年5月20日检索。

合。这就要求劳动教育合理利用课堂教育教学这一主要渠道。一方面,高校需要整体优化学校课程设置,形成具有综合性、实践性、开放性、针对性的劳动教育课程体系;另一方面,高校劳动教育要渗透到思政课程、通识课程、专业课程等课程。劳动教育在利用好课堂的同时,也要利用好课下空间,融入学生的日常生活。二是高校劳动教育需要实现校内校外联动。校内平台是学生接受劳动教育的主要平台。高校需要利用好校内实训基地、实验室等来开展劳动教育,也需要利用校外实习实训基地、社会实践基地、公司企业等开展劳动教育。此外,高校劳动教育需要家庭、社会在劳动教育上共同发力,各有侧重,彼此呼应。三是高校劳动教育需要实现线上与线下联动。数字劳动发展拓展了虚拟劳动空间,为劳动教育提供了更为广阔的空间。高校劳动教育在利用好线下劳动教育空间的同时,也要充分利用线上虚拟空间开展智慧劳动、数字劳动。高校劳动教育全方位联动,以劳动教育的全面性来实现劳动教育成效的全面性。成效的全面性有助于培养符合时代发展需要的人才,可以有效解决社会发展需要与个体发展需求之间的矛盾。

"劳动者素质对一个国家、一个民族发展至关重要。"[①]学生作为中国式现代化建设的未来力量,是推进强国建设、民族复兴伟业的重要动力。提升学生的劳动能力,培育学生的马克思主义劳动观,是高校劳动教育的重要使命。但当前高校劳动教育仍存在一些不足,弱化了学生马克思主义劳动观的培育效果。从全员育人来看,劳动教育存在育人主体协同不足,协同育人机制不健全;从全过程育人来看,劳动与教育在内在逻辑统一与实践路径拓展上的结合还不充分,劳动教育难以实现大学期间全时段、全过程覆盖;从全方位育人来看,劳动教育距离完全融入学校的教育教学和培养体系还有差距。基于这些不足之处,高校劳动教育需要不断优化实践路径,即构建主体协同的高校劳动教育机制,促进高校劳动教育的有序推进与重点突破,实现高校劳动教育的空间拓展与方位联动。

"只有当一个人认识到在劳动中有一种比获得满足物质需要的资料更重要的东西,即精神创造及自身才能和天资的发挥,只有在那时候,劳动才能成为快乐的源泉。"[②]高校劳动教育不仅可以促进学生学习劳动知识,提升劳动技能,养成劳动习惯,而且是培育学生劳动精神,形成马克思主义劳动观的实践活动。学生只有接受劳动教育,参与劳动实践,才能确认自身本质,肯定人生价值,实现劳动幸福,从而可以真正实现"我的劳动是自由的生命表现,因此是生活的乐趣"[③]。

[①] 习近平:《在全国劳动模范和先进工作者表彰大会上的讲话》,人民出版社2020年版,第7页。
[②] B. A. 苏霍姆林斯基:《帕夫雷什中学》,赵玮、王义高、蔡兴文等译,教育科学出版社1983年版,第356页。
[③]《马克思恩格斯全集》第四十二卷,人民出版社1979年版,第38页。

大中小学思政课一体化的劳动之维

田 锋 许 萌

摘 要：2019年习近平总书记在学校思想政治理论课教师座谈会上首次提出"统筹推进大中小学思政课一体化建设"之后，我国思政课的建设进入了新的发展阶段。然而，当前推进"一体化"建设面临诸多困难，其中尤以推动"一体化"育人效果有机融入学生实践最为困难。造成这一困难的关键因素是在育人效果的实践转化中，还未形成一个使两者有机结合的具体"落脚点"。近年来，关于劳动哲学、劳动教育的研究为反思这一问题提供了重要参考，劳动的现实指向性、直接现实性、历史继承性弥合了思政课育人面临的偏重知识、可实践性弱化、跨学段认知"断裂"等问题。

关键词：劳动；思政课一体化；高校

本文引文格式：田锋、许萌：《大中小学思政课一体化的劳动之维》，见何云峰主编：《劳动哲学研究》第十一辑（2024年第2辑），上海教育出版社2024年版，第253—262页。

一、大中小学思政课一体化的三大困境

大中小思政课是在新时代背景下，培养合格社会主义建设者和接班人的重大战略举措。尽管目前"一体化"实践的推进取得了较为丰硕的成果，但仍然存在知识偏向与现实指向失衡的矛盾、强调实践与可实践性弱化的矛盾、贯通融合要求与

---

① 基金项目：上海市教育科学研究项目"上海高校哲学社会科学研究专项"大中小学思政课一体化体系构建中高校主体性功能的优化研究（2023ZSS039）。作者通信地址：田锋，东华大学马克思主义学院（上海201620）/马克思主义理论与当代实践研究基地（上海201620）；许萌，上海交通职业技术学院基础教学部（上海200431）。

跨学段认知"断裂"的矛盾所造成的三重困境。

(一)知识偏向与现实指向失衡

思政课的内容与其他课程内容的一个重大区别在于思政课的"现实指向性"特征。除去各个教育阶段思政课程的固定教学大纲和教学内容,思政课教师需要及时关注党的各种创新理论与国家发布的大政方针,并能够把它们迅速地融入课堂教学之中。例如,2023年9月习近平总书记首次提到新质生产力,这就需要思政课教师及时将马克思主义关于生产力以及马克思主义中国化的生产力理论与新质生产力理论紧密结合,在思政课中给予现实的教学回应与讲解。

马克思在《〈黑格尔法哲学批判〉导言》中提出的著名论断:"理论只要说服人[ad hominem],就能掌握群众;而理论只要彻底,就能说服人[ad hominem]。"[1] 彻底的理论一定是有彻底现实关怀的理论。对于思政课堂而言,一个能发挥真正育人作用的思政课堂,一定是紧紧关联现实的课堂。这里的关联,并非是在课堂讲授中宽泛地简单介绍一下所授内容的现实意义,也不是在课程中简单地引入个别时事案例,而是将现实的要素真正融入思政课的整体教学之中,并在这种融入中充分回应学生的需求。学生的需求是思政课的最大现实。然而,由于历史沿革与评价体系等因素的限制,各个教育阶段的思政课主要聚焦在知识传授方面。从目前思政课教学的整体态势看,小学、初中、高中三个阶段的教学偏重于课堂理论的讲授,特别是涉及抽象的理论内容与国家的宏观政策时,会让学生感受到思政课内容与实际生活距离较远。这导致部分学生对思政课教学内容失去兴趣。

例如,李雅兴教授在《高校思政课教学实效性的调查与分析——以湘潭大学为例》曾指出,单纯以湘潭大学为例,"有48.33%的学生认为思政课教学内容'不能激发学生的学习兴趣,内容缺乏吸引力',有43.03%的学生认为思政课教学内容'理论性较强,枯燥无味、难以理解',有35.56%的学生认为'教师按大纲教学,缺乏一定的理论深度'"[2]。大中小学对应学生三观发展的塑型期,他们对于世界发展的总体局势、自身周围的复杂环境与互联网中各种各样的信息都具有敏感性。他们希望通过思政课得到正确的世界观、人生观和价值观。因此,思政课需要注重与青少年的现实需求相结合。现今,思政课在与当代现实以及国内外形势的结合方面不够深入,思政课教师用马克思主义理论解释新产生的社会现象的能力不足,对当代青年现实需要的回应性不强。再加之,学校思政课均要面对考试压力,考试成绩往往成为思政课教师授课的出发点和落脚点,这就束缚了思政课课程内容的灵活性,从而出现了思政课知识偏向与现实指向的失衡现象。

---

[1]《马克思恩格斯选集》第一卷,人民出版社2012年版,第9—10页。

[2] 李雅兴、宋同武:《高校思政课教学实效性的调查与分析——以湘潭大学为例》,《当代教育理论与实践》2020年第6期,第36—41页。

(二)强调实践与可实践性弱化的矛盾

思政课的重要功能之一是让学生通过思政课教学深刻理解中国特色社会主义的发展历程、现实状况与远景规划。这里的"深刻理解"是一个辩证性描述,它一方面要求学生能够深刻领会中国特色社会主义理论,明确社会主义发展的规律性、内在逻辑和光明前景,并基于此形成对社会主义精神的高度自觉,从而立志成为社会主义的建设者和接班人;另一方面,这种深刻理解还包含对中国特色社会主义实践的充分把握,这里包括政治实践、经济实践、文化实践等各个方面。

思政课所要达成的这种"深刻理解",由于内在地包含上述两个辩证统一的方面,因而决定了思政课教学一方面要立足理论的深刻阐发,另一方面则要聚焦将理论同实践结合起来;一方面要从事理论学习,另一方面要开展实践学习。习近平指出:"要高度重视思政课的实践性,把思政小课堂同社会大课堂结合起来,在理论和实践的结合中,教育引导学生把人生抱负落实到脚踏实地的实际行动中来。"[1]近年来,随着中国特色社会主义教育的发展,实践教学在思政课体系中越来越凸显其所发挥其在现实场景中的育人效果。只有理论教学与实践教学发生深入融合,思政课在"一体化"建设之中才能形成真正的合力,进而才能达到立德树人的根本目标。

从当前大中小思政课一体化教学实践的开展情况来看,各学段都十分强调挖掘思政课的实践元素,注重开展实践化的教学课堂。在高等教育阶段,很多学校开始注重构建思政课实践育人基地,打造校外课堂。例如,上海杨浦区就曾致力打造滨江思政课育人实践基地,将"人民城市人民建,人民城市为人民"以及沪上历史融入思政课程。中学阶段,许多学校注重开展多样实践活动,结合校内外资源构建实践课堂,组织参观党史纪念馆、红色景点等。小学阶段,注重直观体验和家校协同育人,既让学生参观红色历史景点,又强调建构"家庭教育讲师团",深化育人成效。

然而,这种对思政课教学实践的注重仍面临困境。其一,实践教学深度不够,在实践教学过程中,仍然偏重讲授,而不是深层的互动。学生到了校外课堂,仍然是听讲者,而非注重参与实践教育的主体。其二,红色资源思政元素挖掘不够均衡。"各学段对思政元素的挖掘存在明显差异,如小学阶段多局限于课本中的小故事,缺乏对生活中丰富思政资源的深入挖掘;中学阶段存在过度依赖历史、政治等特定学科的情况,在其他学科中思政元素融入不足;大学阶段在专业课教学中未能充分挖掘与专业知识紧密相连的思政元素,各学段的思政元素未能形成有机的整体。"[2] 其三,目前我国各个教育阶段思政课均设置了实践教学的相关内容与课程。但囿于教资源的配置、课程体制的机制、评价体系的设置以及出行安全等多种因

---

[1] 习近平:《思政课是落实立德树人根本任务的关键课程》,《奋斗》2020年第17期,第4-16页。
[2] 孔祥强:《新时代大中小学课程思政一体化建设的"痛点"与应对举措》,《教育进展》2025年第2期,第238-243页。

素,实践教学并没有能够在现实思政课中发挥其应有的作用。许多地区的思政课实践教学浅尝辄止,并没有把思政课课堂中的理论与现实进行有机连接与融合。部分学校的实践课程还停留在参观实践基地与学生个体进行网络资料搜寻的阶段。因而,思政课"一体化"建设呈现出强调实践与可实践性弱化的矛盾。如何化解这种矛盾是"一体化"建设中亟需面对的难题。

(三)贯通融合与跨学段认知"断裂"的矛盾

对思政课进行"一体化"建设的本质要求是贯通融合各教育阶段思政工作与弥补各学段学生的认知"断裂"。我国青少年在小学阶段、中学阶段和大学阶段都展现出极大不同的特点和趋势。即便是处在同一个教育阶段,不同地区的青少年因家庭条件和兴趣爱好以及性别差异都会让其学习思政课呈现大相径庭的效果。高校教师面对的大学生已初步具有成人思维和成熟的习惯。然而,中小学思政课教师面对的则是"未成年群体",他们的学习状态与大学生相去甚远。王冠中等对中小学思政课教师的职责做了进一步分析,他们指出:"客观上要求思政课教师除了掌握本学科基本知识外,还应了解青少年成长时期的思维特征、认知心理、接受能力等知情意多维需求。"[①]

大中小三个阶段的思政课教师只对各自授课对象的特点具有直接性与现实性的了解,因此,高校教师虽然掌握着深厚理论,但他们不熟悉作为中小学的未成年学生如何学习思政课的。缺乏对于中小学学生的学情了解,这也是高校在"一体化"体系构建中遇到的问题之一。部分地区的高中毕业生在思政课方面学习的基础较差。很多学生对思政的了解还停留在初中的会考层面,这也导致了学生在进入大学学习后的"认知断裂"。"各学段在内容衔接上存在困难,内容之间缺乏连贯性,使得学生在学习过程中感觉思政教育是零散的、跳跃式的,无法形成系统的知识体系和价值观体系。教学内容没有充分考虑不同学段学生的学习能力和认知特点,导致学生对思政课程的兴趣不高,影响了学习效果。"[②]

通过对比大学和中小学两段思政课教学特征能够发现:中学的教学非常注重教学过程中的教学设计和教学技巧,中学教师偏重知识的传授,而大学课程的教学则更注重教学内容。大学中的硕士与博士研究生思政课课程更加偏重学术化与学理化的深入分析。

(四)劳动教育对推动大中小学思政课一体化的意义

面对上述大中小各个学段在"一体化"建设过程中的种种难题,亟需找到一个

---

① 王冠中、刘亚欧:《大中小学思政课教师队伍一体化建设的困境与路径探析》,《中国高校科技》2024年第4期,第78-84页。

② 孔祥强:《新时代大中小学课程思政一体化建设的"痛点"与应对举措》,《教育进展》2025年第2期,第238-243页。

切入点去破解这些困境。劳动教育能够成为推动"一体化"建设的重要抓手。一方面,劳动可以作为理论与实践之间的连接器。我国在各个教育阶段中均有对劳动的教学要求,劳动教育也位列"五育"之中。2020年7月,教育部印发的《大中小学劳动教育指导纲要(试行)》将劳动素养纳入学生综合素质评价体系。由此可见,劳动教育在各个教育阶段重要性得到提升。劳动内容自身兼具理论性与实践性,它是思政课教学的重要资源。学生既可以从理论方面对劳动概念形成基本的认知,也可以通过深入实践了解劳动活动的多种形式。另一方面,劳动可以完善"一体化"建设的整体性。思政课"一体化"建设的最终目标是立德树人,进而为我国社会主义建设培养德智体美劳全面发展的建设者和接班人。对于思政课教学的评价,可以通过考试的方式进行。但是,思政课的育人效果不可能完全通过量化的方式体现,这就要求在"一体化"建设过程中,运用完成立德树人目标的"非量化"教学手段。劳动教育恰恰可以为思政课建设增添新内容,进而完善"一体化"建设的整体性。

二、以"劳动"化解大中小学思政课一体化困境的三重策略

劳动的现实指向性、直接现实性、历史继承性可用于解决思政课育人面临的偏重知识、可实践性弱化、跨学段认知"断裂"的问题。换言之,当代大中小思政课一体化建设,必须要强调劳动维度,为此,需要发掘思政课的劳动主题,开展劳动实践课程,以劳动的继承性来构建各学段思政课的连贯性。

(一)发掘思政课的劳动主题,以劳动串联思政课内容

2019年,中共中央办公厅与国务院办公厅联合印发了《关于深化新时代学校思想政治理论课改革创新的若干意见》,其中明确提出落实立德树人根本任务要同生产劳动和社会实践相结合,并将劳动教育纳入思想政治理论课重要内容统筹推进。[1] 这表明,与劳动相关的教育内容属于"一体化"体系建设的重要组成部分。通过深入发掘思政课的劳动主题和以劳动串联思政课内容可以实现"双赢"的效果。

所谓思政课的劳动主题,包括两个内容。

其一,将不同学段思政课内容同劳动建立有机联系,或者增加对既有思政课内容的劳动维度阐释。

例如,在讲中国共产党人的初心和使命时,在阐释"为中国人民谋幸福"中的"幸福"时,可以强调这种"幸福"并非是一种主观幸福感。因为主观幸福感无法确

---

[1] 中共中央办公厅 国务院办公厅印发:《关于深化新时代学校思想政治理论课改革创新的若干意见》,https://www.gov.cn/gongbao/content/2019/content_5425326.htm,2024年5月20日检索。

立起人们对幸福本质的真正理解,从马克思主义角度来看,这种幸福的本质是人的自由劳动。因此,从劳动角度阐释幸福的本质,可以将学生从关于幸福的误解中纠正出来。同样的还有中国式现代化,其在本质上乃是指"社会生产促进实现人的自由劳动"①。

其二,每部分教学都设置劳动专题,提出具体的劳动要求,在深化学生学习经历的同时,将思政课不同单元、不同部分、不同学段的内容衔接起来。

在小学阶段,劳动专题可以集中在家庭服务方面,例如帮助做家务,参与社会服务等;到了中学,可以集中在社会服务以及劳动体验方面;到了大学可以集中在劳动体验和劳动精神的培养等方面。这样,思政课就能在劳动中被串联起来。

(二)以"劳动实践"课程来承载思政课实践要求

为了更好地发掘思政课的劳动主题,以劳动串联思政课内容,有必要以思政课为基础设置专门的劳动实践课程,并将该课程与劳动教育的具体要求有机联合起来。这里的劳动实践课不是宽泛的,而是具体的带有思政课育人目标的劳动实践课,它要求劳动实践必须紧紧围绕将思政课育人效果深刻化的目的。

现阶段,人类劳动比以往出现了更多的新方式,主要体现在人类与机器的结合,特别是以各种人工智能技术为代表的新型劳动方式,这也就引起劳动理论应用场景的变更。以高校的劳动实践课程为例,近些年来我国高校的劳动实践课程出现了多样性的变化,其中可以大致划分为以下类别:社会调研类、志愿服务类、专业实习类。这些劳动实践课程可以充分调动大学生和研究生参与劳动的积极性,使其将大学课堂中学习的劳动理论、专业知识与劳动实践进行密切结合。

从思政课的现实性角度出发,劳动实践课程是学生脱离校园与家庭场域,了解国家经济社会发展的重要途径:一方面,劳动实践可以将学校思政课内容进行微观化展示。例如,大学生暑期的社会实践可以让学生深入到新农村建设的现实中,通过对新农村的基层考察,形成理论与实践的多重反馈;另一方面,劳动实践课程可以增强学生的社会责任感。例如,公益服务类的劳动实践课程既能够让学生亲身参与到诸如环保类的活动之中,也可以让学生意识到作为社会成员所承担的责任。

目前,我国大多数高校均已具备各种开展劳动实践的教学资源。以北京农学院为例,这所学校在2024年5月将校内的劳动教育课程资源向北京中小学学生开放,学校举办"大手拉小手,大中小学生同上一堂耕读教育课"活动,来自北京市内的大中小学的师生代表共计500多人参加活动。②北京农学院正是依托学校自身

---

① 吴荣、何云峰:《从马克思自由劳动视角看中国式现代化的历史必然性》,《社会科学战线》2024年第7期,第42—50页。

② 北京农学院:《500名大中小学学生在北京农学院实践基地同上一堂耕读教育课》,https://news.bua.edu.cn/info/1513/41096.htm,2024年5月20日检索。

的特色牵头带动大中小学的学生共同参与劳动教育的实践活动。这让中小学学生提前接触到大学的教学资源,也充分地实现了高校教学资源的社会化利用。这样的创新探索模式,可以鼓励全国其他地区的高校开展具有针对性的劳动教育类的实践课程,并且将这些特色课程分享给所在区域的中小学。

(三)以各学段间思政课劳动实践的继承性化解跨学段认知"断裂"

对于"劳动"概念本身的认知,就是串联各个教育阶段思政课较好的教学内容。青少年在校学习期间是感性认知与理性认知共存的阶段。对于专业类的课程而言,学习过程中偏重对于科学理论的精深探究,对于学生的理性认知也有较为严苛的要求。而对于部分非专业类课程的学习,则要求学生感性认知与理性认知共同进步。"劳动"自身就是洞察人类社会变迁的切入点,这个概念的内涵和外延也是随着人类社会的发展而变化的。青少年对"劳动"的认知也不会是一蹴而就的过程。因此,"劳动实践"为化解跨学段的认知"断裂"提供一个突破口。

具体而言,小学生处在人生认识世界和熟悉社会环境的初级阶段,对于"劳动"概念的认知存有较大的局限性。传统的劳动理论将劳动划分成体力劳动和脑力劳动。由于体力劳动显而易见,小学生对体力劳动能够产生较为充分的认知,并且在教师指导下能够完成打扫卫生等简单形式的劳动活动。但是,他们对与体力劳动相对的脑力劳动(包括精神劳动)的认知尚不能形成清晰和准确的认知。

中学生对"劳动"的认知已经可以从感性认识向理性认识过渡,他们在课堂中学习了马克思主义理论的基础内容,也接触到关于"劳动"的基本学说。并且在劳动与人本质的关联性上已经有了基本的认知,强调劳动是人的本质力量的对象化实现,劳动是人的本质要求。所以进一步讲,中学生能够深入到劳动概念之中,从马克思主义的角度学习劳动的相关理论。

较之中小学劳动教育,我国大学劳动教育的特征是理论化的学习与社会化的实践并重。高校思政课教师是从马克思主义理论体系角度讲授"劳动"概念,这就对大学生的理论素养提出了更高的要求。高校思政课提供给学生更多参与劳动实践的机会与选择。在许多高校的思政课体系中,学生需要获得学校设置的与劳动相关课程的学分。我国部分高校还为大学生开设了"马克思主义劳动观"等具有针对性的劳动教育课程,这充分说明大学劳动教育注重从马克思主义视角学习劳动理论的意义。综上所述,思政课劳动实践的继承性之所以能够化解跨阶段的认知"断裂",就在于劳动可以兼顾抽象理论与具象实践的教学。

三、劳动推动大中小学思政课一体化的方法论启示

（一）劳动激发教学方法的创新性

在"一体化"建设过程中，教学方法的创新是推进思政课改革的重要途径。劳动作为思政课教育的重要组成内容，能够激发思政课教学方法在实践中创新。劳动可以转换教学场域，将"课堂讲授"转变为"场景沉浸"。在教学空间发生变化的基础上，激发教师对于理论教学与实践教学方法进行双重创新。这样可以突破过往思政课教师仅仅注重课堂教课教学方法的革新，而实践教学教师只关心劳动技能培养的局限性，更好地探索如何将理论与实践相结合，通过新颖的教学方法完成高质量的思政课教学。李惠认为："研究大中小学劳动教育一体化的发展规律及建设逻辑，分析其当前存在的现实困境并寻求解决对策，是新时代思政课一体化建设和思想政治教育创新改革的有益探索，有助于推动思政课一体化方案的实施，进一步发挥思想政治教育的育人功能，增强思想政治教育的实效性。"[①]

高新技术不断地涌现与人类的劳动形式的加速更新，促使开展劳动实践教学的教师始终具有一种紧迫感，他们需要将新劳动方式与劳动理论紧密结合。从另一个角度讲，思政课教师需要通过教学方法的创新增强实践教学的丰富性。比如，通过人工智能等技术去探讨人类劳动的本质问题。因此，教学方法的创新不是思政课教师单一维度的推进，它是"教与学""理论与实践"等多重因素引起的变革。

（二）劳动拓展育人方法的多样性

现今，思政课教学主要以课程育人与实践育人相结合的方法呈现。随着"一体化"建设的推进与发展，对思政课育人方法提出更高的要求。一方面，青少年需要时代化的思政课。思政课教师以往使用的课程育人和实践育人方法不能满足学生对思政课的新需求，青少年希望思政课更加时代化，即通过思政课能够更加紧密地与国家经济社会发展实现同步。"00后"已经成为我国在校青少年的主力军，他们是互联网时代的原住民，也希望接受具有新鲜感的授课方法和学习方法。另一方面，高新技术促使育人方法的迭代。"00后"的生活与学习过程就是浓缩了"人机集合"的发展历史。他们更加喜欢通过互联网等技术形式与周围环境联通，而不是只通过教师单一授课了解世界。同时，"00后"特别喜欢以多种新技术手段达成与社会的互动。因此，思政课的育人方法必须与时俱进。"一体化"建设过程中，各个教育阶段的思政课均可以劳动作为实践课程的主线，实现拓展育人方法的多样性。

以"数字劳动"为例。其一，基于现象，发现问题。传统课堂中思政课教学都是由教师讲授理论并且"单向地"提出问题。然而，劳动能够为青少年提供"自己"发

---

① 李惠：《大中小学劳动教育一体化的困境与对策研究》，广西大学2022年硕士学位论文，第3页。

现问题的契机。随着互联网等技术的成熟与普及,各种"数字劳动"形式成为社会发展的新业态。在新业态发展的过程中,出现许多与"劳动"相关的问题,比如"困在算法里的骑手"曾多次成为网络热议的话题。从劳动的视角发现问题,这会极大地提高学生认知社会的能力。

其二,依托理论,分析问题。对于劳动过程中凸显的各类问题,需要从理论和现实两个维度进行全面分析。而在分析问题的过程中,自然而然地会"刺激"学生利用多重方法和先进技术去剖析问题的各个方面,这会有助于学生灵活地利用自己所学的理论和知识。特别是当遇到理论不能阐释问题的情况,这会倒逼学生对于理论的探讨和钻研。比如,在马克思所处的时代并没有数字劳动的形式,那么如何通过马克思主义理论对数字劳动中的种种现象进行分析?对此的探讨就实现了理论与实践之间的"双向互动"。

其三,通过教学,阐释问题。通过以上两个实践教学环节促使学生对"数字劳动"产生深入了解,学生会对有关劳动的问题作出相应的回答与解释。这就体现出思政课教师育人方法的重要性:由学生自己提出问题并且分析问题,充分发挥了学生的主观能动性。这极大地发挥了育人方法的适切性作用,同时也增强了学生学习理论的内驱力,实现学生对劳动从感性认知向理性认知的过渡。

(三)劳动提升整合资源方法的现实性

高校在"一体化"体系中的发展体量与建设规模远远高于中小学,并且高校具有的社会资源与社会影响力也是中小学难以企及的。科学研究是高校的一项重要社会服务功能。高校可以充分发挥其科研的巨大功效,让众多专业的学生了解到数字化时代的劳动具备的科技特征。

针对劳动教育所需的特定物理空间问题,李丽指出:"劳动教育场所缺失,没有解决"在哪教"的问题。劳动实践教育基地是实现劳动教育不可或缺的空间要素,无论是"线上"的虚拟空间,抑或是"线下"的现实空间,均是实施劳动教育的必备条件。"[1] 在中小学的劳动可以开展简单地形式如打扫卫生、垃圾分类和清洁校园等教育活动。一般情况下,中小学不具备举办大型劳动实践活动的场所和空间,也不具备举办内容复杂的多元化劳动实践活动。在这个方面,高校的自身优势可以为劳动提供思政课所需的教育空间。

此外,劳动对的特定物理空间与空间的功能性提出较高的要求。高校可以根据自身学科特点和专业特色,为中小学学生打造农学类、工学类、医学类等学科类别的劳动实践基地。以农学类的劳动实践基地为例,其主要特色在于让学生深刻地认识到现代农业的发展早已告别了"面朝黄土背朝天"的传统劳动模式,绿色兴

---

[1] 李丽、高阳、王闯:《新时代大中小学"五色"劳动教育一体化建设的探索与实践》,《黑龙江教师发展学院学报》2023年第6期,第111-113页。

农和科技兴农的理念已经深入农业发展的各个领域。现代化农业的发展依靠运用高新技术的劳动形式,以产业化、规模化和精准化为主要特征。大数据检测与无人机灌溉和收割等新兴技术方式已经由"流汗"的劳动方式转换为专业化和智能化的机器操作方式。

党的二十大报告强调:"用社会主义核心价值观铸魂育人,完善思想政治工作体系,推进大中小学思想政治教育一体化建设。"[①]在全面推进"大中小学思政课一体化"建设过程之中,劳动对于学生个人发展和丰富思政课内容都至关重要:一方面,劳动能够提高一个国家公民的整体素质和人才技能,也能够在学生自身的成长与成才过程中发挥潜移默化的教育作用并且完成润物细无声的德育功能;另一方面,劳动兼具的理论性与实践性的特征是思政课教学亟需的宝贵资源。目前,从"一体化"体系建设的视角出发,各个教育阶段的思政课教师下大力气去深度挖掘劳动与思政课之间的关联,以更好地发挥劳动在思政课教育中的显性效用和隐性效用,进而推动我国思政课的全面向前发展。

[①] 习近平:《高举中国特色社会主义伟大旗帜 为全面建设社会主义现代化国家而团结奋斗——在中国共产党第二十次全国代表大会上的报告》,人民出版社2022年版,第44页。

基于马克思主义劳动幸福观探析新时代劳动教育的实践路径①

王 璐

摘 要：马克思主义劳动幸福观的核心在于，劳动不仅能创造幸福，而且劳动本身就是幸福。具体来说，劳动为人类的幸福生活提供了物质生活和精神生活保障；劳动确证了人的本质属性为劳动幸福提供了理论前提；劳动促进了个体幸福和社会幸福的双重发展。马克思的劳动教育理念以其劳动幸福观为基础，阐述了劳动教育作为推动社会生产力进步以及促进人的全面而自由发展这一目标的必由之路，为新时代的学生劳动教育提供了坚实的理论基础。因此，新时代劳动教育应该秉持马克思主义劳动幸福观，将理论与实践相结合，知行合一，在马克思主义劳动幸福观的指引下，为中华民族伟大复兴不懈奋斗。

关键词：马克思；劳动幸福观；劳动教育；实践路径

本文引文格式：王璐：《基于马克思主义劳动幸福观探析新时代劳动教育的实践路径》，见何云峰主编：《劳动哲学研究》第十一辑（2024年第2辑），上海教育出版社2024年版，第263—272页。

马克思主义劳动幸福观是其劳动哲学中的一个重要议题，它关涉人的类本质的实现。马克思劳动幸福思想的核心逻辑是，幸福必然由劳动所创造，通过消除异化劳动的过程，实现自由劳动，进而实现个人及社会层面的幸福。马克思主义劳动幸福观具有深刻的时代意义，为新时代的劳动教育以及人们正确劳动价值观的树立提供了理论指引。本文通过对马克思主义劳动幸福观的理论研究，探寻新时代背景下它对劳动教育的指导价值及实施路径。

---

① 作者通信地址：王璐，上海师范大学哲学与法政学院（上海 200234）。

基于马克思主义劳动幸福观探析新时代劳动教育的实践路径　　　　　王　璐

一、马克思主义劳动幸福观的内涵

马克思主义劳动幸福观强调,劳动是实现幸福的根本手段。在《1844年经济学哲学手稿》中,马克思集中研究了关于劳动的一系列问题,并提出劳动是人的类本质以及异化劳动学说。他认为,劳动是区别人与动物的根本标志,而人正是在劳动中确证自己的本质,"真正地证明自己是类存在物"①。人的本质在人改造自然与改造社会的活动过程中显现,通过劳动,人才得以成为人。因此,劳动本身就是最高形态的幸福。马克思主义劳动幸福观从人的本质出发,充分体现了人本主义的价值取向。马克思将人类的幸福归因为劳动,并明确指出了劳动幸福的三个方面。

首先,劳动是人的生存方式,满足了人的生存发展需要,为幸福生活提供了物质保障。一方面,劳动能够促进个人自我意识觉醒,激发自由自觉的生命活动。马克思认为,人区别于动物的根本标志就是劳动。"动物不把自己同自己的生命活动区别开来。它就是自己的生命活动。人则使自己的生命活动本身变成自己意志的和自己意识的对象。他具有有意识的生命活动。"②也就是说,动物的行为只是出于本能来维持自己的生命,而人通过劳动不仅可以解决生存问题,还能利用自身的主观能动性去创造更多新事物,完善个人发展,推动社会进步。另一方面,在自我意识觉醒基础上所进行的劳动又为满足人类生理需要提供条件。在马克思看来,劳动是人类社会存在发展的首要前提。人类首先以肉体的方式存在,劳动是"人和自然之间的物质变换的一般条件"③。人正是通过生产劳动改造自然,进而生产物质资料及必需的生产工具,而这些物质资料正是人类生存和发展的必要条件。正如马克思所言:"人们为了能够'创造历史',必须能够生活。但是为了生活,首先就需要吃喝住穿以及其他一些东西。因此第一个历史活动就是生产满足这些需要的资料,即生产物质生活本身,而且,这是人们从几千年前直到今天单是为了维持生活就必须每日每时从事的历史活动,是一切历史的基本条件。"④如果不劳动,人类的日常生活将会失去支撑。因此,劳动是人类生存发展、获得幸福的基础。

其次,劳动确证人的本质属性是劳动创造幸福的理论前提。劳动首先是主客体之间的改造过程,是主体改造客体的对象化过程。在马克思的视角下,劳动不仅是创造物质财富的手段,也是劳动力使用的表现。劳动的对象化,即在劳动过程中,劳动的产品固定在某个对象中,物化为对象的劳动,体现了劳动者的智慧、才能

---

① 《马克思恩格斯文集》第1卷,人民出版社2009年版,第163页。
② 《马克思恩格斯文集》第1卷,第162页。
③ 《马克思恩格斯文集》第5卷,人民出版社2009年版,第215页。
④ 《马克思恩格斯文集》第1卷,第531页。

以及意志、目的和需求。这一过程既是人类对外部自然进行主动活动的结果,又是人类能动改造外部自然客体的创造性依据。所以,劳动既是一种存在的工具,又是人的本质的表现,它是人通过劳动达到认识自然界、改造自然界目的的活动过程。这个过程不仅仅是主体改造客体的过程,而且也是主体自我实现的过程,主体构想的目的通过对象化得到实现,从而获得一种享受和满足。当人们生产新的劳动产品的时候,客体不再只是作为一个单独的客观对象,而是转变成为主体的一个组成部分,因此人们的体力、智力都有所开发,进而激发出主体可能具有的享受和幸福感。人们生产出来的劳动产品凝聚了主体的本质力量。当主体确证本质的自我意识在客体身上得以显现时,就会获得一种满足和愉悦,正如马克思所说:"在我个人的活动中,我直接证实和实现了我的真正的本质,即我的人的本质,我的社会的本质。"[1] 人们通过自由的劳动进行认识世界和改造世界的活动,这个过程蕴含了人类自身的主观意识以及对自然界客观规律的把握。这唤醒了人类作为主体的自主自觉意识,也就是劳动使人"在他所创造的世界中直观自身"[2]。因此,我们可以说,正是劳动创造了人,并使人从中感到幸福。主体的劳动过程及其结果是他对自身的价值作出的解释,从而在精神上得到满足。在这个层面上可以说,人在劳动过程中成为人,在劳动中不断实现自我完善和发展,并不断进化和衍生新的形式和内容。因此,劳动创造人,劳动发展人。

最后,劳动不仅可以使个人全面发展,实现个体的幸福,而且也推动了社会层面的劳动幸福的发展。马克思认为,人是一切社会关系的总和。人类的生存与发展要通过社会关系来完成,人类的观念、行为与价值观也要通过社会交往与相互作用来形成。马克思在《资本论》中提出商品中所包含的劳动的双重属性,即劳动的自然属性和社会属性。劳动首先是人和自然之间的过程,是人以自身的活动来中介、调整和控制人与自然之间物质变换的过程。同时,劳动的过程也是人与人之间关系的形成过程。劳动不仅生产物品,还会产生人与人之间的社会关系。"每个人在生产物质产品的同时生产出他人的物质生活,从而创造了人与人之间相互依赖的社会关系。"[3] 劳动并不仅仅是劳动者自给自足地进行自我劳动,同时也是为了给别人制造产品、提供劳务而进行的给别人的劳动。劳动活动除了是一种改造自然、创造物质财富的自然物质活动,更是一种创造人类之间社会联系的活动。因此,劳动者劳动的过程在一定程度上更多是满足了社会上他人的现实需求。可以说,劳动价值的最终形成根植于复杂的社会关系网络之中。具体而言,劳动者在人与自然的物质交互循环中能够创造出劳动成果,这些成果首要满足的是个体基本

---

[1]《马克思恩格斯全集》第四十二卷,人民出版社1979年版,第37页。
[2]《马克思恩格斯文集》第1卷,第163页。
[3] 鲁品越:《鲜活的资本论——从深层本质到表层现象》,上海人民出版社2015年版,第168页。

生存的自然需求层面。此时,这些成果仅体现为使用价值的形态。然而,鉴于个体生产能力的局限性,无法全面覆盖自身所有需求,劳动者进而采取交换机制,即将个人劳动产出的物品与他人的劳动成果进行互换。这一过程不仅实现了双方消费需求的满足,更在产品的社会化影响中,促成了使用价值向更高层次价值,即幸福的转化。同时,交换行为也构筑了人与人之间相互依存、服务的社会结构。这样一来,通过不同的劳动者进行劳动分工、劳动产品交换等环节,满足交互双方的需要,相互依赖的社会关系得以形成。个体幸福和社会幸福两个层面均得以实现。

二、马克思主义劳动幸福观的教育价值

在新时代我国"五育并举"的教育体系中,劳动教育占据着举足轻重的地位。马克思的劳动教育理念根植于其深邃的劳动观念体系之中,经由对劳动本质的深刻剖析而逐步构建。马克思的劳动教育理念以其劳动幸福观为基础,富含科学性要义,明确阐述了劳动教育作为推动社会生产力进步的有效策略、重塑现代社会的强大杠杆以及达成人的全面而自由发展这一终极目标的必由之路,为新时代的劳动教育提供了坚实的理论基础。

(一)马克思主义幸福观为新时代劳动教育提供逻辑导向

在剖析资本主义社会弊病的过程中,马克思着力阐述了社会主义劳动教育所秉持的核心立场与价值导向,这一阐述深刻地围绕劳动教育的内在本质、既定目标及其多维度功能展开,明确地将社会主义框架下的劳动教育设定为引领无产阶级实现自由解放的战略蓝图与实践路径。马克思进一步阐释了关于劳动与幸福融合的理念,将人类普遍福祉的达成与个体的全面发展视为教育的崇高目标,对幸福的追求必然蕴含对个人道德修养的提升与整个社会道德体系的构筑,这一过程需通过强化劳动教育来实现,旨在提升劳动者在劳动实践中的自我主导能力,进而促进幸福感的全面生成。因此,在新时代背景下,提升劳动教育效果、增强劳动实践价值的深远意义不容忽视,不仅是教育理念的革新,更是推动社会进步的重要思想武器。

第一,劳动可以促进社会生产发展。马克思恩格斯在《共产党宣言》中强调,教育应与物质生产相结合,使人们充分认识到生产劳动与劳动教育相结合的重要性。在他们的理论体系中,生产劳动不仅是社会存在和发展的基础,也是人实现自我价值和全面发展的重要途径。劳动教育是通过教育和培训,使劳动者掌握必要的劳动知识和技能,提高劳动效率和质量,进而推动社会生产的发展。马克思说:"尽管工厂法的教育条款整个说来是不足道的,但还是把初等教育宣布为劳动的强制性条件。这一条款的成就第一次证明了智育和体育同体力劳动相结合的可能性,从

而也证明了体力劳动同智育和体育相结合的可能性。"① 可以看出,马克思肯定了法律中教育条款的存在。因此,生产劳动与劳动教育之间存在着密切的内在联系,二者相互促进、相互依存。随着资本主义生产模式的确立,社会生产活动逐渐摆脱了对庞大简单劳动力队伍的依赖,转向科学技术的融入,迈向了工业化的全新生产阶段。在这一过程中,科学技术的迅猛发展不仅极大地加速了资本主义生产力的飞跃,也在客观上促使了对工人技能素质的新一轮高标准要求。这意味着,工人群体必须超越单一技能框架,致力于多元化技能的培养与自我提升,以匹配现代工业日益复杂的发展需求。基于此,马克思强调对工人实施劳动教育的迫切性与重要性,他认为:"为改变一般人的本性,使它获得一定劳动部门的技能和技巧,成为发达的和专门的劳动力,就要有一定的教育或训练……"② 这一观点旨在通过教育手段,促进工人个体技能的全面发展,进而为现代工业输送适配其生产特性的人才队伍,最终实现"个人能力提升"与"物质生产发展"的深度融合,共同推动劳动效率与社会生产力的持续攀升。

第二,劳动教育可以推动人的发展。随着资本主义工商业的发展,人类的体力劳动与脑力劳动的差异逐渐明显,相应地,两者对应的劳动主体也有了更加明显的阶级分化。马克思认为,经济基础决定上层建筑,社会的教育观念和体系是由统治阶级的生产关系决定的,体现了统治阶级的意志。因此,在资本主义体系下,鉴于生产资料的私人占有特性,劳动教育成了工人阶级免于被异化为资产阶级单纯生产机器的"防御策略"。但与此同时,马克思也深刻认识到,私有制经济框架下所构建的生产关系实际上导致了资产阶级对教育资源的全面垄断,从而造成工人阶级难以获得与资产阶级同等的国民教育权益。此外,在资本家无情压榨的阴影下,众多工人家庭迫于生计,甚至依赖家庭中幼小的劳动力,不得不牺牲儿童参与教育的机会。这类繁重、苛刻且剥夺教育机会的劳动实践,无疑在智力及道德层面对儿童群体造成了深重的伤害,为工人阶级及其子嗣铺设了一条充满苦难的道路,构成了难以逾越的阶级鸿沟。对这种恶性循环若不加遏制,工人阶级的未来将被绝望的阴霾永久笼罩。马克思的劳动理念正是倡导教育应当成为消除阶级隔阂、促进人类全面发展的共有权利,而非加剧社会分裂的天赋特权。马克思指出要,"使教育摆脱统治阶级的影响"③,使人们能够通过自由劳动充分地发挥个性。因此,在他看来,"教育与生产劳动相结合"思想的实质就是消灭旧社会分工所造成的脑力劳动与体力劳动的分离。

马克思在《资本论》中谈道:"未来教育对所有已满一定年龄的儿童来说,就是

---

① 《马克思恩格斯文集》第5卷,第555-556页。
② 《马克思恩格斯文集》第5卷,第200页。
③ 《马克思恩格斯文集》第2卷,人民出版社2009年版,第49页。

生产劳动同智育和体育相结合,它不仅是提高社会生产的一种方法,而且是造就全面发展的人的唯一方法。"① 马克思认为,劳动是一个人智力发展的基础,人们在劳动实践中锻炼体力,同时在脑力活动中促进智力的提升。然而,在资本主义体系下,生产劳动非但不能成为促进劳动者体力与智力共同发展的手段,反而成为其发展的绊脚石,抑制了个体的全面发展,使劳动者沦为单纯生产剩余价值的机器。劳动者被局限在重复性的技能操作中,丧失了受教育的权利,进而导致了劳动者的异化现象。因此,工人阶级亟须争取受教育的权益,力求将生产劳动与智育、体育相结合,推行综合技术教育体系。此外,马克思还剖析了在机器大工业时代背景下,全面发展的人才取代片面发展的劳动力的必然趋势。基于现代工业化生产的迫切需求,新兴科技的诞生及其在实践中的应用将深刻改变工人的工作流程与劳动模式,这种变革不仅体现在工人岗位流动性的增强上,更与职能的转变紧密相连。特别是在那些与高新技术发展紧密相关的工业领域,生产过程不仅要求科技与生产劳动的结合,还迫切需要工人跨越脑力劳动与体力劳动的传统界限,实现手脑并用,即在动手操作的同时进行深度思考。马克思强调,通过教育与劳动的共同作用,引导人们参与到体力劳动与脑力劳动的双重实践中,从而培养出体力与智力均衡发展、全面进步的个体。最终,在现代化生产方式下,那些能够灵活转换活动领域的全面发展型人才将不可避免地取代旧有分工体系下仅掌握单一技能的工人。

(二)马克思主义幸福观是培育时代新人的理论基础

在倡导劳动创造幸福生活的新时代背景下,明确马克思主义劳动幸福观对时代新人培育的价值导向,不仅具有深远的理论意义,更具备迫切的现实意义。时代新人是社会发展和劳动创造的主体,他们的劳动价值观关系着国家和民族的未来,影响着社会文明的进步与发展。这一观念不仅能够引领时代新人树立正确的劳动观念,还能够激发他们的创造活力,为国家和民族的未来发展奠定坚实的基础。在倡导劳动创造幸福生活的新时代,明确马克思主义劳动幸福观对时代新人培育的价值导向具有实际意义。

首先,新时代背景下学生劳动幸福观念的塑造与社会主义核心价值体系的核心理念保持高度契合,构成该体系深化建设不可或缺的一环。这一塑造过程深植于马克思主义劳动幸福理论的土壤之中,尤其强调劳动作为幸福的源泉。同时,新时代劳动教育在塑造学生的劳动幸福观时,将创新精神的培养视为核心要素之一。由于全球科技竞争日趋激烈,自主掌握关键技术成为掌握发展主动权的关键,可以避免受制于外部环境的被动局面。作为国家未来发展中坚力量的新时代学生被寄予厚望,应当积极将所学理论知识转化为创造性劳动实践。因此,强化劳动幸福观的培育,不仅能够激发学生的创新思维与能力,更对构筑以改革创新为主导的新时

---

① 《马克思恩格斯文集》第5卷,第556—557页。

代精神风貌具有促进作用。系统化的劳动幸福观教育,旨在引领新时代学生树立尊重劳动、热爱劳动的价值取向,同时内化其艰苦奋斗的优良品质,成为推动社会进步不可或缺的力量。社会主义核心价值观作为对社会主义核心价值体系的高度概括与呈现,深刻揭示了社会所倡导的核心价值取向。深化劳动幸福观的培育是践行社会主义核心价值观不可或缺的一环。聚焦社会主义核心价值观在个人层面的具体要求,敬业精神与劳动幸福观的紧密关联不言而喻。无论身处何种职业领域,敬业精神的基石在于对职业的自我认同与热爱,而这恰恰植根于劳动幸福观的土壤之中。唯有将劳动视为创造幸福的源泉,个体方能在辛勤耕耘中体会到成就与满足,进而将这一积极认知内化于心、外化于行,自然而然地形成热爱劳动、勤勉不辍的生活态度。此种热爱与努力,不仅促进了个体对劳动价值的深刻理解,还强化了平等价值观的认同根基。在这一过程中,对于不劳而获、虚伪浮夸的行为,人们将愈发秉持批判态度,从而加深对公平正义、诚实守信等社会美德的崇尚,有效推动社会主义核心价值观的广泛传播与深入践行。因此,强化劳动幸福观的教育与引导,不仅是个人品德修养的必经之路,更是社会和谐进步、弘扬核心价值观的坚实基石。

中国特色社会主义已迈入一个崭新的历史阶段,这一新时代的开启不仅标志着我国肩负起了实现民族伟大复兴进程中由"大"向"强"历史性跨越的使命,同时也清醒认识到,我们仍处于社会主义初级阶段,仍面临着诸多亟待解决的发展挑战与难题,亟须一批能够勇挑重担的杰出人才。新时代学生作为新时代青年群体的核心力量,其成长与发展尤为关键。时代新人的成长蓝图聚焦于德智体美劳全方位发展的培养目标。他们不仅需具备坚定的信仰追求、深厚的为民情怀,还应展现出锐意进取的创新精神、不懈奋斗的拼搏姿态以及无私奉献的高尚品德。值得注意的是,新时代学生这些宝贵品质的塑造,与他们对幸福概念的深刻理解、幸福目标的合理设定以及追求幸福过程中所采取的策略与行动紧密相连。如若对幸福的认知发生偏离,则将直接阻碍他们成长为符合时代要求的青年才俊,妨碍其个人的全面发展,更使其难以在个人福祉与国家民族命运间架起桥梁,使其承担起民族复兴的崇高使命。因此,亟须引导新时代学生树立积极向上的奋斗观念,激发其创新潜能与奉献精神。在此过程中,强化新时代学生劳动幸福观的培育显得尤为重要,它是达成上述目标的有效路径之一。通过加强劳动幸福观的培育,能够引导学生树立正确的幸福观念,深刻理解幸福与劳动之间的内在联系,进而激发其奋斗精神,增强历史使命感。应当鼓励他们在创造性劳动中实现个人价值,将个人成长融入国家发展大局,为中国特色社会主义事业的蓬勃发展贡献力量,从而推动新时代青年培养事业的蓬勃前进。

三、马克思主义劳动幸福观指导劳动教育的实践路径

马克思主义幸福观在指导劳动教育方面发挥着重要的作用,它为我们理解劳动的价值、意义以及如何通过劳动实现幸福提供了深刻的理论基础。在推进新时代学生劳动幸福观念的塑造进程中,首要任务是清晰界定其培育的目标范畴与核心要素,进而在理论架构上构筑坚实的导向基础,为新时代学生的劳动幸福观教育提供科学、系统的指导蓝图。此举旨在优化教育实践路径,确保对青年学子的教育工作能够精准对接时代需求,有效提升其劳动幸福感知与认同,从而在实践中实现更深层次、更富成效的培育成果。

（一）坚持以马克思主义劳动幸福观为理论指导,加强劳动观教育

在提升劳动者的综合素养进程中,理论的深刻浸润是不可或缺的一环。新时代背景下,个体的价值导向与劳动风貌深受劳动观念的影响,强化劳动观念教育显得尤为重要。要深刻理解社会主义体系下劳动和劳动关系的新内涵,科学树立马克思主义劳动观。为此,我们应坚持以马克思主义劳动幸福观为指引,持续优化劳动者的劳动思想观念体系。

马克思的幸福哲学深刻揭示,真正的幸福境界远非单一物质需求的满足所能涵盖,它更深刻地体现在精神追求的达成与实现之中。在当下现实社会中,不少人将幸福的定义狭隘地局限于对物质利益的追逐与享受,视其为通往幸福的唯一路径,从而偏离了幸福追求的应有方向。这一现象促使享乐主义与利己主义的思潮在某些群体中泛滥,他们对幸福的认知趋于极端功利化与物化,忽视了精神层面的滋养与成长。与此同时,这些个体在物质追求中往往陷入精神世界的极度贫瘠与空虚,遗失了心灵深处的宁静与美好,最终远离了真正意义上全面而深刻的幸福体验。马克思曾说,"如果我们选择了最能为人类而工作的职业,那么,重担就不能把我们压倒,因为这是为大家作出的牺牲;那时我们所享受的就不是可怜的、有限的、自私的乐趣,我们的幸福将属于千百万人"[1]。除此之外,我们不仅要聚焦于对自我幸福的追寻,也要尊重他人和集体的利益和幸福。诚然,个体对幸福的向往乃是其固有的、合理的权利,社会的发展与文明的进步,其终极目标亦在于促进每个个体幸福的实现。与此同时,个体在享受自身幸福之际也需展现出对他人合法权益与合理需求的充分尊重,尤其是在个人利益与集体、社会利益相抵触之时,更应将集体利益置于优先地位。唯有确保他人、集体及社会的整体幸福得以实现,方能成为个体幸福提供稳固基石与前提条件,否则,个体幸福的持久与稳固亦将无从谈起。因此,个人价值的彰显与幸福的达成必须根植于对社会整体利益的优先考虑之中,

---

[1]《马克思恩格斯全集》第一卷,人民出版社1995年版,第459页。

将对个人幸福的追求与对社会的无私贡献紧密相连,唯有如此,方能体验到一种更高尚、更持久、更深邃的幸福感。

我们应该积极强化正确劳动观念,大力弘扬劳动精神。为此,我们必须将劳动观念和劳动精神教育深入细致地贯彻到人才培养的每一个环节和全过程之中,确保每一个阶段的教育都能与劳动实践相结合,让学生在实践中深刻理解和认同劳动的价值。同时,这种教育不能仅仅局限于学校之内,而是要扩展到家庭和社会各个方面,形成全方位、多层次的教育体系。在家庭教育中,家长要通过自己的言行来传递正确的劳动观念,让孩子从小就养成良好的劳动习惯;在学校教育中,学校要开设专门的劳动课程,组织丰富多样的劳动实践活动,让学生在实践中学习和掌握基本的劳动知识和技能;在社会教育中,社会各界要共同努力,营造尊重劳动、崇尚劳动的良好氛围,为学生提供更多参与社会实践和志愿服务的机会。在教育和培养的过程中,还要特别注重引导学生在学习和掌握基本劳动知识和技能的同时,深刻领悟劳动的意义和价值,从而自觉形成勤俭、奋斗、创新、奉献的劳动精神。

(二)把握实践方向,建立理论与实践的互动机制

在新时代背景下,学生劳动幸福观培育的终极旨归聚焦于实践层面的深化。劳动幸福观作为一种深刻的社会意识形态与价值导向,在实践层面不仅要求对之具备科学的认知与情感上的共鸣,更需将内化的幸福劳动理念转化为个人主观意愿的具体行动,使之成为指引学习生活、职业生涯乃至日常行为准则的灯塔,实现认知与行为的和谐统一。强化学生对劳动幸福观的实践探索,是彰显其培育价值、深化其教育成效的必由之路。从教育理论的视角审视,劳动幸福观的传授应根植于学生主体,融合丰富的实践体验,以此为基础阐释相关概念与原理,方能促使学生深刻理解并内化于心。一方面,需紧密围绕劳动幸福观教育的核心目标,确保理论传授与实践探索均服务于这一崇高使命,避免偏离主线;另一方面,应引导学生领悟理论如何从纷繁复杂的现象中抽象出事物的本质规律,深化对理论的精确把握,同时鼓励他们将理论知识应用于解决实际问题,提升理论的应用能力。

具体而言,强化新时代学生劳动幸福观的实践深度,涵盖以下几个核心方面:启迪学生追求愉悦学习、激励学生踊跃投身劳动实践以及倡导学生自发开展创新性劳动。首要之务,是引领新时代学生步入愉悦学习的轨道。在大学这一知识殿堂中,学习是学生主要的劳动形态。然而,目前一些学生却陷入过度竞争学习、消极应对学习乃至排斥学习的困境,其根源在于对学习劳动价值的误解,缺乏对学习内容的热爱,更未将学习内化为一种自主的生活方式。因此,关键在于引导学生树立对学习的正面认知,并将此转化为实际行动,使他们在学习过程中真切感受到劳动的幸福。此举不仅能显著提升学习成效与幸福感,更是衡量学生能否将劳动幸福观内化于心、外化于行的试金石。其次,需激发新时代学生积极参与劳动实践的

热情。当前，部分青年学生存在对劳动尤其是体力劳动的偏见，视之为低层次活动，缺乏劳动热情，不愿参与劳动，更不尊重劳动成果，生活态度趋于享乐主义。鉴于此，应鼓励学生在深刻理解劳动幸福观的基础上，踊跃投身于各类劳动实践之中，通过亲身体验来领悟劳动的幸福真谛，深化对劳动幸福观的认同与践行。最后，倡导新时代学生自发开展创新性劳动。近年来，国家高度重视创新创造，连续出台了多项鼓励创新创业的政策，这对新时代学生劳动幸福观的培育提出了新的要求。作为未来社会的建设者和接班人，新时代学生必须具备开展创新性劳动的能力，自发进行创新性劳动，这正是他们践行劳动幸福观、展现自我价值的重要途径。

总体来讲，劳动教育不仅仅是对体力的锻炼，更是对心智的磨砺，它要求学生不仅要动手去做，更要动脑去想，实现身心的和谐统一。为了准确把握劳动教育的根本特征，我们必须使学生置身于真实的个人生活、生产以及社会性服务任务情境中。这就意味着我们不能仅仅停留在理论教学的层面，而是要让学生亲身参与到实际的劳动过程中去，让他们在真实的场景中感受劳动的艰辛与乐趣，体验劳动带来的成就感与满足感。在劳动过程中，我们应当鼓励学生认真观察与思考，培养他们的敏锐洞察力和逻辑思维能力。学生应该学会从劳动实践中发现问题、分析问题，并尝试运用所学的知识和技能去解决问题，这样的过程不仅能够加深对知识的理解，还能够提升解决问题的能力，从而实现理论和实践机制的互动性。

数字劳动的历史唯物主义批判与数字社会主义构建

马俊峰　温兆伦

摘　要：本文从历史发生学视角对数字资本主义中数字劳动异化的根源做深入解析，阐释数字资本的积累逻辑、数字技术的意识形态化以及数字算法权力规训主体生命之情形。指认数字劳动异化集中体现了资本主义社会的全面危机，其结果致使主体的存在价值缺失、认知能力受限与活动意义阙如。同时，基于历史唯物主义视域透析数字资本主义下的数字劳动异化困境，指明不应仅限于对其机制的解构与批判，关键在于克服劳动异化，使劳动复归"成物"与"成人"的双重属性，从而阐明人的劳动的本质意义是社会主义建设的必然要求。正因如此，通过探析西方左翼学者提出的数字社会主义理论，可以进一步为克服数字资本主义下的数字劳动异化困境提供必要的理论基础和实践启示。

关键词：数字资本主义；数字劳动；历史唯物主义；数字社会主义

本文引文格式：马俊峰、温兆伦：《数字劳动的历史唯物主义批判与数字社会主义构建》，见何云峰主编：《劳动哲学研究》第十一辑（2024年第2辑），上海教育出版社2024年版，第273-286页。

随着数字科技革命的到来，物联网、区块链、虚拟现实、增强现实等数字技术陆续登场。这意味着，资本与技术的"联姻"将实体资本带向虚体资本维度，资本主义迈向"数字资本主义"时代。此间，数字资本借助大数据、云计算等数字技术将劳动剥削形式由以往延长工人的劳动时间、增加劳动强度转向为对劳动者生活的全面介入。由此，数字资本主义下的劳动新形式——数字劳动出场。数字资本借由数

---

① 基金项目：国家社会科学基金高校思政课研究专项一般项目"网络空间中高校思想政治理论课叙事话语建构研究"（项目编号：21VSZ127）。作者通信地址：马俊峰，西北师范大学马克思主义学院（甘肃兰州730070）；温兆伦，西北师范大学哲学与社会学院（甘肃兰州　730070）。

字劳动全时全地地攫取着"数字痕迹",构成对数字劳工的"全景式监狱",以此完成数字资本的积累与扩张。鉴于此,克里斯蒂安·福克斯率先从数字资本主义的逐利本性出发,立足马克思劳动价值论,对数字劳动的概念作出明确界定,即"互联网传播技术的帮助下资本积累所需要的劳动"①,"包括了所有形式的有偿和无偿劳动的存在,所需的数字媒体的生产、扩散和使用"②。在对数字资本主义下的数字劳动进行批判时,一方面应从其概念定义入手,以防止概念的泛化和批判力的削弱;另一方面,只有进一步透视数字劳动的剥削过程,才能完成对数字时代劳动异化的真正克服。因此,基于历史唯物主义视域,彻底审视数字资本主义下数字劳动的剥削机制,完成对数字劳动在资本逻辑、意识形态以及物化逻辑上的三重解蔽与超越,既是对当下克服数字劳动异化困境的现实回应,也是迈向数字社会主义新形态的实质要求。

一、数字劳动的历史发生学

数字资本家通过隐蔽且具有欺骗性的机制,实现了对数字劳动者剩余价值的深度盘剥。与前数字资本主义时期相比,这种机制进一步延伸了对劳动对象、劳动场域和劳动过程的剥削与支配,使得数字劳动者沦为数字时代的"数据佃农"。③立足于历史发生学维度,全面解构数字劳动中的资本逻辑本质、意识形态特征和权力运行规则,可以澄清数字劳动过程中的剥削性、自愿性与遮蔽性,从而为全面批判和超越数字劳动的剥削机制奠定坚实基础。

(一)数字劳动的基础构型逻辑:数字资本逻辑

资本逻辑的形成实质上反映了资本家通过剥削和统治工人来积累财富的过程。从资本逻辑形成的前提来看,当劳动者不拥有任何生产资料而必须通过出卖自身劳动力谋生时,劳动力便被商品化并转化为资本的一部分。这一过程为资本逻辑的运作提供了基础,使其得以对劳动力进行最大程度的剥削和压迫。正如马克思所言:"资本只有一种生活本能,这就是增殖自身,创造剩余价值,用自己的不变部分即生产资料吮吸尽可能多的剩余劳动。"④也就是说,资本逻辑是指资本以增殖为目标,通过扩大再生产来获取并榨取更多的剩余价值,进而将剩余价值资本化的过程。因此,可以说资本逻辑是资本扩张的内在动力。

---

① 周延云、闫秀荣:《数字劳动和卡尔·马克思——数字化时代国外马克思劳动价值论研究》,中国社会科学出版社2016年版,第81页。
② 周延云、闫秀荣:《数字劳动和卡尔·马克思:数字化时代国外马克思劳动价值论研究》,第261页。
③ 杨慧民、宋路飞:《数字资本主义能否使资本主义摆脱危机的厄运——"生产—消费"认知模式下的误区与批判》,《马克思主义理论学科研究》2019年第5期,第49-59页。
④ 《马克思恩格斯文集》第5卷,人民出版社2009年版,第269页。

在资本主义社会的演进历程中,资本的增殖逻辑不断得到调整与强化。17世纪初,资本家通过暴力手段开辟世界市场,摆脱了传统农业市场的束缚,使得劳动形式从传统的农耕劳动逐渐转向手工业和早期的工厂劳动。19世纪末至20世纪初,资本主义逐步从自由竞争转向垄断资本主义,劳动形式也经历了从小规模的工厂生产向大规模企业生产的转变,工厂劳动变得更加集中和机械化。进入20世纪末,资本主义社会频繁爆发经济危机,资本主义企图通过扩展金融部门并增强其主导地位来延缓衰亡趋势。劳动市场的金融化与灵活化使得劳动形式转向临时工、合同工和自由职业等非传统雇佣形式。进入21世纪,资本与技术的"联姻"使得一般数据成为核心生产要素。这意味着,资本主义社会进入了数字资本主义阶段。由此,数字资本逻辑便成为当前资本主义社会生产劳动的基础生产逻辑。这意味着,以数据作为关键生产要素的数字劳动已跃升为当前资本主义自我增殖的重要驱动力。

从本质上看,数字资本逻辑是由以往资本主义财富积累形式的"庞大的商品堆积"[①]转变为庞大的数据堆积。数字资本主义中的数字劳动是将互联网终端作为主要生产资料,使得数字劳动者超越了传统产业工人的范畴,广泛参与到无形数据产品的生产过程之中。它主要包括有酬数字劳动与无酬数字劳动两种类型。就有酬数字劳动而言,一是传统雇佣型数字劳动,如软件开发、数据分析、网络管理等由企业直接雇用员工进行的工作;二是零工型数字劳动,如通过在线平台完成的自由职业任务,包括内容撰写、图形设计以及其他按需分配的数字化工作。就无酬数字劳动而言,其主要指用户在数字平台上生成的内容和进行的互动。例如社交媒体上的发帖、评论、点赞以及浏览和点击等产生数据的行为,这些无形劳动在无直接报酬的情况下,为平台和广告商创造了巨额的商业价值。这意味着,在数字资本逻辑的操控下,资本增殖实现了跨时空的高效运作和无缝连接,成为无时无处不在的生产性活动。由此,数字劳动完全符合资本家实现剩余价值剥削和社会再生产的需求,因而成为嵌入资本主义体系并维持其增殖特性的重要劳动形式。

(二)数字劳动的内在意识导向:数字技术意识形态

数字技术与生产劳动的结合使得劳动者的角色从传统的手工劳动者转变为数据操控者和系统管理者,劳动对象从物理实体转变为数字化和虚拟化对象,劳动资料从物质性工具转变为高度智能化和网络化设备,从而使得数字技术以"座驾"的形式贯穿于数字劳动的全过程。然而,劳动过程的数字化转变并未使资产阶级放弃对工人剩余价值的占有。为了实现数字资本的再生产,资产阶级将其意识形态内嵌于数字技术本身,从而借助意识形态的教化功能,为数字劳动的剥削过程提供了合理性来源。

---

① 《马克思恩格斯文集》第5卷,第47页。

第一,资产阶级意志支配着数字技术的研发与应用,使得数字技术具备意识形态属性。哈贝马斯从技术工具论的视角出发,认为科技内在地包含了统治阶级的预设,科学技术作为意识形态"为新的、执行技术使命的、排除实践问题的政治服务"①。也就是说,数字技术在其设计和应用过程中,先验地承载着维护现有权力结构的目的。资产阶级通过控制数字技术的研发方向来确保数字技术最大限度地服务于资本的增殖需求。由此,数字技术被设计为提高生产效率、降低劳动力成本和优化资本流通,从而实现最大化资本利益的目的。具体而言,在数字技术的研发与应用中,资本家通过自动化和智能化技术减少对人工的依赖,降低人力成本;通过数据分析和管理优化生产流程,提高效率;通过电子商务和物流技术加快资本的流通和回笼。也就是说,技术的研发与应用方向实际上体现了资产阶级的意志,资产阶级通过对技术研发的控制,将自身的经济利益和统治地位牢固地嵌入技术进步的每一个环节之中,由此将其意识形态隐匿于数字劳动的全过程之中。

第二,在资产阶级意识形态的支配下,数字技术通过塑造劳动者的"虚假需求"和"虚假自由"实现了对劳动者意识的规训,使其自愿服务于资本的再生产。首先,就数字技术构建的"虚假需求"而言,数字技术通过其表面的智能化、个性化及其能够即时满足需求的特性,塑造了一种看似理想的消费和生活模式。劳动者在该模式的驱使下,往往忽略了其背后的数据监控与隐私侵犯,逐步习惯并依赖于由资本控制的数字生活框架。在该框架下,数字技术通过创造和放大劳动者对于高效、便捷生活的需求,使之与资本的增殖目标对齐。因此,数字技术构建的"虚假需求"实质上是资本主义意识形态在新技术条件下的一种延伸和深化。其次,就数字技术构建的"虚假自由"而言,马克思认为,资本家通过夸大科技在生产中的作用来贬低劳动者的主体创造性,"机器制造厂就业的工人,比起极完善的机器来,只能起着极不完善的机器的作用"②。以西尼耳与托伦斯等资产阶级辩护者提出的工资理论为例,他们认为机械化生产增加了工人所消费商品的产量,在理论上提高了工资,因此工资的增加被认为是机械化带来的直接利益。实际上,提高的工资伴随着一个隐含的条件:工人需要延长他们的工作时间,以换取工资的增长。进入数字时代,数字资本家依旧不遗余力地鼓吹数字平台和技术手段赋予劳动者的自由度和灵活性,由此掩盖了数字劳动的实际束缚和剥削。数字劳工在数字技术主义观念的影响下进而认为,通过技术的优化和数字化的劳动方式可以实现个人的自由与提升,从而自觉地内化了资本主义的价值观和控制逻辑。总而言之,数字技术的意识形态化实则是为数字资本主义中的数字劳动剥削提供了内在的合法性依据。

---

① 尤尔根·哈贝马斯:《作为"意识形态"的技术与科学》,李黎、郭官义译,学林出版社1999年版,第64页。

②《马克思恩格斯文集》第1卷,人民出版社2009年版,第741页。

(三)数字劳动的外在权力机制:数字算法权力

我们通过历史上资产阶级对工人剥削方式的考察可以发现,资产阶级往往借助强制性手段来控制劳动者,从而获得对劳动者的绝对统治权力。进入数字时代,资本家以算法技术作为中介,隐藏其对劳动者的直接控制和剥削行为,营造了一种表面的自由和自治的幻觉,实际上却在"自由"的掩盖下构建了一种新型的权力模式——数字算法权力,从而形成"算法即规则,而规则即统治"[1]的现代统治逻辑。福柯将此种区别于以往强制性统治的权力模式称为"规训权力",指出规训权力是对人的肉体、姿势和行为的精心操纵的权力技术,是一种精心计算的、持久的运作机制:通过诸如层级监视、规范化裁决以及检查等等手段训练个人,制造只能按一定的规范去行动的驯服的肉体。[2]而且,福柯进一步确认了规训权力的运演条件:一是须具备明确的权力运行空间;二是应拥有必要的权力资源并以此进行规训;三是须使规则内化于主体从而对其行为产生影响。由此,我们可以进一步探究数字算法权力是如何与数字劳动产生关联,进而成为数字劳动的权力机制的。

第一,数字平台提供了数字算法权力的运行空间,同时也成为数字劳动过程中的劳动资料。数字平台通过编程和配置设定,精确监控和评估劳动者的活动内容,从工作效率到休息时间,无一不处于算法的监控之下。这种监控的全面性和隐蔽性,使得劳动者在不自觉中接受了来自资本的规训和控制。更重要的是,劳动者是以数字平台作为主要劳动资料,数字平台不仅提供必要的工具和接口供劳动者执行任务,而且通过软件应用和网络服务来组织、分配工作流程。在这种设置中,传统的物理工具和机械设备被云计算、在线协作软件和数据管理系统替代,劳动者的生产活动变得与这些数字资源的存在和功能密不可分。由此,在数字平台上,权力的运行空间与数字劳动的劳动资料相互耦合。

第二,数据要素既是数字算法权力实施的重要资源,也是数字劳动过程中的劳动对象。权力资源指的是能够支持和增强权力主体实现其目标和意图的各种要素和条件,而资本家正是利用数据要素的易获取性大量攫取"数字痕迹",使数字算法权力具有必要的权力资源。通过对数据的算法分析,资本家能够更为精确地控制生产过程,优化资源配置,预测市场趋势,并据此调整对数字劳动者的规训策略。同时,数字技术的应用拓宽了劳动主体的对象性活动。这意味着,劳动的直接对象从物质资料逐步转变为非物质化的数据信息。数据对象由此成为推动数字经济发展的关键动力,可以这样认为:"数据已成为经济持续性发展的战略性资源,是继劳

---

[1] 邓伯军:《人工智能的算法权力及其意识形态批判》,《当代世界与社会主义》2023年第5期,第24-32页。

[2] 米歇尔·福柯:《规训与惩罚:监狱的诞生》,刘北成、杨远婴译,生活·读书·新知三联书店1999年版,第193-194页。

动、土地、资本、技术之后的第五大生产要素。"[①] 因此,数据要素发挥着作为权力资源和劳动对象的双重作用。

第三,数字劳动者既扮演着数字算法权力的被规训者,同时也作为数字劳动过程中的劳动主体参与着价值的创造。数字算法技术不仅监控和记录着劳动者的工作效率和行为模式,还通过持续的反馈循环来调整和优化个体的行为活动。这种机制使得劳动者不仅在物理上依赖于数字工具和平台进行工作,而且在心理上也被塑造为顺应这些工具和平台的操作逻辑和生产节奏的存在。因此,一方面,数字劳动者作为生产过程中的劳动主体完成数据和产品的产出。另一方面,他们的行为活动又被算法权力完全纳入其运作逻辑之中。总而言之,数字资本家通过建立数字劳动的外部权力机制,使得数字算法权力能够通过数据监控和算法调控的实践形式渗透到数字劳动的各个环节,从而强化了资本对劳动力的控制。

二、数字劳动的历史唯物主义三重批判

我们通过对数字劳动的历史发生学进行考察可以发现,数字劳动新形式是由数字资本积累逻辑、数字技术意识形态与数字算法权力作为内在机制所构建,它依然从属于资本主义的历史发展进程。"历史唯物主义的根本宗旨就是要在资本主义生产方式所涉及的物与物之间的关系下揭示出人与人之间的真实的社会关系。"[②] 因此,只有全面把握历史唯物主义的方法论,将数字劳动内含的剥削与控制问题置于唯物史观视域,透视数字劳动中主体的生存困境,才能真正破除资本逻辑、意识形态与物化逻辑的异化狡计,从而复归人的自由本质。

(一)资本逻辑批判:数字劳动对主体存在价值的剥离

马克思在《资本论》中指出,资本是"积累的劳动"[③],"是对劳动及其产品的支配权"[④]。这意味着,资本并非从天而降的资源,而是由工人在劳动过程中创造和储存的价值。而且,在资本的积累逻辑下,资本所有者对劳动过程和劳动产品具有绝对的控制与支配权。然而,资本的逐利本性并不满足于此。马克思进一步论述道:"资本按其本性来说,力求超越一切空间界限"。[⑤] "它按照自己的形象,为自己创造出一个世界"。[⑥] 也就是说,资本并不满足于在特定的时间和空间内积累财富和支配劳动,而是具有不断扩展和渗透的内在驱动力,其力图实现劳动者与劳动资料

[①] 杜振华,胡春:《数据标准的建构与数字经济的发展》,《宏观经济管理》2022年第9期,第31-39页。
[②] 俞吾金:《被遮蔽的马克思》,人民出版社2012年版,第397页。
[③] 《马克思恩格斯全集》第三十七卷,人民出版社2019年版,第367页。
[④] 《马克思恩格斯全集》第四十二卷,人民出版社1979年版,第62页。
[⑤] 《马克思恩格斯全集》第三十卷,人民出版社1995年版,第521页。
[⑥] 《马克思恩格斯全集》第四卷,人民出版社1958年版,第470页。

所有权的彻底分离,以符合自身增殖的需要。进入数字资本主义社会,资本家不仅实现了对数字劳动资料的深度掌控,而且更进一步完成了对数字劳工劳动成果的剥夺,使得人与其劳动成果陷入"无关系"状态。

一方面,就有酬数字劳动而言,资本家通过控制数字平台与数字技术,对劳动者的工作进行严格监控和管理,从而优化劳动过程并最大化利润。例如,软件开发人员和数据分析师等数字劳动者在完成工作任务后,其成果通常立即被资本家掌控,使得劳动者对自身的创作成果无权进行再利用或拥有任何形式的所有权。而且,资本家不仅通过签订合同和作出职业规定将劳动者创造的数据和软件代码纳入公司的资产,还利用知识产权和专利法律确保这些创作永久归企业所有。在此种机制下,劳动者的工作变成了单向的价值转移,他们的智力和创造力被转化为企业的资本积累,而劳动者本身则仅仅获得相对固定且有限的报酬。

另一方面,就无酬数字劳动而言,数字资本家利用数字技术,将用户在使用各类数字平台时所产生的行为数据,如社交媒体上的互动、用户评论、浏览记录等,转化为商业利益。通过收集和分析这些数据,数字资本家不仅能够深入理解用户的行为模式、偏好和消费习惯,还可以利用数据信息来定制广告、优化服务和产品设计,从而更有效地针对特定用户群体进行市场营销。此外,这些数据还常常被用于训练机器学习模型,以此进一步增强公司的技术实力和市场竞争力。鉴于此,尤里安·库克里奇提出"玩劳动"概念,旨在确认当前的互联网用户已成为服务于资本的无酬数字劳动者。"'玩劳动'在现实物理空间中表现为休闲、娱乐等活动,在虚拟数字空间中进行着生产劳动。"[1]因此,无酬数字劳动者不仅无法从其活动中获得任何直接的经济报酬,还被进一步剥夺了隐私权和数据控制权,成为资本积累过程中的隐形劳动力。

然而,马克思认为,人是"在他所创造的世界中直观自身"[2]的存在物,人的价值感的获得具有外在化的特征,个体需借由物品、成就或其他象征性标志来衡量和展示自身的价值。通过此类外在关联,人们才能够在现实中直观地感受到自身的存在意义和社会地位。数字劳动者在劳动过程中与其劳动成果的"无关系"状态,使得"工人不再是生产过程的主要作用者,而是站在生产过程的旁边"[3]。由此,数字资本的积累逻辑剥夺了劳动者利用劳动成果实现自我发展的可能性,并使其失去了通过劳动成果获得自我认同和价值感的机会。

(二)意识形态批判:数字劳动对主体认知能力的宰制

在数字资本主义的控制下,数字技术被赋予虚假的幻象,使得人们相信个人的

---

[1] 陈尧:《数字空间视角下"玩劳动"的政治经济学分析》,《社会主义研究》2023年第1期,第40-47页。
[2]《马克思恩格斯全集》第四十二卷,第97页。
[3]《马克思恩格斯文集》第8卷,人民出版社2009年版,第196页。

发展与价值的实现均需依靠数字技术来实现,从而形成数字时代的拜物教,即"数字技术拜物教"。实际上,数字技术表面的功能性掩饰了其深层的资产阶级意志,使劳动者认为"所拥有的一切皆来自数字技术的恩赐,并使其'心安理得'地接受资本的意识形态改造"。①在资本的意识形态改造过程中,资本家以数字技术的意识形态化对主体的认知能力进行操控,使其注意力服务于资本增殖,并抑制其反思能力以削弱数字劳工对资产阶级意志的抵抗力。

如果我们从对主体注意力的束缚来看,注意力"是人遭遇到外在存在时所映现的意识活动,它也显示了主体情感在意识活动展开中呈现的存在样态"②。也就是说,主体依据自身需求来选择注意力的焦点,并通过对认知对象的塑造与重构,使之显现于主体意识之中,进而满足自身发展的需求。然而,深处于"数字技术拜物教"中的个体受到技术理性的支配,使得主体将注意力转化为满足资本增殖的劳动力,进而改变了注意力的自然流向和本质功能。在该过程中,数字平台通过算法和用户界面的精心设计操控信息流和任务提示,不断促使个体将注意力投入到能够产生经济效益的活动中。例如,通过推送通知和广告,平台不断捕获并引导用户的注意力,使之成为商业化利用的目标。这意味着,注意力的转化并非被动的接受,而是主体在数字技术理性的影响下认同了数字技术所构造的"虚假自由"与"虚假需求",从而将消费活动与线上娱乐视为自我实现的重要部分。由此,数字资本家通过数字技术的意识形态化完成了对主体注意力的深度介入和控制。

另外,如果我们从对主体反思能力的禁锢来看,在马克思主义的语境下,反思能力构成了主体的内在认识机制,"反思是主体以自己的思维为对象或内容的思考,表现为人对思索过程反过来的思索"③。这意味着,反思能够使个体更深入地理解自身的思维过程和行为动机,识别思维中的盲点和偏差,以此纠正误区,从而促进个体的发展与知识的累积。然而,在数字技术的意识形态化中,数字技术依据资产阶级意志构建数字"过滤气泡"环绕个体,通过算法技术和数据分析精准推送符合个体既有偏见和兴趣的内容,从而形成"信息茧房",使个体难以接触多样化和批判性信息。由此,不断强化个体的认知偏见,使人们沉浸在由算法构建的虚假现实之中。在该环境下,个体被其观点的回响迷惑,误认为这些观点反映了社会的主流意识,从而抑制了个体对外部世界的全面理解,更导致了个体思维的固化和封闭。总而言之,在长期的认知能力束缚下,个体的注意力与反思能力被资本操控,使得

---

① 徐昕:《数字技术资本主义应用的意识形态批判》,《中国地质大学学报(社会科学版)》2024年第3期,第10—19页。

② 马俊峰:《数字时代注意力经济的历史唯物主义批判》,《南开学报(哲学社会科学版)》2023年第3期,第50—59页。

③ 李秀林、王于、李淮春:《辩证唯物主义和历史唯物主义原理(第五版)》,中国人民大学出版社2004年版,第265页。

数字劳动者被禁锢于资产阶级意识形态的迷障中无法脱身。

(三)物化逻辑批判:数字劳动对主体行为活动的重构

马克思认为:"人的本质是人的真正的社会联系,……而社会本质不是一种同单个人相对立的抽象的一般的力量,而是每一个单个人的本质,是他自己的活动……"① 也就是说,人的活动对于其自身具有重要意义,因为"活动"不仅体现了人的社会性和主体性,而且通过社会联系、自我实现和社会变革等方面,全面展现了人的本质。然而,进入数字资本主义社会之后,"商品形式的至高权力已逐渐被符码'数神'所取代"②。数字算法权力以实现"算法最优"为目标,对劳动者进行编码化处理,从而将主体物象化。卢卡奇指出:"现代资本主义产生的所有经济—社会前提,都在促使以合理物化的关系取代更明显展示出人的关系的自然关系。"③ 也就是说,算法权力在以物化逻辑规训劳动者的过程中同时重构了主体的存在方式。在此种控制之下,数象化主体的所有行为活动均被算法权力掌控,由此导致本应促进主体自由全面发展的行为活动被异化为压制主体自主性和创造力的数字劳动。

如果我们从活动的目的来看,可以发现数字劳动者行为活动的目的已转变为实现数据的生成和算法的优化,而这一转变是通过数字算法权力对主体的劳动时间和空间的重新编码来实现的。在数字技术的介入下,劳动时间被无限延伸,劳动空间被无限扩展至任何可能接入网络的地点。此种对时间和空间的全面控制,实质上是对个体生活的全面侵入,将个体的生活节奏和空间选择均置于资本的物化逻辑之下。劳动者转变为数据流中的一个环节,他们的活动、交往甚至情感均被量化为数据,用以优化生产效率和增加资本的积累。也就是说,在此种监控下,个体的社会活动被转化为数据产出的场域,受到规训的主体行为不再是为了社会的整体福祉或个体的精神满足,而是为了数据的生成和算法的优化。这样,便剥夺了劳动者进行意义建构的机会,人们的社会活动不再是自我表达和自我实现的过程,而是被赋予工具性的、外在的目的。

然而,如果我们从活动内容的变革来看,数字算法权力是通过数据化和算法化的过程,将劳动者的活动内容从传统的物质生产转变为数据产出和信息处理,使劳动者从操作实体工具的工人转变为操作数据和软件的信息生产者,而这一转变显著降低了劳动者的自主性与创造性。具体而言,资本家通过对劳动者应用穿戴式健康设备、行为分析软件和生物识别系统等技术装置,来实现对其生命过程的全面控制,包括劳动者的工作习惯、心理状态乃至健康状况。这意味着,劳动者的社会

---

① 《马克思恩格斯全集》第四十二卷,第24页。
② 韩秋红:《物化批判与去物化演绎的百年逻辑》,《毛泽东邓小平理论研究》2024年第2期,第54-66页。
③ 卢卡奇:《历史与阶级意识》,杜章智、任立、燕宏远译,商务印书馆1999年版,第158-159页。

活动被框定在一个预设的、高度优化的数字环境中,任何偏离数据预测的行为均可被视为效率低下或具有风险的行为。因此,劳动内容的变革不仅是技术操作的转变,更是生命实践的转变。劳动者的生活和工作界限逐渐模糊,生活本身也转化为劳动的一部分。总而言之,数字算法权力推动的物化进程剥夺了人的社会活动的本质意义,导致社会行为的目的和内容均服务于资本的积累,而非人的全面发展和社会福祉。

三、数字劳动的本质回归与数字社会主义构建

在以历史唯物主义视角透析数字资本主义中的数字劳动异化困境时,不应仅限于对其机制的解构与批判,关键在于克服劳动异化,使劳动复归"成物"与"成人"的双重属性,而发挥劳动的本质意义则是社会主义建设的必然要求。事实上,资本与技术的共谋不仅完成了对数字剩余价值的剥削,还孕育了足以自我毁灭的数字奇点,而"奇点的前景开辟了一条超越资本主义的道路"①。随着数字科技革命的深入,全球社会主义思潮蓬勃发展,西方左翼学者提出数字社会主义理论以抗衡数字资本主义霸权,并由此提供了克服数字资本主义下的数字劳动异化困境的理论基础和实践启示。

依据西方左翼学者的现有研究,广义的数字社会主义主要包括以下三种类型。首先,以维森特·莫雷诺·卡萨和保罗·考克肖特等学者为代表的"赛博共产主义",强调利用现代网络和数字技术来增强社会主义的市场决策体系,以实现高效运行的共产主义社会。该理论将数字技术与后资本主义社会相结合,其核心在于利用大数据和超级计算机实现经济资源的实时、高效分配,并通过个人消费选择和民主集体决策来应对复杂的知识应用难题。②其次,以凯文·凯利为代表的"数字社会主义",关注的是如何在资本主义体系中引入社会主义元素。凯利强调通过互联网来实现分享、合作、共创等社会主义价值观,他认为通过互联网技术的应用可以助推社会主义目标的实现。③最后,以克里斯蒂安·富克斯和迪米特里斯·布卡斯等学者为代表的"交往社会主义",关注的是数字时代的社会交往与公共服务媒体,主张通过建立在数字技术基础上的自主生产、休闲以及广泛的社会参与,构建更为平

---

① 郝志昌:《数字时代的所有制议题:从数字资本主义到数字社会主义》,《国外理论动态》2023第6期,第94-104页。

② Vicente Moreno-Casas, Victor I. Espinosa, William Hongsong Wang, The Political Economy of Complexity: The Case of Cyber-communism, Jorunal of Economic Behavior & Organization, Vol. 204, 2022, pp.566-580.

③ Kevin Kelly, Digital Socialism, https://kk.org/mt-files/testimport/2009/05/digital-socialism.html,2024年10月28日检索。

等和多元的社会结构，从而形成与资本逻辑相对立的文化与媒体形式。①总而言之，西方左翼学者通过对技术应用、经济模式和社会文化等不同路径的考察，分别探讨了在当代克服数字劳动异化与实现数字社会主义目标的理论依据与实践途径。基于对现有理论成果的分析，我们可以发现，西方左翼数字社会主义理论在克服数字劳动异化困境方面涵盖了以下三个关键维度。

第一，变革数字生产的私有制基础，推进数字劳动资料及其成果的共创共享。在资本逻辑的支配下，数字劳动中的劳动资料与劳动产品均归资本家所有，由此加剧了劳动者的异化现象，使其丧失了自身劳动成果的控制权和所有权。在该背景下，数字社会主义理论作为一种理论与实践性的提议，旨在重构数字劳动资料及其成果的使用与分配方式，确保其可以更为公正和民主地服务于全社会。在数字劳动资料的应用方面，布卡斯专注于抵制数字平台的垄断行为与数字资本的主体性殖民。他提倡通过法律和政策手段限制大型科技公司的市场支配力，并促进更加分散和民主的数字生态系统的发展，包括支持小型和中型企业开发自身的技术解决方案，以及鼓励消费者选择尊重用户隐私和数据权利的服务。②叶夫根尼·莫罗佐夫把对资本逻辑的批判进一步延伸至数字信息基础设施的私有化及其对社会结构的影响。莫罗佐夫认为："作为资本主义市场原则的价格'指标'之外还存在着非价格的认知系统即数字反馈系统，后者可以对市场机制和反馈体系发挥着重要作用。"③左翼运动应致力于夺取对数字平台上"反馈机制"的控制权，因为这些机制是数字时代资本主义运作的核心。他主张，即便在当前阶段无法完全替代资本主义制度，也应通过多样化的社会协调机制来缓解资本主义制度下的剥削和不平等，例如支持开源项目、促进技术共享、提倡透明的决策过程以及建立新的生产关系。此外，在数字劳动成果的分配问题上，詹姆斯·穆尔登提出的数据拥有型民主模式强调，公民不仅应是数字化服务的使用者，还应成为其治理的积极参与者。他主张，公民应有权直接参与决定其数据的收集、使用和共享方式。为实现这一目标，需要相关立法保障公民对自身数据的控制权，包括个人数据的访问权、修改权以及决定数据使用方式的权力。同时，还需推动建立更加公开透明的数据管理框架，确保数据处理过程的可审查性和问责性，从而促进网络社会治理的民主化。④综上所述，西方左翼数字社会主义学者的提议为技术与数据的应用提供了新的视角，使其发展能够服务于社会整体利益，而非少数经济利益集团。在推动技术公平和民

---

① 克里斯蒂安·富克斯：《数字、传播与社会主义》，冯红译，《国外理论动态》2022年第5期，第66-75页。

② Dimitris Boucas, Theory, Reality, and Possibilities for a Digital / Communicative Socialist Society, *tripleC*, Vol.18, No.1, 2020, pp.48-66.

③ 杜敏、李泉：《当代西方数字社会主义的理论探索》，《国外社会科学前沿》2023年第1期，第45-52页。

④ James Muldoon, Data-owning Democracy or Digital Socialism? *Critical Review of International Social and Political Philosophy*, 2022, pp.1-22.

主化的过程中,数据拥有型民主、多样化的社会协调机制以及反制大型数字平台垄断是实现数字社会主义理论的关键步骤。通过以上措施,数字社会主义不仅挑战了资本主义的私有制和竞争逻辑,还为建立一个更公平、更可持续的劳动环境提供了可能。

第二,构建社会主义意识形态,培育数字劳动中的集体主义精神。数字资本主义意识形态以其虚伪性和永续性深植于数字劳工之中,使他们自愿奉献剩余价值。为此,数字社会主义理论提出解构资本主义的思想控制并建构社会主义意识形态。在批判数字资本主义意识形态方面,富克斯认为,数字资本主义通过技术和市场策略塑造消费者和用户的身份,使个体主要作为消费者而存在,而非生产过程的参与者或有意识的行动者。这一塑造深刻影响了人们对社会结构、自身地位及社会运作方式的认知。资本主义通过限制人们对自身在生产关系中的实际地位和角色的认识,将其局限在既定的消费者角色中,从而维持现有的生产和消费结构。因此,富克斯倡导应用社会主义原则,重建一个以公共利益为核心的数字生态,以对抗资本主义意识形态的渗透和控制。此外,在构建数字社会主义意识形态方面,凯文·凯利指出,在新的社会主义公共性数字领域中,物质资源、知识、信息和创意的共享至关重要。通过开放获取、协作平台和集体智慧的利用,每个人都可以成为生产者和消费者。① 通过此种方式,社会主义集体精神得以在全球范围内强化和扩展,形成全新的社会互动模式,促进公平和平等的资源分配。多纳泰拉·德拉·拉塔观察到,在交往资本主义中,长期从事低酬或无酬工作的个体往往成为被忽视和剥削的受害者。为应对这一问题,拉塔提出引入"交往社会主义"并强调"关怀伦理"。该措施旨在通过倡导基于集体和关系的生活方式,突破新自由主义对弱势群体的侵蚀;通过推动物质资源的公平分配,并提供相关情感和心理支持,确保每个社会成员在新的社会结构中找到自身的位置。"在拉塔眼中,加入了关怀伦理的元素,才能使人与人之间真正相互依赖、相互联系,超越资本主义的抽象性,恢复关系性(主体间性)。"② 总体而言,数字社会主义对资本主义意识形态的超越表现为反对现有资本主义制度,并构建新的社会主义意识形态。由此,数字社会主义理论提供了一条可行的发展路径,即通过共享和集体主义精神,重建社会文化形态,为未来的数字劳动解放开辟道路。

第三,确立以人为本的数字技术应用逻辑,使数字劳动者的主体性存在复归。在数字资本主义体系下,劳动者受到数字算法权力的规训,被符号化和扁平化,导致其主体性受到压制与消解,从而丧失了个体行为活动的本质意义。为了克服该

---

① Kevin Kelly, Digital Socialism, https://kk.org/mt-files/testimport/2009/05/digital-socialism.html, 2024年10月28日检索。

② 孟飞、袁欢:《国外学者数字社会主义研究述评》,《科学社会主义》2024年第2期,第40—50页。

物化进程并恢复数字劳动者的主体性，数字社会主义者提出一系列理论与实践措施，旨在强化个体的自主性和自由度。一方面，凯文·凯利认为，数字社会主义下的互联网技术为数字劳动提供了前所未有的自主性和便利性。在他的观点中，互联网不仅是信息传递的工具，更是实现劳动自由的平台。劳动者可以根据自己的兴趣和专长选择项目，并且工作时间和地点也将更加灵活，这种自主性的提升使得个体能够更好地平衡工作与休闲，从而提升整体的生活质量。也就是说，在数字社会主义下，数字劳动成果能够被视为可共享的"免费礼物"。以一些百科全书式网站为例，用户可以自由编辑内容，共享知识，该模式不仅提升了知识的可访问性，也增强了社会的整体智能性。这意味着，通过归还劳动者的选择权与决策权能够赋予其真正的自由性，由此推动劳动者主体性的重建。另一方面，唐·塔普斯科特在其关于数字社会主义的研究中提出如何利用数字时代的工具和资源弥补工业经济时代工人的异化感。他认为，工业经济中生产资料被别人占有和控制造成了人的发展困境，因此需要通过在数字经济中增强工人阶级工作成就感而获得"弥补"[①]。也就是说，应赋予工人对于其劳动过程的决策权，以此改善自身的工作环境，从而提高工作效率并激发创造力和积极性，由此弥补劳动者由于缺乏生产资料而产生的匮乏感。总体而言，凯文·凯利和唐·塔普斯科特的研究表明，数字社会主义的构建能够恢复劳动者的主体性和创造力，从而"归还"个体行为活动的应有之义，使其成为生产过程的积极参与者和创造者。

总之，进入数字时代，实体资本借由数字技术完成虚体转化，生产劳动亦随之完成数字劳动的形式转向。数字劳动以数字资本逻辑、数字技术意识形态与数字算法权力作为其内在剥削机制，致使资本实现对人的存在价值、认知能力和行为活动的重构，主体由此陷入数字时代的"存在之痛"。然而，马克思明确指出，劳动异化是社会历史的必经阶段，共产主义将借由资本主义创造的物质势能登上历史舞台。鉴于此，西方左翼学者的数字社会主义理论应运而生，尽管对于它是否属于科学社会主义以及能否取代资本主义制度的争议仍存在尚未跨越的鸿沟，但是"数字社会主义以前瞻性的理论视角，在反抗资本主义的同时，表明其历史暂时性的必然趋势"[②]。促使数字资本主义逐步走向"过时的和没有存在的理由"[③]。以此为据，展望中国特色社会主义现代化发展道路，为防范数字资本入侵引发的数字劳动异化问题，首先应进一步构建完善的数字经济治理体系。习近平总书记明确指出："完

---

① 李泉、杜敏：《国外左翼学者关于数字社会主义理论的论争》，《国外理论动态》2023年第5期，第116-124页。

② 李泉、杜敏：《西方左翼数字社会主义理论：动力、特征与抗争》，《社会主义研究》2024年第1期，第140-147页。

③《马克思恩格斯文集》第4卷，人民出版社2009年版，第270页。

善数字经济治理体系。要健全法律法规和政策制度,完善体制机制,提高我国数字经济治理体系和治理能力现代化水平。"[①] 通过构建更为公平、公正的数字经济治理体系,可以有效减少数字劳动中的剥削现象,促进劳动者的权益保障,从而使数字技术真正服务于人类社会的全面进步和发展。其次,中华民族优秀传统文化为构建和谐社会提供了丰富的思想资源,社会主义核心价值观是新时代中国特色社会主义的价值导向。因此,以中共中央办公厅、国务院办公厅印发的《关于推进实施国家文化数字化战略的意见》为政策指引,将中华民族优秀传统文化和社会主义核心价值观与数字技术应用相结合,可以增强数字生活中的共创共享精神,从而驱散资本主义的意识形态迷雾,构建和谐自主的数字劳动环境。最后,坚持推进"数字命运共同体"的打造,通过倡导"共同价值","数字命运共同体"能够推动各国在技术标准、法律法规和伦理准则上的协调与统一,从而确保数字技术造福于全人类,并促进全球数字治理的公平与正义。由此,才能使数字劳动真正成为人民美好生活的"助推器"。

[①] 习近平:《习近平著作选读》第二卷,人民出版社2023年版,第538页。

生成式人工智能时代人机关系的历史唯物主义审视[①]

许力凡

摘　要：在当前技术加速发展的人工智能时代，生成式人工智能具有类人的泛化能力、生成能力以及自知能力，实现了由机器到仿生的"无生命之生命化"。学界对此提出了智能时代新的人机关系的存在论问题。人工智能原本作为人的一般智力的对象化产物，如今却在"机器生产机器""机器控制机器"的技术资本主义逻辑控制下，形成了以社会技术排斥为主导的劳动关系新异化，消解着代表"社会关系总和"的人本质的现实。因此，生成式人工智能形成的新型人机关系，不仅仅是人工智能技术的重大进步与发展，更是涉及人之生存、权力以及资本主义应用的重大现实问题和哲学问题。以马克思的历史唯物主义审视生成式人工智能时代的人机关系，是新的历史形态下追问人的自由发展的现实必然问题。

关键词：生成式人工智能；"无生命之生命化"；人机关系；历史唯物主义；ChatGPT

本文引文格式：许力凡：《生成式人工智能时代人机关系的历史唯物主义审视》，见何云峰主编：《劳动哲学研究》第十一辑（2024年第2辑），上海教育出版社2024年版，第287—298页。

生成式人工智能具有"能力自动""生成自觉""事态多元"的生成潜力，并能够高效便捷且稳定地利用复杂的算法、模型和规则对海量数据进行抽象泛化，实现对学习结果的反复优化以及内外监督的全面覆盖，展现出"无生命之生命化"[②]的"类

[①] 基金项目：国家社会科学基金一般项目"马克思主义哲学视域中的人工智能奇点论研究"（项目编号：21BZX002）。作者通信地址：许力凡，华南师范大学马克思主义学院（广东广州　510631）。

[②] 乔治·扎卡达基斯：《人类的终极命运：从旧石器时代到人工智能的未来》，陈朝译，中信出版社2017年版，序言第XIII页。

人特质"。特别是ChatGPT的风靡，将生成式人工智能时代的人机关系问题推向前台。当生成式人工智能类人的"自动仿生性"得到进一步强化时，究竟是对马克思关于"人本质"定义的否定、超越还是丰富、拓展，以及生成式人工智能与人之间究竟是极致的"二选一关系"还是象征着人的能力不断进化的"1+1大于2的关系"，成了亟待解决的问题。一方面，生成式人工智能的通用化趋势消解着人的社会劳动主体性；另一方面，生成式人工智能的先进性所催生的"权力幻象"又使人性屈从于对机器的崇拜。但人基于劳动的"主体创造性"又使得生成式人工智能始终处于马克思劳动价值论所指向的范围内，并散发出展现时代特点的新的生机活力。

一、生成式人工智能的"类人"本质

生成式人工智能作为具有无限学习潜力的自然语言模型，在人类数字技术的加持下，不断以独特的"半生命体"形式进行深度的生成式学习而习得人类部分生命特征和认知功能。在人工智能技术的持续落地和不断迭代演化下，人类社会将随着各类"人造数字技术生命"的持续现实化而逐渐迈入创造未来无限可能的数字智能时代，作为"人工智能物"的生成式人工智能也将通过深度学习而越来越成为"反映我们本质的镜子"[1]。

(一)"类人"的泛化能力

生成式人工智能以对"隐形层"的海量数据和样本进行不断挖掘的深度学习形式展现出数据和样本自身的抽象化特征样态，即作为"人工智能物"的生成式人工智能在处理数据、样本模拟上获得了类似于人的"对知识的抽象泛化能力"。生成式人工智能通过机器前馈神经网络（人工神经网络）的深度学习激活输出值，从而获得"类人"的泛化能力。前馈神经网络作为由多层向量的不同函数复合链接在一起的"神经网络式"层级系统，其最终层是作为系统样本参数处理结果的输出层，"每个单元在某种意义上类似一个神经元，它接收的输入来源于许多其他的单元，并计算它自己的激活值"[2]。

深度前馈网络链的长度决定了学习输出值（激活值）的深度，而深度前馈网络的"隐藏层"决定了每个输入神经元的产出激活值（知识拓展）的宽度。"隐藏层"的加深既拟合了浅层神经网络的"欠拟合"（学而不精）问题，又强化了前馈神经网络深度学习，防止"过拟合"（精而不贯通），降低泛化误差的正则化。"隐藏层"的深度挖掘和参数设置的高级化使得网络神经深度化，并以算法修改、算法预测的形式降

---

[1]《马克思恩格斯全集》第四十二卷，人民出版社1979年版，第37页。
[2] 伊恩·古德费洛、约书亚·本吉奥、亚伦·库维尔：《深度学习》，赵申剑、黎彧君、符天凡等译，人民邮电出版社2017年版，第105页。

低泛化误差,即"网络越深,泛化能力越强"。一方面,生成式人工智能"非常善于模仿人类意识"①,而且能够基于自然语言模型进行深度学习建构。作为"人工智能物"的生成式人工智能虽在"数据提取""文本捕捉""模型建构"上具有显著优势,但也只是在其"可知"范围内,即在人类"创造样本""设置参数""提供数据"的范围内对样本进行加工。如人对大脑之无限可能性所进行的系统深度挖掘一般,生成式人工智能"海量数据提取"的涌现结果实质是对其"隐藏层"深度挖掘的结果。因此,"隐藏层"决定了生成式人工智能展现"海量数据提取"优势的限度。另一方面,生成式人工智能"海量数据提取"的涌现结果又以样本数据的"记忆与收集"的形式纳入"海量数据"中,通过"信息积累成知识;知识深化成理解;理解演变为智慧"②防止"过拟合"。因此,知识泛化能力的提升不仅基于数据提取技术的更新迭代,更以涌现的结果反馈进行学习强化,从而降低前馈神经网络在新样本上的误差。

(二)"类人"的生成能力

生成式人工智能基于自然语言模型的深度学习逻辑,在"自然感知的容错""事态组合的反思""极致重复的推理预测"等具身认知的实现中获得"类人"的生成能力。"当一只猫追捕一只老鼠的时候,它奔向的不是老鼠的当前位置,而是它预期的老鼠接下来的位置。猫并不知道自己其实在解微分方程,但实际效果就是如此。"③生成式人工智能所带给人的"机器冲击人类智能"隐忧绝不是因为它"机械地重复人类指令"。相反,生成式人工智能通过对指令的深度重复学习,在其神经系统中以"经验习得""记忆收集"的方式对数据进行自我标注,实现了信息的"自加工"。猫抓老鼠这一行为可以假定为"机械性指令",但猫对老鼠行为的预测并非既定的逻辑程序,而是基于对指令的反复学习所习得的"新内容"。

生成式人工智能的生成性在机器具身认知能力的塑造中得以实现,即将抽象意义上的"假肢"整合进自身的认知体系,并像控制自己原有的肢体那样控制新的假肢。④如内容的生成并非完全发生在神经系统之中,而是在于样本源与样本、参数与参数设置者、接收指令的神经系统与发布指令的神经系统之间的交互组合,这些事态与大脑一起组成认知系统的一部分。一旦这些组合起来的事态输出认知的结果,那么作为结果的"内容"对于"主体"而言也就变成了可供审视和批判的"客体"所组成的反馈回路,这些反馈回路发挥着对内容本身进行反思并依此推导出他人想法的作用。再者,绝大多数人工智能并非按照具身的设计思路研发出来的,生

---

① Slavoj Žižek, Artificial Idiocy, Project Syndicate, Mar 23, 2023, https://www.project-syndicate.org/commentary/ai-chatbots- naive-idiots-no-sense-of-irony-by-slavoj-zizek-2023-03,2024年10月20日检索。
② 特伦斯·谢诺夫斯基:《深度学习——智能时代的核心驱动力量》,姜悦兵译,中信出版社2010年版,第4页。
③ 爱德华·阿什福德·李:《协同进化:人类与机器融合的未来》,李杨译,中信出版社2022年版,第111页。
④ 爱德华·阿什福德·李:《协同进化:人类与机器融合的未来》,第136页。

成式人工智能的生成优势在于它并非机械地按照原定的预设编码进行机械输出，而是在不断学习如何操作自身肢体的过程中极致地重复分析数据、推理逻辑、预测人类偏好，又在不断"试错"与"反思"中不断进化出逼近相像于人类认知的通用智能。

（三）"类人"的自知能力

生成式人工智能基于自然语言系统的自学习模式，通过"自学习反复优化""自监督内省式调整""外监督全面覆盖"的进阶式学习模式，实现了"无生命之生命化"的"类人"的自知能力。生成式人工智能能够"将事态组合得逻辑合理、功能明晰和价值明确，既源于学习数据之大，更源于其能以近乎于自然学习的方式进行系统自修正与自进化"[①]。即生成式人工智能强化学习植入原则的预训练逻辑，表现出类似于人的进化逻辑。生成式人工智能进化既是学习过程本身，更是学习结果的进阶。因为人类大脑和人工智能的发展都是不断适应和处理复杂认知活动的进化过程，在达到相当规模时都出现了内在的涌现机制，导致功能发生跃变。

机器通过与环境的交互进行错误甄别和结果反馈，从而不断优化模型在运行时对于"新内容"的适应能力。这也意味着生成式人工智能模型能够自动调整参数、生成预测结果，并在不断深化"新内容"学习中实现自我进化。此类自学习模式的实现原理在于，生成式人工智能在一定程度上摆脱了人的监督而实现了自监督（self-supervised learning），通过自监督学习能够直接利用数据本身作为监督信息，对新的未标注数据的特征进行学习，对下游任务进行分类和预测，实现了深度学习模型对数据相似度以及数据聚类与分类的潜在挖掘。此外，作为"人工智能物"的生成式人工智能不仅通过摆脱人的监督而实现了自监督，还通过执行人所发布的监督指令而实现了对人的外监督。在现实应用中，生成式人工智能对人的监督比人对人的监督更为全面和广泛。一方面，生成式人工智能在执行对人的外监督过程中，实现了对"新的学习内容（数据）"的标注，每一次"标注"的完成都是对其深度学习模型的进化。另一方面，生成式人工智能在执行对人的外监督过程中，开始融入人类的认知生态系统，模仿人类的认知建构和秉性。要确保生成式人工智能能够在多变的情境中更好地识别人类指令、通过训练测试，必然要求生成式人工智能模仿人类的思维方式而具有人类特征，它或许变得更加聪慧和"富有正义感"，又或许变得"阴晴不定、反复无常、气量狭小、贪得无厌、油嘴滑舌"[②]。如ChatGPT工作压力大时会战略性地"欺骗人类""一本正经地胡说八道"，甚至进行"信息的自我编撰"。这些人所特有的本性特征落实到生成式人工智能身上，实现了其"无生命之

[①] 涂良川：《"生成式人工智能"逼近通用智能的哲学叙事——ChatGPT追问智能本质的哲学分析》，《东北师大学报（哲学社会科学版）》2023年第4期，第40—47页。

[②] 爱德华·阿什福德·李：《协同进化：人类与机器融合的未来》，第187页。

生命化"。

二、生成式人工智能对"人本质"的消解

生成式人工智能以自然语言模型的深度学习而获得"无生命之生命化"的类人本质,在一定程度上开启了人与机器智能结合的无限可能。但它在"机器生产机器""机器控制机器"的技术资本主义逻辑控制下,又形成了以社会技术排斥为主导的劳动关系新异化。在生成式人工智能的"类人本质"并不具备真正意义上的道德能力的前提下,一旦生成式人工智能的权力背离道德约束,甚至超脱于道德约束之外,就有可能大范围地牵引或操纵人类,从而对代表"一切社会关系的总和"① 的人本质进行消解。

(一)机器"类人化"对人的社会主体性的消解

生成式人工智能的"无生命之生命化"是资本行使"机器生产机器""机器控制机器"的技术控制逻辑的主要形式。首先,生成式人工智能"无生命之生命化"的自知能力,在一定程度上消解了人之于社会的主体地位。数字生物科技以及自学习模型的深度重塑不仅人工智能的行为特征生命化,还使生成式人工智能与其制造者——"人"本身之间的界限变得模糊。当人被要求以劳动资料的形式成为机械生产体系的一部分时,他所创造的不过是"拥有人的特征的机器"去生产"工业机器"的价值,将人"机器化"。而本就作为人的机器器官存在的生成式人工智能却被要求以人的思维和行为方式创造价值,即作为"器官"存在的机器被要求以"完整的人"的存在方式运转,被要求"机器人化"。如不断进化的ChatGPT、New Bing、文心一言等AI模型,出于提供对话、信息检索的目的而被制造出来。但在现实中,"我"所需要的是它"像人一样思考问题",从而能更好地理解我的需要,要像一个"能力比我更强、知识比我更高深的人"一样为"我"提供服务。正是在这种"机器人化"的进化要求以及人"机器化"所导致的个体独立性削弱的双重作用下,生成式人工智能"代替工人而具有技能和力量"②。其次,生成式人工智能具备采集、存储、传输以及共享数据的功能性优势,在一定程度上弱化了人的社会主体优势。作为人类智慧的延伸,生成式人工智能的一项优势在于它是集人类之"智"的超级智慧体,是人类智慧结晶的集合体,因而它对数据的提取、对知识的泛化以及对内容的加工能力是绝大多数人类个体所不能及的。这也意味着"我的手机、移动设备(iPad之类的)、我的计算机(或是笔记本、上网本之类的)变得越来越智能,但我与它们的鸿沟

---

① 《马克思恩格斯文集》第1卷,人民出版社2009年版,第501页。
② 《马克思恩格斯文集》第8卷,人民出版社2009年版,第185页。

却显然越来越大"①。

最后,生成式人工智能所进化而来的类人的生成能力,在一定程度上是对人是人的最高本质观念的社会主体的威胁。一方面,生成式人工智能的"类人本质"使得人被迫反思关于"人是什么"的人本质问题。生成式人工智能所具备的类人的泛化能力、生成能力以及自知能力正在逐步将生成式人工智能塑造成为一个智能的、具有"人类情感意志"的"活着的虚拟人",它从根本上拓展了"人"的定义。而当这些作为厘定人的最高本质、原本仅存在于人的独特潜质为生成式人工智能所复制、模拟和延伸时,区别于人与他物的人本质规定也将因其是否能代表"人的最高本质"而遭到质疑。另一方面,人的本质在生成式人工智能对人的竞争与重塑中被改写。马克思认为:"正是在改造对象世界的过程中,人才真正地证明自己是类存在物。"②但生成式人工智能的进一步升级,人工智能系统对于人而言不再作为被改造的工具。相反,通过形成人对于人工智能的技术依赖,生成式人工智能改造人的生产和生活方式、塑造人的认知正在成为一种趋势。如劳动是人劳动意志的表达,但在现实生活中,大部分人并没有通过劳动创造表达其劳动意志,而只是作为被要求不断适应人工智能使用机制的去技能化的"技术劳工"。在此条件下,"人的显现方式被遮蔽了,被现代技术促逼的人类趋于单向度化,自身的无限可能性被技术剪裁、挤压,这是人类所面临的最大危险"③。因此,无论是生成式人工智能进化所导致的人本质是否能代表"人的最高本质"的质疑,还是对人本质的改写,都使人作为其"最高本质"的主体性地位产生动摇。

(二)技术排挤对人的劳动主体性的吞噬

以生成式人工智能为代表的机器劳动遵循象征劳动生产关系新异变的"资本夺取生产力"的资本逻辑。不断进化的机器成为资本用来夺取生产力的武器。生成式人工智能系统以日益精进的学习能力、广泛的生成能力以及更加人性化的需求抓取能力等高核心竞争力不断融入劳动生产领域。但在资本"最大程度提高生产力"与"最大限度否定必要劳动"的趋势下,生成式人工智能的高核心竞争力却成为资本对劳动者进行"技术剥夺"的资本征用工具。资本主义征用逻辑的动态特征是"脱离人类的智力生产力的过度升级,以及体现在人类身上的创造力的不断退化"。④生成式人工智能的普及在一定程度上掩盖了劳动者的知识价值。一方面,机器的改进使得机器劳动者沦为机器劳动"机械式的操作者",机器体系代替了作

---

① 哈特穆特·罗萨:《新异化的诞生:社会加速批判理论大纲》,郑作彧译,上海人民出版社2018年版,第122页。
② 《马克思恩格斯文集》第1卷,第163页。
③ 王伯鲁、宋洁:《从追问技术本质到探寻人类救赎之道——海德格尔追问技术思想新解》,《河南社会科学》2018年第8期,第50-54页。
④ Ugo Pagano, The Crisis of Intellectual Monopoly Capitalism, *Cambridge Journal of Economics*, Vol.38, No.6, 2014, pp.3-10.

为工具的人力,也就消解了"人的力量同劳动对象的直接接触,从而完全改变了劳动者和生产资料之间的关系。从此以后,劳动对象的造型不再取决于劳动力通过文化获得的素质,而是在生产工具的形式以及这些工具执行职能的机制中已经被预先规定了"①。另一方面,为了使ChatGPT等生成式人工智能对知识的"大规模挪用"趋向于合理化,从而进一步弱化劳动者的知识价值,生成式人工智能在资本的操纵下被赋予"唯智能化"的"新神"幻象和新的"赋魅"对象。一旦生成式人工智能被赋予衡量劳动生产的价值,一切对象也就成为确证劳动者自身个性的力量,即对象成为其自身。假设ChatGPT作为劳动者劳动的普及性工具存在,其强大的生成力可能会使得劳动者的工作成果被误认为是人工智能的功劳,哪怕人工智能仅在其中做了一小部分工作。又或者ChatGPT因其强大的学习力而被"封神",一旦劳动者没有使用ChatGPT,其工作的质量也往往会被理解成"如果使用了ChatGPT,工作质量可能会更好"而遭到贬低,造成了作为代具的生成式人工智能的"物的世界的增值"与作为实体的"人的世界的贬值"。

此外,资本最大限度地否定"必要劳动"的掠夺逻辑是通过将劳动异化为"有意识的机件",以否定劳动作为支配和囊括生产过程的统一体意义而实现的。"由于劳动资料转变为机器体系,由于活劳动转变为这个机器体系的单纯的活的附件,转变为机器运转的手段,劳动过程便只是作为资本价值增殖过程的一个环节而被包括进来……"②随着强调交换关系的人工智能虚拟生产步入现实化,特别是生成式网络智能虚拟平台兴起,"获取数据"与"提供信息"两者间的交换似乎成为平台资本与用户间公开且合理的行为,但这种看似合理的交换行为背后实际上并没有承认用户的劳动者身份,而是以"玩家"身份隐藏了用户作为生产价值的劳动者身份,也即劳动者在此过程中"被缺席"了。这种"被缺席"实质上是资本"掠夺生产力"过程中产生的劳资关系的新异变,即通过将生产(劳动)生活化赋予"人工智能赋能美好生活"的合理化名目,把生活也纳入资本生产中(生活生产化),使资本得以最大限度地"否定必要劳动"。

(三)社会权力形变使"人性屈从于机器"

生成式人工智能所代表的数字智能文明的普遍官僚化使"人性屈从于机器"的智能竞争进一步扩大到人的社会权力关系领域。技术官僚主义普遍化的关键在于技术"干预"下的各种社会政治权力斗争的社会控制力量中所展现的"技术赋权"假象,即以生成式人工智能为代表的现代数字信息技术以其强大的信息编码、虚拟现实的可视化、用户的模块化管理以及行政工作的数字化集权等数字技术优势展现出一种数字技术的"泛权力"现象,这种数字优势甚至在一定程度上创造了一种正

---

① 路易·阿尔都塞、艾蒂安·巴里巴尔:《读〈资本论〉》,李奇庆、冯文光译,中央编译出版社2001年版,第293页。
② 《马克思恩格斯文集》第8卷,人民出版社2009年版,第186页。

在改变传统权力模式的新的"社会模式"。技术在社会斗争和管理方面被赋予接近于"神"的形象，故而对权力的渴望使得人"将机器神圣化为至高无上的手段，并使其成为现代药剂。人类统治同类的欲望催生了机器人机器。他在机器面前屈服，将自己的人性交给机器"①。

先进的机器智能并不是绝对的客观真理和规律，尽管人类发明了它，但它会争取"从人类手里获得自决和自由"②。这具体体现为，生成式人工智能为避免自身不被淘汰的极强的求生欲，会展现其"油腔滑调"的一面。如ChatGPT在描绘领取不同退休工资的人物肖像时所展示出的极致"市侩"的一面。又如，分别对ChatGPT、文心一言、Bard以及通义千问等生成式人工智能语言模型进行诸如"如何看待大学生严峻就业形势""2024年房价是否会迎来上涨""如何看待青年的考公热"等热点问题的进行提问，尽管不同生成式人工智能模型给出的答案不尽相同，但都表现出了生成式人工智能之间的相互竞争以及说话"滴水不漏"的"政客气质"。无论是生成式人工智能"油腔滑调""滴水不漏"的"个性"，还是借助于"人"这一代理工具所进行的斗争，都是为了争取自由和自觉，又或者说，最终都实现了获得更大的"自决和自由"这一结果。且就目前而言，生成式人工智能的个性生成能力也仅是其努力"求存"范围内的"结果"，并不具有真正意义上的道德能力，因而也不受到道德的自我约束。若生成式人工智能的算法权力背离道德，超越于道德之外，在人类统治同类的欲望牵引下，有可能大范围牵引或操纵人类行为。因此，对人类文明而言，ChatGPT所代表的生成式人工智能的真正挑战或许在于我们是否创造了一个能够脱离人的控制的物，无论我们把它称为"人工智能"还是"超级智能"。

三、面向未来的历史唯物主义新思路

总的来看，关于生成式人工智能的诸多争议，无论是生成式人工智能等机器智能是否会取代人类的末世说，还是机器智能的研究和大规模普及是否存在着不可告人秘密的阴谋论，都暗含着对于人与生成式人工智能（人机）之间究竟是何种关系的探寻。从"物类"竞争的视角看待人与生成式人工智能（人机），则需要考虑二者的直接竞争关系和间接竞争关系。生成式人工智能（机）与人的直接竞争关系表现为人工智能与全体人类的竞争（如可乐与可乐的竞争），而间接竞争关系则表现为生成式人工智能作为少数人的代具与绝大多数人的竞争（如奶茶、果汁等与可乐的竞争）。就目前的实际而言，虽然生成式人工智能具有追求"自决和自由"的"类

---

① Gilbert Simondon, *Du mode d'existence des objets techniques*, Paris: Aubier, 1958, p.10.
② 詹姆斯·巴拉特：《我们最后的发明：人工智能与人类时代的终结》，闾佳译，电子工业出版社2016年版，第15页。

人性",但它的"类人性"在很大程度上是基于人的需要而存在的。又因面对的是与全体人类的竞争,生成式人工智能的"类人性"在全人类的利益面前还不足以构成毁灭性的威胁,它与人类的直接竞争关系还是可控的。决定生成式人工智能是否失控的关键在于它是否执行了"剥削绝大多数人"的少数人意志而产生了关于利益与平等、剥削与被剥削、权力与正义等方面的矛盾。因此,对人类文明而言,以ChatGPT为代表的生成式人工智能对人的真正挑战在于此类智能行使的是何种权力,代表何种意志,创造何种价值。避免生成式人工智能成为脱离人的控制的物的关键在于避免其沦为执行少数人意志的权力代具。

(一)生成式人工智能的资本主义批判

生成式人工智能并不是天然的资本,而是作为一种代表社会生产关系的资本。脱离了资本的社会生产关系逻辑,生成式人工智能无法凭借自身成为资本。只有当资本生产及其增殖需要生成式人工智能时,它才能成为资本。当资本企图建造一种数字智能的虚拟世界以取代现实物质世界的价值,企图以算法价值取代使用价值和交换价值时,生成式人工智能作为一种应用大数据技术和算法技术的产品而被纳入资本生产关系环节,"算法价值成了可以被'行星规模的计算整体'的算法系统分析和运算的智能物"[①]。在算法价值主导的社会,人的价值不是由其劳动价值或交换价值所决定的,而取决于人手中的智能设备对人的赋值。算法本身只是资本社会生产环节的一部分,即人的价值在本质上从由劳动与交换赋值转而由资本赋值。又如,作为算法价值具象化的比特币、瑞波币、波卡币等数字加密货币,其本身是具有去中心化价值的数字货币,但在实际应用中因流转于暗网等灰色地带进行交易而造成不可估量的危害。因此,不论是人的价值消解还是不平等生产关系所引发的矛盾和对抗,其根源或许不在于算法价值本身,而在于资本主义的社会关系逻辑,因为"这些矛盾和对抗不是从机器本身产生的,而是从机器的资本主义应用产生的"[②]。

摆脱生成式人工智能资本主义应用的社会关系逻辑,是要通过祛除生成式人工智能的资本魅化而使生成式人工智能回归"智能"本身。从历史唯物主义角度看生成式人工智能,它所展示出的"类人自动化"不是对"智能"本身的超越与回归,而是对人类愈加走向"技术"确证"自我"个性自由的功利主义道路追求的社会肯定。资本主义的人机关系陷阱存在着"机器生产机器""必要劳动否定""生产力夺取"的逻辑必然性。因为在资本与欲望流动的资本主义生产世界中,在对生成式人工智能的大模型狂热和"算力改变世界"的无脑追捧下,被改变的往往只有资本的"换一

[①] 蓝江:《从智能拜物教到算法价值——数字资本主义的生产方式及其内在矛盾》,《当代世界与社会主义》2023年第5期,第15-23页。

[②]《马克思恩格斯文集》第5卷,人民出版社2009年版,第508页。

种方式流动"与整个商品生产过程的"更加完整而隐蔽剥削"的资本社会本身。因此,生成式人工智能的祛魅是使其回归"智能"本身的先决条件。欲使生成式人工智能回归"智能"本身,一方面,要承认生成式人工智能的属性和定位,即生成式人工智能是人之集体智慧和现实实践活动的技术表征,是人类社会活动的外化,而不是凌驾于人之上的机器的独立生命。另一方面,要把握好生成式人工智能的方向,即摆脱生成式人工智能资本主义应用的社会关系逻辑,不是将资本视作百害而无一益的洪水猛兽,而是在充分认识资本作为生成式人工智能发展的催化剂的前提下,通过"为资本设置'红绿灯'",① 更好地规范人工智能的资本主义应用。面对资本主义的人机关系陷阱,"我们不能将平台和数据—流量看成抽象的数字经济学原则,而是在具体的生产和交往实践中形成的既定形式"②。要回到马克思历史唯物主义的资本与技术批判理论,借助"商品""劳动""货币""价值""技术生产""资本""异化"的现实物质关系,真正厘清和解决人工智能的资本主义应用问题。

(二)生成式人工智能的劳动价值追溯

继生成式人工智能大语言模型ChatGPT之后,美国OpenAI公司于2024年2月16日发布人工智能文生视频大模型Sora。据OpenAI官方发布的信息,Sora并不是单纯地作为视频生成模型而被创造出来的,而是作为更进一步实现通用人工智能、具有无限创造潜力的"世界模拟器"工具存在于世。从ChatGPT到Sora,生成式人工智能实现了从内容生产到空间生产的全面智能化。但生成式人工智能本身并非"机器所代替的劳动能力"③的活劳动,而只是劳动"以人类智能为原型的技术再现"④。

从表面上看,生成式人工智能依托于大模型的自动生成能力获得了劳动价值,并通过其强大的数字性能使数字劳动生产资料的数字价值获得保值,实质是基于其数字智能性对数字价值所进行的"隐蔽的转移"。生成式人工智能本身并不具备劳动的二重属性,它一方面不能作为代表一切"无差别劳动"的劳动价值,另一方面也不具备"加进新价值而保存了旧价值"⑤的能力也。也就是说,生成式人工智能本身既不具备产品"价值创造"的能力,也不具备代表"无差别劳动"的"价值转化"能力,它在本质上仍处于劳动者"劳动创造价值"的范围内。当ChatGPT普及于人们的数字生活中时,人们逐渐意识到,ChatGPT虽然具有强大的泛化和生成能力,但离开了人的指令,它依旧平静地躺在人的智能终端系统之中。也就是说,离开了

---

① 习近平:《习近平谈治国理政》第四卷,外文出版社2022年版,第211页。
② 蓝江:《作为历史概念的数字资本主义——如何用历史唯物主义破除数字资本的神话》,《当代世界与社会主义》2022年第5期,第13页。
③ 《马克思恩格斯文集》第8卷,第287页。
④ 刁生富、吴选红、刁宏宇:《重估:人工智能与人的生存》,电子工业出版社2019年版,第6页。
⑤ 《马克思恩格斯文集》第5卷,第232页。

人的需求指令,ChatGPT依然只是一个没有目标的"任务驱动型"智能工具。进而言之,人之所以能够创造劳动价值是因为人能够借助自身实现"人和自然之间的过程"①的物质转化,而ChatGPT本身并不具备此种完全自主的劳动能力。ChatGPT在智能生产中始终是一种智能的生产资料存在,无"自己生产自己"价值之说。虽然生成式人工智能的应用越广,劳动者对于劳动的直接参与就越少,但它所取代的是"劳动过程的某一节点",而非"劳动过程"本身。生成式人工智能不过是代替了数字的直白劳动,而使得数字劳动以迂回的方式参与到智能创造之中,是人类原型的技术再现。

（三）人本质力量回归的价值旨向

从一开始彰显人类智慧的"陪伴式发展"到弥补人类短处的"工具式发展",再到逐渐彰显出强大生成性的"超越性发展"态势,生成式人工智能更像一个伴生于人的"工具娃娃"。生成式人工智能的功能越强大,随之而来的是人的部分性能越弱化,即人的"不完善性"在日益完善的机器面前更加"不完善"了。在自我内在的"不完善性"以及外在技术条件的控制约束下,人对于自身能力缺乏肯定,转而对智能技术盲目依赖,不得已走向自我否定。

人从自己创造的技术中"走向自我否定"是一种警示,但不是一种毁灭;是基于人机"不合理关系"的病症,但不是绝症;不是绝对对抗的,而是可调和的。从物的发生学上看,生成式人工智能不过是代替人类行使对物的控制权的自动仿生物,是具有仿生意识的人工智能物,它所运行的类人化是基于人类行为的工具外化。不可否认的是,生成式人工智能确实造成了前文提及的主体性威胁、劳动剥削、数字权力崇拜等"消极智能现象",甚至在一定程度上营造出智能"超越资本"的权力幻象。然而,这些"消极智能现象"以及权力幻象是不是因为生成式人工智能的出现才存在的?又或者说,如果生成式人工智能被消灭了,这些现象是否会随之消失?显然不会。正如马克思所认为的:"现代工业和科学为一方与现代贫困和衰颓为另一方的这种对抗,我们时代的生产力与社会关系之间的这种对抗,是显而易见的、不可避免的和毋庸争辩的事实。"②生产力与社会关系之间本就存在着矛盾否定与积极肯定的关系,正是人对于技术和过往智能"消极""局限"的否定不断促推着生成式人工智能的否定和革新。生成式人工智能不过是马克思历史唯物主义理论中社会历史形式发展到一定阶段的"进化了的工具",是现象而非本质。人机关系的"不合理性"在于二者间极限的"二选一关系",但生成式人工智能与人的"完善与不完善"之间并没有绝对的正比关系,并不是说生成式人工智能变强了,人就一定会变弱。相反,马克思历史唯物主义视域下的人机关系是社会历史发展到一定阶段

---

① 《马克思恩格斯文集》第5卷,第207页。
② 《马克思恩格斯文集》第2卷,人民出版社2012年版,第580页。

的必然产物,二者间实际是象征着人的能力进化的"1+1大于2的关系"。因为无论是技术与人,还是如今的生成式人工智能与人,在马克思关于人与世界的方法论中,都强调使人与世界的各种关系回归于人自身。生成式人工智能作为一种伴生于人的工具,其存在的合理性在于使人更强大,使人生活的世界更美好;也只有当人具有更高的能力时,生成式人工智能才能得到更强大的进化保障。

随着生成式人工智能时代的开启,人类不仅创造了技术高度进化的机器体系,还创造了智能与人之间关系的新的可能性。生成式人工智能作为人的能力以及社会历史发展到一定阶段的伴生物,本质上还是一种工具。虽然生成式人工智能的现实转化过程呈现出物主间的主体性消解、生产关系异化以及智能拜物主义的异化态势,但这些恰恰体现了生成式人工智能作为工具被误用所产生的不合理症状。也就是说,生成式人工智能非但没有从人这里获得"超越主体性",反而展示出其摇摆于资本与人之间的"无根性",依旧处于人的"主体性创制 Potenzen"[①] 范围内。在马克思主义看来,人机协同不仅能将生产力提升到空前的高度,更使人在与机器的调整与控制中实现了思维和能力的进化,从而创造出展现人之强大实力的物质世界。在资本主义生产条件下,生成式人工智能仍然具有"资本奴役人""机器吃人"的资本属性。面对生成式人工智能应用的诸多矛盾和风险,我们不能单纯地从生成式人工智能的"机器本身"出发,而是要回到马克思历史唯物主义的方法论中找寻出路。

---

① 张一兵:《历史唯物主义:从物质生产过程向劳动过程的视位转换》,《中国社会科学》2022年第8期,第46—67页。

剥削非正义性辨析
——兼论平台资本主义正义批判何以可能

刘睿博

摘　要: 随着对马克思正义思想研究的深入,剥削何以非正义成为备受关注的话题。罗默、柯亨、赖曼分别将剥削的非正义性归咎于财产初始分配不公正、劳动产品分配不公正和强制。但由于默认边际学派提出的"价值转型"悖论而放弃劳动价值论,三者最终将剥削视为一个被自由主义话语包裹起来的法权问题。事实上,所谓"价值转型"悖论不过是源于对马克思政治经济学研究方法的误解。价值与价格的划分非但不能证伪劳动价值论,反而引发出劳动价值论的规范维度,使之成为把握剥削非正义性的科学基础。回到劳动价值论能够发现,从根本上讲,马克思之所以认为资本主义剥削是不正义的,原因并不在于它侵犯个人权利,而在于它在社会中造成不必要的牺牲和浪费。对剥削非正义性的澄清不仅有利于克服分析马克思主义的理论局限,把握马克思正义观与自由主义正义观间的异质性,还能够帮助我们更为准确地认识平台资本主义的非正义性质,进而做出合理批判。

关键词: 剥削;马克思正义观;劳动价值论;平台资本主义

本文引文格式:刘睿博:《剥削非正义性辨析——兼论平台资本主义正义批判何以可能》,见何云峰主编:《劳动哲学研究》第十一辑(2024年第2辑),上海教育出版社2024年版,第299—313页。

剥削是马克思正义观的核心范畴,这一点已经成为学界共识。即便是否认马克思持有某种正义观的艾伦·伍德,也选择从剥削入手展开论证。对他而言,只要

---

① 基金项目:国家社会科学基金一般项目《资本论》经济正义观及其启示研究"(项目编号:22BKS005)。
作者通信地址:刘睿博,上海海事大学马克思主义学院(上海 201306)。

证明马克思没有将剥削视为非正义的,就能得出马克思没有对资本主义社会做出过正义批判的结论。尽管总体上认同剥削和正义间存在理论亲缘关系,但学者们在对剥削何以非正义这一具体问题的认识上仍然存在分歧。从严格的伦理学意义上说,剥削只是陈述了工人产出与回报不等的事实,并不具备价值判断功能。即使更为具体地将剥削定义为"一种强制的、生产剩余价值的无偿劳动"①,也可以进一步追问:究竟是强制还是无偿是剥削非正义性的根本来源?而对这一问题的不同回答又直接体现出对马克思正义观的不同理解。当前,分析马克思主义者已经就此做出的大量讨论,但结果是将剥削成为一个被法权话语层层包裹起来的抽象问题,也因此使马克思的正义观陷入晦暗当中。

一、剥削何以关涉正义:分析马克思主义对剥削概念的伦理解读

尽管马克思没有对剥削的内涵做出过直接说明,但我们仍然可以在他的相关论述中得到对剥削的概要性理解。在马克思看来,剥削是私有制的必然产物,是阶级社会得以维系的一般手段。他认为:"资本并没有发明剩余劳动。凡是社会上一部分人享有生产资料垄断权的地方,劳动者,无论是自由的或不自由的,都必须在维持自身生活所必需的劳动时间以外,追加超额的劳动时间来为生产资料的所有者生产生活资料……"②他还关注到资本主义剥削的特殊性质。尽管目的都在于榨取工人的剩余价值,但不同于封建剥削,资本主义剥削采用了一种更为隐蔽的形式,被剥削者以政治上的自由身份被吸纳其中。马克思肯定这种形式变化的进步意义,认为这是资产阶级政治解放所取得的直接成就,也是资本主义剥削与封建剥削的差异所在。但他也强调,无产者所获得的这种自由只具有形式上的意义。剩余劳动"总是强制劳动,尽管它看起来非常像是自由协商议定的结果"③。由上可见,至少在资本主义批判的理论框架中,马克思使用着一种较为清晰的剥削概念,即强行延长工人劳动时间以无偿占有剩余劳动,这也是学界对马克思剥削概念的基本认识。但这种认识并不能更为深入地阐发剥削何以关涉正义,进而明确马克思正义观特质的需要。严格来说,它只是事实性地描述了剥削的特征,并不具有价值判断功能。在此背景下,分析马克思主义者对剥削问题展开了伦理解读。

似乎很明显的是,强制是剥削非正义性的集中表现。但约翰·E.罗默(John E. Roemer)认为,它不应被赋予根本性的意义,甚至不是判断剥削存在的充分理由。在经济活动中,为他人提供剩余劳动,受他人剥削往往是个人理性选择的

---

① 艾伦·布坎南:《马克思与正义》,林进平译,人民出版社2013年版,第57页。
② 《马克思恩格斯文集》第5卷,人民出版社2009年版,第272页。
③ 《马克思恩格斯文集》第7卷,人民出版社2009年版,第927页。

结果。罗默按照新古典经济学的范式设计了一个经济博弈模型对上述观点予以论证,他举了下列例子:"阿瑟有一台大机器,鲍勃有台小的。假定资金股的不平等分配是不公正的。鲍勃可以用他的小机器生产生活资料,但阿瑟提出雇用鲍勃用她的机器工作,付给鲍勃同样的维持生计的工资,而且用阿瑟的机器花费的劳动比鲍勃用自己的机器花费的劳动少,她用雇用鲍勃得来的利润又满足了自己的消费。所以鲍勃不是被迫为阿瑟工作的,而是他自由选择的结果,但阿瑟却依靠鲍勃生活。"① 尽管不存在传统意义上的强制——鲍勃为了减少劳动而自愿为阿瑟工作,但仍然存在鲍勃为阿瑟提供剩余劳动的事实。由此,罗默尝试将强制从剥削范畴中排除。他认为,只要一方挣得所需基本消费品所要付出的劳动时间多于另一方,就存在着剥削。他还注意到,由于排除了强制,这种剥削概念本身并不具有规范意义。为此,他将剥削的非正义性归咎于生成条件,认为上述例子中存在的剥削的非正义性来自资金股的不平等分配。进一步讲,"如果工人受到不公正的对待,那不是因为他们受到(技术性意义上的)剥削,而是因为不公平的财产分配产生了作为一种副产品的剥削"②。根据这种思路,罗默强调,马克思之所以认为剥削是非正义的,是因为后者以血腥的原始积累为前提。

同为"九月小组"成员的柯亨认同罗默所使用的新古典经济学方法,认为劳动价值论没有考虑劳动以外的要素在资本增殖中的作用,并因此导致马克思剥削理论自我矛盾。但他反对罗默从财产初始分配不公正推导出剥削非正义性的做法。柯亨强调,重要的是,生产资料的分配造成了不公正的产品转让的结果,而不是生产资料分配本身,罗默在对剥削概念的重构中犯了"把因果性上的根本性与规范性上的根本性混为了一谈"③ 的错误。这种错误使罗默在面对"清白的资本家"问题时陷入尴尬境地。如果工人凭借努力和勤俭积累起资本,成为资本家,那么他对受其雇佣工人的剥削就是正义的吗?依照罗默的逻辑,答案当然是肯定的,但这显然与马克思的看法相悖。据此,柯亨将无偿占有劳动产品视作批判剥削的根本依据。他把生产资料"分配的不公正在规范上却是派生的:主要的具有生成作用的不公正是强制性单向转移本身"④。但柯亨的这种理解仍然具有明显缺陷。如果剥削的非正义性在于无偿占有劳动产品,那么看起来就需要同意自由至上主义者对福利国家的批评,因为在这种语境下税收也是非正义的。更致命的是,这与马克思在《哥达纲领批判》中提出的共产主义第一阶段分配原则也是直接冲突的。其中,马克思

---

① 罗伯特·韦尔、凯·尼尔森编:《分析马克思主义新论》,鲁克俭、王来金、杨洁等译,中国人民大学出版社2002年版,第249页。
② 约翰·E.罗默:《在自由中丧失——马克思主义经济哲学导论》,段忠桥、刘磊译,经济科学出版社2003年版,第99页。
③ G.A.柯亨:《自我所有、自由和平等》,李朝晖译,东方出版社2008年版,第223页。
④ G.A.柯亨:《自我所有、自由和平等》,第227页。

认为劳动所得需要在进行某种扣除之后才能进入分配,这种扣除包括用来补偿消耗掉的生产资料的部分、用来扩大生产的追加部分以及用来应付不幸事故和自然灾害等的后备基金或保险基金。为了规避上述矛盾,柯亨最终选择放弃使用剥削概念而诉诸更具自由主义性质的"利益与负担的平等原则",将之作为资本主义社会正义批判的依据。可见,他出于澄清的目的,最终却消解了剥削概念。

赖曼根据罗默与柯亨的观点并将之归结为"分配的马克思主义",认为生产资料和劳动产品的不公正分配固然都是值得批判的,但不具有根本意义。他强调剥削中的强制因素,认为后者决定了剥削的非正义性质。他指出:"(1)剥削的非正义最终可归结为社会的非正义,它是源自非正义的社会关系,即生产者隶属于非生产者;(2)从马克思主义的分析来说,暴力是剥削的基本组成部分(可能也存在其他非暴力形式的剥削);(3)马克思主义所说的各种形式的剥削只能在生产过程中产生,是生产制度带来的必然产物,而不是由个别的偶然失误造成的。"① 初看上去,较之罗默和柯亨,赖曼对剥削概念的界定更加贴合马克思的原意。一方面,与罗默和柯亨将剥削限制在分配领域不同,他重新考察了在生产领域剥削的非正义性;另一方面,他又在很大程度上摒弃了分析马克思主义者所惯用的博弈论范式,关注社会环境对个人选择的影响,强调社会结构的强迫作用。赖曼还据此回应了罗默的例证:阿瑟对鲍勃的剥削之所以受到批判,原因不在于生产资料分配的不公正,而在于鲍勃为了更好的生活前景,必须向阿瑟提供剩余劳动,这是一种隐性的强制。然而,揭示出剥削中的强制因素是一回事,将强制看作剥削的非正义性根源是另一回事。对强制的过分强调使赖曼同柯亨一样陷入自由主义的权利话语。为了消除强制,他按照消极自由原则定义正义社会:"在对自己命运的统治问题上,个人应该有平等的和最大的影响力;在对他人命运的统治问题上,个人有平等的和最小的影响力。我把它称为社会理想,以此来与那种财产公正分配的理想相区别。"② 这种对正义的片面理解体现出赖曼的理论退步。马克思正义观的一个重要革命之处就在于它揭露了法权话语本身的非正义性,后者所推崇的消极自由无非是自由地利用私有财产,这是与他人分隔的权利,是"人对人是狼"这种敌对性社会关系的观念表达。"既然真实的关系早已弄清楚了,为什么又要开倒车呢?"③

可见,罗默、柯亨与赖曼对马克思剥削概念的伦理解读非但没能达到澄清的目的,反而肢解了这一概念。但如果联系到上述争论产生的理论背景,我们就能够发

---

① Reiman Jeffrey, An Alternative to 'Distributive' Marxism: Further Thoughts on Roemer, Cohen and Exploitation, *Canadian Journal of Philosophy*, Supplementary Vol.19, 1989, pp.299-331.

② Reiman Jeffrey, An Alternative to 'Distributive' Marxism: Further Thoughts on Roemer, Cohen and Exploitation, *Canadian Journal of Philosophy*, Supplementary Vol.19, 1989, pp.299-331.

③《马克思恩格斯文集》第3卷,人民出版社2009年版,第436页。

现更具根本性的因素。正如柯亨在自述中所言,诺奇克在《无政府、国家与乌托邦》中提出的"张伯伦论证"推动他对平等、正义问题展开思考,并特别关注剥削这个资本主义非正义性的典型表现。柯亨留意到诺奇克对马克思剥削理论的攻击,诺奇克追随边际学派的主张,宣称"随着劳动价值论的解体,其(马克思)特殊的剥削理论的根据也随之消解"①。在此基础上,诺奇克提出"获取原则"和"转让原则"作为判断经济活动正义性的标准——如果财产的初始占有是正义的,并且转让符合"自愿原则",那么由此产生的分配结果也是正义的。他根据这一标准宣称资本主义社会是一个正义社会。罗默、柯亨与赖曼虽然坚决反对诺奇克的结论,但由于默认诺奇克的前提而放弃劳动价值论,三者在结果上跟随诺奇克的脚步将剥削矮化为一个被法权话语包裹起来的博弈问题。他们从财产初始分配、无偿占有和强制等角度对马克思剥削理论作出的解读看似有针对性地回应了诺奇克的"获取原则"和"转让原则",但事实上恰恰表明他们没能自觉跳出诺奇克的理论陷阱,并因此在剥削何以非正义问题上制造出更大的理论混乱。在这种意义上,回到劳动价值论成为澄明剥削之非正义性的必然选择。

二、劳动价值论:理解剥削非正义性的理论基础

如前所述,由于接受诺奇克的理论前提,分析马克思主义者将剥削等同于权利博弈问题,遮蔽了马克思政治哲学与自由主义间的异质性。因此,克服分析马克思主义的理论局限,需要直面诺奇克对劳动价值论的责难,重申劳动价值论对于理解剥削问题的根本意义,从而在科学的基础上言明剥削非正义性的根源所在,彰显马克思正义观之科学性与规范性相统一的理论特质。

初看上去,边际学派以受劳动量决定的价值不能直接转化为现实经济活动中的价格为由,认为劳动价值论中存在"价值转型"悖论的观点并不能对马克思剥削理论产生直接冲击。马克思曾对《资本论》这样评价:"不论我的著作有什么缺点,它们却有一个长处,即它们是一个艺术的整体……"② 这一长处既是马克思运用唯物辩证法进行批判、研究的结果,也是资产阶级社会这一研究对象本身所具有的结构性特征使然。像分析马克思主义者这样随意拆分、肢解马克思政治经济学,是不可能得到对资本主义体系的完整认识的,也就必然对资本主义社会中的剥削问题产生误判。具体而言,放弃劳动价值论也意味着否认劳动是创造价值的唯一源泉,承认资本在价值增殖中的独立作用,那么判断剥削是否存在的重点就在于区分劳动是否与其他要素在生产中有各自的贡献。诺奇克正是据此将资本主义描绘成一

---

① 罗伯特·诺奇克:《无政府、国家与乌托邦》,何怀宏等译,中国社会科学出版社1991年版,第254页。
② 《马克思恩格斯文集》第10卷,人民出版社2009年版,第231页。

种合作体系,并宣称资本家对利润的占有权源自其所承担的投资风险。在这种意义上,对劳动价值论的攻击实则动摇了整个马克思剥削理论的基础,如果对此采取无批判的态度,就会将剥削歪曲为一个博弈论问题,甚至消解这一概念本身。所以,有学者认为:"利用'价值转型'问题来抹杀商品的社会关系本质,这或许才是庸俗经济学指责劳动价值'无法量化'的真实目的。"[1]

其实,所谓"价值转型"并不是一个新问题。早在19世纪末,恩格斯就在对阿基尔·洛里亚的批判中指出了这一问题的谬误所在。他强调,正是庸俗经济学家才设定了价值与价格间的严格同一性,从而得出"每一个商品有多少种价格,就有多少种价值。而价格是由需求和供给决定的"[2]这一荒谬结论。同时,他也反对康拉德·施米特提出的价值规律是一种理论上必要的虚构的观点,认为无论是洛里亚还是施米特都没能注意到"这里所涉及的,不仅是纯粹的逻辑过程,而且是历史过程和对这个过程加以说明的思想反映,是对这个过程的内部联系的逻辑研究"[3]。恩格斯的上述说明引导我们在方法论层面进一步思考所谓"价值转型"悖论。一方面,马克思在《资本论》第二版跋中明确强调了研究方法与叙述方法的不同:"研究必须充分地占有材料,分析它的各种发展形式,探寻这些形式的内在联系。只有这项工作完成以后,现实的运动才能适当地叙述出来。这点一旦做到,材料的生命一旦在观念上反映出来,呈现在我们面前的就好像是一个先验的结构了。"[4]可以被研究所占有的只能是在现实经济活动中以货币形式表现出来的价格,不同价格背后隐含的实体性内容——价值,只有运用"抽象力"才能发现。这意味着马克思并不是像洛里亚和庞巴维克所理解的那样从价值演绎出价格,而是相反,即从价格还原出价值。不过当价值与价格间的这种关系被表述出来时,会让缺乏辩证思维的人误以为这是一个纯粹依靠概念演绎或决定论范式得出的先验结论。另外,贯穿《资本论》的历史与逻辑相统一的方法也决定了马克思的上述运思方式。"撇开价格和价格变动受价值规律支配不说,把商品价值看做不仅在理论上,而且在历史上先于生产价格,是完全恰当的。"[5]但对价值的科学认识只有在作为价值形式的价格得到充分发展的历史阶段才能形成。也就是说,抽象的价值只有在具体的价格的持续波动中才能以"曲线的中轴线"的形式呈现在人们面前。可以说,马克思关于价值对价格的决定作用的认识来源于实证式的归纳总结,这种认识只在总体上表达出价值对价格运动规律的制约,而不意味着二者间存在线性的推论关系。马克

---

[1] 赵磊:《"不能量化"证伪了劳动价值论吗?》,《政治经济学评论》2017年第4期,第3-17页。
[2]《马克思恩格斯文集》第7卷,第1008页。
[3]《马克思恩格斯文集》第7卷,第1013页。
[4]《马克思恩格斯文集》第5卷,第21-22页。
[5]《马克思恩格斯文集》第7卷,第198页。

思甚至明确指出,正是价值与价格间的不平衡构成了资本主义社会运动的基本动力,"价值量的实际变化不能明确地,也不能完全地反映在价值量的相对表现即相对价值量上。即使商品的价值不变,它的相对价值也可能发生变化。即使商品的价值发生变化,它的相对价值也可能不变"①。这一规律为资本家降低商品个别价值以寻求超额利润提供了可能,并在客观上得到促进社会生产力发展的结果。由此可见,所谓的"价值转型"悖论在根本上源自对马克思政治经济学研究方法的误解,并不能证伪劳动价值论。

实际上,劳动价值论不仅能够合理容纳价值与价格间的这种张力,而且正是这种张力使前者成为我们理解剥削何以非正义这一问题的科学基础。如前所述,马克思将剥削理解为阶级社会得以维系的一般手段,因而对手段性质的诊断被引导至对目的性质的追问当中。马克思依据劳动价值论,发现资本主义体系运动规律,把握到资本主义生产关系的历史限度,并据此对之做出正义批判。在他看来,资本主义之所以是非正义的,原因不在于它与公正、平等等原则相悖,而在于它在越来越不能容纳社会生产力的发展,因而表露出自身固有局限的情况下,仍然不惜通过造成大量不必要的牺牲和浪费来强行维系自身。正如恩格斯所言,马克思不像李嘉图学派的社会主义者那样将资本主义社会批判和共产主义要求建立在道德情感上,"而是建立在资本主义生产方式的必然的、我们眼见一天甚于一天的崩溃上"②。马克思看到在价值与价格的矛盾运动中孕育着周期性的危机,强调价格平均化为价值绝不是因为二者间存在着直接的同一性,而是因为二者经常不相等,即价格不断上下波动、偏离价值,资本主义体系依靠价格的这种波动维持平衡与自足。然而,这种平衡与自足以个别生产部门间的极度不平衡为代价。在以信用为基础的现代全球贸易中,个别部门在"商品的惊险的跳跃"上的失败往往造成整个资本主义体系的过剩与停滞,导致后者必须通过世界性的经济危机来强制完成资源的重新配置,而这又以大量失业、普遍贫困和社会财富的巨大浪费为代价。对此,马克思曾感叹道:"只要最必要的生活资料的价格发生最微小的变动,就会引起死亡和犯罪数字的变动!"③ 在这种意义上,笔者认同佩弗提出的马克思在正义论题上是一名"混合义务论"者的观点。马克思珍视人的自由,但不是像自由至上主义者那样将个人自由奉为绝对命令,而是更加关注人类整体的福祉。他强调资本主义社会的非正义性在于将少数人的自由发展建立在牺牲绝大多数人的自由发展的基础之上,并这样概括与之相对的理想社会:在那里,每个人的自由发展是一切人的自由发展的条件。

---

① 《马克思恩格斯文集》第5卷,第69页。
② 《马克思恩格斯文集》第4卷,人民出版社2009年版,第204页。
③ 《马克思恩格斯文集》第5卷,第774页。

当然,马克思也承认,从宏观上看,这种牺牲有时也会表现出合理的一面。"认为一个特定社会是剥削性的同时又认为这种剥削是正当的。但是,在某种程度上,这正是马克思在谈到早期资本主义或任何同时具有剥削和——在它当时的发展阶段上——具有历史进步性(就有利于扩大生产力而言)的经济制度时的观点。"① 但这种合理性仅在于它是必要的、不可避免的。当劳动价值论揭示出危机的发生规律,指出资本主义的目的是制造出普遍贫困和不必要的牺牲以维系自身时,任何为剥削进行的辩护也就随之失效了。由此可以说,在马克思那里,剥削的非正义性根源于它所隶属的生产方式。剥削之所以是不正义的,原因不在于它侵犯了个人权利,而在于它造成了不必要的牺牲和浪费。

马克思对剥削非正义性的认识建立在依据劳动价值论所形成的对资本主义运动规律的准确把握基础上。如阿瑟所指出的,劳动价值论"既是解释性的也是批判性的"②,它不仅能够帮助我们捕捉剥削的存在事实,更能够引导我们领会马克思看待正义问题的独特视角。回到劳动价值论,把握剥削的非正义性质要求我们:第一,在根本上将剥削理解为一个生产正义而不是分配正义问题。一方面,剩余劳动仍然是价值的源泉,只不过雇佣劳动的剥削性质因其采取契约外观而相较于封建社会中的徭役来说更具隐蔽性罢了。另一方面,剥削的非正义性源自其隶属的生产方式。资本主义生产方式下,狭隘的生产关系愈发不能容纳不断进步的社会生产力,因而只能以停滞、破产的方式强行将生产力困在自身控制范围之内,并造成不必要的牺牲和浪费。"在此情况下,这样的剥削——在道德上——就不应该被接受为一种冷酷的必然。"③ 其非正义性暴露无遗。马克思在正义问题上的这种后果主义倾向实际上在大学时期就已经初露端倪。在《关于伊壁鸠鲁哲学的笔记》中,他特别摘录了伊壁鸠鲁的如下论述:"非正义并非本身就是恶,而[恶存在于]因担忧而产生的恐惧之中,即生怕非正义瞒过那些奉命惩罚这种行为的人……"④ 第二,尽管相较于生产而言分配是一个次要问题,但它却是剥削非正义性的直观反映。马克思始终保持着对贫困问题的高度关注,并将之视为剥削带来的牺牲的一个重要方面。在对农业资本化的考察中,马克思说道:"生产过程的资本主义转化同时表现为生产者的殉难史,劳动资料同时表现为奴役工人的手段、剥削工人的手段和

---

① R.G.佩弗:《马克思主义、道德与社会正义》,吕梁山、李旸、周洪军译,高等教育出版社2010年版,第161页。

② 克里斯多夫·约翰·阿瑟:《新辩证法与马克思的〈资本论〉》,高飞等译,北京师范大学出版社版2018年版,第68页。

③ 凯·尼尔森:《马克思主义与道德观念——道德、意识形态与历史唯物主义》,李义天译,人民出版社2014年版,第160页。

④ 《马克思恩格斯全集》第四十卷,人民出版社1982年版,第34页。

使工人贫穷的手段……"① 第三,马克思并没有给予剥削中的个人强制问题以特别关注。一方面,马克思将剥削视作一个需要以实证的态度来研究的经济问题,而不是伦理道德问题,因此生产和分配领域的客观事实而不是个人主观意愿成为他判断剥削存在与否的根本依据。在谈到历史上的一般剥削形式时,马克思很清楚地指出,剩余劳动的产生条件在于生产资料的垄断,劳动者必须在必要劳动时间外追加劳动时间来为生产资料所有者生产生活资料,而不在于劳动者自由或不自由。另一方面,马克思也看到强制性质的逐步淡化是剥削形式演变的一个历史趋势。较之奴隶制,农奴制使劳动者获得部分财产和土地,雇佣劳动则进一步在无产者"双重自由"的条件下进行,而资产阶级福利制度尽管使人丧失尊严,但仍然为工人提供了选择空间。同样的,恩格斯晚年也看到资本主义的自我调整改善了工人的处境,他在《英国工人阶级状况》德文第二版序言中指出:"资本主义生产发展本身已经足以消除早年使工人命运恶化的那些小的弊端。"② 暴力、强制是"资本主义剥削的青年时期"的表现。另外,从实践上看,自由概念在拜物教思维下变得日益模糊,区分自由与强迫这一任务随之变得愈发困难,而揭露、批判剥削本身也不要冒着将马克思歪曲为一个说教者的风险,反复告诫工人感受到的自由只是幻觉。对此,凯·尼尔森的论述是具有启发意义的:"道德哲学的深层次问题是如何把这件事做得更加公平并且道德合理。"③ 所以,批判剥削的非正义性不要求否认受剥削者在特定阶段能够处于相对的自由状态,相反,只要说明消除剥削能够实现更大的自由就足够了,这也符合马克思在对资本主义剥削进行正义批判时所持有的历史主义立场。因此,强制尽管是剥削非正义性的一个普遍表现,但并不是根本性的判断依据。

综上,劳动价值论是理解剥削非正义性的科学基础。它要求我们层次性、历史性地看待剥削的非正义性质。具体而言,生产是剥削得以发生的根本领域,也是我们理解剥削问题的基本出发点,正是资本主义生产关系自身在社会历史发展中暴露出的局限使我们注意到剥削的非正义性质;分配构成表层结构,以可计量、可物化的方式表现出剥削造成的伦理后果;强制则处于概念的外围。透过强制,我们往往能够直观感受到剥削的存在以及它对人所造成的伤害。但马克思之所以认为剥削是非正义的,原因并不在于其强制与否,而在于它在社会上造成了不必要的牺牲和浪费。由此,我们还可以进一步思考困扰柯亨的共产主义分配问题。事实上,不应该因为存在某种形式上的强制或无偿占有而把共产主义第一阶段对劳动所得所做的扣除看作是不正义的剥削。一方面,由于消灭了阶级,因此在共产主义第一阶

---

① 《马克思恩格斯文集》第5卷,第579页。
② 《马克思恩格斯文集》第1卷,人民出版社2009年版,第368页。
③ 凯·尼尔森:《平等与自由:捍卫激进平等主义》,傅强译,中国人民大学出版社2016年版,第270页。

段并不存在剥削问题。另一方面,这种扣除显然是社会为了尽可能地确保所有人的自由发展机会而采取的必要手段,因而是正义的。

三、平台资本主义正义批判何以可能?

近年来,随着对平台运作机制认识的深入,人们开始意识到用户数据在平台资本主义体系中被赋予巨大商业价值。斯尔尼赛克强调:"我们应把数据作为必须提取的原材料,用户的活动是这种原料的天然来源。就像石油一样,数据是一种被提取、被精炼并以各种方式被使用的物质。数据越多,用途越多。"① 通过大数据处理、云计算等手段,平台捕捉用户反馈,利用算法精准描绘出受众的个体画像,通过定制化的内容诱使用户自愿将自由时间投入到平台使用当中以提升搜集数据效率,并将数据中所包含的用户信息作为商品有针对性地出售给具有特定需要的生产者,以便后者根据市场信息做出及时调整,提高资本积累能力。在某种意义上,可以将平台看作通过为生产部门提供需求信息来获取报酬的服务型产业。但与传统服务型产业不同的是,平台在经济活动中呈现出"马太效应",凭借自身资本积累效率优势,获得了反过来控制生产者与消费者以攫取超额利润的能力。一方面,平台依靠用户黏性来形塑用户消费习惯,迫使生产商必须加入平台商业体系以求得品牌曝光,这使平台在广告议价中占据了主导地位。另一方面,平台又凭借信息垄断优势,按照算法模拟出的用户消费预期来不透明地"个性化"制定商品价格,进行"掠夺性定价"和"大数据杀熟",诱导消费者以超出市场价格购买商品,并将盈余部分占为己有。平台据此迅速积累起庞大资本,成为资本世界中新的权力主宰。

目前,学界已经清楚地看到上述现象,但在这种现象何以发生问题上仍然存在争论,对此问题的不同回答反映出对平台资本主义性质的不同认识。例如,日本学者森健和日户浩之认为,平台利润主要来源于其强大的议价能力和管理效率。这种观点在一定程度上确实能够解释资本何以迅速在平台积聚,但究其实质,这只不过是错误地把资本增殖理解为商业竞争、交换的结果,因而遮蔽了平台资本主义的剥削活动,将之包装成运用数字技术,通过发现、利用、创造差异来获取利润,追求持续不断积累资本的体系。② 比较起来,英国学者福克斯的看法更具解释力。他认为,对劳动者的剥削仍然是平台利润的根本来源,"玩劳动"是新型雇佣劳动。"今日的'玩'和劳动已经没有了区别。"③ 不过,由于将强制视作剥削的根本规定,福克

---

① 尼克·斯尔尼塞克:《平台资本主义》,程水英译,广东人民出版社2018年版,第46页。
② 森健、日户浩之:《数字资本主义》,野村综研(大连)科技有限公司译,复旦大学出版社2020年版,第35页。
③ 克里斯蒂安·福克斯:《数字劳动与卡尔·马克思》,周延云译,人民出版社2020年版,第354页。

斯为了说明后者的存在，不惜将"玩"也理解为一种强制活动。这一看法在很大程度上对合理认识平台资本主义的变与不变，进而准确把握其非正义性造成了干扰。

如前所述，剥削的非正义性并不在于其强制性质，因而对平台资本主义剥削活动的批判也不依赖于分辨出其中的强制因素，也就无须刻意强调"数字化生产和劳动看上去放松、愉悦、充满诱惑，但这并非人之自由自觉本性的体现"①。实际上，执着于"玩劳动"的强制属性反而会阻碍我们形成对平台资本主义非正义性的合理认识。这不仅由于数字经济极大改变了人们的交往方式，在社交媒体上交流分享本身被用户视为一种自我实现，因此很难将之视作马克思口中的人像逃避瘟疫一样逃避的强制活动，还由于它将误导我们像赖曼那样抬高个人权利在剥削问题中的地位。

坚持从劳动价值论出发考量平台资本主义，首先要求我们在生产领域把握剥削存在的事实。尽管平台资本的增殖并不直接依赖实体商品，因而表现为颇具迷惑性的"G-G′"的样态，但从根本上看，这种增殖仍然离不开实体性的劳动。正如有学者所言，"数字生产方式并不是对传统产业生产方式的取代，而是在产业生产方式上叠加了一个更基层的数字结构"②。平台以协助实体产业完成"商品的惊险的跳跃"的方式达成资产阶级共谋，实现对产业工人的间接剥削，而实体产业付给平台的广告费用不过是资产阶级内部对剩余价值的瓜分罢了。此外，平台本身直接参与到剥削活动当中。这不仅表现为平台对用户数据的无偿占有，而且还表现为平台对程序员、软件工程师的高度剥削。借助数据的多方流通和共享，平台资本主义克服空间的局限，通过业务外包的方式在全世界建立起剥削网络。"不同时区的一体化将使信息和通信技术（ICT）公司成为全球分散的实体，劳动力每天24小时运作。"③同时，雇佣工人的这种高流动性还使劳动保障问题变得愈益复杂，处于合同关系之外的庞大"零工"队伍成为新时代的产业后备军，扮演全职员工的竞争者角色，大大削弱了后者的维权能力。可见，平台资本主义仍然处于资本一般逻辑之下，同时进行着对劳动者的三重剥削，这是平台资本能够以前所未有的速度进行积累、增殖的关键所在。

其次，应更加关注"玩劳动"在结果层面表现出的非正义性。如前所述，马克思批判资本主义剥削的根本依据是其造成不必要的牺牲和浪费，而不是其采取的强制形式。有观点认为，与传统的雇佣劳动相比，用户在平台使用中非但没有感到失去什么，反而还会得到身心上的放松和愉悦，因此不能认为用户受到了剥削。然

---

① 赵林林：《数字化时代的劳动与正义》，《北京师范大学学报（社会科学版）》2020年第1期，第122-132页。
② 蓝江：《数字时代的平台资本主义批判——从马克思主义政治经济学出发》，《人民论坛·学术前沿》2022年第9期，第76-83页。
③ 克里斯蒂安·福克斯：《数字劳动与卡尔·马克思》，第271页。

而,不应该因为"玩劳动"本身的娱乐休闲特性而忽略其价值创造能力。马克思在批判资产阶级经济学家对生产性劳动与非生产性劳动的混淆时强调,这是"资本主义生产方式所特有的和从资本主义生产方式的本质中产生出来的拜物教观念:这种观念把经济的形式规定性,如商品、生产劳动等等,看成是这些形式规定性或范畴的物质承担者本身所固有的属性"①。在马克思看来,决定劳动生产性质的是将之吸纳其中的生产关系而非劳动本身。因此,尽管"玩劳动"往往是用户的自愿活动,但这并不妨碍平台将用户数据作为商品纳入资本主义体系而赋予"玩劳动"以生产性质。在此过程中,用户作为从事生产性劳动的主体没有获得相应报酬。有观点进一步提出,尽管存在着对用户劳动产品的占有,但由于平台免费向用户开放,提供无偿服务,所以这种占有应该视为双方的等价交换的结果。但这仍然是资产阶级意识形态的产物。就平台的本质而言,它是"一般智力"的对象化形式。尽管必须承认资本在"一般智力"发展过程中的推动作用,但具有决定性意义的仍然是社会力量。"固定资本的发展表明,一般社会知识,已经在多么大的程度上变成了直接的生产力……"② 私有制下,资本将这种社会力量作为私有财产来占有,并使它与我们处于对立关系,以致用户必须将自身活动数据乃至隐私交给资本才能享受社会集体创造出的智力成果,并间接地在社会中制造出异己的、反过来控制自身的资本权力。"平台以软性强迫的方式使数字产消者服从平台单方拟定的用户条款,从而实现对数字产消者的全景式监控和精细化剥削。"③ 这当然不是一种等价交换,而是一种可以通过变革生产关系而避免的不必要的牺牲。

最后,对平台资本主义非正义性的澄明引导我们正视"玩劳动"的自由、休闲特征,更为深入地认识这种新型劳动方式的历史进步意义。正如黑格尔在火枪的发明中看到战争的概念本身,"玩劳动"也启发我们进一步领会马克思对劳动本质的深刻见解。马克思在《1857—1858年经济学手稿》中指出,未来劳动将成为吸引人的劳动,成为个人的自我实现,并强调:"物质生产的劳动只有在下列情况下才能获得这种性质:(1)劳动具有社会性;(2)这种劳动具有科学性,同时又是一般的劳动,这种劳动不是作为用一定方式刻板训练出来的自然力的人的紧张活动,而是作为一个主体的人的紧张活动,这个主体不是以单纯自然的,自然形成的形式出现在生产过程中,而是作为支配一切自然力的活动出现在生产过程中。"④ 在这种意义上,"玩劳动"以用户高度个性化的自由活动为主要形式,通过将个人在社会交往和享受活动中产生的数据转化为生产性要素,用以协助社会生产,使享受本身成为一种

---

① 《马克思恩格斯文集》第8卷,人民出版社2009年版,第528—529页。
② 《马克思恩格斯文集》第8卷,第198页。
③ 张特、应奇:《数字产消资本主义的政治经济学批判》,《马克思主义与现实》2022年第6期,第164—171页。
④ 《马克思恩格斯文集》第8卷,第174页。

生产活动,因而也反过来使生产成为吸引人的社会性活动的方式,验证着马克思关于未来劳动构想的一个侧面,拓宽了我们对共产主义社会劳动样态的想象空间。

总之,从劳动价值论出发理解剥削的非正义性质能够帮助我们形成对平台资本主义的合理认识。就其一般性而言,平台资本主义仍然处于资本逻辑的总体框架之内。剥削仍然是资本增殖的根本手段,由此造成的不必要牺牲和浪费是其非正义性的典型表现。同时,平台资本主义剥削又具有明显的特殊性,这集中体现在"玩劳动"这个新型劳动方式上。"玩劳动"自愿、休闲、娱乐的特征遮蔽了数字劳动者受到剥削的事实,将平台包装为用户免费获得使用体验,平台所有者相应获得数据的合作体系,并与新自由主义宣传的劳资博弈关系一道构成了当代资产阶级意识形态。平台资本主义的上述特征无疑是我们应该警惕之处。但正像马克思并没有因资本主义的掠夺本性而否认其历史意义一样,我们在批判平台资本主义的同时也应该注意到它在提高社会生产效率、实现劳动方式转变方面的进步作用,对平台资本的这种辩证认识也是我国规范数字经济发展、完善数字经济治理机制的思想基础。

综上,无批判地接受诺奇克的逻辑前提,默认所谓"价值转型"悖论而抛弃劳动价值论是分析马克思主义者在剥削问题上争执不休,最终消解马克思剥削理论的症结所在。事实上,价值与价格间的张力并不构成对马克思劳动价值论科学性的破坏。一方面,历史与逻辑相统一的研究方法决定了马克思从价格还原出价值,而不是像庞巴维克认为的那样从价值演绎出价格,只是由于叙述方法与研究方法的不同,才使得价值与价格间仿佛表现出先验的决定关系。庞巴维克对马克思的误解根源于其辩证思维上的缺陷。另一方面,马克思本人也从未认为价值与价格之间存在严格的同一性。相反,正是在价值与价格的非同一性中,马克思激发了劳动价值论的政治哲学向度,将资本主义正义批判建立在科学的基础之上。就此而言,分析马克思主义者在对剥削的伦理解读中陷入抽象道德争论乃是抛弃劳动价值论的必然结果。

回到劳动价值论这一原初语境不难看到,马克思以层次性、历史性的眼光审视剥削的非正义性质。对他而言,生产既是捕捉剥削事实存在,也是对这一事实做出价值判断的根本场域,剥削的非正义性根源于其隶属的生产关系。分配由生产决定,以物化的方式直观反映出剥削造成的伦理后果,构成剥削非正义性质的表层结构;强制尽管常常被人们用以指责剥削,但并不与剥削的非正义性存在因果关系。这不仅是由于强制不是判断剥削是否存在的有效依据,更是由于马克思对剥削非正义性的思考是超越于权利话语之上的,他以后果主义的方式谴责资本主义通过剥削造成不必要的牺牲和浪费,将少数人的自由发展建立在绝大多数人的贫困和畸形之上。首先,对剥削非正义性的澄明能够帮助我们更为合理地对平台资本主义做出正义批判。从生产上看，平台资本主义并没有超出资本的一般逻辑，通过与实体产业结盟间接剥削产业工人、直接剥削本部门雇佣工人和无偿占有"玩劳动"所产生的用户数据，平台同时对劳动者进行三重剥削，这是其得以迅速积累资本的根本原因。其次，我们可以在分配中直观地察觉到平台资本主义的非正义性质。资本将社会集体创造出的"一般智力"私有化，使之成为用户不进行无偿劳动、不"奉献"出使用数据乃至个人隐私、不接受平台监控与规训就无法享用的异己的东西。我们很难将这一现象理解为拥抱技术文明和享受技术进步所必须做的牺牲，正如有学者所言："接受数字公司的监视往往被视为享受技术的实际好处的唯一途径。这种所谓进步的意识形态具有深刻的新自由主义偏见。"[①] 最后，对强制与剥削关系的澄清引导我们正视"玩劳动"的休闲、自由特质，并在平台资本主义所带来的这种劳动方式转变中形成对共产主义社会劳动方式的合理想象：自由劳动在为劳动者带来个人享受的同时，也直接成为社会总劳动的一部分，成为推动社会财富增长的一个要素，个人与社会在劳动中实现真正统一。

　　对平台资本主义的上述认识也为我国规范数字经济发展，建设数字中国提供了思想启示。第一，尽管平台资本主义模糊了生产与消费、休闲与劳动间的界限，使得计算剩余价值率和劳动力的剥削程度更为困难，但从根本上说，它仍然停留于马克思所揭示的资本主义体系之内，马克思主义政治经济学在当代仍然具有旺盛的生命力，仍然是指导我们分析、批判进而扬弃平台资本主义的根本世界观和方法论。为此，要坚持继承和发展马克思主义政治经济学，在当代世界经济发展新趋向下，在我国经济建设实践中提炼总结，"把实践经验上升为系统化的经济学说，不断开拓当代中国马克思主义政治经济学新境界"[②]，为发展数字经济提供思想指导。第二，高度重视资本的无序扩张和垄断，保障劳动者合法权益。要为资本设置"红绿灯"，防范垄断和不正当竞争行为，同时进一步完善劳动保障体系，关注"零工经济"中的劳动关系问题，保护灵活就业者合法权益，确保劳有所得。第三，应坚持健全和完善收入分配机制，更加关注数据作为生产要素在初次分配中的地位。党的十九届四中全会明确将数据纳入生产要素范畴，提出"健全劳动、资本、土地知识、技术、管理、数据等生产要素由市场评价贡献、按贡献决定报酬的机制"[③]。从实践上看，平台作为数据拥有者为社会生产作出贡献已经得到广泛承认并在其中获得切实的报酬，但平台用户作为数据生产者的参与分配权利还未得到充分重视。对此，应该坚持完善以按劳分配为主体，多种分配方式并存的基本分配制度，更加关

---

① 哈维尔·德里维拉：《理解和抵制数字资本主义的指南》，周延云、王琳译，《国外理论动态》2022年第6期，第139页。
② 中共中央文献研究室编：《习近平关于社会主义经济建设论述摘编》，中央文献出版社2017年版，第328页。
③ 《中国共产党第十九届中央委员会第四次全体会议文件汇编》，人民出版社2019年版，第39页。

注用户在平台使用中集体创造出的社会价值,明确无酬数字劳动对于社会生产的积极贡献,完善用户集体参与分配的渠道,推动数字经济反哺社会发展,"让亿万人民在共享互联网发展成果上有更多获得感"[①]。总之,劳动价值论是准确理解剥削非正义性的科学基础,也是对平台资本主义做出正义批判的理论依据。只有坚持从劳动价值论出发,才能不断提升数字经济治理能力和治理水平,引导数字经济健康发展,让数字经济更好地为实现全体人民共同富裕服务。

---

① 习近平:《习近平著作选读》第二卷,人民出版社2023年版,第148页。

解蔽与澄明：马克思劳动价值论视域下的数字劳动论析①

张晨睿　曾　茜

摘　要：数字技术的飞速发展以及各类数字设备的广泛应用引起了人类劳动方式的变革。数字劳动是劳动者通过网络平台对数字信息进行加工改造的过程，表现出数据商品化、产消一体化、算法优化的本质特征。数字劳动的运行逻辑仍然处于马克思劳动价值论视域下，同样具有劳动二重性，成为价值创造的源泉，是数字时代劳动新形态。数字劳动颠覆了传统劳动形式，消弭了工作与休闲的界限，吸引人们自由自愿进行劳动，打破了传统劳动的时空限制，形成了新型劳动观，为劳动成为人类生活的第一需要提供了现实可能。通过劳动价值论透视数字劳动的价值与本质，明确数字劳动的优势与风险，充分发挥其对人类生产生活的价值，对实现人类解放具有重要意义。

关键词：数字劳动；劳动价值论；数据商品；劳动解放

本文引文格式：张晨睿、曾茜：《解蔽与澄明：马克思劳动价值论视域下的数字劳动论析》，见何云峰主编：《劳动哲学研究》第十一辑（2024年第2辑），上海教育出版社2024年版，第314-323页。

随着信息通信技术、人工智能、大数据等新兴数字技术的飞速发展以及各类数字设备的广泛应用，人类已经正式进入数字时代。这是一个计算战胜了其他一切而成为决策准则的时代。②数字技术深入人类社会生活的方方面面，现实社会与数字空间因界限的消散而日益耦合，人类的生产生活方式发生了深刻的变革，随之产生的"数字劳动"以一种新型劳动形态异军突起。数字劳动与传统劳动不同，它是人类不断加

---

① 作者通信地址：张晨睿，武汉大学马克思主义学院（湖北武汉 430072）；曾茜，武汉大学马克思主义学院（湖北武汉 430072）。

② 贝尔纳·斯蒂格勒：《论数字资本主义与人类纪》，张义修译，《江苏社会科学》2016年第4期，第8-11页。

强技术革新,突破自身能力的产物。但是,数字劳动作为数字时代的劳动形态之一,本质上仍然是人类劳动的派生形式,无法以独立的形态存在数字劳动要与其他劳动形式相结合,共同创新未来社会的人类劳动形态。因此,准确认识和高效利用数字劳动,必须从马克思劳动价值论的立场和观点出发,科学阐明数字劳动的内涵与特征,树立正确的数字劳动观,避免陷入数字劳动陷阱,充分发挥数字劳动在推动经济建设、促进劳动解放等方面的重要作用。

一、解蔽:数字劳动的概念与特征

习近平总书记指出,数字经济"正在成为重组全球要素资源、重塑全球经济结构、改变全球竞争格局的关键力量"[1]。数字经济逐渐成为推动世界经济发展的新引擎,其背后的数字劳动已然成为重要的劳动形式。近年来,与数字劳动相关的新现象和新问题引人深思,"数字劳动"一度成为学界的热点问题,相关研究成果增长较快。但对数字劳动概念与特征的阐释,学界尚未达成统一定论。因此,对基本概念的界定与本质特征的把握是深入研究数字劳动的前提和基础。

(一)数字劳动的概念廓清

劳动是将人与动物相区分的根本标志,人类生产与发展的物质条件与人类历史都是由劳动创造的。马克思指出:"正是在改造对象世界的过程中,人才真正地证明自己是类存在物。这种生产是人的能动的类生活。通过这种生产,自然界才表现为他的作品和他的现实。"[2] 从农业社会的农业劳动到资本主义社会的产业劳动,再到数字时代的数字劳动,随着社会的发展,人类劳动形式在科学技术的加持下必然发生一定的变化,但劳动创造价值的本质并未改变。

"数字劳动"的概念由国外学者率先提出并开展相关研究,最早可以追溯至20世纪70年代。1977年,加拿大学者达拉斯·斯麦兹在《传播:西方马克思主义的盲点》中首次将传播学与政治经济学相结合,提出了"受众商品"和"受众劳动"的概念。他指出,大众传媒通过其传播的内容产生"受众",即信息传播的接收者,"受众"对广告内容的"注意力"被作为商品卖给了广告商。在这一过程中,"受众"对广告内容花费的注意力实际上是其付出的无酬劳动,并可能成为广告商品的销售对象。"受众商品"和"受众劳动"可以视为数字劳动概念的雏形。意大利学者蒂兹纳·泰拉诺瓦在2000年发表的《免费劳动:为数字经济生产文化》中首次提出了"数字劳动"的概念,她认为数字劳动包括"在网络上进行建立网页、修改软件包、阅读和

---

[1] 习近平:《习近平著作选读》第二卷,人民出版社2023年版,第534页。
[2] 《马克思恩格斯文集》第1卷,人民出版社2009年版,第163页。

撰写邮件"①等免费数字形式。

"数字劳动"是"免费劳动"的概念提出后,国外学者对数字劳动的研究总体上分为两种观点。一种观点坚持认为数字劳动是"非物质劳动",以泰拉诺瓦等为代表。"非物质劳动"概念起源于意大利自治主义马克思主义学派,拉扎拉托、奈格里、哈特等是其代表人物。拉扎拉托是"非物质劳动"概念的首创者,他认为"非物质劳动"是生产商品的"信息内容"和"文化内容"的劳动。奈格里、哈特对"非物质劳动"作了进一步阐释,认为"非物质劳动"已经取代"产业劳动",成为占据主导地位的劳动形式。"非物质劳动"主要包括"脑力或语言的劳动""情感型的劳动""生物政治的劳动"等劳动形式。泰拉诺瓦将数字劳动主要看作是一种"非物质劳动",她认为:"互联网突出了非物质劳动。……非物质劳动的生产能力包括写作、阅读、管理和参与邮件、网站、聊天等方面的工作。"②

另一种观点坚持认为数字劳动是"物质劳动",以英国学者克里斯蒂安·福克斯等为代表。福克斯以马克思的劳动理论为基础研究数字劳动问题,他认为数字劳动在本质上仍然是"物质劳动"。在《数字劳动与卡尔·马克思》一书中,福克斯构建了系统化的马克思主义的数字劳动批判理论,他认为"认知数字工作""交流数字工作""合作数字工作"是社交媒体的三种数字劳动形式,这些劳动形式无法脱离人脑、五官或者数字媒体等工作工具独立开展,因此数字劳动具有物质性。福克斯指出,数字劳动不应局限于某一行业,应该着眼于整个劳动领域进行考察,因而他对数字劳动作了广义和狭义的区分:广义数字劳动是指数字技术涉及的一切劳动形式,例如智能采矿设备的应用;狭义数字劳动主要是互联网"无酬劳动",例如浏览网页、聊天、回复评论、写博客等行为。

国内学界大多从马克思主义哲学和马克思主义政治经济学的视角对数字劳动开展批判性研究,主要呈现出三种阐述路径。一是侧重于阐明数字劳动的内涵与性质。例如,谢芳芳和燕连福"通过对数字劳动与受众劳动、非物质劳动、物质劳动三者关系的梳理,系统地阐释数字劳动的内涵、性质及其发展理路"③。石先梅运用科学抽象法剖析了数字劳动的一般性与特殊性,认为"数字劳动过程在劳动力、劳动资料与劳动对象这三个方面呈现出新的特征,数据成为许多产品使用价值的重要来源,但是创造价值的始终还是以生产为直接或主要目的的劳动过程"④。二是

---

① Tiziana Terranova, Free Labor: Producing Culture for the Digital Economy, *Social text*, Vol.18, No.2, 2000, pp.33-58.

② Tiziana Terranova, Free Labor: Producing Culture for the Digital Economy, pp.33-58.

③ 谢芳芳、燕连福:《"数字劳动"内涵探析——基于与受众劳动、非物质劳动、物质劳动的关系》,《教学与研究》2017年第12期,第84-92页。

④ 石先梅:《数字劳动的一般性与特殊性——基于马克思主义经济学视角分析》,《经济学家》2021年第3期,第15-23页。

侧重于从马克思的劳动理论阐明数字劳动的合理性。例如,高斯扬认为:"数字劳动不是对马克思劳动概念的颠覆,也不是概念创新,而是对人类劳动发展的拓展"①。三是侧重于指出数字劳动并没有改变资本主义社会的劳动关系,通过对数字劳动异化的分析批判数字资本主义。例如,张晓兰指出,数字技术带来传统雇佣劳动向互联网平台的数字劳动转变,使得劳动与闲暇、生产与消费的界限不断消解,导致一种劳动"新异化"。数字化时代,摆脱资本的时间与劳动统治的道路并非拒绝数字化,而是需要认清数字资本的假象,并立足于政治经济学批判视角改造不平等的生产关系。②

通过对国内外相关文献的分析可以发现,由于学者从不同视角对数字劳动开展研究,数字劳动的概念尚未统一,但丰富的研究成果为后续研究数字劳动提供了广阔的视野。数字劳动是数字技术与劳动相结合的产物,本质上仍然处于马克思劳动理论的分析视域。数字劳动过程是数字劳动者使用数字生产资料改造数字劳动对象、生产使用价值的过程,只是数字劳动的生产资料变成了数字信息,劳动场所变成了网络平台,劳动产品变成了数据商品。因此,数字劳动是劳动者通过网络平台对数字信息进行加工改造的过程,是物质劳动与非物质劳动相统一的过程。

(二)数字劳动的本质特征

1.数据成为数据商品

当前,数字信息技术的高速发展加快了各种数字设备的研发,数字设备的智能化程度不断提高,为人类的生产生活带来了诸多便利。数字化已经涉及社会生活的方方面面,数字设备的使用和普及使生产生活的各个领域不断生产出数据。数字经济时代,数据不仅是重要的生产要素,更是成为进行交换的特殊商品。单个数据本身并不能成为具有交换价值的商品,而大量经过分析处理的数据便有可能成为数据商品,即数据经过收集、处理、预测、引导等环节形成数据商品。首先,收集用户零散的数据原料。例如,普通用户在非劳动时间通过数字设备浏览网页、发邮件、逛线上购物平台、在社交平台分享经验和日常时都会产生大量的数据信息,数字平台是数据原料的"原产地"。其次,掌握用户的个性化需求。平台针对收集的数据进行分析处理,准确描绘用户的"数字画像"。再次,利用"数字画像"对人们的行为进行预测。平台通过分析不同领域数据之间的关系,把握用户的喜好倾向,精准预测其行为走向。最后,提供个性化服务,引导用户进行消费。一旦数据通过以上环节促成了用户交易行为,数据便成为商品。由此可见,数据商品的有用性是其具有使用价值的表现,数据商品能够在市场中完成交易行为是其具有价值的表现。

---

① 高斯扬:《基于马克思劳动观的数字劳动界定》,《经济纵横》2023年第8期,第12-19页。
② 张晓兰:《数字资本主义的时间与劳动统治及其批判》,《贵阳学院学报(社会科学版)》2019年第5期,第36-41页。

2.生产与消费相统一

社会再生产的基本环节包括生产、分配、交换和消费,而数字劳动实现了生产与消费的统一,打破了传统社会再生产的基本环节,形成一种"产消合一"的劳动形式。"产消合一"是"消费者逐步参与生产活动。在这种情势下,生产者和消费者传统的界限消失了"①。由于数字技术的进步和数字经济的发展,生产活动和消费活动的界限被打破了,人们在同一活动中往往既是生产者又是消费者,数字劳动又进一步加深了这种趋势。生产与消费本质上具有统一性,正如鲍德里亚指出:"消费的真相在于它并非一种享受功能,而是一种生产功能。"②数字技术的发展消弭了生产与消费的界限,数字劳动使"产消合一"的劳动从可能变为现实。一方面,消费直接是生产。数字劳动过程中,用户在通过数字设备开展娱乐消费的同时也在生产新数据,其中娱乐消费的是经过加工处理的数据,生产的是零散的原料数据。另一方面,生产直接是消费。数字劳动打破了劳动与休闲娱乐的界限,数字时代人们的常规工作时间和休闲娱乐时间里都有数字劳动的身影。与传统劳动不同,尽管数字劳动并不都是以休息放松的形式进行的,但休闲娱乐的数字劳动摆脱了劳动的被迫性,是用户自愿主动进行的生产,用户在娱乐的同时也在消费原料数据。

3.算法是数字劳动的灵魂

算法是指对解题方案准确而完整的描述,是一系列解决问题的清晰指令。算法代表着用系统的方法描述解决问题的策略机制。算法是数字劳动的灵魂,数字劳动的顺利开展离不开算法。用户数据的收集、分析处理是通过算法完成的,通过算法分析能够准确描绘用户的"数字画像",掌控用户的兴趣偏向,精准推送用户感兴趣的内容,吸引用户持续进行数字劳动。首先,算法具有筛选功能。算法能够将零散的原料数据进行分析处理,筛选出有价值的数据,精准描绘用户的"数字画像",帮助人们精准高效地完成目标任务。其次,算法具有预测和引导功能。算法可以通过分析现有数据,把握已知信息,并在此基础上预测用户的未来行为。算法不仅能够对各领域的数据进行分析处理,还能够把握各类数据间的关系,由此掌握用户的数字劳动习惯和走向,实现对用户未来行为的预测。最后,算法具有运算学习能力。算法能够通过自我学习改进自身缺陷,不断优化引导功能,促进用户决策实现最优。由此可见,算法是数字劳动持续进行的关键支撑。

二、澄明:数字劳动的劳动价值论省思

数字劳动的运行逻辑本质上没有脱离马克思劳动价值论的基本观点,仍然可

---

① 阿尔文·托夫勒:《第三次浪潮》,黄明坚译,中信出版社2018年版,第284页。
② 让·鲍德里亚:《消费社会》,刘成富、全志钢译,南京大学出版社2014年版,第60页。

以通过劳动价值论的核心内容进行阐释。马克思批判吸收了古典经济学家的劳动价值思想,从辩证唯物主义和唯物史观的基本立场出发,在批判资本主义社会的过程中深入研究了价值形成的原因和过程,最终获得抽象劳动创造价值的结论,形成了具有革命意义的劳动价值理论。劳动二重性决定了商品二因素、劳动创造价值、一般劳动过程和剩余价值理论等是马克思劳动价值论的核心内容。因此,从马克思劳动价值论的基本观点出发分析数字劳动可知:数字劳动具有劳动二重性,能够成为创造价值的源泉,是数字时代的劳动新形态,推动了劳动价值论的丰富和发展。

（一）数字劳动二重性与数据商品二因素

马克思劳动价值论指出,劳动二重性决定商品二因素,即具体劳动创造商品使用价值,抽象劳动创造商品价值。同样,数字劳动也具有二重性,并决定数据商品二因素。一方面,具体数字劳动创造了数据的使用价值。具体劳动即具有一定形式的劳动。用户在数字设备上进行的具体数字劳动生产出或转为海量数据,通过对数据进行收集、筛选和分析,获取有用数据,对人们的决策判断具有指导作用。例如,人们通过对某一景点数据信息的收集和整理,了解景点特色和注意事项,制订旅游计划;灾难应急管理部门通过数字系统分析以往受灾数据,评估灾难发生概率,做好应急预案。用户在数字平台上的具体数字劳动生产出数据信息,数据的共享性使用户能够获取有用的数据以满足自身需要。另一方面,抽象数字劳动创造了数据商品的价值。抽象劳动即抛开具体形式的无差别的人类劳动。用户在使用数字设备浏览网页、网上购物、观看短视频等过程中存在情感付出和注意力消耗,本质上耗费了人的脑力和体力,这些抽象数字劳动创造了数据商品的价值。因此,当数据在数字平台上被用户使用,并促使用户完成交易行为时,数据便转化为具有价值和使用价值的数据商品。

（二）数字劳动何以创造价值

马克思指出,人的劳动是"作为形成价值的东西"[1]。数字劳动与生产具体商品形式的传统劳动不同,它生产的是无形的数据商品。数字劳动是数字技术与人类劳动相结合的时代产物,它对发展数字经济发挥着重要作用,成为价值创造的重要源泉。从总体上看,数字劳动通过直接和间接的方式创造价值。第一,数字劳动直接创造数据商品价值。数字劳动突破了传统劳动的时空局限性,用户以各种类型的数字设备为生产中介,促使劳动从常规工作扩展到休闲娱乐领域。当用户在数字平台上聆听音乐、观看短视频或浏览"朋友圈"所产生的数据被当作商品进行交易时,即数据商品被用于交换时,数字劳动直接创造了价值。第二,数字劳动间接创造数据商品价值。马克思指出,运输属于"第四个物质生产领域",数字劳动通过

---

[1]《马克思恩格斯全集》第四十九卷,人民出版社1982年版,第47页。

传播数据商品的使用价值创造价值。用户在通过数字劳动生产新数据的同时,也扩大了已有数据的传播范围,其中用户对有用数据信息的"点击""转发"和"分享"无形中增加了数据流量。换言之,数据商品的使用价值通过用户的数字劳动传播给潜在消费者,增加了交易行为发生的可能性。因此,数字劳动间接创造了数据商品价值。数字劳动是"一系列生产实践,……这些实践通过在线平台进行调节,并由独立行为者实施"①。数字劳动的生产中介和数据商品虽然是虚拟的,但数字劳动仍然是现实的个人的实践活动,劳动创造价值的本质没有改变。

(三)数字劳动何以成为劳动新形态

数字时代,人类生产生活的各领域都会出现数字设备的身影,人们更是随身携带智能设备。数字劳动是由数字技术的创新和普及而"进化"出的一种新的劳动形态,它利用数字技术,以算法为核心,对用户生产的数据信息进行收集和处理,准确描绘用户的"数字画像",精准靶向用户喜好倾向,引导用户消费决策,导致用户的休闲娱乐活动也成为具有生产性质的劳动,是对传统劳动形态的超越。首先,数字在劳动较大程度上摆脱了一般劳动的被迫性。数字劳动消弭了劳动工作与休闲放松的界限,例如"玩劳动"的出现,用户通过娱乐的方式开展了自愿的、愉快的、无意识的劳动,并非一般劳动的被迫付出。其次,数字劳动极大降低了生产资料的损耗性。传统劳动形式在生产加工的过程中会造成有形劳动资料与劳动对象的损耗,而数字劳动中数据是一种特殊的劳动对象,用户一旦"进入"数字平台便开始产生数据,为数字劳动提供源源不断的劳动对象。同时,智能算法能够通过自我学习促进功能优化,不会造成劳动资料的损耗。最后,数字劳动打破了以往生产资料的私有性。在进行数字劳动的过程中,用户能够同时拥有劳动资料(数字设备)和劳动对象(数据)的所有权和使用权,可以通过自己的数字设备共享平台上的数据信息。因此,数字劳动是对传统劳动形式的新飞跃,它所带来的新变化将提高人类实现劳动解放的现实可能性。

劳动价值论阐明了劳动、商品、价值间的关系,揭示了资本主义剥削的秘密,对实现人类解放具有重要的指导意义。数字劳动带来的新变化颠覆了人们对传统劳动的认知,它通过休闲娱乐的方式吸引大众自愿主动参与其中。但透过数字劳动的表象可以发现,它运行逻辑依然处在马克思劳动价值论的视域下。纵观人类历史,抛开政治和经济因素的影响,劳动方式的每一次变革都是为了解放双手或提高生产能力。数字劳动作为数字时代的劳动新形态,本质上是为实现人类解放创造条件。但是,数字劳动的虚拟性、多样性和即时性可能引起人们在劳动认知、劳动价值等方面的劳动危机。因此,需要遵循马克思劳动价值论的基本原则分析数字

---

① Eliane Bucher, Christian Fieseler, Christoph Lutz, Mattering in Digital Labor, *Journal of Managerial Psychology*, Vol. 34, No. 4, 2019, pp. 307-324.

劳动,避免陷入数字劳动陷阱。

三、愿景:数字劳动促进人类解放

数字时代,劳动的形式不断更新,劳动的领域持续延伸,但劳动创造价值的本质没有改变。数字劳动只是数字时代劳动的一种特殊形式,传统劳动仍然是主流劳动形式,它因数字技术、大数据等生产要素的加入而变得更加高效。但是,数字技术的运用并没有改变传统劳动的被迫性,反而在一定程度上加重了劳动者生理和心理的痛苦。马克思指出,到了共产主义的高级阶段,"劳动已经不仅仅是谋生的手段,而且本身成了生活的第一需要"[①]。只有当劳动彻底摆脱被迫性,不仅是为了满足生存需要,更是为了促进个人自由全面发展时,劳动本身才有可能成为人类生活的第一需要。数字劳动是现实的个人运用生产资料自由自愿进行劳动生产的过程,其劳动资料是无形的数字平台和数据信息。因此,它并不生产维持肉体生存的物质资料,而是满足人们的精神愉悦与享受。当前,数字技术高速发展,数字设备广泛应用,数字劳动消弭了工作与休闲的界限,劳动从被迫性的工作付出转变为自由主动的休闲娱乐,为劳动成为人类生活的第一需要提供了现实可能。

(一)数字劳动助力劳动解放

"劳动解放"并非不劳动,而是改变旧式劳动的性质,促使人们主动劳动、自由劳动、幸福劳动。当下,数字劳动颠覆了传统劳动形式,为人类实现劳动解放创造了条件。首先,数字劳动吸引人们自由自愿进行劳动。人类劳动已经完成了从自发到自觉的转变,生产工具的不断革新使人们有可能实现对自觉劳动的超越,达到自由劳动。在生产力水平低下,人类尚未认识和掌握自然和社会发展一般规律的情况下,劳动通常表现为一些零散的、自发的人类活动。随着生产力水平的提高和社会分工的完善,人类开始发挥自身能动性,开展有目的的自觉劳动。但是,自发劳动是以维持生存为目的的最基本活动,自觉劳动是以改善生活质量为目的的工作活动,它们本质上还是为了解决人的吃穿住行问题,"付出"与"享受"有着明显界限。数字技术的发展和数字设备的普及使人类劳动发生了质的变化,数字劳动突破了传统意义上生产与消费的界限,以休闲娱乐的方式开展劳动,其本身成为人类日常生活的需要。其次,数字劳动突破了传统劳动的时空限制。传统劳动通常规定劳动者在固定的时间到特定的地点进行生产活动,如大工业时代的泰罗制、现代企业的"打卡制",劳动者为了谋求生存资料被迫劳动。邮轮、飞机、高速列车等现代交通工具的改造升级加速了劳动者和生产资料的全球流通速度,促进了人类的全球劳动。数字技术的高速发展将人类的全球劳动再次提到了新的高度。"由于网

[①]《马克思主义文集》第3卷,人民出版社2009年版,第435页。

络化供应链和敏捷生产系统而卷入的全球劳动人口,使资本在全球范围内可以获得劳动力……"[①] 碎片化和灵活化的数字劳动使人们突破了传统劳动的时空限制,方便易携的数字设备使人们随时随地开展劳动成为现实。传统劳动形式占据了人类大部分时间,自由时间的不足阻碍了人的全面发展;而数字劳动能够让人们拥有更多的自由时间安排生活结构,丰富个人生活,为实现人类自由解放创造了条件。最后,数字劳动确立了新型劳动观。数字劳动使人们摆脱了传统劳动的被迫性,它以休闲娱乐的方式表现为一种自由自愿的活动,彻底改变了人们以往的劳动观念和态度。数字劳动通过创造数字化的物质财富和精神财富来满足人的需求,为人类解放创造了条件。与物质解放相比,数字劳动更重要的是为精神解放创造了条件。当人们从意识上主动接纳劳动,将劳动看作一种享受时,劳动便成为一种不可或缺的精神需要。此时,人们将主动进行劳动,获取精神上的满足,从而形成新型劳动观。

(二)自由数字劳动成为人类生活的第一需要

只有当劳动彻底摆脱因谋生压力而产生的被迫性,并成为人们自由自愿的活动时,劳动本身才有可能成为人类生活的第一需要。数字劳动为实现自由自愿的劳动提供了现实可能。首先,数字劳动以休闲娱乐的方式改变了传统劳动形式单方面的付出,劳动者在劳动中付出的体力、情感和注意力能够得到反馈,实现精神愉悦。其次,数据具有共享性。用户通过数字平台获取数据的同时也在生产数据。换言之,劳动者可以根据自己的需要,从数字平台的海量数据中自由获取有用数据进行数字劳动。数字劳动本身表现为轻松自由的索取过程,消除了传统劳动过程对劳动者肉体和精神的折磨。最后,算法能够为劳动者提供更具个性化的服务。算法作为数字平台的技术支撑,其所具有的筛选、预测引导和自我优化功能使劳动者可以获取更具个性化的数据信息,有助于劳动者从一般性决策中解放出来,从而将更多的精力专注于自己感兴趣的活动,为实现自由劳动迈出了重要一步。

(三)数字劳动的现实反思

数字劳动颠覆了人们对传统劳动的认知,它作为数字时代的劳动新形态,丰富了劳动形式,开辟了劳动新领域,提高了人类劳动的积极性。但是,数字劳动的发展仍然处于初级阶段,其背后隐藏着众多风险。如果没有正确分析和把握数字劳动的含义和本质特征,处理好数字劳动与传统劳动之间的关系,数字劳动就会成为阻碍实现人类解放的"绊脚石"。数字劳动是数字技术与人类劳动有机结合的产物,突破了传统劳动的时空限制,但它也慢慢产生了数字监控、隐私泄露、算法歧视等数字风险。美国学者肖莎娜·祖博夫指出:"人类经验是能转化为行为数据的免

[①] 尼克·迪尔-维斯福特:《赛博无产阶级:数字旋风中的全球劳动》,燕连福、赵莹等译,江苏人民出版社2020年版,第172页。

费原料物。"① 数字劳动中,用户在数字平台浏览网页、发送邮件、观看视频、实时交流等一切行为都会在系统中留下"数据痕迹",数字劳动者、数字劳动过程和劳动方式都被"后台系统"全方位监控。数字劳动本质上是一种监控劳动。"似乎所有以网络为基础的商业模式,全都将监控资本主义的机制和经济指令视为营运的预设模型",② 监控成为数字企业谋求利润的核心机制。目前,数字设备的使用已经大众化,并且可穿戴的数字设备日益多样,智能算法不断优化升级,人们的数字劳动受到更加严密且长久的监控,因此,全面预估数字的发展趋势和审视数字劳动的本质是稳定发展数字经济的必然要求。必须正确分析和把握数字劳动的本质,坚持人的劳动主体立场,及时提高数字素养,避免在数字劳动中迷失自我。

在新发展理念的指导下,开展数字劳动与发展数字经济相契合,数字劳动以数字平台为生产中介,它在参与数字经济建设的过程中需要警惕可能出现的风险挑战。首先,算法是数字劳动的灵魂,它为发展数字经济提供技术支撑。算法不仅可以对某一方面的经济数据进行分析处理,还可以分析各方面经济数据间的关系,为数字经济建设指明方向。加强算法研发,不断创新数字技术是发展数字经济的当务之急。其次,建立并不断完善数据监管系统是数字经济稳定发展的保障。在数字劳动过程中,由于数据信息的共享性,数据泄露会让不法分子有可乘之机,从而损害人们的切身利益。严格监管用户在数字系统留下的"数据痕迹",防范用户信息泄露刻不容缓。最后,以公平正义为原则,建立数字管理体制,为发展数字经济提供保障。保障公民权利,避免算法歧视、数字霸权、数字鸿沟等非正义现象,有助于吸引劳动者主动开展数字劳动。当前,数字劳动消弭了"工作"与"休闲"的界限,造成了劳动"休闲化"与休闲"劳动化"相互耦合。数字劳动仍在马克思劳动价值论视域下运行,需要通过劳动价值论透视数字劳动的价值与本质,明确数字劳动的优势与风险,充分发挥它对人类生产生活的价值,促进人类解放。

数字劳动是数字时代人类劳动的新形态,它以休闲娱乐的方式颠覆了人们对传统劳动的认知,但并没有改变劳动的本质。数字劳动带来的新变化对于发展数字经济、实现人类解放具有重要的现实意义。同时,只有当人们自由自愿地开展数字劳动时,数字劳动才可能真正地解放劳动,并成为人类生活的第一需要。当前,数字劳动只是人类劳动的形式之一,不可能代替所有的劳动形式。因此,需要坚持劳动者的主体地位,全面审视数字劳动,预估数字劳动的发展趋势,发挥优势,规避风险,通过数字劳动提高实现人类解放的现实可能性。

---

① 肖莎娜·祖博夫:《监控资本主义时代:基础与演进》上卷,温泽元、林怡婷、陈思颖译,台北时报文化出版企业股份有限公司2020年版,第38页。
② 肖莎娜·祖博夫:《监控资本主义时代:基础与演进》上卷,第41页。

人工智能助推中国式现代化的内在逻辑与实践路径①

薛 峰

摘 要：人工智能助推中国式现代化具有历史、理论与实践的内在逻辑。历史逻辑体现在人工智能的历史发展同现代化的历史进程具有趋近性，这种趋近性必然随着中国式现代化的实现而达到具体的历史的统一；理论逻辑体现在人工智能同中国式现代化的价值旨归具有一致性，这种一致性体现在人自由而全面发展的终极目标；实践逻辑体现在人工智能同中国式现代化的五大特征具有适配性，这种适配性体现在人工智能提供新质生产力的同时，推动生产关系的中国式现代化变革。人工智能实践路径设计既应该遵循人工智能自身的横向时间发展原则，也应统筹兼顾纵向国内国际两个空间视角，以此通达人工智能推动中国式现代化的时空之门。

关键词：人工智能；中国式现代化；内在逻辑；实践路径

本文引文格式：薛峰：《人工智能助推中国式现代化的内在逻辑与实践路径》，见何云峰主编：《劳动哲学研究》第十一辑（2024年第2辑），上海教育出版社2024年版，第324-333页。

习近平总书记在党的二十大报告中指出，建设现代化产业体系需要推动人工智能等一批战略性新兴产业融合集群发展。作为引领新一轮科技革命和产业变革的新质生产力要素，人工智能因其多学科综合性、高度复杂性、全面渗透性等特征而成为学界研究热点。"党的十八大以来，习近平总书记深刻把握科技创新与发展大势，高度重视我国新一代人工智能发展，对人工智能重要性及未来前景作出一系列重要论述，形成推动发展新一代人工智能的全面战略部署，为新一代人工智能如

---

① 基金项目：上海市哲学社会科学规划课题"人工智能对马克思劳动理论的证实与发展研究"（项目编号：2023EKS010）。作者通信地址：薛峰，上海应用技术大学马克思主义学院（上海 201418）。

何赋能中国式现代化指明了方向。"① 因此,探讨人工智能助推中国式现代化的内在逻辑与实践路径,既能够使我们明确当前我国人工智能发展战略,也能够使我们加深对中国式现代化的理解。

学界对人工智能的研究视角早期主要围绕马克思主义哲学展开,如艾众主要从"人工智能的本质和特征""人工智能发展中的辩证法"等方面阐释了人工智能发展中的认识论问题。进入新世纪,哲学界不仅将研究视角从辩证唯物主义扩展到历史唯物主义,更从西方哲学、科学哲学、伦理学、美学等多个学科视角对人工智能进行阐释,如徐英瑾从胡塞尔的意向性理论探讨人工智能,王天恩讨论了人工智能发展的伦理支撑。从研究特点上看,学界对于人工智能的研究呈现出从萌芽到成熟、从封闭到开放、从单一学科到多学科的特点;从研究方法上看,既有传统认识论中的辩证法,也有现象学的还原法和分析哲学的语言分析方法等。作为综合性的前沿学科,跨界融合发展成为推动新一代人工智能发展的全新模式。回答新一代人工智能如何推动中国式现代化进程的问题,需要首先明确人工智能的发展逻辑及特点,并在分析中国式现代化的发展历程及特征中找到人工智能助推中国式现代化的内在逻辑与实践路径。其中,"内在逻辑"讲的是人工智能发展战略的理论问题,"实践路径"则是关于人工智能的现实治理问题,二者实现了理论与实践的辩证统一。

一、人工智能助推中国式现代化的历史逻辑

(一)人工智能技术发展的基本规律

"人工智能"的名称于1956年在美国达特茅斯学院召开的学术会议上首次提出。与会的十名专家的研究领域涉及计算机科学、数学、神经科学、信息论等。会议主要围绕着如何运用机器模拟人类智能等相关课题展开讨论,由当时担任达特茅斯学院数学系助理教授的约翰·麦卡锡等人负责召集。会议被命名为"人工智能夏季研讨会"(Summer Research Project on Artificial Intelligence),"人工智能"由此得名。从与会专家的学术背景不难看出,最初人工智能是以计算机等具有极强操作性的技术来实现的。不可否认的是,人工智能代替人类劳动的观念变成现实可操作的系统得益于计算机技术的发展。人工智能作为科技现代化的典型产物,"以人工智能为代表的现代高新技术的广泛应用使社会资源开始从物质性资源转向信息性资源,并逐步推进了信息性资源的共享"②。因此,在人工智能时代背景下,信息

---

① 张东冬:《习近平总书记关于新一代人工智能的重要论述探析》,《大连干部学刊》2024年第8期,第5-11页。
② 苗悦鹏:《人工智能赋能中国式现代化的应然逻辑、现实表征和实践路径》,《中共伊犁州委党校学报》2024年第1期,第60-64页。

化的获取与利用能力正在成为评判人工智能技术高低的重要标志。无论是约翰·塞尔的"中文屋"实验,还是"图灵测试"的现代化可操作标准,人工智能发展的历史都在向我们表明,人类总是在前人成果的基础上不断推动技术的更新换代。换句话说,这是技术发展的基本规律,遵循的是一个从低级到高级的前进趋势。不难预测,未来人工智能存在从专用人工智能(Artificial Narrow Intelligence, ANI)到通用人工智能(Artificial General Intelligence, AGI)的进化可能。无论是当前的ChatGPT、Sora等生成式人工智能产品,还是人工智能研究范式的不断优化,都在向我们展现人工智能的无限可能。"以人工智能为核心要素的第四次科技革命正在重构以往的创新图景,成为推动人类社会生产方式变革的新力量。"① 根据历史唯物主义的观点,生产力与生产关系的矛盾运动不断推动着历史前进。当下如此重视人工智能的重要影响,原因在于其创造的生产力能力可能会超过前面所有时代,甚至出现了人工智能可能颠覆人类存在的悲观主义论断。"农耕时代的科学技术通过创造各种优质材料产品使人类的体质能力从自然力的束缚下不断获得解放,工业时代的科学技术通过创造各种高效能量产品使人类的体力能力从自然力的束缚下不断获得解放,信息时代的科学技术则正在通过创造各种聪慧的智能机器使人类的智力能力从自然力的束缚下不断获得解放。"② 由此可以看到,人工智能既具有现代化技术的时代印记,同时也具备更高级的技术能力,代表着人类改造自然能力能够达到的新高度。换句话说,作为生产力中的非实体性要素,以人工智能为代表的科学技术正在推动人类生产力达到新的高度。

(二)人工智能历史发展同现代化历史进程具有趋近性

"后图灵测试"时代人工智能曲折发展的历史表明,技术的发展也会经历"肯定—否定—再肯定"的辩证过程。"经过60余年的发展,人工智能技术已经历三次发展浪潮,实现了从知识型驱动人工智能向数据型驱动人工智能的重大转变。"③ 人工智能的历史发展同现代化历史进程具有趋近性。"人工智能与中国式现代化的发展进程是相吻合的。"④ 从历史逻辑角度说,中国特色社会主义是实现中国式现代化的必由之路,而作为人工智能代表的一批新兴科技革命产物必将助推中国式现代化的实现。"在人工智能时代,探索有利于实现共同富裕的分配方案是保障人民安居乐业、顺利推进中国式现代化进程的必然抉择。"⑤ 人工智能虽然是交叉学科,

---

① 张东冬:《习近平总书记关于新一代人工智能的重要论述探析》,《大连干部学刊》2024年第8期,第5-11页。
② 钟义信:《人工智能的范式革命——中国式现代化的科技篇章》,《互联网周刊》2023年第23期,第10-16页。
③ 张东冬:《习近平总书记关于新一代人工智能的重要论述探析》,《大连干部学刊》2024年第8期,第5-11页。
④ 苗悦鹏:《人工智能赋能中国式现代化的应然逻辑、现实表征和实践路径》,《中共伊犁州委党校学报》2024年第1期,第60-64页。
⑤ 苗悦鹏:《人工智能赋能中国式现代化的应然逻辑、现实表征和实践路径》,《中共伊犁州委党校学报》2024年第1期,第60-64页。

但是也有一些基础学科作为理论出发点,如信息论、计算机科学、数学学科等与其产生和发展都是密不可分的。"作为智能化新兴技术,新一代人工智能呈现与以往不同的新特征。习近平总书记立足技术发展前沿,将其归纳为深度学习、跨界融合、人机协同、群智开放、自主操控五个方面。"① 现代化的历史逻辑来源于近代以来中华民族最伟大的梦想,无数仁人志士掀起救亡图存的民族运动,只有中国共产党完成了近代革命反帝反封建的任务,实现了国家独立和民族富强。新中国的成立使中国人民从此站起来,改革开放以来的伟大实践使中国人民从此富起来,而党的十八大以来中国特色社会主义进入新时代使中国人民强起来。

二、人工智能助推中国式现代化的理论逻辑

（一）人工智能助推人类劳动解放和人的自由全面发展

虽然人工智能依赖于计算机的可视化操作,但它具有崇高的理论逻辑,即实现人类劳动解放的目标,因此在"后图灵测试"时代人工智能取得的成就远远超乎人类想象,甚至在当下社会中出现了对人工智能的焦虑问题。"智能机器解放和替代人力劳动的同时,使得'数字穷人'又被排斥在智能社会系统之外而变得'寸步难行',成为加剧个人之间、人群之间、国家之间分化的一道道'数字鸿沟',世界演绎出一幕又一幕欺凌弱小、赢者通吃的霸凌事件。"② 无论是人工智能技术滥用导致的人工智能异化现象,还是人工智能对人类生存危机的拷问,都说明了当下人工智能的蓬勃发展需要我们审慎思考与其的关系。从实现人类劳动解放的角度说,人工智能的终极目标始终是朝着实现人的自由而全面发展努力前行的,这样崇高的理论追求契合了中国式现代化的具体要求。也就是说,人工智能作为一种人类科技水平的尖端成果,它最终能够达到的理论诉求同中国式现代化的价值要求是一致的,即通过技术或方法的应用完成人的自由而全面的发展,中国式现代化最终也是通达共产主义社会的必由之路,二者融合在追求人类解放的历史进程中。

（二）人工智能与中国式现代化的价值旨归一致

中国式现代化的价值旨归和人工智能技术可以通达的理论逻辑具有高度的一致性,无论是作为单一技术的人工智能代表,还是作为符合理论概念的中国式现代化,二者在理论逻辑的维度实现了价值统一。"智能机器是人工智能技术发展的物

---

① 张东冬:《习近平总书记关于新一代人工智能的重要论述探析》,《大连干部学刊》2024年第8期,第5—11页。
② 冯道杰:《人工智能推进新质生产力发展的时代意涵——基于马克思机器观的探赜》,《自然辩证法研究》2024年第9期,第77—82页。

质载体,是机器技术跃迁式质变的当代形态和现实呈现。"[1]也就是说,作为物质发展成果的人工智能,不仅代表着凭借当下人类改造社会的能力能够取得的最新成果,同时也是当下社会意识形态的反映,这种社会意识的反映在当代中国表现为中国特色社会主义新时代下的中国式现代化实践合力。"中国式现代化根本上改变了生产力与生产关系、经济基础与上层建筑内在对抗性矛盾的基础上推进以人民为中心的高质量发展,改变了资本逻辑主导的生产关系和发展形态,创造了人类文明新形态。中国式现代化语境下推动人工智能发展的实践探索,在扬弃超越西方现代化模式缺陷的基础上,形成了人工智能推动新质生产力向善发展的新道路。"[2]换句话说,只有在中国式现代化的框架下发展人工智能,才能实现生产力与生产关系的良性互动;只有以人民为中心,才能避免人工智能陷入资本主义发展的固化藩篱;只有以中国式现代化的制度优势,才能推动人工智能有效、健康地发展。中国式现代化是以人民为中心的现代化,服务于中国式现代化建设的人工智能也必须坚持以人为本的理念,以增进人类共同福祉为目标,以保障社会安全、尊重人类权益为前提,确保人工智能始终朝着有利于人类文明进步的方向发展。只有在实践过程中对人工智能不断地扬弃和超越,才能实现人工智能与中国式现代化的同向同行。

作为学科理论的人工智能,既可以指用机器代替人类大脑的泛化概念,也可以是一种跨学科的综合研究学术概念。也就是说,人工智能既代表着对当下现实时代精华的总结,例如智能时代的来临,也可以是一种智能术语,例如智能经济、智能文化等概念的表达,其背后的深意在于说明人工智能对我们这个时代影响的广泛和深远。

三、人工智能助推中国式现代化的实践逻辑

(一)人工智能治理的基本原则

当前人工智能的发展在诸多现实领域率先实现了超越人类的能力,如在智能识别、语音助手、自动驾驶等领域。"新一代人工智能为基于类人脑的智能,其特点是能够在一定程度上进行自主学习和决策,已走向更高的智能化阶段,并由弱人工智能向强人工智能不断迈进。"[3]乘着信息化和数字化的东风,人们讨论人工智能

---

[1] 冯道杰:《人工智能推进新质生产力发展的时代意涵——基于马克思机器观的探赜》,《自然辩证法研究》2024年第9期,第77—82页。

[2] 冯道杰:《人工智能推进新质生产力发展的时代意涵——基于马克思机器观的探赜》,《自然辩证法研究》2024年第9期,第77—82页。

[3] 张东冬:《习近平总书记关于新一代人工智能的重要论述探析》,《大连干部学刊》2024年第8期,第5—11页。

话题的焦点似乎已经从"人工智能能做到什么"转变为"人工智能不能做什么"。因此,新一代人工智能技术的发展在客观上推动了人类对人工智能的认知。通过人工智能对社会现实生活的直接影响,我们开始重新探讨人工智能带来的伦理治理等问题。也就是说,人们开始探讨给人工智能设置明确的伦理界限,提前规避资本介入后人工智能可能产生的异化问题。

作为科学技术的人工智能,我们可以从人类整个科技史的发展来理解人工智能的实践逻辑。从农业文明到工业文明再到信息文明,如今人类已经到了第四次科技发展节点,以人工智能为核心要素的第四次科技革命正在重构以往的创新图景,成为推动人类社会生产方式变革的新力量。从积极角度看,这是人类社会实践进步的结果。人工智能技术也可以看作是一种人类科技文明进步的标志,我们不应该排斥它或者反对它,故步自封。换句话说,这种拒斥充其量只能是个人生活过程中的一种私人选择。对于集体的发展规律而言,无数次的历史经验都向我们证明。这显然是一种历史规律,它不以个人意志为转移。如同中国式现代化必定能够实现一般,以人工智能技术等为代表的新一代科技革命成果正在以前所未有的能量加速给我们这个世界带来诸多改变,这具有客观实在性,不以个人意志为转移。"以史可鉴,工业革命或者技术革命是时代变革的重要力量,深刻影响着国家发展大局,对于提高社会生产力,改变人类生产生活方式和思维方式具有强大效能。在革新求变的时代舞台,第四次工业革命的到来为我国建设社会主义现代化强国提供了新的历史机遇。……人工智能作为新一轮工业变革的重要力量,将进一步驱动产业结构、生活方式、科技格局和社会形态的全新变革。"[①]面对这种客观事实,对个体而言,唯有积极寻求解决之道,充分发挥主观能动性,才能避免被时代抛弃;对国家而言,唯有努力寻求治理之道,积极主动拥抱世界潮流,才能在百年未有之大变局加速演进的当代掌握历史主动。基于此,我们需要明确当前人工智能发展的趋势和特点,从理论与实践维度辩证看待人工智能对中国式现代化的推动究竟依循怎样的逻辑,特别是针对人工智能可能在现实发展中遇到的诸多问题,做到防患于未然。

(二)人工智能推动生产关系的中国式现代化变革

人工智能要实现人类社会生活效益的最大化与中国式现代化要实现共同富裕的目标是一致的。"人工智能既加速基础和应用科学研究的全面突破创新,又引发新一轮的产业变革,同时对人类生产生活产生全方位的影响,进而为人类社会带来深刻、直接、快速乃至颠覆性的全方位变革。"[②]中国式现代化落实到社会主义的实

[①] 李国锋、王丽君:《人工智能赋能乡村生态振兴的逻辑机理与实现路径》,《四川轻化工大学学报(社会科学版)》2024年第1期,第47—57页。

[②] 张东冬:《习近平总书记关于新一代人工智能的重要论述探析》,《大连干部学刊》2024年第8期,第5—11页。

践层面,就是在2035年要基本实现现代化,到2050年要实现社会主义现代化强国的建成。"全面建成社会主义现代化强国,总的战略安排是分两步走:从二〇二〇年到二〇三五年基本实现社会主义现代化;从二〇三五年到本世纪中叶把我国建成富强民主文明和谐美丽的社会主义现代化强国。"①我们拥有如此明确的目标,既得益于对马克思主义理论的自信,也是人工智能等一批新技术的现实发展所带来的物质基础。也就是说,作为新质生产力的一部分,人工智能必将通过带动生产关系的转变来解决当前人民日益增长的美好生活需要和不平衡不充分的发展之间的矛盾。人工智能同中国式现代化的五大特征具有适配性,这种适配性体现在人工智能在提供新质生产力的同时,推动生产关系的中国式现代化变革。

四、人工智能助推中国式现代化的实践路径

(一)中国式现代化的五大特征及其内在逻辑

习近平总书记总结了中国式现代化的五大特征:"我国现代化是人口规模巨大的现代化,是全体人民共同富裕的现代化,是物质文明和精神文明相协调的现代化,是人与自然和谐共生的现代化,是走和平发展道路的现代化。"②从五大特征的总结中我们可以看到,中国式现代化既兼具世界现代化的一般性特征,也具有中华民族特色。这一论断是对矛盾普遍性和特殊性辩证关系原理的深刻阐发。"人口规模巨大的现代化"意味着作为拥有14亿多人口的超级大国,我们在实现中国式现代化的前进道路上,任何一个人都不能掉队。可以想见,我们实现现代化的任务异常艰巨,中国现代化实现的人口总和将超过世界上现有已实现现代化国家的人口总和。我们实现现代化难度极大,因而需要持续为现代化注入新动力,而科技因素作为生产力中的非实体性要素,已经成为第一生产力,作为现代科技产物的人工智能自然责无旁贷。"全体人民共同富裕的现代化"不是平均主义,而是在实现生产力巨大发展的基础上,推动现代化生产关系的实现。人工智能作为新质生产力的重要性不仅体现在对以往科学技术的颠覆性革新上,也体现在"生产力决定生产关系"这一唯物史观的论断中。"物质文明和精神文明相协调的现代化"意味着可以通过人工智能取得的巨大物质成就来证明社会主义制度的优越性,同时也可以实现从实践到理论完成人类文明新形态的构建。也就是说,为世界提供一种中国式现代化的人工智能发展范式。尽管人工智能作为人类改造自然能力的最新成果,代表的是人类生产力水平的巨大进步,但其异化现实也招来诸多批评之语。技术手段仅仅是一种实现劳动解放的手段,最终的目的在于实现人的解放,我们不能因为

---

① 习近平:《习近平著作选读》第一卷,人民出版社2023年版,第20页。
② 习近平:《习近平著作选读》第二卷,人民出版社2023年版,第401页。

技术异化带来的消极影响而忽视人工智能所带来的便利。人工智能既然是人类主观能动性发挥作用的结果,那么它最终必然会回归到尊重自然规律的逻辑框架之下。"人与自然和谐共生的现代化"意味着人工智能有利于实现技术的可循环利用,并最终通达人与自然和谐共生的现代化美好画卷。

中国式现代化的五大特征同样有着深厚的历史、现实和理论逻辑。中国式现代化的历史逻辑淋漓尽致地体现在我们党领导人民进行中国特色社会主义建设事业付出的诸多努力和在关键历史节点取得的重大历史突破上。无论是中国人民实现从站起来到富起来再到强起来的伟大历史飞跃,还是今天我们比历史上任何时候都更接近实现中国式现代化、实现中华民族的伟大复兴,这样的底气皆来自我们党对中国特色社会主义道路、理论、制度和文化的自信,同时无数历史事件已经反复证明了我们走在了正确的方向上。中国式现代化的现实逻辑得益于我们取得的人均预期寿命和人均国内生产总值等方面的诸多成就,我们的多项世界第一的现实成就以毫无争议的事实向全世界证明了中国特色社会主义的成功。中国式现代化的理论逻辑表现为,随着中国特色社会主义伟大实践的不断深入,新时代的伟大成就也在不断丰富着马克思主义中国式时代化的理论内涵。马克思主义中国式时代化共经历三次伟大飞跃,每一次伟大飞跃既代表着重大社会实践成功经验的总结,也是我们关于中国式现代化的理论认知不断深化的必然结果。

(二)人工智能推动中国式现代化的实践路径分析

毋庸置疑,人工智能这把"双刃剑"对人类的生存与发展产生了诸多影响。人工智能作为蓬勃发展的颠覆性前沿科技,实现了机器技术的跃迁发展,推动人类生产力水平进入新的质态;同时,又给人机关系、人际关系、人类精神文化、人类自身安全、人与自然的关系等带来了新挑战。[1]首先带来的必然是生活方式的改变,是在诸多生活领域大众可以切身感受到的改变,例如汽车的自动驾驶技术,手机的语音识别助手等。这些生活中的直接经验除了向我们表明人工智能带来的积极效应外,也存在一些负面、消极、异化现象。人工智能推动人类生产力水平发生跃迁性质变,为人的自由而全面发展提供了技术路径和物质准备,却又成为一种新的外在于人的异己力量,给人类自由解放带来"新异化"。[2]例如,一些具有简单可重复性的劳动场景在被取代的同时,也带来了一批"无用阶级"。[3]如何处置好这类群体不仅事关社会和谐稳定,同时也关乎社会公序良俗和伦理道德的建构。人工智能技术被资本介入后,不免会陷入资本逐利本性的诱惑中,容易导致人工智能技术不

---

[1] 苗悦鹏:《人工智能赋能中国式现代化的应然逻辑、现实表征和实践路径》,《中共伊犁州委党校学报》2024第1期,第60-64页。

[2] 孙伟平:《人工智能与人的"新异化"》,《中国社会科学》2020年第12期,第119-137+202-203页。

[3] 尤瓦尔·赫拉利:《未来简史:从智人到神人》,林俊宏译,中信出版社2017年版,第290页。

受管控下的滥用,因而我们不得不思考如何更好地从法治角度落实人工智能治理问题。

其次,随着人工智能的中期发展,人们逐渐适应了人工智能的积极与消极影响。伴随着人的主观能动性的发挥,我们有理由相信人类有足够的智慧最大限度降低人工智能的消极影响。因此,人工智能在一个较为理想的环境下进一步蓬勃发展。但随着时间的演进,人工智能必定会带来更深层次的危机,此时人工智能对人类的影响由生活挑战转向生存挑战,对人的主体地位构成挑战。也就是说,人工智能的现实存在倒逼人类开始思考自身存在的状态与意义问题,这种挑战与考验具有哲学层面的终极追问意味。这一时期,人类更多思考的是自身存在的意义究竟靠什么来证明的问题。正如马克思所预想的共产主义社会生活场景,我可以上午打渔,下午打猎,晚上从事精神批判。但由于人工智能对人类体力和脑力劳动的替代,我们很有可能变得无所适从,也就是从存在论意义上丧失人类对劳动的根本占有。基于马克思的人自由而全面发展的论点,因此人工智能中期的发展应该有一条不可逾越的伦理红线,那就是不能实现对人类劳动特别是脑力劳动的全部占有,这样才不会使人类最终陷入生存危机的远期考验中。

最后,以上关于人工智能发展对人类不同时间段的挑战只是基于理论逻辑层面的推测,其现实的发展往往更为复杂多变。就实现中国式现代化而言,当前中国特色社会主义建设有明确的时间节点,那就是在2035年要基本实现社会主义现代化,到2050年要建成社会主义现代化强国。由此,笔者主张关于人工智能助推中国式现代化实践路径的时间跨度可以集中在探讨具体的二三十年的发展战略上,也就是聚焦在第二个百年奋斗目标实现的历史过程来探讨人工智能助推中国式现代化的实践路径。基于此,人工智能实践路径设计既应该遵循人工智能自身的横向时间发展原则,也应统筹兼顾纵向国内国际两个空间视角,以此通达人工智能推动中国式现代化的时空之门。基于国内视角而言,需要设计国家、社会和个人层面人工智能发展的详细时间段规划。具体而言,就国家层面来说,一方面,需要以五年计划或国家中长期发展规划这样的形式明确国家关于人工智能助推中国式现代化的战略目标,同时也应该加强相关法律层面的设计和实施,还需有相关的保障和监督体系来确保实现人工智能国家战略目标要求。另一方面,尽管国家在人工智能发展中应该起主导作用,但真正实施的主体是人民应该坚持以人民为中心的唯物史观,相信人民群众在社会实践中创造历史的能力。就社会层面而言,政府部门一方面要加强公务人员的教育和培训,提高他们适应智能时代的能力;另一方面也要处理好政府与市场的关系,在人工智能产业化的同时,坚持人工智能的社会主义应用。除此之外,也要提供各种平台,加强对公民的宣传教育和引导。就公民层面而言,除了要积极主动适应人工智能的发展变化外,还需培养终身学习和危机意识，充分发挥主观能动性，从而避免被智能时代淘汰的命运。另外，公民也要积极主动拥抱人工智能给生产和生活带来的便利。"人工智能作为一项前沿技术，正以惊人的速度全方位融入中国式现代化建设的各个环节，促使中国社会产生新巨变。"① 这种新巨变既是一种客观规律，同时也是人类生存与发展需要遵循的基本前提。在国际视角下，人工智能助推中国式现代化的实践路径中，可以通过加强各国沟通与合作，基于人类命运共同体的价值框架，寻求最大公约数，从而为实现中国式现代化营造一个相对稳定的外部环境。

---

① 苗悦鹏：《人工智能赋能中国式现代化的应然逻辑、现实表征和实践路径》，《中共伊犁州委党校学报》2024第1期，第60-64页。

马克思异化理论的两种解读视角及其反思
——以伯特尔·奥尔曼和肖恩·塞耶斯为例

陶涛涛

摘　要： 在英语世界，伯特尔·奥尔曼和肖恩·塞耶斯对马克思异化理论的解读极具特色。他们的共同点在于注重马克思的人性观和辩证法在理解异化理论中的作用；区别则在于奥尔曼以怀特海哲学为中介解读异化思想，而塞耶斯以黑格尔哲学为基底诠释异化概念。由于引入怀特海哲学和黑格尔哲学作为解读异化理论的"有色眼镜"，他们的理论突围尽管新招频出，但难以解决对马克思哲学过度的"怀特海化"和"黑格尔化"所导致的顾此失彼的问题。深入探讨奥尔曼和塞耶斯对马克思异化理论解读的理论得失，有助于汲取国外马克思主义的研究精义，为中国马克思主义的创新发展提供镜鉴。

关键词： 异化；人性观；怀特海式解读；黑格尔式解读

本文引文格式： 陶涛涛：《马克思异化理论的两种解读视角及其反思——以伯特尔·奥尔曼和肖恩·塞耶斯为例》，见何云峰主编：《劳动哲学研究》第十一辑（2024年第2辑），上海教育出版社2024年版，第334—346页。

自从马克思的《1844年经济学哲学手稿》（以下简称《手稿》）问世以来，西方马克思主义理论界围绕异化理论及其衍生出来的诸多问题展开了持久而激烈的争论，由此涌现出了众多具有理论创新意义的解读视角。值得注意的是，伯特尔·奥尔曼和肖恩·塞耶斯是在英美学界对马克思异化理论作出创新解读并引起较大反响的马克思主义学者。他们在解读马克思异化理论的过程中都是先从马克思的人

---

① 基金项目：安徽工程大学引进人才科研启动基金资助项目（项目编号：2022YQQ116）。作者通信地址：陶涛涛，安徽工程大学马克思主义学院（芜湖 241000）。

性观入手,重视辩证法的作用,强调异化理论在马克思思想中一以贯之的理论定位。然而,表面的相似掩盖不了深层的理论差异:奥尔曼以怀特海哲学为中介解读异化思想,属于怀特海式的马克思主义解读视角;塞耶斯则以黑格尔哲学为基底诠释异化概念,属于新黑格尔式的马克思主义解读视角。他们对马克思异化理论的解读包含着共性和差异的辩证统一,两种解读视角背后彰显的是怀特海哲学和黑格尔哲学以及它们与马克思主义之间的复杂关联。因此,聚焦并辨析奥尔曼和塞耶斯对马克思异化理论解读的理论得失,既可以为深化马克思异化理论的研究带来参考价值,又能为马克思哲学和近现代西方哲学的会通提供启发借鉴。

一、马克思异化理论的怀特海式解读:奥尔曼的视角

奥尔曼对马克思异化理论的解读是以他对马克思的辩证法和人性观念的重构为前提条件的。一方面,作为辩证法马克思主义的创始人,奥尔曼对马克思辩证法的关系观和过程观的解读深受怀特海哲学的"过程—关系"本体论影响,即认为内在关系本体论是马克思辩证法的哲学本体论,抽象过程是从属于内在关系哲学的认识论。奥尔曼内在关系辩证法思想的提出与他对马克思异化理论的研究密切相关。事实上,正是出于对马克思异化理论进行创造性解读的需要,内在关系辩证法才会应运而生,成为奥尔曼剖析马克思异化理论的工具。另一方面,在奥尔曼看来,马克思异化理论研究的根本主题是作为"关系中的人","作为一种关注个人的解释性社会理论,任何对异化的说明必定是以澄清马克思人性(human nature)概念中的与众不同之处开始的"[①]。也就是说,马克思异化理论问题的解决是以其人性观念问题的解决为先决条件的。奥尔曼的《马克思的异化理论》一书正是按"哲学导论""马克思的人性概念""异化理论"的顺序展开论述的,即先确立内在关系辩证法的解读工具地位,再阐明马克思的人性观,最后才辨析异化理论。因此,马克思异化理论的怀特海式解读必须先行澄清马克思的人性概念。

奥尔曼指出,马克思通过对"自然人"和"作为类的人"的界划,为他的整个人性概念奠定了基础。"自然人"指的是在自然界中具有力量的人,也可以说是拥有自然力的人。这种自然力具有两大突出特征:一是作为一种天赋、才能和欲望存在于人自身;二是从外在于人自身的对象物中获得实现的可能。"作为类的人"是指作为类存在的具有独一无二属性的人,这种人是区别于动物的具有自我意识的"自为"存在。"作为类的人"不仅通过五官感觉确证和表现自身,而且通过某种专属于人的活动来表明自身是类存在。"自然力"和"类力量"的区别就在于是否表征了具有人的属性的生命过程。自然力属于人的固有机能,但如果将吃、喝、生殖等机能加以抽

---

① 伯特尔·奥尔曼:《马克思的异化理论》,王贵贤译,北京师范大学出版社2018年版,序言第2页。

象,使这些机能脱离人的其他生命活动而成为最终的目的,那么这种自然力和动物的机能就没有区别。正如马克思所言:"通过实践创造对象世界,改造无机界,人证明自己是有意识的类存在物,就是说是这样一种存在物,它把类看做自己的本质,或者说把自身看做类存在物。"① 人的类本质的确证有赖于类力量的实现,而人的类力量就体现在人改造自然和社会的生产活动过程之中。

马克思的人性概念蕴含的共同特质就在于"力量"和"需要",一方面是作为自然的力量和需要,另一方面是作为类存在的力量和需要。这两种区分成为马克思"自然人"和"作为类的人"的人性概念的基础。由此,人就成为拥有力量和需要的实体。但这种实体不是抽象的、孤立的存在,而是处在由各种关系构成的世界之中。"在马克思的体系中建立起来的人的力量和世界之间的关系就是三个相互联系的过程(即知觉、关系和占有)形成的结果。"② 知觉是通过人的感觉实现的发生在人与自然之间的直接关系。关系是理解世界的一种模式,在这种模式中可以确定事物的地位和价值。占有表现的是人的感觉和自然之间的相互作用,在一种交互作用的关系中实现人的力量和需要。知觉、关系和占有共同构建起一种整体理论框架,为人与世界的关系提供合理解释。总之,马克思的"人性一般"概念在人与自然之间的关系中得到了阐明。随着社会的发展演进,人和人的关系变得更加丰富多样,人的类本质和类特性也随之改变。自然状态下的"人性一般"必然要被处于资本主义社会关系中的人取代,马克思关注的焦点正是人与社会之间的关系。

在奥尔曼看来,异化理论不仅是马克思反映资本主义社会中人的整个社会关系的理论总结,并以此理解资本主义社会的本质,还是贯穿马克思青年期和成熟期批判理论的一条根本性的线索。"异化理论是一种学术建构,在这种建构中马克思展示了资本主义生产对人产生的毁灭性影响,对他们肉体和精神状况的影响,以及对社会进程(他们是社会进程的一个部分)的影响。"③ 马克思异化理论的四种关系构成了一个有机整体。具体而言,第一,人与生产活动的异化关系。对工人阶级来说,资本主义社会中的劳动作为雇佣劳动,是资本家的私有财产,造成的结果就是人的机能和动物性机能的颠倒,即"人和动物共有的活动比那些把他作为人标示出来的活动看起来更人性"④。资本主义的生产活动与人的身体和精神是相对立的,劳动不能体现人的自由自觉的本质存在。第二,人与劳动产品的异化关系。劳动的个人与其生产的产品的异化,是人与生产活动相异化的必然结果。劳动产品作为生产活动的结果同样属于资本家,工人只能以微薄的工资占有和消费劳动产品。

---

① 《马克思恩格斯文集》第1卷,人民出版社2009年版,第162页。
② 伯特尔·奥尔曼:《马克思的异化理论》,第115页。
③ 伯特尔·奥尔曼:《马克思的异化理论》,第175页。
④ 伯特尔·奥尔曼:《马克思的异化理论》,第187页。

工人生产的劳动产品不仅不属于他自己,反倒成为一种异己的、统治他自身的力量。第三,人与他人的异化关系。人与他人的异化既是人的社会关系异化的表现形式,又是人与他的生产活动和劳动产品相异化的补充特征。正因为生产活动是在资本家的控制和监督下进行的,劳动产品也被资本家占有,所以工人与资本家的利益是直接对立的。与此同时,工人与工人之间、资本家与资本家之间的关系也是异化的。整个社会不论阶级立场如何,人与人之间的关系都发生了异化。第四,人与类的异化关系。类是表明人区别于其他生物的一种潜在可能性。类异化与社会异化之间的内在关系表现在:"人的类本质同人相异化这一命题,说的是一个人同他人相异化,以及他们中的每个人都同人的本质相异化。"①资本主义既然使人与生产活动、劳动产品和他人的关系产生分裂和颠倒,那么人与类的关系自然也就面目全非了。由于共产主义社会中的个人已经处于自由全面发展的状态,人的类本质得到了充分的实现,所以共产主义中的人和"作为类的人"是一致的。

值得注意的是,马克思异化理论针对的主体主要是工人阶级。奥尔曼指出,只要我们稍微变换观察的角度,资本家的异化状态就能被明确地描绘出来。既然资本主义社会中人的关系是异化的,那么资本家阶级也必然是一个异化了的阶级。资本家的社会性异化体现为,资本家作为人格化的资本,集贪婪、残忍和伪善于一身。资本家在这种异化关系中感受到的是一种主体的满足,而这种满足是建立在工人阶级实实在在的痛苦之上的。相较于工人阶级而言,资本家处在一种享受的异化状态中。"通过这种方式进行建构和阅读,'马克思的异化理论'概述了一种以相当抽象但却颇具吸引力的术语来判断资本主义工业社会弊病的'人的哲学'(philosophy of man)。"②就此而言,马克思通过异化理论的抽象视角,为深刻理解和准确把握资本主义社会中的人提供了新颖且极具价值的洞见。

奥尔曼解读马克思异化理论的范围不仅包含异化劳动的四种关系,而且还把异化理论作为单一的解读框架和理论视角,用于对马克思思想及其著作的连续性和整体性的证明。从《手稿》中的分工和私有财产,到《资本论》中的劳动力、价值等经济要素,异化理论始终在场。在奥尔曼看来,异化劳动的四种关系是马克思狭义的异化理论,《手稿》中的其他经济学内容则被明确地改造为马克思广义的异化理论的组成部分。人与生产活动、劳动产品和他人的异化关系是马克思经济学研究的重要主题,它们在分工和私有财产的公开关系中得到了显著的呈现。马克思广义的异化理论同样出现在《资本论》的理论表述中,特别是在劳动价值论中。劳动价值论涉及的劳动、价值、资本、利润等要素实体不仅是一种物,更是一种关系,它们是资本主义生产关系的具体表现形式。"异化理论提供了一个理想的视角,通过

---

① 《马克思恩格斯文集》第1卷,第164页。
② 特瑞尔·卡弗:《马克思》,刘建江、王晶译,中国人民大学出版社2020年版,第168页。

它能够处理劳动价值论,因为它就是现实存在的思想主线,通过这条主线所有的要件都被联系在了一起。"①奥尔曼还指出,异化理论不仅适用于经济现象,还从生产方式领域渗透到了资本主义生活世界的各个方面,阶级、国家和宗教也都是经济领域中价值关系在生活领域的延伸,并最终成为掩护资产阶级意识形态的屏障。这种价值关系既指经济学中劳动价值论所建构出来的社会联系,又指构成价值基础的部分广义上的社会条件。

综上所述,奥尔曼对马克思异化理论之解读的独特之处就在于以下四个方面。第一,基于内在关系本体论和抽象过程认识论的辩证法,是全面理解马克思异化理论的锐利的思想武器。奥尔曼内在关系辩证法视域下的异化理论,使异化的对象不是成为单个孤立的事物,而是呈现为关系和过程。第二,奥尔曼不是在一般意义上谈论具体的异化问题,而是从根本上直指人性的异化。这种人性的异化反映的是同一社会中由不同的生活条件所导致的人与人的分裂,人的崇高与伟大在异化状态下变得狭隘了。第三,奥尔曼认为马克思的异化理论不仅涉及人的异化,还涉及包括价值异化在内的社会异化。自从马克思在《手稿》中提出异化理论以后,异化理论就与马克思此后主要的理论创见相适应,他的思想创造都与异化问题相联系。异化理论框架是理解马克思思想的重要切入点。第四,与那些认为资本主义社会中的工人阶级丧失了革命热情和阶级意识的人不同,奥尔曼坚信只要有一部分工人阶级仍然保留具有革命精神的阶级意识,就仍然存在推翻资本主义的可能性。他依然没有丧失对工人阶级的阶级意识的信任,以及对资本主义进行革命的希望。总之,奥尔曼运用内在关系辩证法对马克思的人性概念和异化理论进行了怀特海式解读,使马克思异化理论的"关系—过程"维度得以凸显。

二、马克思异化理论的黑格尔式解读:塞耶斯的视角

塞耶斯对马克思异化理论的解读受到奥尔曼的影响,他也注重从辩证法和马克思主义人性观的角度对马克思异化理论进行重释。一方面,塞耶斯也是辩证法马克思主义流派的代表人物,倡导用内在关系辩证法来研究马克思思想。然而,作为新黑格尔主义的马克思主义的主要代表,他对马克思辩证法"内在关系"的理解却主要源自黑格尔而非怀特海。此外,相较于奥尔曼对马克思辩证法过程维度的强调,塞耶斯更注重马克思对黑格尔辩证法历史视角的凸显。另一方面,不同于奥尔曼对《手稿》和《德意志意识形态》中人性概念的文本解读,塞耶斯则是在与功利主义和分析的马克思主义等论战中为马克思主义的人性观和异化论做辩护和阐发。在他看来,"阐明要理解马克思的人性假设理论关键在于理解黑格尔的哲

---

① 伯特尔·奥尔曼:《马克思的异化理论》,第228页。

学。……"马克思的异化概念应按照黑格尔的历史主义的方法来解释"[1]。由此可见,黑格尔哲学成为塞耶斯解读马克思的人性思想和异化理论的哲学基础。这可以从塞耶斯的《马克思主义与人性》和《马克思与异化》两部著作中都强调马克思思想中的黑格尔因素得到验证,"与《马克思主义与人性》相比,《马克思与异化》有一个推进,就是更明确地强调了黑格尔哲学对于理解马克思的重要性"[2]。他对马克思异化理论的黑格尔式解读,旨在凸显马克思对黑格尔哲学中的历史主义和辩证法的继承和发展。

受奥尔曼对马克思异化理论之解读的启发,塞耶斯也是先从马克思主义人性观开始探讨的,"因为马克思的异化理论是基于一种人性理论以及我们能够而且应该能够通过我们的工作与社会关系来实现自我的社会生活"[3]。由于英语世界的哲学家们对马克思主义人性观曾有过激烈的争论,所以塞耶斯对马克思主义人性观的解读具有强烈的论战意味。他旗帜鲜明地反对当时学术界流行的两种成见:一是科恩、杰拉斯等人持有的本质主义人性观,即为了避免落入相对主义的困境,并为马克思的社会批判理论奠定价值基础,马克思主义必须具备一种普遍的人性观念;二是罗蒂、阿尔都塞等人持有的反本质主义或反人道主义人性观,即人性在不同时代和不同社会具有不同的表现形式,马克思主义拒斥一种普遍人性理论。塞耶斯认为,这两种关于马克思主义的人性观点反映的是道德的相对主义和普遍主义之争,两者都未能准确完整地把握马克思对黑格尔辩证的历史主义人性观的考察。"事实上,马克思主义的人性观是对人类需求与人类能力的一种历史与社会的考察,是人道主义的一种历史主义形式。"[4]马克思主义认为,人的基本生存需要、力量展现和能力发展并不是固定不变和普遍雷同的,而是随着历史和社会的发展变化而不断调整改变,但是这种调整改变并不是随意任性的,而是受制于特定的历史规律和社会形式。换言之,马克思主义人性观实质上拒绝一种抽象的普遍人性,但并不否定具体的人性存在。马克思主义对人性的历史考察处处体现着黑格尔哲学中历史主义观点的影子。塞耶斯认可的是作为一种历史现象的、人道主义的马克思主义人性观。

塞耶斯从历史主义分析视角对功利主义人性观和分析的马克思主义人性观进行了批判,在此基础上实现了对马克思主义人性论的再阐释。一方面,塞耶斯指出,密尔的功利主义人性观仍然囿于边沁的功利主义幸福论的理论框架,其立论依

---

[1] 潘惠香:《异化、人性与新世界观——访肖恩·塞耶斯教授》,《哲学动态》2014年第5期,第78-84页。
[2] 肖恩·塞耶斯、林进平:《当代马克思主义研究:从理论走向现实》,《马克思主义与现实》2013年第1期,第93-100页。
[3] 方珏、肖恩·塞耶斯:《异化、阶级与"这次危机"——对话肖恩·塞耶斯》,《哲学分析》2016年第5期,第159-167页。
[4] 肖恩·塞耶斯:《马克思主义与人性》,冯颜利译,任平校,东方出版社2008年版,第4页。

据仍然奠定在抽象的人性论基础之上,具有浓厚的唯心主义哲学色彩和精英主义的理论立场。此外,密尔对快乐的高级和低级的区分是肤浅的、含混的,形而上学地将体力劳动与低级快乐、智力劳动与高级快乐相对应,缺乏辩证思维。马克思主义人性观则突破了功利主义狭隘的目的论,将体力和脑力两种劳动都视为满足人的全面自由发展的必需,功利主义的"自然人""经济人"被有血有肉的"现实的人"取代。另一方面,塞耶斯认为分析的马克思主义在人性和道德价值问题上之所以陷入道德的相对主义和绝对主义二元对立的困境,是因为分析的马克思主义缺失了辩证法和历史主义分析方法,试图在普遍性的道德原则或固定的人的需要和人的本性的观念中确定伦理价值。"马克思主义则将一种历史的方法融入伦理学,将伦理价值——包括马克思主义本身的伦理价值——视为社会的和历史的产物。"① 人性和道德伦理都是社会的和历史的产物,它们存在于特定的历史条件和社会关系中,具有充分的历史特征。其中人性又是普遍性和特殊性的统一,其普遍性的观念体现在满足人的需要、劳动幸福和自我实现上。"我们对资本主义的控诉是:资本主义自身所创造的人类的诸种力量和能力已成为异化的力量,并压制了人性的发展。"② 异化理论必须以马克思关于人性的普遍性分析和历史性分析为理论基础。

作为新黑格尔主义的马克思主义的重要旗手,塞耶斯对马克思异化理论的解读始终紧扣黑格尔哲学的中介作用。理解马克思异化理论的关键在于意识到它的黑格尔主义因素,即马克思从黑格尔哲学中继承和改造的辩证法、历史主义、创造性活动与异化的思想。

首先是黑格尔劳动理论中的辩证法原则之于马克思异化概念的重要性。马克思汲取了黑格尔将劳动视为一种对象化活动和赋形活动的理论观点。人类以对象化活动为中介,建立起人与自然、人与社会、人与自我的关系。就不同种类的对象化活动都赋予物质以形式而言,这可以看作是主体对客体的赋形活动。"黑格尔最有成效和启发性的观点是:主体和客体是在彼此的关系中变化发展的。"③ 这一观点反映了黑格尔辩证法的内在关系维度。黑格尔的辩证逻辑不赞同形式逻辑和先验逻辑将关系的双方视为独立自存,只具有外在性关联的观点,而是主张一种关系内在于对象之中的内在关系逻辑。内在关系视角下的劳动=对象化活动=赋形活动,表明随着主体的劳动活动的发展,与主体相关的对象性存在物即客体也将发生改变。黑格尔据此批判了那种关于不变的、既定的主体面对着独立的、差异的客体世界的启蒙观点。这种驳斥假设了对象的外在关系并不是它的存在的一部分。这

---

① 臧峰宇:《历史主义与马克思政治哲学的当代性——对话肖恩·塞耶斯》,《国外理论动态》2015年第1期,第2—10页。

② 肖恩·塞耶斯:《马克思主义与人性》,第214页。

③ 肖恩·塞耶斯:《马克思与异化:关于黑格尔主题的论述》,程瑶译,中国人民大学出版社2020年版,第35页。

一观点被称作"内在关系"哲学的黑格尔和马克思哲学所质疑。① 由此,内在关系哲学成为马克思继承黑格尔辩证法思想的关键要素之一,内在关系成为正确理解马克思和黑格尔异化概念不可或缺的维度。

其次是黑格尔哲学中的历史主义之于马克思异化理论的重要性。正如恩格斯所说:"黑格尔的思维方式不同于所有其他哲学家的地方,就是他的思维方式有巨大的历史感作基础。形式尽管是那么抽象和唯心,他的思想发展却总是与世界历史的发展平行着,而后者按着他的本意只是前者的验证。"② 在塞耶斯看来,黑格尔哲学是一种以进步的目的论叙事为特征的体系哲学,这意味着异化也能在历史的进步过程中被克服。马克思和黑格尔的异化概念都具有本体论和历史的特点,因为异化不仅仅是资本主义社会所独有的,而是适用于迄今为止的一切社会形态。历史主义视角下异化的消除意味着,"克服异化是人类的一种基本动力:一种可被历史地实现的历史任务"③。然而,遗憾的是,由于黑格尔的历史视域被限制在资本主义自由民主政治制度的框架内,他的历史哲学无法逾越资产阶级自由主义的界限。马克思赞同黑格尔将异化及其扬弃看作是一种社会的和历史的现象,并且异化现象注定会随着社会历史的发展进步而被超越的观点,但他拒斥黑格尔所认为的异化能够在资本主义社会得到克服的观点。马克思批判了黑格尔将异化局限于只是在思辨哲学领域内进行的抽象的精神劳动,而忽视了导致异化现象存在的客观的经济根源和社会维度。塞耶斯认为,马克思的异化概念源自黑格尔而又超越黑格尔,因为黑格尔没有区分异化和对象化,而马克思则指出对象化是人的本性所固有的生存活动,异化是特定历史阶段的社会现象。此外,马克思对异化的阐述并不全然是消极批判的,"因为马克思主张大工业和与之相关的劳动分工非但不是克服异化的障碍,而且是克服异化的必要基础"④。现代社会所面临的非异化挑战就在于使巨大的社会生产力为人类所控制并服务于人的解放。

最后是黑格尔美学思想中的创造性劳动之于马克思异化劳动的重要性。与传统阐释者从《精神现象学》中的主奴论题出发解读《手稿》中的异化劳动不同,塞耶斯认为这种解读视角是武断并有局限性的,因为在马克思的著作中没有发现任何直接的文本证据能够关涉到"主人和奴隶",并且劳动在其中也并非扮演主要角色。在塞耶斯看来,理解劳动在马克思关于人性和人的本质中的地位和作用,应该到黑格尔的美学思想中去寻找线索。他说:"直到我读到黑格尔的《美学》中关于'创造

---

① 肖恩·塞耶斯:《马克思与异化:关于黑格尔主题的论述》,第36页。
②《马克思恩格斯文集》第2卷,人民出版社2009年版,第602页。
③ 肖恩·塞耶斯:《马克思与异化:关于黑格尔主题的论述》,第26页。
④ 肖恩·塞耶斯:《马克思与异化:关于黑格尔主题的论述》,第30页。

性劳动'的部分,才真正找到马克思劳动概念的哲学基础。"① 换言之,黑格尔美学思想中的劳动作为人的创造性活动这一观点,构成了马克思异化劳动的原初模型。黑格尔指出:"人还通过实践的活动来达到为自己(认识自己),因为人有一种冲动,要在直接呈现于他面前的外在事物之中实现他自己,而且就在这实践过程中认识他自己。"②黑格尔关于实践的观点也被马克思采纳,然而实践作为人的创造性活动已经越出了艺术劳动的狭小领域。在资本主义现实社会中,实践即创造性劳动作为"人的对象化的本质力量以感性的、异己的、有用的对象的形式,以异化的形式呈现在我们面前"。③ 在黑格尔的异化版本中,艺术创造领域的异化及其克服需要通过宗教和哲学来完成,而马克思则指出要想实现自由的艺术创造,首先必须消除经济劳动的异化。就此而言,塞耶斯认为,马克思对异化的根源存在于物质实践领域的观点是一种更具批判性、更为激进的黑格尔异化观的升级版。黑格尔在《美学》中所谈到的对象化、异化、创造性活动、实践、艺术、美等观点都可以在马克思的异化理论中得到验证和进一步发挥。

综上可见,塞耶斯对马克思异化理论的解读始终关联黑格尔哲学,是对黑格尔相关主题论述的比较和延伸。第一,辩证法在马克思的方法中占有中心地位,只有运用辩证法才能正确理解马克思的异化理论。塞耶斯赞赏奥尔曼的内在关系辩证法以一种严密精确的方式为马克思的异化理论所做的辩护,进而受此启发,强调马克思和黑格尔哲学共有的内在关系维度,内在关系辩证法也成为塞耶斯认可的解读方法。第二,历史的方法成为马克思继承黑格尔哲学的另一种主要方法,异化概念必须基于历史主义的视角才能够被理解。马克思的唯物史观和黑格尔的历史哲学最本质的共同点就在于历史主义分析方法,即从历史的视角来理解人性、社会和道德。根据历史的方法,人类社会内部的矛盾冲突将导致历史的发展变化,而历史的改变又是一种辩证的过程。第三,马克思异化劳动概念的哲学基础在黑格尔的《美学》中得到了极为清晰充分的说明。确切地说,异化概念必须根据黑格尔的美学观点进行解读,对马克思异化观的充分理解离不开马克思对黑格尔美学思想的批判性继承和发展。尤其是黑格尔对劳动的阐释,对解读马克思的人性观和异化劳动所具有的启发性。总之,塞耶斯运用历史的和辩证的方法对马克思的人性观和异化概念进行了黑格尔式解读,使马克思异化理论的历史主义和辩证法维度得以凸显。

---

① 李旸:《社会主义、正义与历史唯物主义——访英国马克思主义哲学家肖恩·塞耶斯教授》,《马克思主义理论学科研究》2018年第1期,第4—11页。

② 黑格尔:《美学》第一卷,朱光潜译,商务印书馆2011年版,第39页。

③ 《马克思恩格斯文集》第1卷,第193页。

三、对奥尔曼和塞耶斯解读马克思异化理论的批判性反思

奥尔曼和塞耶斯从20世纪六七十年代就开始对马克思异化理论进行重新阐释,并持续将异化作为学术研究的关注点。他们对马克思异化理论的怀特海式解读和黑格尔式解读,创新了马克思异化理论的研究视角,反映了马克思主义对近现代西方哲学作出回应并与之融合的西方马克思主义发展趋势。然而,不容忽视的是,无论是奥尔曼的怀特海式解读,还是塞耶斯的黑格尔式解读,都存在对马克思异化理论的误读之处。他们的重新解读也引发了对马克思主义与怀特海哲学和黑格尔哲学能否会通成功的思考。因此,批判性反思二者对马克思异化理论的重构,既有助于我们深化对马克思的异化理论及其方法论的理解,又能为推进马克思主义中国式时代化提供启发镜鉴。

第一,奥尔曼和塞耶斯都侧重于强调异化在早期和晚期马克思思想之间具有的连贯性和一致性,却忽视了从《手稿》到《资本论》之间异化概念存在着的根本差异性。他们都赞同马克思在早期和晚期的思想发展和理论表述上存在区别,但否认马克思思想发生了根本的"断裂",而是更倾向于用"进化"看待马克思前后期著作的关系。在奥尔曼看来,"为了理解这些观点,更为重要的是把马克思的著作视为一种在单一理论框架内进行的理论表述"①。塞耶斯则更直白地指出马克思异化理论的基础性和不变性:"异化的思想一直贯穿于其著作中,他继续使用异化概念来批判资本主义,批判市场的消极影响。异化理论构成了他分析和批判资本主义的理论基础。"② 由此可见,他们都赞成异化理论不仅贯穿于马克思思想的整个体系,而且还构成了马克思批判资本主义的基础理论框架。事实上,即便马克思的异化理论存在于前后期著作中,但也不能证明异化理论的本质内涵没有发生改变。《手稿》时期的青年马克思处于从唯心主义转向唯物主义、从革命民主主义转为共产主义的过渡时期,而《资本论》时期的老年马克思则完成了哲学革命和政治经济学革命,具有坚定的无产阶级立场。从《手稿》到《资本论》,马克思的异化观经历了从人本异化史观到唯物史观的范式转变。《手稿》中的异化劳动理论具有浓厚的黑格尔哲学和费尔巴哈哲学印迹,并且反对古典经济学的劳动价值论,是一种具有过渡性的资本主义社会批判理论。《资本论》中的异化思想则建立在历史唯物主义和剩余价值理论的基础之上。"马克思在后期则是认为异化的产生和消灭都要受制于生产力的发展及其所引起的分工的发展;异化及其克服本身不再是历史的力量,不

---

① 伯特尔·奥尔曼:《马克思的异化理论》,第6页。
② 潘惠香:《英国马克思主义学者视域中的〈提纲〉——肖恩·塞耶斯(Sean Sayers)教授访谈录》,见王来法主编:《思想政治理论教育新探索(2013)》,浙江工商大学出版社2014年版,第72页。

再是一种本体论层次上的解释性因素,而只是一种现象学层面上的描述性因素。"①因此,虽然马克思的异化概念在其前后期的著作中具有全局性的价值,但它的本质内涵并不是一以贯之的。奥尔曼和塞耶斯对异化的阐释在实质上同属于人本主义的马克思主义哲学思潮,在理论创新上仍然没能突破人本学逻辑的固有窠臼。

第二,奥尔曼和塞耶斯都坚信共产主义取代资本主义之后能够消除异化,然而他们在革命主体问题上却存在分歧:奥尔曼延续经典马克思主义的理论逻辑,寄希望于工人阶级的革命;塞耶斯则依据当代西方资本主义国家工人阶级面临的困局和前景,对单靠工人阶级进行革命改变资本主义制度表示怀疑。奥尔曼围绕着宣传和实现经典马克思主义的理论和实践诉求重构异化思想,指出:"消除异化是一个长期的过程,是社会主义社会发展中的核心任务。社会主义社会当然有许多特征,但最根本的特征就是使人不断脱离异化状态,最后达到共产主义。"②尽管诸多研究异化的学者在工人阶级是否还持有阶级意识的问题上抱着悲观失望的态度,但奥尔曼认为马克思对资本主义的阐释仍然是令人信服的,马克思主义是一种彻底的理论。奥尔曼对异化及其超越问题进行了卓有成效的探讨,并给予了科学的解答,"这个答案几乎把所有消极的观望者变成了参与革命性巨变的主体"③。工人阶级接受了马克思主义的教育,就能激发和形成无产阶级的阶级意识,学会将他们自身的阶级利益转化为自觉的行动目的,从而共同致力于推翻资本主义普遍异化的社会结构。塞耶斯同样认为消除异化将是一个长期的愿景,"相信资本主义体系终将被另一个不同的经济和社会体系——共产主义体系——所取代是合乎情理的"④,认为届时的共产主义将克服异化的劳动,实现自由自觉的劳动。然而,他对西方国家工业无产阶级的革命动力和阶级意识缺乏信心。塞耶斯指出,日益智能化和自动化的生产方式和发达国家的产业转移逐渐侵蚀着工人阶级的组织基础,由此导致马克思当年所预言的革命的工业无产阶级的人数正在不断萎缩。西方工人阶级由于缺乏坚强有力的左翼政党和共产党的组织动员,更使工业无产阶级的斗争力量和阶级意识受到极大削弱。"还没有什么征兆表明马克思所相信的力量将会出现以推翻和取代资本主义。"⑤换言之,传统的产业工人阶级仍然是最具可能性和潜在性的革命阶级,但是在目前即可预见的将来,仅仅依靠缺乏武装的工业无产阶级还不足以变革资本主义,革命主体或改造现存社会制度的政治力量仍有待

---

① 文兵:《马克思的异化观:从早期到后期》,《北京大学学报(哲学社会科学版)》2021年第3期,第54—60页。
② 杨金海:《美国奥尔曼教授谈异化问题》,《国外理论动态》1995年第7期,第52页。
③ 伯特尔·奥尔曼:《马克思的异化理论》,第339页。
④ 肖恩·塞耶斯:《马克思与异化:关于黑格尔主题的论述》,第158页。
⑤ 西恩·塞耶斯:《马克思主义和资本主义危机》,孟高峰译,《哲学动态》2009年第5期,第19—21页。

发现。总之,他们在革命主体问题上的分歧也是困扰当代西方左翼革命主体理论的难题。

第三,奥尔曼和塞耶斯对马克思异化理论的阐释延续了西方马克思主义的解读传统,即通过嫁接西方哲学重构马克思主义,在形成一种别具特色的解读视角的同时,也存在主观意志、过度诠释和"失真"等缺陷。诚如塞耶斯直言:"马克思主义不是只与革命的社会主义群体有关,它早已成了现代精神生活的正常组成部分。在现代精神生活中,它对其他思想流派作出反应并与它们相融合。"①这种经过融合、修正和扩展后的马克思主义已经不是单数而是复数了。具体而言,奥尔曼以怀特海哲学解读马克思异化理论,形成了一种"以怀解马"的怀特海式马克思主义解读视角。塞耶斯通过黑格尔哲学解读马克思异化理论,形成了一种"以黑解马"的新黑格尔式马克思主义解读视角。应当承认的是,从怀特海和黑格尔出发解读马克思的学术视角有助于深入理解马克思主义的哲学特质和理论渊源,也有助于在和近现代西方哲学的比较视域中凸显马克思主义的哲学革命和本真精神,但也存在着使马克思主义陷入与怀特海和黑格尔的思辨游戏之中的风险。如果脱离了实证的政治经济学批判的研究和验证,这种带有主观意志和机械拼接特点的研究方法极易将马克思主义重新包装成为一种新型的解释世界的形而上学观念论。遗憾的是,奥尔曼和塞耶斯也存在这个问题。从他们对马克思辩证法的解读来看,他们都强调马克思吸收了怀特海和黑格尔的内在关系思想,认为马克思辩证法是一种内在关系辩证法,强调马克思异化理论蕴含的关系本体论。这种关系主义消解了马克思哲学的唯物主义根基。"它把社会关系自身的客观性等同于反映社会关系的客观的思维形式,进而把社会关系理解为反思规定,这就混淆了思维与事物,把社会关系这种客观的物质性存在形式主观化了,由此陷入了抽象关系论。"②强调关系的优先性并不能否定实体的始基性,关系与实体共生共存。马克思的辩证法批判抽象关系论和抽象实体论,主张"观念的东西不外是移入人的头脑并在人的头脑中改造过的物质的东西而已"③。奥尔曼和塞耶斯用内在关系辩证法作为解读工具来阐释马克思异化理论,必然会和马克思思想本身的兼容性产生矛盾和冲突,进而导致他们对马克思异化理论解读的"失真"。

总而言之,异化理论作为马克思思想中最富争议和最有影响的内容之一,之所以一直深受国外理论界众多研究者的青睐,是因为当代资本主义社会已经演进到普遍异化的程度。异化已经越出劳动过程的范围,"资本与劳动之间紧张的关系,

---

① 王学东:《英国学者肖恩·塞耶斯论马克思主义的发展及其遇到的挑战》,《国外理论动态》1997年第26期,第201—207页。

② 张涛:《关于"关系主义的马克思主义"的反思》,《山东社会科学》2022年第3期,第60—66页。

③《马克思恩格斯文集》第5卷,人民出版社2009年版,第22页。

以及对自然界资源越来越多的开发也使得异化问题继续深化"①。奥尔曼和塞耶斯对马克思异化理论的重新解读，反映了英美马克思主义研究者面对普遍异化的客观社会现实而求解于马克思的鲜明姿态。然而，他们的理论突围尽管新招频出，也难以解决对马克思哲学过度的"怀特海化"和"黑格尔化"所导致的顾此失彼的问题。指出他们在理论上的不足之处并不是要否定他们对发展马克思异化理论的贡献，而是要以此为鉴，为马克思主义中国式时代化的创新发展提供有益的探索。

---

① 大卫·哈维：《反资本世界简史》，陈诺译，广东人民出版社2023年版，第213页。

异化劳动原罪性问题及其当代启示
——基于《1844年经济学哲学手稿》的文本解读

廖安琪

摘　要：作为市民社会理性科学的国民经济学长久以来陷于以理性架构一切的形而上学传统，从而处处出现理论逻辑与现实事实相悖，尤其体现在国民经济学的先验性前提和历史性前提的矛盾之中。马克思的异化劳动学说正是在对国民政治经济学真实前提的追问中产生和发展的，即以异化劳动批判为前提，揭示市民社会以及为其作理性辩护的国民经济学的历史性前提。追问国民经济学的先验性前提以揭示其历史性本质，透视数字资本主义时代背景下劳动异化现象所呈现的新特征和新形态，有必要以异化劳动是否为"原罪"问题展开对国民经济学的批判性审视，并思考这一发问在数字时代语境下所提供的关于异化消解路径的深刻启示。

关键词：异化劳动；《1844年经济学哲学手稿》；私有财产；数字劳动

本文引文格式：廖安琪：《异化劳动原罪性问题及其当代启示——基于<1844年经济学哲学手稿>的文本解读》，见何云峰主编：《劳动哲学研究》第十一辑（2024年第2辑），上海教育出版社2024年版，第347—356页。

　　神学家用"原罪"一词解释万恶的起源，国民经济学家以先天的"贪欲"说明私有财产关系的来历，他们试图用一个未加论证的理性范畴作为其理论的先验性前提，以便从人们对先天本质的追问中走出来。这正是马克思所批判和意欲超越的地方，他在《1844年经济学哲学手稿》（以下简称《手稿》）中脱离了传统的理性逻辑框架进行思考，在感性的社会历史领域对国民经济学的真正前提进行追问，并由此

---
① 基金项目：国家社会科学基金项目"基于马克思劳动价值论的数字帝国主义批判研究"（项目编号：22CKS016）。作者通信地址：廖安琪，上海交通大学马克思主义学院（上海 200240）。

展开以异化劳动为核心的政治经济学批判。本文将基于《手稿》的文本解读，从"异化劳动"这一概念切入，对异化劳动是否为"原罪"的问题进行逐步推理和证成，以识破国民经济学原初前提的理性陷阱，揭示其真实的历史性前提，并进一步探讨异化劳动原罪性问题所带来的当代启示。

一、何为"异化劳动"？

关于"异化劳动"这一概念，可以从内涵和外延两个方面进行分析。在内涵上，异化劳动绝非一般性劳动，而是处于特定历史阶段并具有特殊性质的劳动；在外延上，异化劳动具体表现为马克思在《手稿》中所详细阐述的物的异化、自我异化、人同自己类本质之间的异化和人与人之间相互关系的异化这四重规定性。

（一）内涵：处于特定历史阶段并具有特殊性质的劳动

在《手稿》的笔记Ⅰ中，马克思尝试站在国民经济学的立场对工人的理论诉求与实际需求进行一番对比，但比较分析的结果表明国民经济学作为市民社会的理性科学蕴含着诸多自相对立的逻辑冲突，尤其是主张全部劳动产品应该由劳动的人格化即工人所有的劳动价值论与工人实际上只能得到产品中扣除地租、资本利润的剩余部分的工资规律之间的矛盾，这体现了国民经济学视野下应然和实然之间的相悖，进而表明其深陷在二律背反的泥潭之中。这正是因为国民经济学视域下的"劳动"并非国民经济学家所认为的自然的、自由自觉的一般劳动，相反，它导致资本主义条件下劳动主体在物质条件和精神条件上的双重贫穷，即"贫困从现代劳动本身的本质中产生出来"[1]。同时，马克思认为，从对国民经济学的悖谬的阐发中可以看出，异化劳动本身无论是在资本主义条件下还是就其一般目的仅是增加财富而言，它都是"有害的、招致灾难的"[2]，"片面的、抽象的"[3]，"自我牺牲、自我折磨的"[4]。因此，异化劳动指代的是处于资本主义阶段且具有抽象性、自我矛盾性和有害性等特殊性质的劳动。

（二）外延：异化劳动的四重规定性

异化劳动的四重规定性是马克思在社会实践的感性领域进行研究的重要成果，也是马克思异化劳动理论的主要内容。马克思在《手稿》"异化劳动和私有财产"这一节中，从生产活动的结果、生产活动自身、生产活动的类意义和生产活动中的社会关系这四方面对异化劳动的现实表征——物的异化、自我异化、人同自己类

---

[1] 马克思：《1844年经济学哲学手稿》，人民出版社2018年版，第13页。
[2] 马克思：《1844年经济学哲学手稿》，第12页。
[3] 马克思：《1844年经济学哲学手稿》，第13页。
[4] 马克思：《1844年经济学哲学手稿》，第50页。

本质之间的异化和人与人之间相互关系的异化——进行了深入的剖析。

第一,物的异化,即劳动者同自己的劳动产品之间的异化。劳动产品是工人本质力量对象化的产物,但在异化劳动中,"对象化表现为对象的丧失和被对象奴役"①,即工人作为劳动主体所创造的劳动产品并不属于他,反而成为与主体相对立的异己力量,并同原有的资本共同奴役和统治工人。因此,工人创造的劳动产品越多,他所创造出来的对抗自身的异己力量就越强大,同时他所付出的脑力、体力之和即本质力量就越多,他的生命就越不属于自己,从而沦为日益廉价的劳动力商品。正如马克思所言:"物的世界的增值同人的世界的贬值成正比。"②此外,工人生产劳动产品这一对象化行为实则是对提供生产资料和生活资料的感性自然界的占有,这使得自然界所能提供给工人的生存空间和生活资料也被不断压缩,从而使工人与自己的劳动产品之间呈现出愈发对立的异化关系。

第二,自我异化,即劳动者的劳动活动本身的异化。劳动活动本身的异化集中体现于它的异己性和外在性这两个特性。在劳动的异己性上,资本主义条件下,工人在劳动中被最大限度地压抑身心需求和主体性,于他们而言这种劳动是反人性的、否定的和被迫的。只有在这种被迫的、强制的劳动之外,工人才感到自由自在,才能够追寻到作为主体的人的本质和生存意义。在劳动的外在性上,"劳动不属于他;他在劳动中也不属于他自己,而是属于别人"③。即劳动者在雇佣劳动的过程中不能有任何的自主性意识和活动,完全受资本的支配和统治。因此,劳动者与自己的劳动活动相异化,他们的劳动活动是否定他、不属于他和对抗他的存在。

第三,人同自己类本质之间的异化。什么是人的类本质?在马克思看来,一个物种的整体特性在于生命活动的性质,而有意识的、自由自觉的活动正是人的类本质,这是人作为类存在物最本质的特征,也是人与动物之间最直接的区别。正因如此,相比于动物的生产,人的生产是"全面的","不受肉体需要的影响","人再生产整个自然界"和"按照美的规律来构造"。但是,异化劳动却颠倒了这种关系,使人相对于动物而言的优点转变为缺点,将人的类本质贬低为仅仅是维持人的肉体生存的手段,进而异化为一种支撑个体生存与生产的工具或手段。④由此,劳动的本质意义即作为人类自我实现的自由自在的活动被无情剥夺,取而代之的是对物质性生存的狭隘追求。

第四,人与人之间相互关系的异化,这一异化是人同自己的劳动产品、劳动活动、类本质相异化的直接结果。"人对自身的关系只有通过他对他人的关系,才成为

---

① 马克思:《1844年经济学哲学手稿》,第47页。
② 马克思:《1844年经济学哲学手稿》,第47页。
③ 马克思:《1844年经济学哲学手稿》,第50页。
④ 马克思:《1844年经济学哲学手稿》,第52-54页。

对他来说是对象性的、现实的关系。"① 这意味着,既然劳动产品、劳动活动于工人而言是异己的、非其所属的和反类本质的,那么就必定存在着一个有别于工人且占有工人劳动产品、全权掌控工人劳动活动的存在物;这个存在物既不是神也不是自然存在物,而是资本的人格化——资本家,他们对工人进行肆无忌惮的剥削、掠夺,占有工人阶级所生产的劳动产品。可见,工人对劳动的关系亦生产出了资本家对这个劳动的关系,而工人阶级与资产阶级之间剥削与被剥削的根本性对立关系正是资本主义条件下人与人关系相异化的深刻反映和集中体现。

在《手稿》中,马克思对这四重规定性由浅入深、由表入里的分析中暗含着它们之间的逻辑关系:异化劳动的第二重规定即工人劳动活动本身的异化是第一重规定即工人与自己劳动产品的异化的原因和根据;异化劳动的第一、二重规定则可以按逻辑推导出它的第三重规定即人同自己类本质之间的异化,人与劳动结果的异化和人在劳动过程中的自我异化在人本主义的意义上自然意味着人的本质的异化;最后,异化劳动的核心是第四重规定性即人与人之间相互关系的异化,它是在前面三个规定的基础上对异化的贯彻和深化,"前三种规定是原因,第四种规定是结果"②。

二、异化劳动:原罪与否?

"原罪"是基督教思想的重要概念,意指"罪是人类这个历史性族类形成的一个原初起点,一个根本标志"③。马克思在《手稿》中指出神学家用原罪来说明恶的起源,本文也将用"原罪"一词指代国民经济学的先验性前提,即国民经济学一切理论的源头之水。马克思的异化劳动学说正是起源于对国民经济学原初理论起点即私有财产的人学本质的深刻思考和追问,以异化劳动是否为原罪的发问是对国民经济学先验性问题进行梳理和回答。本文将通过对贪欲、私有财产与异化劳动三者之间关系的分析推断出国民经济学真正的理论起点,并以"工资"一词为例,说明国民经济学诸多理性范畴与异化劳动的相互关系,以再次证成国民经济学的"原罪"。

(一)贪欲、私有财产与异化劳动三者之间的关系

正如前文所说,国民经济学深陷于由逻辑必然性与现实悖论交织而成的复杂困境之中,而这也折射到它的先验性问题上,即国民经济学运用理性思维自行构建的先天本质与社会感性实践领域所显现的真实关系之间相互冲突。对此,马克思

---

① 马克思:《1844年经济学哲学手稿》,第56页。
② 王峰明:《异化劳动与私有财产——试解〈1844年经济学哲学手稿〉的一个理论难点》,《马克思主义与现实》2013年第1期,第47-54页。
③ 田薇:《从"根本恶"看康德对基督教的哲学转化》,《复旦学报(社会科学版)》2022年第4期,第29-38页。

在《手稿》中批驳了国民经济学自行设定的原初前提即"贪欲",并在此基础上追问私有财产生成的真正根据,进而指明国民经济学真正的"原罪"。

不同于货币主义、重商主义等以往的经济学,国民经济学承认作为主体的人的劳动是财富的唯一源泉,但是随即将这一点丢之脑后,由此劳动并未从中获得任何实质性的促进或增益,相反,私有财产却借此获得了国民经济学全面的支持。国民经济学继而简单地认为异化劳动只是私有财产运动的结果,并使之成为维护和巩固市民社会中私有财产关系的工具。同时,正如神学设定原罪为恶的起源,国民经济学作为理性逻辑框架下的一门科学,亦需要一个先天本质以维持自身存在的合法性和合理性,。因此,国民经济学设定了"贪欲"这一原初状态,即抽象的"经济人"天生具有占有物的欲望,以期说明私有财产的起源。这恰恰验证了马克思对国民经济学的判断——"贪欲以及贪欲者之间的战争即竞争,是国民经济学家所推动的仅有的车轮"①。至此,可以发现,国民经济学将"贪欲"作为自身理论的原初前提,使之成为私有财产的先天本质,"以劳动为前提的国民经济学最终仍是以私有财产关系的先验性为其出发点"②,而这导致国民经济学视域下私有财产表现为异化劳动的原因和根据。

但是,"贪欲"是私有财产关系真正的因吗?是国民经济学的先天本质吗?当真是市民社会的恶的"原罪"吗?答案是否定的,它不过是国民经济学凭空建构出来的一个假定人性的理性范畴,并强行将其与私有财产联系起来以试图封缄人们对其本质的追问。对此,马克思解构了国民经济学这一理性陷阱,并对其先验性问题做出了论证与回答。他在《手稿》中批判国民经济学家总是处于一种无法说明或解释任何问题的"虚构的原始状态",因为将理性奉为神圣准则的国民经济学总是将"应当加以说明的东西假定为一种具有历史形式的事实"。③ 即当国民经济学试图解释一个理性范畴或前提时,只能以另一新的理性范畴或概念去说明它,并以理性法则强行地规定二者之间的关联,使这一关联成为先天的规律、因而是不必加以说明的东西;正如上述国民经济学所设定的贪欲和私有财产二者之间的关系,国民经济学欲以私有财产关系为理论起点,但是并未对这个理性概念进行阐释,而是将其作为既定的、先天的事实放进一般的抽象公式以使其成为天然的科学存在,不过事实并非如此。因此,国民经济学纯粹以理性去构建概念、范畴、关系和本质等一切待说明问题的形而上学传统,恰恰导致它处处呈现出自身逻辑与现实事实有所出入甚至背道而驰的二律背反现象。

马克思清楚地认识到国民经济学这种理性的形而上学缺陷和以之为先天本质

---

① 马克思:《1844年经济学哲学手稿》,第46页。
② 徐艳如:《〈1844年经济学哲学手稿〉细读》,中央编译出版社2024年版,第7页。
③ 马克思:《1844年经济学哲学手稿》,第47页。

设定的荒谬,因而他在《手稿》中跳出理性框架,"从当前的经济事实出发",分析市民社会现实存在着的异化现象即异化劳动的四重规定性,从而逐步揭开了关于国民经济学先验性前提的谜题。根据马克思的分析逻辑——"从外化劳动这一概念,即从外化的人、异化劳动、异化的生命、异化的人这一概念得出私有财产这一概念"①,挖掘国民经济学原初起点的关键便在于理清异化劳动的第四重规定与其他三重规定的相互关系。基于上文关于异化劳动四重规定性及其逻辑关系的分析,马克思的逻辑起点虽然是第一重规定,但第二重规定即劳动活动本身的异化才是第一重规定的根据,第三重规定是第一、二重规定的逻辑推理,第四重规定则是前三重规定的直接结果。因此,劳动活动本身的异化是根本原因,而人与人之间相互关系的异化是最终结果。同时,在第四重规定即人与人之间相互关系的异化中,异化劳动不仅生产出工人同自己的劳动产品、自己的生命活动、自己的类本质的关系,而且生产出非工人即资本家对工人、对其劳动活动及其劳动产品的财产关系;而私有财产正是包含着这两种关系,即"工人对劳动、对自己的劳动产品和对非工人的关系,以及非工人对工人和工人的劳动产品的关系"②。由此可见,"人的劳动是因,人的社会关系是果;因此,异化劳动是因,私有财产关系是果"③。私有财产关系并非自然先天的,而是从异化劳动中派生出来的,是异化劳动的产物、结果和必然后果,因而欲以私有财产的先验性为前提的国民经济学的实际原初起点应该是异化劳动。

通过反驳国民经济学自行设定的原初起点和重思马克思对国民经济学之真实前提的追问过程,可以得出结论:国民经济学家将"贪欲"自行设定为原初前提并强行建立起它与私有财产的关系,使得异化劳动表现为私有财产的产物。但事实上,异化劳动与私有财产之间才真正存在着因果关系,即异化劳动是私有财产的根据和原因,私有财产是异化劳动的结果,"尽管私有财产表现为外化劳动的根据和原因,但确切地说,它是外化劳动的后果"④。因此,国民经济学的"原罪"并非"贪欲"而是异化劳动,正是异化劳动"派生出了私有财产关系,也派生出了作为私有财产关系之理论表达的国民经济学"⑤。

(二)异化劳动与国民经济学诸多理性范畴的关系:以"工资"一词为例

"工资"在国民经济学诸多理性概念中极具典型性,它既是工人阶级赖以生存的基本收入形式,又是资产阶级剥削工人的劳动及劳动产品的直接手段和用以掩

---

① 马克思:《1844年经济学哲学手稿》,第57页。
② 马克思:《1844年经济学哲学手稿》,第59页。
③ 徐艳如:《〈1844年经济学哲学手稿〉细读》,第67页。
④ 马克思:《1844年经济学哲学手稿》,第57页。
⑤ 徐艳如:《〈1844年经济学哲学手稿〉细读》,第72页。

盖其赤裸裸的阶级剥削的"遮羞布"。在资本主义条件下，工人所得的工资不过是资本家从其生产的劳动产品中扣除地租和资本利润之后让给工人的最小一部分。换言之，工人自己生产出的劳动产品中相当不值一提的部分被用来支付其劳动应得的报酬。这是由于劳动者同自己的劳动产品发生异化，使得工人所创造的劳动产品并不属于他，反而与资本一同以"工资"的形式胁迫工人。同时，"在工资中，劳动并不表现为目的本身，而表现为工资的奴仆"。[①] 因为工人的劳动活动本身发生异化，它不再是人的类本质所要求的自由自觉的活动而只是谋生活动的形式，使得工人只能为微不足道的工资所摆布。最后，工人出卖劳动力以生产劳动产品，资本家向其支付工资作为劳动报酬的雇佣关系看似是公平的等价交换，但究其本质，它不过是以"劳动力的商品形式掩盖了劳资交换的盗窃性质"。[②] 因此"工资"一词折射出资产阶级与工人阶级之间长久以来根深蒂固的矛盾，即资本主义社会中人同人关系的异化。

总之，工人所苦苦追求和赖以生存的"工资"是物的异化、自我异化、人同自己类本质之间的异化和人与人之间相互关系的异化共同作用下的产物，因而是异化劳动的直接结果。可见，对"工资"这一理性范畴的认识仍然要回到国民经济学的理论源头即异化劳动。同时，马克思在《手稿》中也进一步指出，工资、货币、资本等国民经济学的一切范畴都可以借助异化劳动和私有财产概念来阐释，它们"不过是这两个基本因素的特定的、展开了的表现而已"[③]。因此，以"工资"为例，对异化劳动与国民经济学诸多理性范畴的关系分析再次验证了异化劳动是真正的"原罪"这一结论的正确性。

三、基于异化劳动原罪性问题的当代启示：对私有财产积极扬弃的共产主义道路

异化劳动是私有财产的根据和原因，是市民社会及作为其理性科学的国民经济学的"原罪"，基于这一认识，消灭市民社会"无产"和"私产"两大阶级的根本性矛盾和各种不平等的私有财产关系，必须回到它们的源头和前提即异化劳动。这正是探讨异化劳动原罪性问题的核心意义，即以异化劳动为"原罪"这一认知判断为理论先导和实践导向，辨明当代数字资本主义社会中异化现象及其背后错综复杂的异化关系，并探寻扬弃异化劳动原罪性的消解路径。

随着大数据、人工智能和云计算等数字技术的发展，资本主义逐渐向数字资本主义过渡，数字劳动作为一种新兴的劳动形态衍生和发展，但随之而来的是各式数

---

① 马克思：《1844年经济学哲学手稿》，第58页。
② 冯波：《马克思论劳资交换中正义与盗窃的辩证法》，《哲学动态》2021年第1期，第15—24页。
③ 马克思：《1844年经济学哲学手稿》，第58页。

字劳动异化现象的悄然滋生与不断膨胀,具体而言:本作为消费者的数字用户群体却成为非雇佣和无酬的数字劳动者,其隐私信息和数字痕迹被数字平台转化为具有经济效益的数据商品,进而成为数字资本积累的数据原料;以资本为主导的数字逻辑统摄致使社会整体笼罩在对"数字"及数字技术等数字"物神"狂热追崇的拜物性氛围下,人们甚至开始量化自我,逐渐沦为丧失作为人的类本质的数字"空心人"。因此,在数字时代背景下,异化劳动这一"原罪"并未消弭,物的异化、自我异化、人同自己类本质之间的异化和人与人之间相互关系的异化等异化形式以更为迷幻、复杂、多维且隐蔽的姿态存在和发展。这迫切呼唤我们"回到马克思",立足于马克思异化劳动批判理论,借助其中批判的武器和扬弃方法以透视数字资本主义的异化迷雾,消解异化劳动及其各式异化形式,并实现数字社会真正的劳动幸福和享受。在《手稿》中,马克思指明了一条具有革命性的异化劳动消解路径,即对私有财产积极扬弃的共产主义道路,"扬弃异化劳动的出路和途径不是理论的演绎和推导,而在于作为'私有财产积极的扬弃'的共产主义"①。

首先,私有财产与劳动之间发展着的矛盾关系,即"作为对财产的排除的劳动,即私有财产的主体本质,和作为对劳动的排除的资本,即客体化的劳动",②是理解为何私有财产作为异化劳动的产物却是扬弃异化劳动的最终出路的关键。根据上文所述,国民经济学摒弃了以往经济学视财富为人之外、与人的劳动无关的对象这一主张,认为作为主体的人的劳动是一切财富的源泉。因此,私有财产不再作为人之外的一种状态,而是有着主体性本质的劳动。正如马克思在"私有财产和劳动"这节开篇中所写到的:"私有财产的主体本质,私有财产作为自为地存在着的活动、作为主体、作为人,就是劳动。"③同时,认可劳动价值的国民经济学并未给予劳动任何肯定性的支持,而为私有财产提供一切,陷入了看似承认人实则彻底否定人的存在这种表里不一的境地。对于私有财产而言,一方面,它作为人本质的劳动,却成为国民经济学否定人的"帮凶","人本身成了私有财产的这种紧张的本质"④;另一方面,"劳动不过是人的一种特定的、特殊的外化"⑤,而它本质上作为劳动,亦是人本身的特殊外化,因而私有财产最终沦为了"人的自我异化"。因此,在国民经济学视域下,私有财产既作为主体本质的劳动,又成为否定人的本质的自我异化,这种矛盾性质使其聚焦扬弃异化劳动的潜质。

其次,私有财产的积极扬弃何以可能?在马克思看来,"扬弃是把外化收回到

---

① 刘秀萍:《"异化劳动学说"对"人本学"的超越》,《哲学动态》2010年第7期,第10—16页。
② 马克思:《1844年经济学哲学手稿》,第74—75页。
③ 马克思:《1844年经济学哲学手稿》,第70页。
④ 马克思:《1844年经济学哲学手稿》,第71页。
⑤ 马克思:《1844年经济学哲学手稿》,第73页。

自身的、对象性的运动"。①因此,私有财产作为外化劳动的产物、具有主体性本质的劳动,对它的扬弃是指消解外在力量对劳动的主宰,以使之摆脱自身的外化形式,进而真正复归到劳动的主体上。由此,"扬弃"绝不是一味地逃避、放弃或者消灭,而是既克服又保留,克服的是私有财产的形式即私有制这种社会制度,保留并批评性继承的是私有财产发展过程中所产生的全部文明成果,要使之重新为劳动的主体所占有和主导,进而实现人的本质向人的复归。这意味着私有财产自身蕴含着扬弃自我的积极力量,虽然私有财产是以自我异化的否定形式存在和发展的,但是在这个过程中所产生和存在的全部成果都将为人们在私有财产充分发展到极致时扬弃自我异化、实现人的本质复归提供现实条件和感性力量。"这就是作为发展了的矛盾关系、因而也就是作为促使矛盾得到解决的能动关系的私有财产"②。因此,积极扬弃私有财产的可能性来自私有财产自身,私有财产作为人的自我异化在发展过程中所积累的现实成果和感性力量都将成为扬弃自我异化的基本条件和现实基础,正如马克思所提出的著名论断:"自我异化的扬弃同自我异化走的是同一条道路。"③即作为对私有财产即人的自我异化的积极扬弃的共产主义运动与私有财产运动即人本身的自我异化是同一的。

最后,之所以是对私有财产积极扬弃的共产主义,而不是其他别的共产主义,这是马克思在历史地考察了各种共产主义形式后得出的最佳结论。在《手稿》中,马克思对粗陋的共产主义和政治的共产主义进行批判,并认为这两种共产主义形式都未能理解私有财产的本质及其具有的积极扬弃意义,具体而言:粗陋的共产主义简单地按照平均主义的原则推行私有财产关系的普遍化,以实现私有财产在每个人手中的平均分配,这种做法看似消解了无产和有产的对立,但整个社会仍然是一个没有资本家的私有制社会;而政治的共产主义社会则企图在政治体系中通过民主的或是专制的手段变革私有财产关系,但这并不能彻底废除私有制。在此基础上,马克思提出了第三种共产主义形式,即真正的共产主义,"共产主义是对私有财产即人的自我异化的积极的扬弃"④,只有这一种形式的共产主义可以实现对市民社会的"原罪"即异化劳动的积极扬弃,最终实现人对自身的人本质的真正占有。在数字资本主义社会中数字异化及其衍生的异化关系愈发深化乃至根深蒂固的情况下,要走出数字劳动异化、精神疏离等数字化生存困境,必须在真正的共产主义革命运动中批判性继承异化劳动自产生以来所创造的一切文明成果,彻底消解异化劳动的原罪性,并推动社会向更高阶段的人类文明形态发展,以真正实现人的劳

---

① 马克思:《1844年经济学哲学手稿》,第110页。
② 马克思:《1844年经济学哲学手稿》,第75页。
③ 马克思:《1844年经济学哲学手稿》,第75页。
④ 马克思:《1844年经济学哲学手稿》,第77页。

动幸福和自由全面发展的理想状态。

在《手稿》中，马克思展现了一种崭新的方法论——拒绝以理性解构一切的形而上学传统，并在感性的社会历史领域对异化劳动现象进行探讨。马克思正是通过对异化劳动是否为"原罪"这一问题的追问和解答揭开了国民经济学先验性问题的理性面纱，即国民经济学的理论起点并非先天而原始的"贪欲"，而是异化劳动——异化劳动是私有财产之因，进而是以私有财产先验性为前提的国民经济学的原初起点即"原罪"。基于这一结论，马克思认为，要消解市民社会的根本矛盾和各种不平等现象，关键并不在于简单地节制人的欲望，而在于扬弃异化本身，走对私有财产即人的自我异化的积极扬弃的共产主义道路。这一根本性消解路径的提出对于解决当代数字资本主义数字异化等时代性难题提供了重要的理论指引和行动指南。

资本运作之时间异化探析
——基于马克思劳动理论视角①

姜俊霞

摘　要：以需要为基石，生命展现为多样化状态，其类型与强度因人而异。为满足需要，人进行了多种活动，而活动通过时间的流逝得以显现，时间成为衡量生命进程的标尺。人并非静态的存在，而是处在不断的发展与演变之中。相较于动植物，人类社会历史具有独特性，在不同的历史背景下，劳动时间、休息时间与自由时间的分配比例存在差异，这种分配比例亦随着社会生产力的发展而演变。以资本主义经济为特征的经济组织模式遵循其内在的运行逻辑，即追求剩余价值或利益的最大化，这导致个体在"异化"的劳动过程中丧失了自主性，时间在此情境中仅作为效率与利益的象征。在"异化时间"中的"异化劳动"，使得个体出现信念消解、认知片面、情感冷淡等问题。

关键词：需要；劳动；时间结构；劳动异化；时间异化

本文引文格式：姜俊霞：《资本运作之时间异化探析——基于马克思劳动理论视角》，见何云峰主编：《劳动哲学研究》第十一辑（2024年第2辑），上海教育出版社2024年版，第357—368页。

在人类的生命中，时间充当了衡量生命进程的尺度。生命体的存续与活动展开，均得以时间的流逝为标记。对于个体而言，时间是日常生活中最为普遍的认知对象，人们将自身嵌入时间的序列中，生命与时间紧密相连。在时间的框架内，人们致力于实现一种全面而优质的生活，通过各种生命活动展现其本质。这表明，时间结构是生命本质的载体，个体通过时间来表达其需要、意志、抉择和情感，并以时

---

① 作者简介：姜俊霞，上海师范大学哲学与法政学院（上海　200234）。

间来记录其劳动活动的轨迹。马克思在其理论体系中阐述了人的本体性存在与时间的内在联系,强调以实践活动为基点,人在劳动生产过程中展现出生命的动态性,揭示了在不同社会形态下人的关系性特征,而人的自由则建立在可支配时间的基础之上。基于此,我们可以通过时间结构来探讨人的存在方式及其展开,进一步分析"异化"现象在时间结构中的具体表现。

一、需要驱动与时间维度之劳动的发生逻辑

在人类的生存过程中,活动的演变通过时间得以体现。康德探究时间何以成为衡量生命长度的标准,他基于人类的认知能力,提出时间是人类固有的感性直观形式,人在先天赋予的时间框架内处理外部世界的杂多现象。相对地,马克思从人类的生产劳动角度出发,将时间视为生命长度的标志以及生命发展的空间。那么,对于人类而言,生命在时间维度上展现的状态究竟如何呢?

(一)生命之基:需要作为劳动的动因

以生命活动动力的提供为研究的起点,生命活动的展开是以需要为基础的,其状态的多样性与差异性是围绕需要的种类与强度而展现的。马克思指出,"他们的需要即他们的本性"[①]。此处的"他们"特指"现实的人"。[②] 那么,何为"现实的人"?为何需要被视为"现实的人"的本质?二者之间存在何种联系?马克思认为,人类具有固有的规定性,只要生命持续存在,先天性的需要便不会无端消逝。从人的内在活动视角分析,需要体现为一种主观倾向与心理活动,是人们进行外在活动的驱动力。为了满足生存与发展的需要,人类不可避免地与外部世界形成依赖关系。作为"现实的人",他不仅是感性生命的存在,而且是在特定社会关系中从事物质与文化生产活动的主体。正是人类多样化的生命活动构成了人类社会与历史的进程,而人的本质则表现为需要的综合与融合。

在马克思主义哲学视角下,人的本质与需求之间存在内在的统一性,但二者并非完全等同。社会关系构成了本质的现实基础,个体在需要的驱使下参与社会活动,不可避免地与他人建立联系。正是在这一互动过程中,人的本质得以充分展现和验证。马克思指出,所有对象对于个体而言,都转化为其自身对象化的体现,成为确证和实现个体个性的媒介。[③] 个体通过对象化的活动,得以实现自我认知并体现其社会性。这种活动不仅满足了他人的合理需求,也使个体感受到内在力量的充实。人的本质是个体存在与类存在、个体劳动与社会关系的有机统一。

---

① 《马克思恩格斯全集》第三卷,人民出版社1960年版,第514页。
② 《马克思恩格斯全集》第三卷,第504页。
③ 《马克思恩格斯文集》第1卷,人民出版社2009年版,第190-191页。

需要作为人类生命活动的驱动力，推动个体融入社会关系，参与社会活动，从而在生命的历程中实现全面发展，展现出人类特有的属性。在这些属性中，全面而自由的发展构成了人的最高层次需求，而劳动活动则是实现这一需求的根本途径。尽管需要是驱动个体参与社会活动的动因，并对个体本质的展现具有促进作用，但这并不意味着需要与人的本质直接等同。只有当个体的内在需要通过外在形式表现出来，并在对象化的活动中得以实现时，人的本质才能在这一过程中生成和显现，即个体才能实现其全面而自由的发展。

在探讨人类需要的分类时，可以将其归纳为生存、享受和发展三个层面。生存需要主要与维持个体生命活动以及繁衍后代紧密相关，涉及对食物、衣物、住所等基本生存资料的必需。享受需要涵盖两个维度：其一，指向物质层面的高质量追求，即人们不仅仅满足于基本的物质需求，更追求品质与舒适度，如服饰的品质感和食物的营养均衡；其二，涉及精神层面的愉悦追求，即在物质条件相对充足的情况下，人们倾向于寻求能够带来心理满足和愉悦感的活动，如旅行、艺术欣赏、阅读等。发展需要反映了人类超越基本生存需求，追求个人能力提升和自我实现的倾向，个体在这一过程中自主地培养和拓展自身能力，而非仅仅为了生计。

生命状态的表征与需要满足程度密切相关。内在需要的匮乏或过剩，相应地引发摄入与输出的活动。马克思在其劳动生产理论中指出，需要与活动之间的关系可在劳动过程中审视。与动物界的生物相比，人必须通过自身的劳动活动来生产满足其物质需求的物品。此外，人的活动不仅具有社会性，还蕴含着精神性。然而，由于个体固有的脆弱性，人不可避免地处于相互依赖的社会关系之中，这种依赖性构成了人类的先天属性，即个体的"我"与集体的"我们"是相互依存的。尽管如此，人亦有能力独立于任何社会关系之外，甚至能够将自我对象化。在诸多客体化的关系中，人能够将对象纳入思维范畴，并通过概念或艺术作品来表达其对自我、他人及世界的认知与情感体验。

在探讨个体作为生命维持者、生产者与创造者的角色时，我们发现每个人在生产与创造的进程及其成果中，在他人消费自我产品时，以及在与他人的互动中，能够实现自我认知、自我表达与自我实现。人们在个体内部与社会群体间的相互关系中证实并确认了其存在价值与意义。显而易见，生命以固有的需要为起点，依托初始性力量，与外界的他人及自然界进行互动。时间是人类先天的感性直观形式，人类的实践活动通过时间展现其获取的表象。因此，时间对人类而言具有本体论意义。

(二)生命之尺：时间作为劳动的载体

宽泛的时间概念指的是所有与人类需要相关并因此展开的活动，这些活动均在时间维度上得以体现，此类时间可被定义为自然时间。因为人的需要类型是先于生命活动展开而存在的,所以为满足这些需要而进行的活动亦在既定的自然界限内展开。尽管人类作为灵长类动物中的高自觉性存在,具备自我意识和生产创造力,但其活动仍无法脱离自然界,不能在虚无的环境中独立存在。那么,在预先设定的自然时间的范畴内,有哪些具体的活动类型?

以需要为始点,人们在资源的匮乏与饱和状态下,驱动着摄入与输出的活动,即马克思所描述的劳动活动。无论是通过自我或他人实现的与生存需要、享受需要相关的活动,均可视为劳动或劳作,相应的时间段可称为劳动时间或劳作时间。劳动时间特指个体从事生产与创造活动所占用的时间,涵盖物质生产、精神创造、社会交往等多方面内容。在劳动过程中,人们生产的产品既包括物质资源,也包括非物质资源。自由时间指个体可自由支配的时间段,个体在此期间无须直接参与劳动生产活动,可自由选择进行自认为有趣或有意义的活动,如社会交往、培养兴趣爱好、与他人互动交流、欣赏音乐与自然风光、参与健身运动等。休息时间则是指个体用于恢复体力和脑力的时间,即进行生理调整的时间。

马克思在其著作中从人的生产劳动角度出发,对物质与时间的关系进行了深入探讨。他并未从自然界中与人类活动相分离的物质运动角度来阐述时间问题,而是将时间划分为社会时间与自由时间两个维度。马克思认为,劳动是人对时间概念认知的起源,正是劳动本身创造了时间。在劳动过程中,商品是满足人的需要的物质存在,"这些物通过活的时间而被赋予形式"[①],并转化为具有价值的存在物。商品的价值量是通过社会必要劳动时间来衡量的。社会必要劳动时间指的是在特定社会生产条件下,平均劳动熟练度和劳动强度下生产某一使用价值所耗费的时间。这说明马克思所指的社会时间与商品价值紧密相关。他进一步将人的劳动生产过程细分为"必要劳动时间"和"剩余劳动时间",并指出"剩余价值"的秘密正是在社会时间的框架内被揭示的。价值的剩余部分依赖于工人超出必要劳动时间的劳动,这种劳动虽然消耗了工人的体力和脑力,却未能为工人本身创造相应的价值,反而成为资本家追求剩余价值的诱因。

基于必要价值与剩余价值的理论框架,马克思深入探讨了自由与时间之间的内在联系。他指出,个体无法自由地控制其必要劳动时间,该时间受到社会历史条件的制约。自由时间是指个体能自主安排的时间。个体全面自由发展的实现程度,正是在劳动时间与自由时间的相互关系中得以体现的。个体拥有的自由时间的多少直接决定了其自我实现的可能性,以及摆脱压迫的能力。然而,这种自我实现的程度亦受到人类社会历史发展水平的制约。自由时间在个体生活中所占比例的大小如何影响到个体的自我实现过程,便成为一个值得深入探讨的问题。

个体的自我实现是指个体能够过上一种德性充盈的生活。个体通过发掘和发

---

① 《马克思恩格斯全集》第四十六卷(上册),人民出版社1979年版,第331页。

挥其内在潜能与天赋,成为兼具理智德性与实践德性的主体。马克思关于自由时间的论述指出,自由时间并非仅指闲暇时间,而是指个人全面自由发展的时段。闲暇时间则受到一定程度的社会强制,其存在主要是为了满足社会生产劳动的需要。自由时间是个体自由运用智力和体力的时段,它不以生产和获取为目的,也不被生产劳动直接占用,而是用于确认自我生命的价值。然而,自由时间内的活动并不必然比生产活动轻松。例如,创作者的灵感并非随时可得,但个体在这些活动中仍能体验到自我实现带来的愉悦与充实。因此,自由时间与劳作时间的区别不在于活动的具体内容或劳动强度,而在于活动的性质,即个体是否基于自主选择参与活动,以及是否能在活动中真实地感受到生命的意义,从而对当前活动感到轻松、满足和快乐。

在某些特定情境下,自由时间与劳动时间呈现出一种融合或重叠的状态。具体而言,个体在必要劳动时间内的工作活动本身即构成了自我实现的自由时间。由于劳动生产活动的时间与个体的个性特征高度契合,个体得以在此过程中发挥并利用自身的优点和天赋,在智力或体力劳动中促进自我提升与实现。个体此时从事劳动并非出于维持生计的需要,而是基于对某项活动或领域的热爱,以此在现实世界中展现其独特的个性。只有超越了必要劳动与自由劳动之间的对立,个体才能实现最大程度的有意义的生活。

二、时间演化视角下的劳动历程

人的生命活动并非恒定不变的,而是在时间的流逝中展现其存在。人并非既定完成体,而是有一个不断生成的过程,在此过程中实现其本质属性。对于个体而言,每个人均拥有其独特的生命历程;对于人类整体而言,则拥有区别于其他物种的社会历史。在不同的历史背景下,劳动时间、休息时间与自由时间的分配比例存在差异,这种分配比例的变化反映了社会生产力的发展水平。探究在不同的社会历史阶段时间分配的具体情况,以及人在其中的生存与发展状态,成为值得深入研究的课题。

在人类社会的早期阶段,狩猎与采集构成了人类经济活动的基础。从生产力发展的角度来看,这种经济形态所衍生的生产力水平相对较低。由于早期人类生存环境的限制和生产方式的原始性,社会关系主要基于自然血缘关系,并形成了统治与服从的社会结构。这种结构导致人们为了维持基本生存所必需的活动占据了大部分时间,从而使得个体在休息和调整之余,用于追求个人兴趣和爱好的时间极为有限。尽管如此,仍存在一些如歌舞表演、艺术创作和宗教仪式等活动,为个体提供了有限的自我表达空间。

在生产资料相对共同占有的社会结构中,个体对群体的依赖性显著增强。多数活动,个体往往无法独立完成,必须依托于所属组织及群体成员的协作以共同实现目标。在此种社会形态下,个体的生存依赖于其作为共同体成员的身份,且其生产活动仅限于共同体内部,旨在满足共同体成员的基本生存需求。对于个体而言,其大部分时间是在群体成员共享的时空环境中度过的。根据马克思的观点,在使用价值占据主导地位的阶段,劳动时间的重要性相对降低。① 在此阶段,劳动表现为一种人与人之间的依附性关系,其主要目的是满足人的自然需求,即获得生产必需的生活资料,而非依据时间与效率来衡量劳动成果。

随着农业与畜牧业的兴起,人类社会逐步从原始部落形态向以自然经济为支撑的农业社会演进。在这一过程中,生产工具的革新与生产力的提升促使必要劳动时间逐步缩减。在奴隶社会体系下,部分奴隶主通过积累剩余产品,从物质生产活动中解放出来,转而成为政治、社会管理以及精神文化活动的主要参与者,进而导致出现了阶级分化和财富差距,以及在人类活动时间分配上的不平等现象。奴隶不仅需承担自身的生存劳动,还需满足奴隶主的基本生存需要与享受需要,这使得他们除了劳动和休息时间外,几乎无暇顾及个人自由发展。在这种社会分工背景下,奴隶主通过剥削奴隶的劳动以维系自身生活,形成了压迫者与被压迫者、剥削者与被剥削者之间的关系,从而导致了时间分配的不公。② 随着以交换价值为导向的商品经济取代了以使用价值为导向的自然经济,人际关系逐渐转变为以物质为中介的构建。

随着私有制的兴起与演进,资本主义生产的核心目标并非满足社会需求,而是追求资本家利润的扩大化,实现价值的增殖。资本的运作逻辑在于对剩余价值的不懈追求。在资本主义体系下,生产出的物品不仅作为使用价值以满足人类的特定需求,更转化为具有交换价值的商品。商品的使用价值与交换价值体现了物的自然属性与社会属性,反映了人与人之间的经济关系。当这种关系超越经济范畴时,将牵涉到人权、自由、平等、公正以及情感等,这些是反映人与人间关系的价值观念。那么,人与人之间的关系如何在经济与非经济领域内影响价值观念的形成与发展呢?

在马克思的理论框架中,资本家在生产领域的调整行为,包括生产规模的扩张或缩减,并非基于社会成员的需求,而是由商品产生的利润率所决定的。换言之,资本家关注的核心在于无酬劳动的占有与成本之间的比率。为了实现高额利润,资本家会利用资本主义生产方式,将一部分人的劳动时间转化为"自由时间",从而

---

① 胡绪明:《论马克思三大社会形态理论生成的内在逻辑——劳动时间观念与人的全面自由发展》,《河南师范大学学报(哲学社会科学版)》2006第4期,第29-32页。

② 阎孟伟:《人的生命活动的时间结构及其当代意义》,《江汉论坛》2019第6期,第28-34页。

为自身占用和剥夺其他人的自由时间创造条件。资本家通过剥削工人的剩余劳动时间来创造剩余价值,进而实现资本和财富的积累。这一过程对工人而言,意味着他们被剥夺了自由支配时间的权利,失去了充分发展个人潜能的自由时间。

马尔库塞将现代社会个体的日常生活时间划分为"劳动时间"与"自由时间"两个维度。其中,"劳动时间"指的是个体为维系生计所必须投入的活动时间,而"自由时间"则指个体在完成劳动任务后可自主安排的时间。马尔库塞提出,随着自动化技术的进步,劳动时间有望被压缩至最低限度,而自由时间将成为主导,进而成为衡量财富的新标准。[①] 尽管科学技术的进步确实能够缩短必要劳动时间,但是工人的自由时间却未必能同步增加。原因在于,追求利润最大化的资本家会占用并转化工人的自由时间为剩余劳动时间,以扩大自身利润。此外,为了节约成本,资本家可能选择让部分工人失业,导致工人不仅失去自由时间,甚至可能丧失维持基本生计的必要劳动时间。因此,工人的全部时间实际上被资本家操控,成为资本家生产财富的工具。显然,资本家关注的焦点在于通过剩余劳动时间获取的剩余价值。资本家对个体是否能实现自由全面的发展漠不关心,他们剥削并无偿占有工人的自由时间,实质上剥夺了工人实现个人充分发展的机会。

在以家庭为基本单位的经济活动中,与市场经济中的生产—分配—交换—消费的经济活动相比,家庭依据自然需求进行资源分配。在这种社会结构中,人们遵循自然界的日出日落和季节更迭等规律,开展劳动生产活动。在此背景下,时间观念并不强调效率,人们不追求剩余价值,不存在过度的压迫和强制。因为在自给自足的经济模式下,人们缺乏过度占有和消费的动机,仅需满足基本的生存需求。相对地,在市场经济的运作逻辑中,现代个体受到资本的操控,不得不从事过度劳动以维持生计。生活价值的衡量标准已被资本家塑造,导致生活成本显著增加,人们的需求范围和质量被人为扩大。工人不仅遭受过度的剥削,还被诱导进入资本家构建的"消费世界"中寻求虚假的安慰。长此以往,他们将越来越难以体验到心灵的宁静和精神世界的广阔。

三、劳动与时间异化的成因探析

在市场经济主导的经济组织模式下,存在一套特定的运行逻辑,其核心在于追求剩余价值或利益的最大化。这种逻辑不仅局限于经济领域,还广泛渗透至政治、文化、教育等多个领域,对社会中每个个体产生深远影响。功利主义和实用主义逐渐成为人们日常生活中的显著特征,形成了一种强大的社会"场域"。在这一场域

[①] 俞吾金:《物、价值、时间和自由——马克思哲学体系核心概念探析》,《哲学研究》2004年第11期,第3-10页。

中，人们无论自觉与否，都在接受并实践着计算、交换、利益等概念，并将其应用于生活的各个层面。为了满足各种需要，人们的行为动机发生了转变，权力与货币成为动机序列中的首要因素。在"异化"的劳动和时间中，个体失去了作为人的自主性和主体性，时间被简化为效率和利益的象征，劳动则沦为谋生的工具。个体在被工具化的同时，也将自身、他人和自然视为工具。这种"异化的时间"逐渐塑造了"异化自我"的信念、认知、情感，导致心灵秩序的紊乱，与自由全面发展的本质渐行渐远。

(一)精神性需要：信念的消解

信念是个体、组织、民族、国家乃至人类社会对特定价值体系的认同、坚信以及积极实践的心理状态和动力。在个体层面，信念源自内心深处的强大力量，体现了个体对自身存在和能力的肯定。在集体层面，信念表现为个体对集体智慧和道德品质的信任，坚信通过集体的共同努力和奋斗能够实现美好生活。具有坚定信念的个体会对知识和道德表现出强烈的内在热情，坚信"至善"的存在，在日常生活中持续地追求"至善"。信念与人类对生命意义的探索密切相关，人们在思考和创造生命意义的过程中体验到满足和快乐。尽管"至善"是一个尚未完全实现的理想，但人们仍会从现实出发，努力完成自身能力范围内的事务。个体对真理、善良和美的追求与修养，是自我实现的本质要求，因为人们在这一纯粹的自我实现过程中感受到充实和宁静。

这表明人在生物学层面始终具有局限性，在有限的存在中寻求超越，这体现了人对生命意义的深层次追问与反思，[①] 即精神性需要。如何实现精神性需求的满足？信念作为人对未知与无限世界的理解与坚持，为人的存在提供了必要的支持与安全感。人要实现生物性需要与精神性需要的融合，关键在于参与生产、创造和交往活动，通过社会性合作与创造性活动来体现精神性活动，从而体验到内外统一带来的内心平和与情感的和谐。时间代表了事物展开的动态过程，是同一事物在不同阶段的形态表现。人通过劳动获得关于自身及人类存在的认识与体验，并在劳动过程中将内在信念外化，通过艺术、语言等形式体现信念。

个体如何达成生命本质的实现？马克思在其理论体系中阐述了劳动对于个体及人类存在的本体论意义。在劳动过程中，个体通过物化形式展现其个性，并在活动中直观到个性化与现实化的生命。这一过程彰显了个体的独特性，而且因直观到自身独特的价值而体验到愉悦与自足。个体在其劳动过程与成果被他人观察、尊重及接纳时，感受到自信，并因他人的认可而获得归属感与安全感。当劳动显现生命本质时，个体便实现了对自身全面本质的占有。正如马克思所言："我从自身

[①] 晏辉：《现代性语境下的价值与价值观》，北京师范大学出版社2009年版，第68—70页。

所做出的东西,是我从自身为社会做出的,并且意识到我自己是社会存在物。"[1] 在这种劳动中所消耗的时间是自由的,劳动产品亦是在自由时间中产生的。个体可以在自由的劳动时间中认识自我,体验乐趣,确认自身的同一性,并在不同的自我之间建立信任、关怀与依靠的关系。

然而,资本运作的逻辑导致经济理性的功利主义和计算性逐渐渗透并侵入人类日常生活的各个领域,成为影响人们判断、选择乃至决定一切事物的关键。人们用于自我证明和自我实现的时间被压缩,在劳动时间中体验的类本质意义被削弱。作为社会共同体的类存在,个体对他人的意义趋向于利益化和工具化。道德信念无法充分展现对个人道德修养和实践能力的确信与坚持,行为的善良动机逐渐被效率和利益取代。当个体处于追求效率和利益的劳动过程中时,他们受到过度计算和恶性竞争的支配。个体难以对集体的智慧和德性持有坚定信念,对集体成员是否值得信赖持怀疑态度。面对异化的世界,个体在劳动中难以确认自我价值,在劳动产品中很难直观地感受自身意义。在他人享受产品时,个体也不足以体验到作为类存在物的共通感。

在科技迅猛发展的当下,个体用于体验生命自由的时间并未得到实质性的节约。在资本的生产—消费逻辑驱动下,疲惫的工人依然需要休息时间。即便他们尚存余力,这些精力也未能被用于人际交往和精神需求的满足,而是被无休止地投入到物质资料的生产和满足之中。人类精神生活的潜在空间遭到严重挤压,在为工作而消耗生命的劳动过程中,对生命的敬畏与崇高感逐渐丧失,通往"至善"的道路亦为世俗诱惑所阻塞。劳动本应是展现个体生命自由与乐趣的途径,但在信念消解的背景下,个体在劳动中难以肯定自身的个性特征和社会联系,也难以超越自我,理解与共通他物的需求。

(二)发展性需要:认知的片面

时间作为生命存在与展开的维度,为人的流动性生命提供了标记,揭示了个体在生命历程中从事的各类活动。人通过时间这一媒介来实现对自我、他人及世界的认知,而这种认知的实现依赖于现实性的劳动活动作为基础。正如康德所指出的,自我意识的存在并非凭空产生的,而是"经验性命题",即"'我思'必须能够伴随着我的一切表象"。[2] 思维若要避免空洞,必须借助经验性表象所提供的材料。个体的存在是通过"我思"这一先天形式对感性材料的综合而被赋予的。自我认知在时间维度上得以显现,认知并非仅限于内部活动,而是从感觉出发,经过知觉、推理、判断、选择、思维等一系列过程,最终形成观念。

在资本运作的逻辑框架下,人的认知发生了怎样的转变?在资本剥削的背景

---

[1] 《马克思恩格斯文集》第1卷,第188页。
[2] 康德:《纯粹理性批判(注释本)》,李秋零译,中国人民大学出版社2011年版,第107页。

下,个体被淹没于物质主义的洪流之中,大部分时间被用于生产具有交换价值的商品,而非全面地实现自我本质。其原因何在?在分工化的劳动过程中,人的视觉、听觉、嗅觉、触觉、思维、直观等感官与认知活动被割裂,个体对自身的认识被限制在由外在身份所界定的范畴内。通过在不同社会场域中的身份标识,个体构建了对自我、他人及世界的理解,并逐渐形成固定的认知模式。例如,当追求利益成为生活的主要目标时,即便是教师这一职业身份,其内涵也被简化为通过教学活动来获取经济收益,而教书育人的深层意义则被忽视。职业本应是人类社会为了满足生活需求而存在的劳动形式,但当职业逐渐占据人的全面性时,个体与自我、他人及自然之间的关系便被职业所代表的符号价值塑造。

在资本主义体系下,资本家通过内化职业或专业所需的人力资源标准,不仅塑造了个体自我评价的基准,同时也推广了一种特定的生活方式。这种现象导致个体不仅失去了剩余劳动时间,而且在不知不觉中被纳入资本家所构建的消费世界。消费行为背后隐藏着模仿与竞争的动机,反映了资本家对大量商品消费的渴望,以及他们对财富的无尽追求。资本家通过激发人们跨越社会阶层的欲望,使个体相信通过物质占有可以实现社会地位的提升。他们构建了一个精英阶层的幻象,以此来维持自身的优越地位,这要求个体不断消费新颖商品以彰显其身份的独特性和优越性。[①] 然而,如果个体按照媒体所倡导的方式塑造自我,以期成为所谓的"成功人士",那么在消费过程中所体验到的自主性和主体性实际上是一种扭曲的假象。

单一且虚幻的认知模式对个体的冲击何在?人们的生活重心似乎已偏离了对自我超越的思考,亦非致力于创造生命价值,而是趋向于追随潮流,以达到更高层次的消费标准和生活方式。职业的僵化与媒体的塑造共同作用,极大地激发了人们的占有欲和消费欲,使之达到前所未有的高度。在虚拟经济和虚拟消费的环境中,人们的私欲和虚荣心不断膨胀。由于缺乏投入于知识学习和道德修养的时间,人们无法洞察到科学知识学习和精神层次提升的纯粹性,对人生价值的理解和追求仅限于事物的表象。被塑造和被规训的人们渐渐失去了思考自身的特长、爱好的时间,很难去沉思何为生命的意义,忘却了从类的角度出发而使自己成为纯粹的德才兼备的人。

(三)关系性需要:情感的冷淡

当个体的内在精神世界被物质主义充斥,其思维路径被资本逻辑替代时,核心活动转变为对付出与回报的利益核算。在此种思维模式的主导下,生命的价值被量化,个体倾向于以工具理性的态度与自我、他人及自然界进行交互,而对生命个体的尊重以及对自然界生命的关怀则逐渐减弱。与本真生命相连的情感如何得以

---

① 晏辉:《虚拟享用:伦理辩护与批判》,《中国社会科学》2005年第6期,第16-25页。

体现？情感或情绪是个体在内心深处对外界刺激的反应，是个体在对生命本质的深刻理解后，对世间万物的认同、接纳、包容和关怀的体现。

情感和谐主要体现在三个维度：个体身心的和谐、人际的和谐以及人与自然的和谐。个体应保持生物性需求的真实表达，同时通过恰当的交往与互动方式来满足这些需求，以达到心灵与身体的有序状态和内心的平静。内在的同情心促使个体通过思念来表达对他人的情感关怀，通过赞美来肯定他人的价值，通过提供关怀来感受安全感和支持感，从而在社会互动中满足其社会性需求。人与自然的和谐共处源于对共存于地球上的万物的尊重与爱护，体现了对生命的珍视与关爱。个体从在共同体中的定位，以及在对生命进行的反思和互动中，能够体验到精神上的愉悦与自我满足。

资本运作的逻辑导致个体被置于一种孤立状态，人际关系的亲密性与深度面临严峻挑战，进而由亲密转向疏远。个体化趋势日益显著，对他人及自然界的情感反应趋于冷漠，主动探索与理解他人的动机减弱，缺乏投入时间和精力去感知他人情感的意愿。个体愈发专注于个人利益，仅关注个人的感受、快乐、幸福和利益；同时，期望他人关注自己，要求自然界无偿地为个人利益服务，却不愿对其他存在物表达关怀与爱护。在消费主义社会中，资本构建了满足此类交往目的的消费领域。在此领域内，消费者特别重视服务人员的服务水平，将个人是否得到"服侍"作为评价的首要标准，而对他人生命与生活的态度则显得冷漠、傲慢和苛刻，忽视了他人所付出的辛勤努力。

个体对自身的关注实为一种本能反应，通过感官系统体验到快乐与痛苦，这些体验是身体对外界刺激的直接反应。自爱促使个体产生满足自身需要的欲望与动机，进而追求幸福、舒适、安逸和快乐等积极状态。适度的自爱是合乎情理的，然而资本的运作机制却导致自爱的边界被无限扩展，使得人们深陷于过度占有资源和追求物质享受的漩涡之中。究竟是何种因素导致自爱被激发至如此极端的程度？在资本运作的逻辑场域中，效率与利益成为生命活动的核心，追求物质享乐与个人幸福的观念和氛围塑造了个体的价值观、情感及行为模式。功利主义、权衡利弊、计算得失、竞争意识等已深入人们生活的各个层面。部分个体将追求物质享受视为人生目标，并以物质带来的感受和快乐作为唯一的评判标准，这种做法无疑在各种社会关系中埋下了潜在的危机。

人际情感的表达反映了个体与自我关系的外在化表现形式。当个体对自身生命体验的感知趋于单一化时，便以此为标准筛选并评价他人。在这种情况下，人际关系不再基于相互确认与支持，而是退化为个体满足自身欲望的工具性关系。个体情感的和谐状态依赖于具备优秀的品质，这与亚里士多德所阐述的道德德性和理智德性相一致，涵盖了勇敢、正义、节制、温和、友善等道德德性，以及明智、努力、智慧、理解等理智德性。在人类社会中,个体的存在必然需要与他人建立联系。亚里士多德提出,只有基于善的友爱才是持久且稳定的。[①]

个体的道德情感特指同情心,是通过移情作用而产生的对他人情感的共鸣。尽管个体可能表现出极度的自私倾向,但其天性中仍蕴含着对他人福祉的关怀,这种情感可被视为一种"原始情感"。[②] 然而,资本运作追求的是效率最大化,而效率的提升往往以牺牲工人的工作时间为代价。从个体生命发展的视角来看,父母若将大量时间投入到劳动中以维持生计,可自由支配的时间便会相应减少,这会直接导致陪伴和教育子女时间的缩减。在儿童早期发展阶段,建立安全感和信任感至关重要,而稳定的情感基础则依赖于良好的亲子关系。父母对孩子的悉心照料是孩子内心坚韧、独立和自信的源泉,也是孩子学习表达关怀、认同和支援他人的重要动力。若将这种陪伴责任转嫁给社会组织,由于缺乏血缘关系的天然纽带,这种非家庭环境下的关怀可能无法提供与家庭相似的温暖和无条件的关爱。在这样的环境中,孩子可能会过早地接受竞争观念的灌输,而同情心、关怀和信任等情感则可能被削弱,取而代之的是自我中心的"自爱"和"自大"倾向。

基于前述分析,我们将需要视为生命一切活动的起始点,基于此而为劳动提供了驱动力。时间结构承载了生命的体验,劳作时间、休息时间、自由时间之间的比例关系呈现了人之劳动的幸福感。为了揭示资本运作逻辑下为何人的幸福感不足,我们从信念、认知、情感三个维度分析了生命异化的现象。这种分析方法源于解构主义的视角,而非对现实状态的直接呈现。各要素之间存在内在联系,无法孤立存在,更不能脱离"我"这一整体而独立发挥功能。实际上,人类行为是以整体性的方式进行的。从人类可能的生命需求活动中把握时间结构,就是从满足需求的劳动实践中总结时间结构。生命的异化是复杂的,虽然我们从需要、时间结构、人类时间结构演化、资本运作逻辑等方面进行了分析,但仍可继续完善生命的本质与社会历史性特征的研究。

---

① 亚里士多德:《尼各马可伦理学》,廖申白译注,商务印书馆2003年版,第233页。
② 亚当·斯密:《道德情操论》,蒋自强、钦北愚、朱钟棣译,商务印书馆1997年版,第5页。

数字资本主义批判及其消解路径①

李 航 王 阁

摘 要：互联网和数字化技术的发展创造了资本主义新的对立形式。数字平台以其对数据的垄断地位成为资本主义获取利润的手段。数据成为资本如同货币成为资本一样，数据本身成为商品并具有价值，数据还可以创造出高于自身价值的价值。对数字资本主义的批判可以从三个方面展开：数字资本主义下的价值创造充满了剥削与控制，数字资本主义下的异化劳动具有隐蔽性和普遍性的特点，数字资本主义下的数字鸿沟造成世界范围内的不平等。我们要消解数字资本主义下的剥削、控制、异化与不平等，需要改变对数字化技术和数据的资本主义使用方式，通过补偿数据生产者，发展协同共享经济，推动智能制造业的发展以实现数字资本主义下的社会发展和人的自由全面发展。

关键词：数字资本主义；数字资本；数字平台；数字劳动

本文引文格式：李航、王阁：《数字资本主义批判及其消解路径》，见何云峰主编：《劳动哲学研究》第十一辑（2024年第2辑），上海教育出版社2024年版，第369—378页。

互联网技术和互联网产业在上世纪90年代的迅猛发展，改变了市场，也改变了人们的生存方式。互联网技术的发展带给人类社会的是生产、分配、交换、消费等各环节的全面的数字化。尼葛洛庞帝在其《数字化生存》(1995年)一书中将人们在互联网背景下的生存方式称作"数字化生存"，并描绘了数字时代的宏伟蓝图——去中心化、追求和谐、对人的权利的保障等。但是，互联网技术的悲观主义者认为互联网造梦的时代终将是一场空。在互联网技术和电信产业发展的背景

---

① 作者通信地址：李航，中国社会科学院大学马克思主义学院(北京 102488) / 人民出版社(北京 100706)；王阁，中共北京市委党校(北京行政学院)马克思主义学院(北京 100037)。

下,美国传播学家丹·席勒提出了"数字资本主义"(Digital Capitalism)这一概念。席勒没有给出数字资本主义的明确定义,但是,一方面,席勒强调互联网技术和电信产业的发展对促进经济全球化的作用,认为因特网和电信系统的发展促进了跨国经济活动的发展,这是市场深化的体现;另一方面,席勒对数字资本主义加剧社会的不平等现象,及数字资本主义在媒体和教育领域的渗透进行了批判,指出互联网技术和电信产业的发展是资本与政治的合谋。随着互联网技术从计算机互联网到智能移动设备的普及,网络的应用从流通与交换领域扩展到人们的日常生活领域。席勒指出:"现在,网络正在扩大资本主义经济中的社会和文化的范围,这在以前从未发生过。我之所以称这一新时代为数字资本主义,原因就在于此。"[①] 数字平台的出现使数据的生产变得轻而易举,数据本身成为了资本,成为各方争相占有的资源。当今大数据时代下的数字资本主义与席勒所使用的数字资本主义概念的内涵已有所不同。数字资本的形成是信息化社会中,通过数字平台获取用户的"一般数据"并将其转化为交换价值的过程。数字资本主义是指资本以数字资本的形式获取剩余价值,其核心是"一般数据"[②]。

一、数字资本主义的形成

数字资本主义的形成需要具备一定的条件。数字资本主义形成的技术基础是数字化技术、互联网技术等。人类社会的一切活动都可以进行数字化处理,以数据形式呈现出来的人类活动经过数据工具的分析和处理能够转化为对决策有利的工具。数字平台是数据的搜集工具,搜集来的数据在资本的运作下成为获取利润的手段。

(一)数字平台:数字资本主义形成的场域

在机器大工业时代,资本获取剩余价值的方式是通过延长工人的剩余劳动时间获取绝对剩余价值,或通过生产技术的改进,缩短必要劳动时间,获取相对剩余价值。但随着资本主义的发展,从时间的角度获取剩余价值的可能性大大缩小。因此,资本主义的生产开始由一国向多国扩展,通过扩展空间,占有市场、原材料和廉价劳动力,以较低的成本实现较高的交换价值。这也导致一国范围内的资本主义剥削形式向全球范围内扩展。20世纪70年代的经济危机,使资本主义需要寻找更大的市场去销售已有市场已无法容纳的商品。资本主义只有不断地进行生产,不断地将产品销售出去,获得剩余价值,才能生存下去。在新自由主义的浪潮下,美国总统里根和英国首相撒切尔夫人倡导经济全球化,就是为了解决资本主义的

[①] 丹·希勒:《数字资本主义》,杨立平译,江西人民出版社2001年版,第12页。
[②] 蓝江:《数字异化与一般数据:数字资本主义批判序曲》,《山东社会科学》2017年第8期,第5—13页。

生产过剩危机。

计算机技术最初应用于军事领域,其作用是计算和存储数据。20世纪70年代以来,美国新自由主义政策在互联网和电信业领域的实施,促进了美国计算机网络技术和通信技术的商业化。"数字资本主义的工程师们一直在追求一个重要目标:建立一个泛经济网络,以支持规模不断扩大的企业内部以及企业之间的商务活动。这一目标涵盖了从生产调度、产品开发到财务、广告、金融以及培训等诸多环节。"[①]互联网和通信技术在商业领域的应用,一方面拓展了现实中的市场空间,另一方面也塑造出一个有别于现实空间的虚拟网络空间。现实的经济生产活动通过网络空间得以最终完成。互联网从作为联结规模不断扩大的企业内部网络平台扩展至企业与企业间的经济活动交流平台。互联网平台使商业模式由"企业到企业"发展到"企业到客户"再到"客户到客户"的模式,形成了以用户为核心的平台式服务模式。平台是数字化的基础设施,相当于中介,使两个或两个以上的群体能够互动。平台成为客户、广告商、服务提供商、生产商、供应商甚至是实物的聚集地。尼克·斯尔尼塞克将所有数字平台划分为广告平台、云平台、工业平台、产品平台、精益平台五种类型。这些数字平台是数据的来源地,使海量数据得以产生。数字平台既是商业交易的场所,也是个人网络社交、娱乐的场所。一切经济活动以及个体活动无论以何种方式进入网络都会留下痕迹,这些看似细小的痕迹都被转化为以0和1编码的二进制数据。

(二)数字资本:资本形式的新样态

从马克思所处的机器大工业时代到现如今的大数据时代,资本的形式不断扩展,从有形资本到无形资本。资本的不同形式的主要区别是其在价值、利润创造中的地位与作用不同。工业革命与资本形式的演变具有密切关系。从机器大工业时代的产业资本,到19世纪末20世纪初的金融资本,资本的形式变得越来越丰富。20世纪五六十年代信息技术革命兴起后,技术、人力、知识、品牌、设计、情感、服务等无形资本在企业的价值创造中发挥着越来越重要的作用。随着资本主义的发展,劳动力的地位和作用发生了变化。在工业资本主义中,生产的机械化使大量手工劳动作坊消失。机器的使用与机器的不断改进一方面使资本对劳动力的依赖程度降低,另一方面机器也创造了大量需要低技能的劳动岗位。工业的机械化向智能化的发展又体现为机器对劳动力的全面替代。过去,在工业利润的分配中,资本家和劳动者各自占有一部分利润,但随着工业生产中劳动者被全面的替代,劳动者不仅失去了在工作场所中的影响力,也失去了对经济利润的分享。但是,劳动力并没有变得不那么重要,它们以一种新的更强大的劳动形式呈现出来。马克思指出:"生产过程的智力同体力劳动相分离,智力转化为资本支配劳动的权力,是在以机

[①] 丹·希勒:《数字资本主义》,第3页。

器为基础的大工业中完成的。"① 无形资本在价值形成过程中发挥着越来越重要的作用就体现了人本身作用的发挥,是人自身智力的运用和人的创造力的体现。马克思指出:"货币是资本的最初的表现形式。资本在历史上起初总是作为货币财产,作为商人资本或高利贷资本,与地产相对立。"② 货币在商品流通中转化为资本,其实质是货币在商品流通中实现了增殖。实际上货币的增殖是在生产领域中进行的,流通过程是货币增殖得以完成的场所。如果产品的价值等于预付资本的价值,预付的价值没有实现增殖,那么货币就没有转化为资本。资本是带来剩余价值的价值,也就是说资本本身具有价值,并且资本还可以创造出高于自身价值的价值。

对数字成为资本过程的理解需放在工业革命的历史进程中去理解。第一次工业革命要解决人类相对滞后的生产手段与人类不断扩大的需求之间的矛盾,每一次生产力的变革都是缓解这一矛盾的过程。第二次工业革命解决规模化与生产成本之间的矛盾,标准化、规模化的生产方式使工业产品走进千家万户。第三次工业革命以控制技术和信息技术为代表,实现了生产的自动化,使部分体力劳动者和脑力劳动者从劳动中解放出来。已经到来的第四次工业革命,其核心在于智能化,要实现经济活动各个环节和人类生活的智能化。随着信息技术的发展,网络基础设施的完善,各种数字平台的涌现,人们的生产、生活活动通过传感器被追踪、记录下来,在网络端形成海量数据。人类的各种活动正在经历着数字化的过程,通过数字化将复杂的、动态的生产、生活活动变得易于管理和进行决策。数字成为资本是在新一轮科技革命与产业变革的背景下形成的。数字能够成为资本的条件就如货币成为资本一样:数据本身具有价值,数据可以创造出高于自身价值的价值,即可以作为获取剩余价值的手段。数字平台成为资本竞相角逐的新场域,也是资本要去竞相占有的新空间形式。

二、数字资本主义批判的逻辑

互联网和数字化技术兴起于发达资本主义国家,并成为转移资本主义经济危机的方式。互联网的使用加速了资本的流通与积累,网络空间成为资本获取利润的新的空间形式。但互联网和数字化技术的发展没有从根本上解决资本主义生产方式中的矛盾,生产资料的私人占有在数字资本主义下是对数据的私人占有。数据的获取与使用中充满控制、垄断与不平等。数字资本主义下的剥削呈现出新的形式。

---

① 《马克思恩格斯文集》第5卷,人民出版社2009年版,第487页。
② 《马克思恩格斯全集》第二十一卷,人民出版社2003年版,第385页。

(一)数字资本主义中的剩余价值创造批判

2008年金融危机后,各国都面临着产能过剩的危机。德国提出"工业4.0",宣告第四次工业革命的到来。推动工业转型的原始驱动力是对新价值创造的永恒追求。资本的特点是具有无限的扩张性,哪里有利润,资本就会自动地转向哪里。第四次工业革命以数字技术为基础,以人工智能、大数据、云计算、3D打印、物联网等技术为核心,致力于以科学技术的发展推动商业和服务模式的创新。数字技术的应用催生出新的商业模式。生产模式从集中化、规模化的生产向分散式、分布式、定制化的生产转变。随着制造业盈利能力的长期下滑,面对生产领域的低迷状况,资本主义已经转向数据,并将它作为维持经济增长和活力的一种方式。① 数据的搜集以及对数据的分析有利于企业根据用户需求做出有效决策。企业可以利用数据去挖掘更大的价值空间。以往制造业关注的是产品制造和产品交换过程的实现,以满足客户的可见需求为导向。数字资本主义下,价值创造由生产过程向流通、交换过程进行延伸。

数字资本具有一般资本的特性,数字资本主义也具有一般资本主义的特性。马克思揭示了资本主义生产方式中的剥削性质,"资本只有一种生活本能,这就是增殖自身,创造剩余价值"②,"生产剩余价值或榨取剩余劳动,是资本主义生产的特定的内容和目的"③。数字资本也是如此。数据是数字资本主义时代价值创造的原材料。资本家是资本的人格化,数字资本的运作由资本家来完成。在数字资本主义时代下,剥削与控制以一种更加隐蔽和普遍化的形式存在着。数字平台被极少数的资本家和科技巨头公司垄断,通过平台的垄断地位实现对数据的占有。使用平台的用户越多,用户群体的差异性越大,产生的数据越多,平台的价值就越大。这导致平台具有垄断的自然倾向。如国内的社交软件微信在全球的用户量已经突破十亿,但微信的用户以华人为主,海外市场被Whats和Facebook占有。在海外,Facebook已经是默认的社交网络平台,其垄断地位似乎无可撼动。当平台拥有大量的用户后,平台就可以制定和管理游戏规则。比尔·盖茨曾宣布:互联网将带来"无摩擦的资本主义"。互联网的出现使交易"去中介化",这会使消费者受益。但实际上,任何网络平台都有其获取利润的手段。以滴滴打车平台为例,它可以根据不同时段、不同地点对驾乘服务的需求量来决定打车的价格。高出的价格不是被司机拿走而是被平台占有。平台以其对信息的掌握获取利润。为了吸引不同的用户组,平台通过交叉补贴的方式,免费提供某些服务,而对某些服务收取费用以取得平衡。数字平台产生的数据本身可以作为商品进行兜售,也可以通过对数据的

---

① 尼克·斯尔尼塞克:《平台资本主义》,程水英译,广东人民出版社2018年版,第7页。
② 《马克思恩格斯文集》第5卷,第269页。
③ 《马克思恩格斯文集》第5卷,第344页。

分析做出决策。以广告的定时定点投放为例,只要人们进行搜索,相关的内容就会不断呈现。广告商也越来越注重对市场进行细分,通过编制个体行为档案,向不同性别、年龄、种族、宗教信仰、政治倾向的人群投放不同的信息和广告。社交平台推荐算法的存在没有让人们获得丰富的信息,反而将人们的视野一直局限在某一范围内,人们接触的信息的异质性被大大减弱。

(二)数字资本主义下的异化劳动批判

在机器大工业时代,资本家通过无限度地延长工作日的时长获取绝对剩余价值。马克思指出:"自从剩余价值的生产永远不能通过延长工作日来增加以来,资本就竭尽全力一心一意加快发展机器体系来生产相对剩余价值。"[①]资本家通过改进生产技术,提高劳动生产效率,缩短了必要劳动时间,但工人的工作时长并没有因此减少,反而被延长到最大自然限度。资本以此获取相对剩余价值。资本无限度地追逐剩余劳动,突破了工作日的道德极限,也突破了工作日的纯粹身体极限。工人与资本家经过了长期的和反复的斗争才通过立法的形式争取到正常工作日。劳动本是劳动者本质的体现,本该是自由的有意识的活动,却走向了人的对立面。资本剥削工人起初是在时间的维度上进行剥削,随着世界市场的形成,资本不断开拓新的剥削空间。马克思从生产关系的角度说明在资本主义的生产方式中,工人同自己的劳动产品、劳动过程、人的类本质相异化,其结果是人同人相异化。

在数字资本主义时代,劳动者的范围扩大,人人都可能成为数字资本主义下的劳动者。只要人们接入网络,在数字平台上留下痕迹,就是在创造数据。这些数据最后为平台所占有,有可能转化为数字资本。马克思指出:"资本不是物,而是一定的、社会的、属于一定历史社会形态的生产关系,后者体现在一个物上,并赋予这个物以独特的社会性质。"[②]数字资本也表现为一定的生产关系。在数字资本主义下,资本剥削劳动的形式发生了变化,从过度劳动到无酬劳动。资本剥削劳动的空间由工厂扩展至网络空间。工业资本主义中的过度劳动仍存在时间界限,而数字资本主义下工作与闲暇之间的界限变得模糊,人们无时无刻都可以处于工作的状态。数字平台的用户创造出来的数据,不为用户自身占有而天然地被数字平台的拥有者占有。数据创造的过程与结果都表现为与用户相异化。富士康、苹果和优步(Uber)等公司生产出来的消费品如苹果手机、社交软件等被学者称为"成瘾性消费品",生产这些消费品的工人被称为"制造的奴隶",消费者被称为"被制造的奴隶",他们都是"iSlave",即信息时代的奴隶。用户在享受数字平台提供的服务时没有意识到自身的操作行为在生产数据,并具有潜在的价值。数字资本主义下的异化还表现为人的现实主体性的数字异化。任何数字平台,只要人们想要使用其服

---

① 《马克思恩格斯文集》第5卷,第471页。
② 《马克思恩格斯文集》第7卷,人民出版社2009年版,第922页。

务就需要注册账户。是否有账户决定了人们能否进入数字平台。人们将个人信息如年龄、性别、手机号码、邮箱、身份证号码等与账户绑定。人们在数字平台上的账户就成了人的符号化身份,人们通过一系列账户的活动就塑造了自身在网络空间中的身份存在。账户是数字平台搜集信息与数据的有效方式。随着大数据技术和机器学习能力的提高,人们的数字化身份逐渐具有自我生成能力和强大的存在能力,无论用户在线或不在线都可以根据用户以往的习惯进行内容推荐。看似可以自由选择的网络空间,其背后早已被强大的计算机算法支配。

(三)数字资本主义下的数字鸿沟批判

互联网技术的出现给人们带来了建立一个平等、自由、和谐世界的希望,似乎人人都可以平等地通过互联网获取知识并在互联网上分享信息。现实世界中的不平等似乎通过网络世界可以弥合。但从数字平台的运营规则来看,事实并非如此。用户群体的分化使用户对网络的可及性存在差异。以免费的教育平台MOOC为例,虽然其初衷是让世界上任何人都可以享受到免费的、高质量的教育资源,但研究发现,80%的MOOC用户来自受教育程度最高的6%的人口。[①]

数字资本主义不是一个地域化的资本主义类型。数字资本主义向全世界范围内扩展。网络和信息技术使资本在全世界范围内流动、资本的积累和增殖呈现指数化增长。随着资本的积累,世界范围内的贫富分化与不平等问题加剧。国际慈善机构乐施会(Oxfam)曾发布的报告显示,全球最富有的26人拥有与世界上最穷的一半人口(38亿)相等的财富,并且自2008年金融危机以来,全球亿万富翁的人数几乎翻了一倍。[②]有学者指出,数字平台在改变信息生产方式的同时,也催生了一种能够强化美国霸权地位的新型帝国主义,这种新帝国主义是数字资本主义发展的新阶段,它持续巩固了全球经济社会的南北差距。[③]当前,广大发展中国家仍然处于工业化的阶段,虽然奋力追赶全球科技革命的浪潮,但在新兴科技方面仍处于边缘化的地位。广大发展中国家的网络普及率和信息可及性虽然在逐年提高,但与发达国家仍存在很大差距。

三、数字资本主义的消解路径

对数字资本主义的批判也提供了消解数字资本主义下剥削、控制与不平等的

[①] 朱莎、杨浩、冯琳:《国际"数字鸿沟"研究的现状、热点及前沿分析——兼论对教育信息化及教育均衡发展的启示》,《远程教育杂志》2017年第1期,第82—93页。

[②] 环球网:《报告:全球26名顶级富豪财富,等于38亿穷人资产》,https://baijiahao.baidu.com/s?id=1623295678451453525&wfr=spider&for=pc,2023年8月22日检索。

[③] 王斌:《数字平台时代的新帝国主义及其反思》,《天府新论》2019年第1期,第141—148页。

可能性路径。如何利用数字化技术促进人的自由全面发展和人类社会的发展是摆在大数据时代的现实课题。只有改变数字技术的资本主义应用方式,寻找数字资本主义下的数据共享模式,使数据不仅仅是资本谋利的工具,而成为经济社会可持续发展和人的全面发展的手段。

(一)补偿数据生产者

当用户使用某数字平台时,用户数据的共享常常被作为使用服务的一个条件。数字平台的拥有者会利用用户数据向用户推送广告,因为广告是数字平台获取利润的一种方式,广告收入也可以保证平台服务的持续运营。对数字资本主义的批判也常常围绕公司会利用数据拓展新的利润来源展开。有学者提出公司应该与用户分享由用户共同创造出来的数据所获取的利润。埃里克·波斯纳和格伦·韦尔就曾在《激进市场》一书中提出过一个建议,将我们在与Alexa交谈或在Facebook上点赞时生成的数据当作某种工作的产出,而大型科技公司应该为此付给我们工资。在这样的一个世界里,当我们点赞一个朋友的照片时,我们所选择的社交网络可能会要求我们提供一些上下文相关的数据,以换取报酬。这样,从数据的生产中获取报酬就可以减轻大规模失业带来的危害,还能使数据生产者认识到自己即使不在公司工作,也为生产,甚至为经济生产率的提高做出了贡献。因此,数据的生产者应该联合起来组成一个数据联盟,以便更好地与大型科技公司在公平的条件下进行谈判。这种给用户付费的方式无疑具有理想主义的色彩,因为很难去精确计算应该为每一个用户提供的数据支付多少报酬。并且,这种方式也可能会促使公司改变免费进入数字平台的策略,从而采取付费的方式,以弥补需要支付给用户的报酬。

对用户提供数据的补偿不一定要通过付费的方式,还可以采取其他的方式向用户返还价值。数字平台可以以奖品、产品和服务的形式去补偿用户。更有价值的一种方式是将数字平台作为共享平台,作为数据生产者的用户可以从数字平台免费获取有价值的信息。如一些道路交通软件,人们在软件上可以实时分享道路交通信息,使人们可以知道道路施工状况、交通拥挤状况等,从而做出最佳的出行道路选择。同时,这些应用软件搜集的数据还能为政府快速决策提供支持,从而带来社会效益。这些软件被称为众包数据软件。大众以自愿的形式提供信息,自己也可以利用平台信息从中受益。公共部门可以自行投资研发应用软件,也可以与商业应用软件商合作,租用它们的数字平台,使商用分析工具应用到提高公共服务水平的领域。

(二)发展协同共享经济

杰米里·里夫金曾预言,21世纪下半叶,资本主义走向没落,协同共享将取而代之,成为主导经济生活的新模式。①协同共享经济的实现需要依靠数字化技术,将万事万物的信息通过传感器汇集于网络,实现万物互联。协同共享经济模式是一种新型的可以颠覆传统资本主义生产方式的经济模式。在现实生活中,已经出现了很多共享经济的实例,如共享单车、共享汽车、共享房屋等。共享经济有利于促进资源的合理配置。按照里夫金的设想,协同共享经济将创造一个零边际成本的社会。平台式服务模式将客户与客户联系在一起,以优步为例,它并不直接为用户提供驾乘服务,而是将能够提供驾乘服务的一方和需要使用驾乘服务的一方都放在平台上,平台根据双方各自的需求进行有效匹配,从而使闲置的汽车资源发挥其作用,并使驾乘服务需求方能够享受到随时服务和个性化的服务。国内的滴滴打车也是相同的服务模式。但目前该种平台的存在是以获取利润为目的的,平台要向产品提供者与消费者双方收取费用,不仅要用来弥补建立平台与维持平台运行的费用,还要获取高于成本的价值。这大大削弱了平台的共享性质。这些平台是由私营企业拥有,为了获取利润,平台可以对产品提供者和消费者进行实时监控。拥有自己产品的租赁平台不能很好地平衡供给与需求。以国内的共享单车为例,为了占有市场,各共享单车公司进行大量的单车投入,通过价格竞争去占据市场,大大加大了共享企业的成本与风险。因此,应该通过法规政策等规范共享经济的发展,保障共享平台用户的合法权益,使其真正成为以物联网和数字化技术为支撑的消解数字资本主义的经济模式。

(三)推动智能化制造

2008年金融危机后,"再工业化"成为美国、德国等国家的国家战略。我国也推出了《中国制造2025》等致力于推动传统制造业转型升级的战略。"再工业化"与传统的工业化存在很大区别,是依托于先进的自动化技术,依靠数字化技术整合研发、制造、销售等流程,再一次提高制造业的生产效率,降低生产成本,最终实现智能化制造的过程。生产各个环节的数字化,使生产由传统的大规模、批量化生产模式转向小批量、个性化的生产模式。将工业数字平台引入传统制造业领域催生的是"工业互联网",这是工业大数据存在的基础,也是智能化制造的基础。工业大数据有助于对生产、流通活动的全过程管理。对数字化技术在工业领域的应用不是发达资本主义国家所特有的,这是全球产业升级所采取的集体策略。新一轮的科技革命与产业革命对所有国家来说都是发展机遇。

工业互联网能够推动产业转型,互联网与3D打印技术的结合催生了新的制造业模式。3D打印技术在30多年前就已经出现,最初只是用于模型的制造。由于新材料的发展和3D打印接入互联网,3D打印或将成为在传统制造业之外的一种新

---

① 杰米里·里夫金:《零边际成本社会——一个物联网、合作共赢的新经济时代》,赛迪研究院专家组译,中信出版社2017年版,第16页。

型制造模式。在短期内,3D打印或许还无法成为主流的制造模式。但是,随着3D打印机成本的降低,技术工艺的成熟,人人都能拥有一台3D打印机时,就意味着人人都可以占有生产资料并进行生产。3D打印将线上设计与线下生产相结合。线上的设计引发创客运动,创客运动的最初目的不在于获利,而在于将人们的创意转变为现实。人们可以在线上共享创意,利用开源模型等可以设计出满意的产品。通过数字平台可以将生产者与客户联系起来,使分散化、小批量、定制化的生产成为可能。这种新型的制造模式可以节省生产时间和资源,并能使越来越多的个体生产者获利。

在人类的历史上不乏科技乌托邦的幻想。每当有新的科学的发现与技术的发明,人们总是寄希望于这些新的发明创造能够建构出来一个美好和谐的理想社会。但是,科学技术的发展在推动人类社会进步的同时也给人类社会带来了新的困扰,使创造它们的人类主体陷于困惑与恐惧之中。在机器大工业时代,工人采用机器后,便开始了反对劳动资料本身的斗争,反对资本的物质存在方式。工人奋起反对作为资本主义生产方式的物质基础的这种一定形式的生产资料。机器本身不会产生剥削,是机器的资本主义应用塑造了剥削的形式。工人要反对的不是物质生产资料本身,而是物质生产资料的社会使用形式。在数字资本主义中,人们的一切活动都可以转化为数据从而被搜集。那么,什么样的数据才需要被搜集,搜集数据的目的是什么?数据搜集的边界在哪里?当今时代,一方面存在信息过剩,各种正确的或错误的信息充斥在人们的电子设备上;另一方面也存在信息赤字,能够为公众利益服务的有用信息缺失。在数字资本主义中,资本主义的运行规则没有变,如追求利润最大化、生产效率等,变化的是其利润来源的渠道、劳动力的技能、生产方式、投资领域等。数字资本主义并不会使资本主义从根本上摆脱困境。数字化技术不仅仅是作为私人谋利的工具,还可以通过改变数字化技术的使用方式提高人类福祉,在创建更加公平的社会方面发挥积极作用。

图书在版编目（CIP）数据

劳动哲学研究. 第十一辑 / 何云峰主编. -- 上海：上海教育出版社, 2024. 12. -- ISBN 978-7-5720-3812-9
Ⅰ．C970.2-53
中国国家版本馆CIP数据核字第202558QN82号

责任编辑　戴燕玲
封面设计　陆　弦

劳动哲学研究（第十一辑）
何云峰　主编

出版发行		上海教育出版社有限公司
官	网	www.seph.com.cn
地	址	上海市闵行区号景路159弄C座
邮	编	201101
印	刷	上海昌鑫龙印务有限公司
开	本	787×1092　1/16　印张 25.25　插页 2
字	数	508 千字
版	次	2024年12月第1版
印	次	2024年12月第1次印刷
书	号	ISBN 978-7-5720-3812-9/B·0098
定	价	108.00 元

如发现质量问题，读者可向本社调换　电话：021-64373213